Preservation and Conservation of Library and Archival Materials

# 文献保护与修复

林明 周旖 张靖 等编

中山大学出版社
SUN YAT-SEN UNIVERSITY PRESS
·广州·

**图书在版编目（CIP）数据**

文献保护与修复/林明，周旖，张靖等编．—广州：中山大学出版社，2012.3
ISBN 978-7-306-04136-4

Ⅰ.①文…　Ⅱ.①林…②周…③张…　Ⅲ.①文献保护—研究②文献—修复—研究　Ⅳ.①G253.6

中国版本图书馆CIP数据核字（2012）第059349号

**出 版 人：王天琪**
策划编辑：赵　婷
责任编辑：赵　婷
封面设计：林绵华
责任校对：曾育林
责任技编：何雅涛
出版发行：中山大学出版社
电　　话：编辑部 020-84111996，84113349，84111997，84110779
　　　　　发行部 020-84111998，84111981，84111160
地　　址：广州市新港西路135号
邮　　编：510275　　　　传　真：020-84036565
网　　址：http://www.zsup.com.cn　　E-mail:zdcbs@mail.sysu.edu.cn
印 刷 者：广东虎彩云印刷有限公司
规　　格：787 mm×1092 mm　1/16　22.25印张　526千字
版次印次：2012年3月第1版　2024年8月第2次印刷
印　　数：3001～3300册
定　　价：68.00元

# 前　言

文献保护是文献保藏机构的一项重要工作。大学的图书馆学、档案学专业作为培养图书馆、档案馆等主要文献保藏机构专门人才的基地，文献保护教育课程的设置是其培养计划的重要组成部分。

国内大学的档案学专业中，文献保护课程普遍以“档案保护技术（学）”命名，并列入专业必修课之中。教材则以中国人民大学李鸿健、冯乐耘、郭莉珠等教授先后编写的《档案保护技术学（教程）》为代表，基本形成了以载体材料和字迹的耐久性、环境控制、有害微生物和害虫防治、库房建筑与设备、修复技术等为主体的内容架构。近二十年来，其他高校或档案管理机构所编档案保护教材在内容及体例上基本都采用此种架构。图书馆学专业的文献保护课程设置不如档案学专业普遍，且大都是专业选修课。教材以武汉大学刘家真教授先后主编的《文献保护学》和《文献遗产保护》为代表，在上述档案保护技术学教材内容的基础上，增加了少量文献保护概论性的内容，如文献保护的概念、发展、原则等，提高了教材内容的系统性。2005 年出版的《文献遗产保护》不仅增加了“电子文献”保护的内容，对国外同类知识的借鉴和吸收也使教材的内容更加丰富和新颖，教材的编写体例上也有较大的突破。

国外大学的图书馆学和档案学专业的文献保护与修复教育在课程设置上以美国为例，可分为三种情况。第一种是仅提供一至两门相关课程，讲授文献保护与修复的基础理论知识。这种情况较为普遍，例如，北卡罗来纳大学教堂山分校开设“图书馆和档案馆资料保护（Preservation of Library and Archive Materials）”和“数字资源保护与存取（Digital Preservation and Access）”，华盛顿大学开设“图书馆资料的保护与修复（Preservation and Conservation of Library Materials）”，新泽西州立大学开设“图书馆与档案馆资料保护（Preservation of Library and Archival Materials）”，印第安娜大学伯明顿分校开设“文献保护（Preservation）”，马里兰大学帕克分校开设“图书馆与档案馆文献保护（Library and Archives Preservation）”，威斯康星大学麦迪逊分校开设“图书馆与档案馆资料的保护与修复（Preservation and Conservation of Library and Archives Materials）”，加州大学洛杉矶分校开设“文献遗产保护问题（Issues and Problems in Preservation of Heritage Materials）”，威斯康星大学密尔沃基分校开设“图书、纸张及其保护（Books, Paper, and Their Preservation）”和“保护信息载体（Preserving Information Media）”，等等。第二种是提供三门以上十门以下相关课程，较为全面地讲授文献保护与修复的理论知识。例如，伊利诺斯大学厄巴纳－尚佩恩分校开设“信息资源保护（Preserving Information Resources）”、“馆藏保管中的保护与修复（Preservation and Conservation for Collections Care）”、“数字资源保护（Digital Preservation）”和“数字资源保护前沿（Perspectives on Digital Preservation）”四门课程，密歇根大学安娜堡分校开设“信息保护（Preserving Information）”、“数字资源保护（Digital Preservation）”、“高级文献保护管理（Advanced Preservation Administration）”、“保护管理的物理处理程序（Physical Treatment Processes for Preservation Administrators）”、“数字化保护（Digitization for Preservation）”和“音像资料保护（Preserving Sound and Motion）”六门课程，西蒙斯大学开设“图书馆与档案馆文献保护管理（Preservation Management in Libraries and Archives）”、“馆藏维护（Collection Maintenance）”和“保护技术（Preservation Technologies）”三门课程，匹兹堡大学开设“图书馆与档案馆文献保护（Library and Archival Preservation）”、“保护管理（Preservation Management）”、“馆藏修复（Collections Conservation）”和“数字化保护（Digital Preservation）”四门课程，等等。第三种则是设置专门的文献保护与修复方向，提供十门以上相关课程，完整而系统地讲授文献保护与修复的理论知识，并进行文献保护与修复操作技能的实践培训，如德州大学奥斯汀分校。

从目前国内大学的图书馆学和档案学专业课程体系中文献保护类课程只有一门课的现状来看，这门课程所承担的角色应是一门有关文献保护知识的概论性课程。但从该课程主要教材的内容来看，正如其名称所表示的一样，以保护技术为主，未涉及文献保护管理层面的内容，如文献保护状况调查与保护需求评估、馆藏的日常维护与保管、保护意识的培养和普遍形成、保护性载录格式转换、灾难预案、文献保护项目的组织和管理等。这样的课程内容设置，对于仅仅依靠这一门课来学习文献保护知识的学生来说是不够的，其无法通过这样一门课程的学习而较为全面地掌握文献保护的基本知识。

有鉴于此，笔者在2006年秋受时任中山大学资讯管理系（现资讯管理学院）主任程焕文教授的指派承担图书馆学专业和档案学专业本科生课程“文献保护技术学”的教学工作后，和共同承担本门课程教学任务的张靖副教授、周旖博士在教学过程中广泛借鉴国内外文献保护课程的经验，并结合自己多年的文献保护工作实践，在历任系（院）领导的支持下，逐步进行了课程内容和教学方式的改革，对教学内容进行了调整和扩充，将其改造成一门文献保护的概论性课程，作为图书馆学专业和档案学专业共同的必修课。

首先，为创建与国际教育接轨的教育教学环境，充分借鉴国外研究成果和教学经验，提高学校本科教育的国际竞争力以及本科生的外语学习和研究能力，培养具有国际合作与跨文化交流能力的创新型人才，教学过程中大量使用英文材料，邀请国外专家讲学授课，实施双语化教学。2009年该课程被遴选为中山大学双语教学建设课程。

其次，根据学校加强实践教学的精神，增加了课程实践教学的比重，丰富实践教学手段，提高实践教学效果，获得了中山大学教学改革和广东省高等教育教学改革项目的支持。

最后，在选用英文教学参考书的基础上，编写出版双语教材，其中理论部分以中文编写，案例及资料部分以英文编写。本教材被列为中山大学重点建设教材项目。

本书是在共同讨论编写大纲的基础上由多位编者合作完成。林明和周旖承担了全书的策划、统筹、组织、审稿和统稿工作，张靖参加了部分章节的审稿和统稿工作。全书各章节撰写的具体分工情况是：第一章、第二章由林明编写，第三章由于沛编写，第四章、第六章、第七章由周旖编写，第五章由邱蔚晴编写，第八章、第九章由张靖编写，其中第九章第四节由蒋啸南提供初稿。

在编写过程中，本教材广泛吸收了国内外大量相关的研究成果，参考和引用了许多专家学者的相关著述，在此谨致诚挚的谢意。感谢中山大学出版社邹正芬老师、金明凤老师对本教材的选题、编写和出版给予的大力支持，感谢赵婷编辑认真而细致的编辑工作。

本教材的编写是一次新的尝试，内容涉及面甚广而编写时间紧张，加之编者学术水平有限，定有不足之处，敬请专家学者和读者批评指正，以便今后修订补充。

林明　谨识

2012 年 2 月 28 日于中山大学

# 目　录

# 第一章　绪　　论

**本章要点**

影响文献长期保存的因素：自身因素，自然因素，社会因素。

现代文献保护策略：技术策略，管理策略。

文献保护的原则。

**关键术语**

文献保护

## 第一节　文献保护与修复的概念

### 一、文献的构成要素

文献是“记录有知识和信息的一切载体。”[①] 在此定义中，我们可以看出，一方面，记录有知识和信息的载体，才能称之为文献；另一方面，“一切载体”强调记录知识和信息的物质载体的多样性。人类在不断地创造新的知识和信息，记录符号、记录技术与记录知识的载体在不断地发展变化，但文献的构成始终没有发生根本的改变。

一般来说，文献由四个要素组成。

（1）所记录的知识与信息，即文献内容。文献无不表达一定的信息，记录一定的知识。文献就是人类获得的信息或知识的物化，其目的是为了传播信息和知识。知识、信息是文献的本质内容，离开了知识与信息，载体也就不能称之为文献，也就无法达成文献的目的。因此，知识和信息是文献的核心构成要素。

（2）记录知识和信息的符号。文献中的知识和信息是借助文字、图表、声音、图像等记录下来并为人们所感知的；知识和信息不是符号，但可以用符号来表示，知识和信息以各种各样的符号方式得以表示、保存与传播。人类社会中的信息记录和传播过程的一个重要特点是信息的符号化，人类在生产和生活中创造并运用符号系统，记录知识和信息，

① 中国大百科全书总编辑委员会编. 中国大百科全书·图书馆学、情报学、档案学［M］. 北京：中国大百科全书出版社，2004：465.

传播知识和信息。人类同样通过对表示事物的符号的认知，间接地获得知识和信息。文字已不再是表达知识和信息的唯一符号系统，图形、声频、视频等同样成为表达知识、传递信息的重要手段。文献中的符号系统指图画、文字、公式、图表、编码、声像和电磁信息等。

（3）用于记录知识和信息的物质载体。载体是文献的外在形式。传达知识和信息内容的符号必须依附在一定的物质材料上才能相对固定下来，形成凝聚信息的实体，达到便于保存、加工、交流与使用的目的。因此，知识和信息的物质载体是文献所必需的基本要素。历史上，几乎任何相对稳定的固态物质都能成为文献的支撑物，人类也在不断地寻找更加适合记录、便于携带、易于读取、可长期保存的文献载体。随着生产力的发展，文献的物质载体从金石、竹简、羊皮、丝帛、纸张发展到感光介质和磁性介质。

（4）记录的方式和手段。如书写、印刷、录制等，它们是知识、信息与载体的联系方式。记录方法可分为手工记录、机械记录、光记录、电记录、声记录和磁记录，其中，最常见的是印刷。随着科技的发展，文字记录可以转变为数据记录，并用电子方法存贮到磁介质上去。

文献的本质是记录、传播知识和信息，所以文献内容是文献最根本的要素。记录符号、记录的方式手段和载体，都是使知识和信息物化为文献（或说外化）的途径，但此三者在实现知识和信息的物化中具有不可缺少的，同时也是十分重要的地位。所以，文献也可以说是知识和信息通过记录符号和记录方式与载体结合在一起的统一体。

文献的生命力在于知识与信息的交流与传递，也就是通过人们对文献载体上的信息符号进行读取和理解接受。按照读取信息符号的方式来区分，文献可以分为直读文献和非直读文献。直读文献是指可通过人体视觉、触觉器官获取并可被人脑思维理解和解释，从而被人类直接接受的文献，如手稿、传统印刷型文献、石刻碑文、盲文等。非直读文献是指通过机器设备将知识和信息从人类所能识别的符号系统或画面转换为人类无法直接识别的其他符号形式记录在某些特殊载体上，并且必须通过机器辅助才能将记录在载体上的知识和信息转换为人体视觉、听觉所能获取的信息符号的信息集合体，包括通过计算机存取和处理的数字文献，使用播放设备才可以获取信息的模拟录音、录像文献，等等。

表达知识和信息的符号系统是揭示知识和信息的标识，信息符号并不是信息本身，且随历史、地点、文化等的不同，同一信息符号所代表的意义会发生变化，同一信息也可以使用不同的符号来表示。对于文献而言，将知识和信息用信息符号记录到载体上是编码过程，而接受者通过已经掌握的信息系统将信息符号还原成具体的信息内容则是解码的过程。

对于直读文献而言，当人类的语言文字符号或图像通过视觉刺激人脑，经过大脑思维对信息符号解释与理解后，符号被信息化为完整意义的信息，人们才通过符号感知了信息。在解释信息符号的过程中，人脑起到了信息系统对符号的“读”与“解释”的功能。

对于非直读文献，人类的语言符号被转换为只有机器才能理解、识别的符号，这些信息符号被机器读取后，经过读出设备的处理与解释，转换为人能理解的信息符号，再通过人类的大脑对信息符号进行解读，感知信息内容。

人类的语言文字符号实际上并不是一个自然系统，而是一个人工与社会性系统。在人类历史的长河中，语言文字符号系统多种多样，有不少已经或正在消亡。同样，机读符号系统也由于制作和读取设备硬件和软件的更新换代而不断地变化。语言文字符号的消亡是因为人类对这类信息符号的解释已经失传，而非直读文献也可能因为读取设备的不兼容而导致无法解读。但从文献保护的角度来讲，这些并不影响文献本身的价值，因为其上的知识和信息客观存在，只是其传播、交流知识和信息的功能暂时无法实现。

## 二、文献的质量与损失

文献因其内容信息而有存在的价值。文献一旦生产出来，其上所附着的知识和信息内容则依赖于载体的完整和记录符号的清晰。如果载体受损，其上的知识和信息也将受损，如果载体灭失，其上的知识和信息也就不复存在。同样，如果记录符号灭失，载体也就不能成其为文献。

### （一）文献的质量

文献信息的质量是文献记录和传播知识信息功能实现的基础。随着人类文献收藏和聚集活动的开展，人们对信息资源依赖性的逐渐增强，对信息质量也愈加重视。但随着管理角度的不同，人们对信息质量评价和界定的角度也不尽相同。例如，从文献利用的角度出发，馆藏管理者大多以信息集合的质量作为文献信息质量的评价重点，其具体指标一般是馆藏文献相关性与完整性的评价，而用户更愿意从文献的内容质量、信息的效用质量来评价文献质量；从文献保藏的角度出发，文献内容信息是否真实、完整，是文献收藏管理部门最为关注的问题。

文献内容的真实性，也可以称之为准确性，就是要求文献保留的信息内容完好如初，是指被保存文献所表示的信息与文献最初所含信息在本质上完全吻合，即文献真实准确地保留了文献初始信息。在长期保存过程中有许多因素会导致文献内容信息的失真。文献保存过程中，只有文献信息符号被真实地保留下来，它才能跨越时间、地点传递文献最初所表达的信息。如果文献被涂改、信息符号部分或全部发生变化等，都将使信息符号传递的信息丧失真实性和准确性。

文献内容的完整性与真实性往往是相互关联的，不完整的信息必然有损其真实性。直接影响文献内容信息完整性的两个因素是文献载体的完整性和信息符号保留的完整程度。文献载体的缺失或文献载体完整但记录在载体上信息符号有缺失都会导致文献内容的缺失，从而影响文献内容的完整性。文献信息的损失会使用户对文献的可信度与有用性产生怀疑，最终影响文献的利用价值和信息传承功能的实现。

### （二）文献的损失

文献的损失是指因文献载体的缺损或灭失，或者记录符号的失真或消失而导致的文献内容不完整或不真实。

文献所要记录和传播的知识和信息记录在文献载体上是一个物化的过程，这个过程一经完成，知识和信息就变成了物质的文献，表现为文献载体和载体上的记录符号。文献载体和记录符号的损失也就造成了文献内容的损失。

文献载体的损失主要分为两种类型：一是载体材料的劣变；二是载体材料的缺损。

1. 载体材料的劣变

文献载体主要由高分子材料组成。高分子材料分为天然高分子材料和合成高分子材料。前者来自动物、植物体，如纤维素制品（纸张、织物）、皮毛制品、竹木制品等；后者包括塑料、涂料、粘结剂及合成纤维等。这些高分子材料都广泛应用于文献制作中。无论是天然高分子材料还是合成材料，它们都有着相同或相似的老化规律。而且，这些物质材料同世界上所有物质一样，处在永不停息的运动和变化之中。因此，文献载体要永久保持其原有的理化性质及功能是不可能的，即文献载体的劣变是绝对的。

高分子材料的劣变通常被称为老化。所谓老化，是指在使用和保藏过程中，由于受到大气环境中的热、氧、水、化学介质、光及微生物的综合作用，而使材料的化学组成和分子构成发生了变化，其物理性质和机械性能变坏。这些变化包括强度降低、变色、发脆、发硬、发黏等。老化分为物理老化、化学老化、光化学老化。

高分子材料物理老化是指高分子聚合物在不发生化学老化的前提下，其性质随时间逐渐变化的现象。物理老化不涉及分子结构的改变，一般是因为高分子长链的松弛时间太长，随着时间推移，链运动造成聚集态结构变化，引起宏观性能变化。通俗地讲，就是任何文献载体作为一种高分子聚合物，都有一定的寿命，即使不受外在环境的影响，也会在时间的长河中不知不觉的衰退老化。

高分子材料的化学老化包括化学降解和氧化降解。纤维素等杂链高分子材料易发生化学降解，而不容易发生氧化降解。纤维素是纸质文献的主要组成成分，而纤维素制品的老化，在高分子材料的老化过程中占有重要地位。酸性水解降解是纤维素的主要化学老化反应形式。

聚乙烯、聚丙烯、聚氯乙烯、聚苯乙烯等聚烯烃热塑性树脂及合成橡胶等高分子材料，也是造纸工业不可缺少的材料，它们在涂布、浸渍、层合等加工过程中作为涂料和粘结剂起到了重要作用。氧化降解是聚烯烃的特征，所以聚烯烃物质的氧化降解也会直接影响纸质文物的性能。

热降解是指高分子材料在受热过程中，分子量变小的化学反应过程。热降解主要有解聚、无规断链、侧基脱除三种反应方式。高分子材料的热降解通常发生在高温条件下。而纤维素分子在室温条件下也会发生缓慢降解。

高分子材料的光化学老化包括光降解、光氧化、光敏氧化、光催化氧化及大气污染成分引起的光化学反应等。

文献载体劣变后，一般会出现色变、质变、形变和破裂等不可逆的现象。色变是指文献载体变质后颜色发生改变。并非所有的文献载体变质后都有色变现象发生，但对于纸质文献、胶片文献与照片文献，这种情况尤为显著。一般说来，色变有三种类型，即退色、变色与泛黄。质变是指文献载体发生变质。质变后的文献载体品质劣化，使得文献载体的强度变弱，如纸张变质后脆化、易折断或裂为碎片。对于直读文献，文献载体的变质只是逐步地失去支持信息符号的能力；而对于非直读文献，文献载体的变质不仅使信息符号失去支持体，还会使信息符号无法转换为可被人理解的有意义的信息。形变一般是指载体材料的形状与尺寸发生变化，纸张在外力作用下会发生弹性形变和塑性形变，弹性形变在作用力移去之后还可以恢复原状，但塑性形变消除作用力后，则不能恢复原来的形态。由塑性形变引起的纸张尺寸和形状的变化，将给纸质文献造成危害。破裂是指载体材料的开裂与断裂。塑料载体与多层黏合而成的复杂载体容易发生开裂，有些塑料载体还会出现脆性断裂。

2. 载体材料的缺损

文献载体材料的缺损一方面是载体材料作为高分子材料，易遭受生物的侵害。这包括微生物侵害和某些种类的昆虫侵害。很多文献载体都可以被微生物吸收和利用，成为微生物的营养物质。纸张中的纤维素、半纤维素，照片、影片的片基，文献装订用的糨糊及胶水、皮制封面等都是微生物营养的重要来源。微生物在分解载体汲取营养的同时，还能分解出有机酸腐蚀文献载体，使其变黄发脆。微生物对文献载体的损毁主要表现为：降解文献材料结构，降低文献寿命；形成有色菌落，造成文献的污染；微生物代谢产生水分，增加文献湿度，使文献制成材料的含水量增大，造成文献发生粘连。

文献载体还常常受到昆虫、啮齿类动物（如家鼠）的侵害。某些昆虫直接蛀食文献载体，而啮齿类动物虽不以文献载体物质为食，却常用它们锐利的门齿将文献咬毁。

另一方面，文献作为传递知识和信息的工具，也经常在被人们利用的过程中因不当使用或过度使用而造成载体材料的缺损，如读者有意或无意在文献上写画、撕毁等都会造成文献载体的缺损。

记录符号的失真或损失情况较为复杂。文献的记录方式可以分为无媒介的记录方式和有媒介的记录方式。无媒介的记录方式就是通过刻画或铸造等方式将文献记录符号显现在文献载体上，如甲骨文献、泥版文献、石刻文献、青铜文献、光盘等。有媒介的记录方式就是将记录媒介附着在文献载体上，通过记录媒介和文献载体的色差等差别凸显出文献记录符号，如纸质文献（书写、印刷）、照片、磁带等。

无媒介记录方式的记录符号的损失主要由于载体的磨损而产生，而有媒介记录方式的记录符号损失和媒介的物理和化学性质相关。例如，有的纸质文献的书写材料和印刷材料并不稳定，会随着时间的变化或受外界环境的影响而产生变化，字迹变淡或消失，造成记录符号的损失；照片的记录媒介感光层（乳剂层）是由色料（银或染料）与明胶组成，明胶在乳剂层中起着分散与固着色料的作用，并形成对画面的保护膜，明胶的变质会导致乳剂层的形变、开裂、发霉、脆化等，从而使记录符号和信号损失。

由于各种因素的影响，世界各国都有相当数量的文献受到破坏和损失，面临着毁灭的危险。1971 年，美国国会图书馆对该馆所收藏的 1700 万册图书进行调查时，发现 35% 的藏书已濒临毁灭阶段。1975 年，对北美文献资料进行调查，发现 90% 的 19 世纪出版的图书处于危险状态；纽约州 50% 的藏书处于危险状态，其中的 10% 需要立即处理。美国人由此而惊呼，美国正处在“丧失记忆”的危险之中。1975 年，英国进行了类似的文献资料调查。在其所调查的 100 万种纸质文献中，有 10 万种文献的纸张已发脆和损坏严重而处于极度危险状态，这 10 万种文献中的 1/3 需要立即进行处理。1979 年，法国对国立巴黎图书馆的藏书进行调查，发现在 2460 万册（件）馆藏图书中，已有 9 万册图书不能使用、700 万页的期刊濒临不能阅读，还有 3. 6 万幅图画、37. 5 万幅木版画、30 万张照片、33. 77 万张乐谱和 3 万余张手稿的情况令人担忧。我国的文献信息资源也面临同样的厄运，据统计，我国现存 1000 余万册的珍善本书和古籍线装书，以及 1949 年以前出版的各种旧平装书和早期订卷的旧档案，都已遭到不同程度的损坏。1960 年，有关部门对四川省的档案文献进行了调查，结果在 53 个发生档案虫害的单位中，发现被虫蛀蚀的案卷达 13. 7 万余卷；1964 年，有关部门又对湖南、广东两省的 196 个档案单位进行了调查，发现其中的 82 个档案单位存在不同程度的档案虫害，占所调查的档案单位总数的 41. 8%。

在1966—1976年的10年间，仅四川省遭虫蛀、霉烂的档案案卷即达29万卷之多。

### 三、文献保护

通过以上分析我们可以看到，不管文献载体材料如何优良，其本身都有一定的寿命，再加上保藏环境的影响和人为的破坏，随着时间的推移，文献的载体、记录符号都会逐渐损坏和变质，从而影响文献所记录信息的完整和寿命。

自从文献诞生以来，人类就开始了延长文献使用寿命的尝试。在长期的历史发展过程中，保护文献的技术、方法和手段经历了从自发到自觉、从经验到理论、从探索到成熟的历程，已经形成较为完整的体系。尤其是20世纪以来，在科学发展的推动下，世界各国的大型文献收藏机构、教育机构着手从事与文献保护有关的研究工作，掀起文献保护研究的热潮。联合国教科文组织、国际档案理事会、国际图书馆协会与机构联合会、国际博物馆协会等国际性组织的成立，为文献保护建立了一个崭新的平台，文献保护从此走上了科学化发展的道路。

文献是载体、记录符号及记录方式联合表达知识和信息的集合体，是人类文明传承的载体，保护文献、传承文明是人类共同的责任和义务。而图书馆、档案馆、博物馆等具有收集、保藏文献职能的社会机构更应该承担起保护文献的责任，尽可能地采取措施，使其所藏的文献资源免受自然的和人为的损毁，延长文献信息保存期限和使用寿命，尽可能保持其原来的形态。

从文献保护工作的阶段来分，文献保护应包括预防性文献保护和补救性文献保护两个方面的工作。

（1）预防性文献保护工作，即采取一定措施，防止文献损坏或减缓其损坏速度。这项工作包括制定长期保护计划及防灾计划；建立并维护适于文献储存、使用与陈列的环境；开发适当的管理与入藏程序；采用文献批量处理（脱酸处理）及其他文献保护与处理的专门技术；装订易损文献；制定标准与非损坏处理程序；研制并使用“永久性”材料；开展对工作人员、用户及文献保护人员的培训与教育工作；等等。

（2）补救性文献保护工作，即采取一定措施，对已损坏的馆藏文献进行补救性的控制与处理。这项工作包括对现存馆藏文献进行重新装订、移库、修复等维护工作；对文献进行个别处理与熏蒸、强化等批量保护处理的工作；对文献进行同种载体的转换与不同载体的转换；等等。

从文献保护工作的性质来分，文献保护又可分为文献保护管理和文献保护技术两个方面。

（1）文献保护管理包括文献保护政策的制定与实施、文献保护人员的配备、文献保护经费的筹集、文献保护标准和制度及相关规定的制定与实施、文献保护灾难管理等内容。文献保护工作的开展，除了成熟技术的支撑外，文献保护计划项目的实施，相关法规、标准、制度的保障也都非常重要。文献保护技术的研究与运用，也需要相关管理措施的组织与推动，而管理措施的有效开展，也会推动文献保护技术的实施。

（2）文献保护技术。文献保护技术是达到文献保护目的的直接手段，也是文献保护管理的实现手段，管理驱动技术，技术实现管理。具体来讲，文献保护技术包括载体防护技术、环境控制技术、防虫杀虫技术、纸质载体脱酸技术、文献修复和加固技术等。

文献保藏机构既要注重文献保护的预防工作，也要重视文献保护的补救性工作，既要重视文献保护的管理措施，也要重视文献保护技术的运用。只有这样，才能全面达到文献保护的目的。

必须注意的是，保护文献的根本目的是为了加强知识和信息的传播以及文献的利用。完整的文献是文献知识传播的物质基础，是文献内容得以传播、利用的前提。因此，保护文献和利用文献是文献保藏工作的两个方面，如果只强调保护而忽视了利用，就偏离了文献保护的目的，片面强调利用而忽视了保护，利用是无法长久的。

## 第二节　影响文献长期保存的因素

保护文献的安全，使之免遭破坏和损失，是文献保藏机构的重要任务。保护和管理好文献，可以延长其使用寿命，保证其完整而长久地提供给用户使用。因此，分析研究引起文献损毁和丢失的影响因素，寻找出有效的应对措施，对文献的保存与保护有着十分重要的现实意义。影响文献长期保存的因素很多，文献载体的变质和损毁与载体物质本身的成分、载体周围的环境条件以及文献的使用、贮藏与管理有关。归纳起来，大致可分为自身因素、自然因素和社会因素三个方面。

### 一、自身因素

任何文献载体及材料都有一定潜在的保质期或存活期，即有效寿命。这是由基因控制的“寿命”。这种寿命是需在完美的生活或保藏环境下才能达到的一个理论值。随着时间推移，载体及材料原有的特性会发生不可逆的变化而逐渐失去原有的效用，即载体及材料不可能超越自身的有效寿命而永久保持原有的特性。而文献载体及其他材料并不可能一直存放在完美的环境中。文献存放在某种现实环境中而保持原有特性的时间称为保藏寿命，它是文献载体有效保留信息符号的实际期限，它小于或等于文献载体的有效寿命，它与有效寿命的时间差距大小取决于环境因素。但同等保藏环境下，文献的保藏寿命与它的有效寿命成正比，也就是说，文献保藏寿命的长短同样取决于它先天的自身因素。

文献载体和材料的化学成分及其制作方式，对文献载体的寿命影响很大。不同的材料有不同的物理性能、化学性能与光学性能，这些性能直接影响文献的使用和文献载体的长期保存。回顾文献载体的发展历史，从甲骨、金石、纸草、羊皮纸到纸张，再到数字资源的载体，其有效寿命和保藏寿命各异。从表 1 - 1 中可以看出各种常用载体在一定环境下的保藏寿命差别较大。

即使是同类材料而成分不同的文献载体，其保存寿命也会有所差异。例如，同是纸质文献，选用的造纸原料或加工方式不同，所形成的文献纸张的有效寿命差异非常大，有的有效寿命可达上千年，而有的只有几十年。例如，保存至今的宋代文献为数不少且状况良好，已达千年之久；而民国时期的文献距今只有不到百年的历史，却大都发黄变脆，处于濒临灭失的状态。

**表 1-1　各类文献载体保藏寿命比较**

（环境条件：温度 20 ℃，相对湿度 40%；比较时间：1996 年）

| 存储载体 | 格式/技术 | 预计寿命（年） | |
|---|---|---|---|
| | | 普通质量 | 高质量 |
| 磁带 | 3480/3490 盒带 | 5 | 20 |
| | 数字线形磁带 | 5 | 20 |
| | DD-2/DD-3 | 5 | 15 |
| | IQIC | 2 | 10 |
| | D8（数据 8 mm 磁带） | 2 | 10 |
| 光盘 | CD-ROM | 5 | 50 |
| | WORM | 5 | 100 |
| | CD-R | 2 | 30 |
| | MO | 2 | 30 |
| 纸张 | 低木素纸张 | 50 | 300 |
| 缩微胶片 | 中期型 | 10 | 20 |
| | 档案型 | 100 | 200 |

刘家真主编．文献遗产保护．北京：高等教育出版社，2005.6：252.

文献载体及材料的有效寿命往往只体现了文献载体及材料的持久性。持久性是指载体材料抗拒时间因素与环境因素而有效保留信息符号的能力，它具体表现在保存信息符号的时间长短上。大多数文献载体及材料的持久性与其理化性质紧密相关。

文献的价值在于利用，其保藏寿命不仅仅受到保藏环境的影响，还受到利用强度的影响。文献利用强度对文献寿命的影响指标表现为文献的耐用性，即文献在频繁和持续的使用中，载体材料保持原始状况的能力，它更多地体现在载体的物理特性上，是载体物理强度和塑性的体现。

耐用性是载体材料能够经受长期使用的必要条件，持久性是文献载体材料能长期保存下去的关键。有的文献载体可能是持久的，但却不耐用，反之亦然。但随着时间的推移，文献载体发生变质后，其耐用性与持久性都将随之下降。

## 二、自然因素

文献载体及材料的有效寿命取决于其自身的先天基因，而文献的保藏寿命往往取决于其所处的自然环境。载体材料的有效寿命是一个理想值，很多文献载体及材料的保藏寿命远远短于其有效寿命，这是由于保存与利用的环境恶劣消耗了文献载体的有效寿命。同样的文献存放于不同的地方，其实际保藏寿命各异。例如，1900 年在甘肃境内敦煌石窟发现的唐宋时期文献，因在敦煌石窟封存 900 余年，保存状况良好，而同时期文献在社会上却较少流传。这充分说明了合理的保藏条件对文献长期保存的重要性，说明合理控制湿度、温度和光照条件可以长久地保藏纸质文献。

环境是无处不在的能量形式与化学物质的复合体。造成文献载体变质的环境因素很多，有不适宜的温度、湿度、光、有害气体等。这些环境因素通过物理作用、化学作用及生物作用造成文献载体和材料的功能衰退，从而缩短了文献的使用寿命。大多数破坏文献载体的环境因素具有多种变质作用，而且通常多种环境因素的综合影响对文献载体造成更大的破坏。具体来讲，影响文献长期保存的自然因素主要有六点。

### （一）温度

文献保护中的温度因素主要是文献所处环境空气的温度。温度几乎对所有材料的物理性能都有影响，几乎所有的化学反应都受温度所左右。温度对文献保护的影响主要表现在以下三个方面。

1. 温度影响文献载体材料的变质速率

当温度比较低时，文献载体内发生变质反应的活化分子在整个载体物质中所占的比例较小，引起文献载体材料变质的反应速度比较缓慢。当温度比较高时，导致文献载体材料变质的活化分子数量增多，载体变质的速度就加快。

2. 温度影响载体形态

当温度过高时，载体内的水分蒸发，导致载体脱水、脆化和变形，文献中的胶黏剂也会因发干而失去应有的功能。温度的剧烈波动对文献载体的形体也有很大的破坏力。文献载体大多由若干种不同的材料共同加工而成，这些不同的材料膨胀系数各异。当温度剧烈波动时，文献中的各种材料就会以各自不同的膨胀系数膨胀或收缩，从而导致文献载体结构的解体和破裂。

3. 温度影响文献有害生物的生长

高温会加快文献有害生物的生长发育，增加了文献载体遭虫蛀、鼠伤和霉变的可能。

### （二）湿度

湿度是表示环境潮湿与干燥的程度。湿度对文献载体材料的影响，实质上是水对文献载体的作用。水不仅直接影响文献载体材料的物理性能，而且还参与并促进文献载体材料的化学变质。

1. 湿度对文献载体物理性质的影响

对于纸质载体而言，湿度过小，纸张会因含水量过低而发硬、发脆，降低其机械强度；湿度过大，纸张也会因含水量过高而降低其机械强度。湿度的波动会导致组成文献载体的各种材料的体积发生变化，从而使文献载体出现变形、裂纹甚至解体。

2. 环境湿度对文献载体变质的影响

除直接影响载体的机械强度外，水本身还参与载体内部的化学反应，并为大量的其他惰性物质的相互作用提供媒介。在潮湿的环境中，纸质文献、皮质文献上的字迹、图案等会加快褪色。当环境湿度过大且有污染物存在时，空气中的水蒸气可帮助气态污染物的传播，从而使纸张的酸度增加，加速了纸张纤维素的水解。

3. 环境湿度对文献载体储存生物环境的影响

危害文献载体材料的昆虫和微生物体内含有大量水分，这些水分是其进行生理活动的重要介质。当环境湿度较大时，书库内的有害生物就易于得到水分维持其体内正常的含水量，从而有利于它们的生长和繁殖；当环境湿度较小时，有害生物体内的水分就要向体外蒸发，有害生物体内正常的含水量就被破坏而使其发育停止甚至死亡。因此，环境湿度直接影响着文献载体储存生物环境的好坏，以及由此而引起的文献虫害、霉变等危害程度的大小。

### （三）光

光是由发光体（光源）发出的一种电磁波。影响文献载体的主要光源是太阳光，而文献库房和存放处的人工光也是影响因素之一。

光是能量的一种形式，它能通过激活化学反应促使文献载体的变质。光的破坏能力决定于光的波长，波长越短的光对文献载体的危害程度越大。如波长在 120 ～ 400 纳米的超短波长的紫外光，其能量足以克服碳－碳键和碳－氢键的键合力而使有机物分子分解，因而对文献载体的破坏性比日常的可见光（波长范围在 400 ～ 760 纳米）要大得多。不仅太阳光对文献具有破坏作用，文献保藏机构内照明用的人工光的长期照射也会对所收藏的信息资源造成损害，这也是文献保护中应引起重视的一个光因素。

### （四）空气污染物

空气污染物可分为两类，一类是有害气体，另一类是微粒物质。

1．有害气体对文献载体的影响

危害文献载体的有害气体从其化学性质上可分为酸性有害气体和氧化性有害气体两大类。酸性有害气体是指那些能通过各种途径在载体材料内部形成酸，并通过酸的作用造成载体材料变质的有害气体；氧化性有害气体是指那些具有氧化能力，并主要通过氧化作用造成载体材料变质的有害气体。酸性有害气体和氧化性有害气体都具有强烈的腐蚀作用，能破坏文献载体材料的化学成分而使其机械强度下降或物理性能发生改变。

2．微粒物质对文献载体的影响

微粒物质主要通过物理途径、化学途径和生物途径损坏和破坏文献载体。从损坏文献载体的物理途径来看，微粒物质可污染纸张、胶片、磁带、磁盘等多种载体的表面，划伤和磨损载体材料，并影响文献的文字、声音和图像效果；从损坏文献载体的化学途径来看，微粒物质中复杂的化学成分带来了损坏文献载体的酸、碱和氧化剂，不同程度地引起纸张、胶片、磁带等多种载体材料发生降解，还使得纸质文献上的字迹褪变；从损坏载体材料的生物途径来看，含有多种有机物和无机物的微粒物质本身是霉菌生长繁殖的培养基，其与空气中的水汽相凝结而形成的小水滴更是有害生物新陈代谢的必需品，为有害生物危害文献载体创造了条件。

### （五）有害生物

危害文献信息载体的有害生物主要有微生物、昆虫及鼠类动物三大类型。由于这三类有害生物的生物学特征各异，因而它们对文献载体危害的特点与程度也各不相同。

1．微生物的影响

给文献载体带来危害的主要是部分细菌和霉菌。

细菌是非常微小的微生物，只有当图书被水浸透时，可分解蛋白质的细菌和破坏纤维素的细菌才能对图书造成危害，使得纸张的胶性物质和图书的皮革封面发生霉变，从而破坏图书材料的结构。一般来讲，文献信息机构的藏书被水浸透的情况并不多见，因而细菌对文献载体的危害是有限的。

霉菌属于真菌类微生物，有着极强的生命力，它们对文献的危害主要表现在：霉菌菌丝所分泌的色素以及霉菌孢子所带的色素污染文献载体且很难被清除；霉菌菌丝所分泌的液滴和黏液使纸质文献载体发生粘连而板结；有些霉菌在污染文献纸张的同时能迅速增加纸张的酸值，从而使纸质文献霉变处易于发黄和脆化；有些霉菌具有分解纤维素、木质素、淀粉及油墨等有机物的能力，危害纸质文献、胶片甚至木质文献柜架；等等。

2. 昆虫的影响

昆虫种类繁多，但适于文献库内生存环境并危害文献载体的昆虫只有几十种。常见的文献害虫是指那些分布范围广或在文献库内发现频率高，并对文献载体造成危害的昆虫，如毛衣鱼、书虱、档案窃蠹、烟草甲、花斑皮蠹等。文献害虫一般都能蛀食纸质文献载体的纸张，使纸质文献形成数量不等的小孔洞和字迹受损；有的文献害虫还蛀食纸质文献载体的纸张填料、胶黏剂以及文献封面材料的棉毛织品、丝绸和皮革等，破坏文献及其装订或使文献装订解体；有的文献害虫还蛀食胶片、塑料及木制品等，危害视听资料及文献储藏柜架；有的文献害虫（如蟑螂）的排泄物还会污染文献，不仅影响文献文字和图像的清晰度，而且还留下难闻的气味。

3. 鼠类的影响

危害文献载体的鼠类主要有小家鼠、黄胸鼠、褐家鼠等。鼠类虽不以文献载体材料为食，但却能以其锐利的门齿啃咬文献载体及其木制储存架柜，损毁或损坏文献载体及其木制储存柜架。

### （六）自然灾害

水灾、火灾、地震等自然灾害也会给文献的保存与保护带来损害甚至是毁灭性的灾难。例如，2002 年欧洲暴发的洪水给波兰、捷克和德国的档案馆和图书馆带来了巨大的损失。2004 年 12 月 26 日，印度洋海啸给印度尼西亚受灾地区的各类档案和文件保管机构造成了巨大损失。班达亚齐省档案馆失去了 80% 的照片档案。2005 年，美国墨西哥湾沿岸遭受飓风卡特里娜、丽塔和威尔玛的破坏，5 个州的大约 70 个博物馆、历史学会和 250 多个图书馆遭到严重破坏。2008 年 5 月 12 日，中国汶川大地震致使四川、陕西、甘肃三省图书馆遭受了重大损失。四川的汶川、北川、青川、茂县 4 个县图书馆（部分含图书室）遭到不同程度的破坏，毁坏图书 182. 24 万册。

## 三、社会因素

社会因素主要是指文献受到人为的损毁和丢失。这种由于人为因素造成的损毁，的确给文献信息机构的文献收藏造成巨大损失，具体包括三个方面。

### （一）被盗丢失

文献收藏机构在开展对外服务的过程中，读者盗窃馆藏文献的情况时有发生，特别是开架借阅体制自 20 世纪 50 年代在西方图书馆界开始大力推行、70 年代基本普及以来，图书馆藏书被盗的机会和数量更是大大增加，由此而损失的文献数量巨大，已成为一个国际性的公害。国外很多图书馆无可奈何地规定，开架部分的藏书的丢失率在5%以下为合理损耗。据有关资料显示，在美国的140个公共图书馆中，平均每馆每年被盗的藏书达3000多册。纽约公共图书馆在一年内丢书量高达总馆藏量的10%；威尔斯利公共图书馆在15年间丢书达总馆藏量的20%。

### （二）战争损毁

战争伴随着人类发展的进程，不仅生灵涂炭，也对文明造成毁灭。自古以来，无数的图书馆、档案馆、博物馆及其馆藏文献、文物毁于战争。著名的埃及亚历山大图书馆始建于托勒密一世（公元前367—前283年），盛于托勒密二世、托勒密三世，是世界上最古老的图书馆之一。馆内收藏了贯穿公元前400—前300年时期的手稿，拥有当时世界上最丰富的文献收藏。其藏书之多，对人类文明贡献之大，是古代其他图书馆无法比拟的。这座举世闻名的古代文化中心，于3世纪末被战火全部吞没。日本帝国主义发动的侵华战争，给中华民族带来了深重的灾难，中国的图书馆事业和文化典籍亦遭到了空前的摧残与掠夺，其损失无法计量。有关数据表明，战前中国图书馆的馆藏总量在2500万册左右，日本侵华期间，经过日军的狂轰滥炸、劫夺、焚烧之后损失近六成。据1946年中央图书馆馆长蒋复璁的统计，从“七七事变”起至抗日战争胜利，仅东南各省图书馆损失书刊就在1000万册以上。日本帝国主义的强盗行径给我国图书馆事业，尤其是图书馆典籍带来的巨大损失，由此可见一斑。

1991年1月17日，以美国为首的多国部队攻打伊拉克，海湾战争开始。战争不仅对伊拉克的基础设施造成了毁灭性的打击，许多大学、研究机构的图书馆也受到了战争炮火的猛烈袭击，仅伊拉克中小学图书馆就损失了1343438册件文献资料，多媒体损失898181台件。2003年4月，美国再次攻打伊拉克，4月10日至12日短短的三天时间里，随着国家图书馆和档案馆里成千上万的档案文件、历史记录、古籍、古地图和照片的丢失和损毁，伊拉克的一部分重要记忆被永远地抹去了。据统计，国家档案馆丢失了60%的馆藏，包括大部分缩微胶片和胶卷；国家图书馆丢失了25%的馆藏，包括部分古籍和期刊；国家图书馆和档案馆大楼也经历了一场浩劫，所有的设备或被毁坏，或被抢劫。

### （三）不当处理和使用

文献载体材料的损毁还同文献的使用、贮藏与处理方式有关。质量再好的载体材料也经受不起粗暴地使用，而不科学的贮藏与处理则会直接造成文献载体的损坏。部分文献管理者和使用者对文献信息机构所藏文献的重要性缺乏深刻认识，对为当代人和后代人保存精神文化财富没有足够重视，也没有意识到保护文献就是对他们自身充分有效地利用信息资源权利权益的保证和保障，也就难免使文献信息机构的信息资源时常受到不应有的人为损毁。有的文献保藏机构的文献资料排架过于密集，在取阅时容易造成书刊封面、封底的摩擦脱落及其他载体损伤，人为地给文献资料带来不必要的磨损性伤害；不少文献管理人员缺乏相应的文献保护常识，在日常处理文献的过程中对文献造成破坏；部分用户在不经意间对所借阅的书刊资料折角、涂画标记和任意碰摔，造成所借阅书刊资料的污损和破坏；更有极少数用户道德品质不高、法律意识不强，对所借阅的书刊资料乱涂乱画、任意撕页和肆意碰摔，造成难以弥补的信息资源损毁。

综上所述，影响文献长期保存的因素来自文献载体材料本身和载体周围的自然环境及社会环境。文献载体材料本身的因素是引发文献载体材料变质的内因，文献所处的自然环境和社会环境则是造成文献损毁的外因。

对文献的损坏变质来说，有时是内因起主导作用，有时是外因起主导作用；而对于图书馆、档案馆等文献保藏机构来说，通常是多种因素共同作用，从而造成馆藏文献的损毁变质。

## 第三节　文献保护的发展历程

人类保护文献的活动发展至今已经有几千年的历史。在这漫长的时间内，随着科学技术的不断发展、人类思想的不断变革，在保护文献的方法与手段方面，由维护文献载体的完整逐步发展为超越载体而针对文献内容的长期保存。保护文献的思想由最初的以藏为主发展到为利用而保存。

### 一、古代中国的文献保护

我国具有悠久的文献生产和收藏历史，并在很早的时候就开始了文献保护的实践。在古代，文献的生产、收藏和利用没有严格的区分，文献保护工作在文献制作阶段就已经开始了，并贯穿文献收藏和利用的整个过程。

#### （一）文献制作阶段

在简牍时期，人们在载体的制作过程中将竹简进行杀青处理，目的是去除新竹中的水分，避免虫蛀。竹简的杀青处理是通过高温炙烤将竹子中的汁液蒸发，使其保持干燥，抑制有害微生物和蛀虫的生长繁殖，同时，烘烤时高温也可以直接将竹子中的有害微生物和蛀虫杀死，避免了竹简当时和以后可能发生的虫蛀，达到防蠹的效果。这是中国古代文献保护技术发展史上的一项重要成就，也是人们主动意识到文献长久保存需求和实践的开端。所以，今天出土的两千年前的竹简大多未腐朽蠹蚀，这与杀青的作用是分不开的。杀青避蠹技术表明中国古代从文献载体的制作阶段就开始注意文献的长久保存问题，为后来文献载体在长久保存方面提供了很好的探索，它也昭示后人，高质量的文献载体才是文献长久保存的前提。

魏晋时期纸张盛行之后，纸本书籍也面临虫蠹蛀蚀的问题，于是出现了染潢避蠹的技术，即将纸张用黄檗泡水的汁染制。魏晋南北朝时的大量宗教用纸，尤其是抄写佛经、道经，常用黄纸，敦煌石窟中发现的佛经，也大多是用黄纸书写，这也是敦煌藏经洞中大量唐人写经完整无损的原因之一。黄檗为黄檗属植物，树皮内层经炮制后入药，称为黄檗。中国最常见的黄檗有两种，即关黄檗和川黄檗，中国古代用以染黄纸张的是川黄檗。川黄檗含小檗碱，具有抗细菌、抗真菌、抗微生物、抗原虫、抗寄生物的作用，对昆虫具有拒食剂作用。

碧纸也是中国古代染纸避蠹的一种特殊纸张，宋代开始使用，明代宣德以后，因其颜色与青花瓷的颜色相近，又名瓷青纸、磁青纸。古代所用碧纸为多张皮纸通过浸染、浆捶复合、涂布、施蜡、砑磨上光而成，所用染料为天然植物染料靛蓝。古代用碧纸一是因为靛蓝有杀虫作用，可以保护文献不受害虫侵蚀；二是因为多用碧纸来写经，而写经又常用金银粉作为书写材料，用一般白纸无法显示字迹，所以将纸染成蓝色。

南宋时期出现了用于避蠹的椒纸，即将抄造出来的纸张，用花椒的果实和果皮浸泡出来的汁液染制而得。花椒有温中行气、逐寒、止痛、杀虫等功效，其所含的化学成分及散发出来的强烈辛辣气味对蠹虫有驱避作用，这就使得椒纸具有较好的防蛀避蠹效果。

明末清初，为了解决南方潮湿、蠹鱼泛滥成灾的问题，广东地区流行用一种色彩鲜艳的橘红色纸、俗名万年红纸做副叶的装帧工艺。藏书家常据此为粤刊本或粤装本的标志。万年红纸也叫红丹纸、正丹纸、东丹纸、黄丹纸。这种纸可经年历久不变颜色，万年红即由此而得名。万年红纸的主要产地是广东佛山和潮州。经分析，万年红纸上的橘红色涂料的主要成分为四氧化三铅（$Pb_3O_4$），次要成分为碱性硫酸铅（$PbO \cdot PbSO_4$）、一氧化铅（PbO）等。四氧化三铅具有较强的毒性，可以杀灭文献害虫。

---

**知识点链接 1－1**

### 万年红防蠹纸的原料和制作过程

涂层原料：铅丹、一氧化铅、硫酸铅、白矾、桃胶或聚乙烯醇、五氯酚钠。

制作程序：

1. 取市售化学纯铅丹、一氧化铅、硫酸铅，以 7∶2∶1 的比例混合，置于研钵中。

2. 加少量水研磨药物至极细，倾斜研钵，取溢流液。粗颗粒残渣再加水研磨，如此反复进行。待液中悬浮药物沉降后，弃清水。经研磨后的药物粒度，可通过 200 号标准筛。

3. 在研细的药物中加入五氯酚钠水溶液，五氯酚钠用量约为涂料药物重量的 3%。

4. 再加入 10% 的桃胶水溶液或 20% 的聚乙烯醇水溶液，调制涂料至适宜稠度。药物用量与胶液用量为 1∶1，即 100 克药物与 100 毫升胶液混合调制。

5. 以毛边纸、玉扣纸或桑皮纸为纸基。纸基背面可用 5% 的白矾水溶液刷一遍。

6. 把处理过的纸基置于吸水性能强的呈文纸上，用软毛刷将涂料均匀涂布两次。工业生产可用涂布机涂布或高压喷涂。

7. 最后用 3% 的胶液再涂布一次，使涂料不致脱落。

8. 刷毕，于纸上覆盖呈文纸，在室内阴干。

资料来源：周宝中等. 铅丹防蠹纸的研究［J］. 中国历史文物，1980（2）：193，194－206.

---

#### （二）文献收藏阶段

在文献收藏阶段，中国古代人们也采取了大量的措施来保护文献。包括文献收藏建筑、文献装具和文献日常防护。

古人藏书屡遭火患，收藏者莫不视火为大患而求防火之法，在文献收藏建筑方面非常注重防火。古代建筑材料都取自自然，主要为砖石、木材。木材不防火，而砖石的抗燃性能强，用砖石作为墙体材料，或包裹木构建筑中的梁、拱、椽、枋，或完全取代木构件，做成完整的石屋、石门、砖墙等，大大增强了防火能力，所以砖石自然成为防火建筑的首选。秦汉时期的“石室金匮”就是文献防火建筑的代表。

皇史宬是中国古代文献保藏建筑的典范，其特殊的构造在防火、防盗、防潮方面起到了很好的效果。皇史宬位于北京天安门东的南池子大街136号，占地8460平方米，建筑面积3400平方米。始建于明嘉靖十三年（1534），距今已有470多年的历史，是目前保存最完好的以石为建筑材料的皇家档案库。皇史宬正殿全为砖石所砌，不置一钉一木；内高8.09米，无梁无柱；南北墙厚6.4米，东西墙厚3.45米。① 正殿东西九楹，正中券门五座，殿门进深6.2米，每扇门均用整块石头制成，高3.25米，宽0.55米，厚0.22米，重约5吨。正殿内筑有一座高1.42米的汉白玉须弥石台。皇史宬超厚的石墙壁可以将外部温差变化对室温的影响减少到非常微弱的程度。据测，皇史宬的室温可以常年控制在（15～23）℃ ±2 ℃之间。②

为了防止藏书生霉、生虫，古人非常重视文献收藏建筑的选址，以达到防火防潮的目的。例如，宋代私家藏书楼多选址在山岩、水溪之际，就是从书籍之防潮、防火考虑的；明代浙江金华藏书家虞守愚将藏书楼筑于水池中央的小岛上，若需登楼，则以小舟为渡，夜则去舟，使人无法登楼，既防火又防盗。

最早的文献收藏装具应是用来盛装竹木简牍的囊和书箧。囊后来演变为书帙，箧笥后来逐渐演变为木制书匣、书函。帙是日常用来包裹文献的布帛，具有防光、防尘的作用。书匣和书箱比帙、函套更坚固耐用，可以为文献提供更好的保护，达到防光、防尘、防潮、防水（漏水），减缓温湿度变化的功效。当文献收藏逐渐增多，需要专门的藏书处所的时候，比较大型的文献装具就产生了。金匮应是有文献记载的最古老的大型文献装具，皇史宬现存的明代金匮大致反映了古代金匮的面貌。皇史宬金匮内为樟木，外包铜皮，坚固耐久，既有利于防盗，也有利于防火、防水，对于匮中文献的保护非常有利。但由于金匮制作成本高，普通文献的装具只能用一般木书架、书柜存放。所以书架和书柜也是古代陈列保管图书常用的一种工具。

在文献的日常维护方面，古人采用各种方法防潮、防虫。在防潮方面，古人采用通风去潮、密闭防潮，在库内放置新炭、生石灰等吸湿物吸潮等办法。在防虫方面，古人将有防虫效果的植物等放在文献库房内来驱虫、灭虫。植物取自天然，非常容易获取。古人总结日常的生活经验，发现很多植物可以用来防治文献害虫的滋生和蔓延。据文献记载，古代用于文献保护防蠹的植物有芸香草、烟草、木瓜、荷叶、芥草、香蒿、莽草、秦椒、蜀椒、百郭草、苦楝子、黄檗、皂荚等。中国古代除了使用天然的植物资源来防虫避蠹外，

---

① 关于皇史宬正殿墙的厚度说法不一，本书采用皇史宬参观说明上的数字。北京市档案学会理事李松龄介绍的数据是南墙厚6.2米，北墙厚5.95米，东西墙各6.65米。殿内东西宽40.5米，南北进深9.05米，殿内面积360余平方米。见《皇史宬：明清皇家档案库（图）》，《中国档案报》2010年6月25日，总第2020期第三版。“殿的前墙墙体厚6.8米，后墙墙体厚5.95米，东西墙墙体各厚3.4米。”见《皇家档案库——皇史宬（2）》［OL］. http://www.lvping.com/showjournal-d1-r1036591-journals.html［2011-02-12］。

② 王立权. 从皇史宬的建造看明清档案保护工作特点［J］. 广东档案，2009（9）：15-16.

还采用一些药物来驱避害虫，如麝香、樟脑等。

曝书更是古人常用的文献防潮、防虫方法。从春秋战国时期开始，曝书就已经成为文献防潮、防虫的方法。曝书就是在每年的一定时节，将所藏文献搬出来晾晒，保持文献干爽，以防止生霉生虫。由于这种方法在当时的历史条件下简单易行、效果显著，因而得到广泛推行，并且在藏书家的心目中有着重要的地位。

### （三）文献利用阶段

在文献利用阶段，古人对文献也是呵护备至，启卷之前经常要“澄神端虑，净几焚香。”王隐《晋书》云：“齐王攸好学不倦，借人书皆治护，时以还之。”[①]北齐颜子推《颜氏家训·治家》云：“借人典籍，皆须爱护，先有缺坏，就为补治，此亦士大夫百行之一也。济阳江禄，读书未竟，虽有急速，必待卷束整齐，然后得起，故不损败。人不厌其求假焉。或有狼藉几案，分散部帙，多为童幼婢妾之所点污，风雨虫鼠之所毁伤，实为累德。”[②] 北魏贾思勰《齐民要术·杂说第三十》称：“凡开卷读书，卷头首纸，不宜急卷，急则破折，折则裂。以书带上下络首纸者，无不裂坏。卷一两张后，乃以书带上下络之者，稳而不坏。卷书勿用鬲带而引之，非直带湿损卷，又损首纸令穴，当衔竹引之。书带勿太急，急则令书腰折。骑蓦书上过者，亦令书腰折。”[③] 这些论述都反映了古人对文献的爱惜之情。

当然，古人除了采取上述方法保护文献外，还经常采取一些迷信的办法。明末清初，藏书家们采用的一个防蠹招数是：传说中阴间管书的鬼官名叫长恩，只要每年除夕隆重地祭祀长恩并对着书高呼长恩之名，就可以镇住蠹鱼，确保自己的藏书在下一年不被蛀。古代还常用春宫图来驱蠹避火，以血写的经书避火、辟蠹石、鱼石子来防虫，等等。鱼石子和避蠹石都无法确定为何物，当然就更无从知道其效果。

### （四）文献的修复

古代文献收藏家非常重视对破损文献的修复工作。文献的装裱修复技术出现在南北朝时期，产生于当时官府对所藏书画的整理活动中。北朝贾思勰《齐民要术》介绍了破损文献修复的办法。文献的修复技术和实践在唐宋时期得到极大的发展。唐初在宫廷秘书监设置装潢匠的职位，书画文献的装潢和修复由此成为专业。唐代张彦远《历代名画记》中《论装褙裱轴》是最早关于书画文献修裱的论述，不仅包括修裱技术的起源发展、基本方法和要领要求，还有关于糨糊制作、旧画洗污、绢画修补的论述，标志着修复技术的重要发展和逐步完善。宋代设立文思院，并任命专门的官员负责宫藏书画文献的装裱修复，民间也出现了以修复装裱文献为职业的商家，装裱修复技术达到历史高峰。装裱和修复技术在明清时期得到了全面的总结。明代周嘉胄对装潢潜心研究、长期探讨，对古代传统的书画文献的装裱和修复进行了全面的总结和归纳，撰写了《装潢志》；清代周二学的

---

① （宋）李昉. 太平御览一千卷经史图书纲目一卷目录十卷·卷第一百五十一皇亲部十七［M］//（清）纪昀，（清）永瑢等编纂. 景印文渊阁四库全书·第894册. 影印本. 台北：台湾商务印书馆股份有限公司，1983：503.

② （北齐）颜之推著. 程小铭译注. 颜氏家训全译［M］. 贵阳：贵州人民出版社，1993：41.

③ （北魏）贾思勰著. 缪启愉，缪桂龙译注. 齐民要术译注［M］. 上海：上海古籍出版社，2009. 3：195.

《赏延素心录》与《装潢志》号称“双璧”，也是一部论述书画文献修裱的专著。

在中国古代文献保护与修复发展的过程中，总结形成了至今仍有借鉴意义的文献保护与修复原则。如《装潢志》云：“前代书画，传历至今，未有不脱者。苟欲改装，如病笃延医，医善则随手而起，医不善则随剂而毙。”“不遇良工，宁存故物。”“不遇良工，宁存故物”，即文献虽然破损急需修复，但如果没有掌握专门修复技艺就去修复，则宁可原封不动的保存，而不要所托非人。这反映出古人对文献修复的慎重态度，这个原则对于保护文献有着积极作用。对于文献的修复，除了美观大方外，对文献保护的实际功能与旧貌的恢复才是最主要的。正如清代孙从添《藏书纪要》所说：“装订书籍，不在华美饰观，而要护帙有道，款式古雅，厚薄得宜，精致端正，方为第一。”①

中国古代的文献生产、收藏事业兴旺发达，也刺激了文献保护技术的进步。这些文献保护的实践、技术与理论为当今的文献保护事业提供了很好的借鉴。

## 二、古代外国的文献保护

古代外国的文献载体和中国的一样，大都取自天然，最初把文字刻到石块和金属上，后来又把文字写在诸如纸草纸、树皮、皮革、羊皮纸和棕榈叶上。这些材料在纸张传到当地前使用了相当长的时期，甚至棕榈叶直到 19 世纪还在某些国家继续使用。除了石块和金属外，所有这些材料都是易受损伤的：黏土易被蠕虫损坏，纸草纸易因昆虫和潮湿而损坏，树皮、木材和棕榈叶易被白蚁和其他昆虫咬坏，皮革和亚麻布易于腐烂、虫蛀。为了保护使用这些载体材料的文献，人们采取了许多措施和办法。

约三千年前，人们就已经开始在每次雨季之后把纸草纸卷轴弄干和打开，以检查雨水是否影响到上面的墨迹。为了防止昆虫、潮湿和灰尘，埃及人、希腊人和罗马人把卷轴放在木筒和象牙筒里。而在印度和东方的其他地方，为了保护脆弱的棕榈叶手稿，先是把它夹在木板或剖开的象牙板之间，然后再包上一层布。为了使纸草纸文献处于良好的保护状态，人们用雪松油作为保护剂进行处理。雪松油可能是外国在保护文化财富方面所使用的第一种防虫剂，桔叶和桔油同样被用于纸草纸文献的保护处理，丁香油、胡椒和樟脑也被用来防止昆虫。

在文献装具方面，人们用柏木箱来保护文献，以防虫害；用布覆盖文件以防止光的作用。人们也常将带香味的花和树叶夹在书页之间用以防虫，如藏红花等。虽然这种办法和中国古代所采用的植物防虫方法一样曾受到广泛采用，但这些植物事实上往往对文献有害。

同我国古代一样，人们在有些情况下还乞求于神灵的帮助。罗马图书病理学研究所陈列的一份阿拉伯手稿中有一张咒符，就是用来防虫的。在文献的存放地点也有一些迷信的做法，如存放地点一般都要面向东方才能保证文献受到最好的保护。

在古埃及，金龟子被认为是文献的保护者。在古巴比伦，拉布（Nabu）是图书和泥版文献的天上保护神。在巴比伦人的眼里，拉布是智慧和书写的神，也是文士、图书馆员和档案员的守护人。在印度和斯里兰卡，象头神（Ganesvha）被认为是智慧的神，他无所

---

① （清）孙从添. 藏书纪要 · 装订［M］//徐雁、王燕均主编. 中国历史藏书论著读本. 成都：四川大学出版社，1990. 7：523－524.

不知，人们相信是他发明了梵文字母。作为梵文字母的发明者、记录者和智慧与知识的守护神，人们确信象头神是图书馆、图书馆员和图书买卖人的守护者，他的雕像常被放在图书馆的门口。在阿拉伯国家，人们往往求助“蟑螂王（Kabi：Kaj）”来保护图书的卷轴，人们认为通过请求蟑螂王来保护文献，可以阻止其他低级昆虫来侵蚀仅可以由蟑螂王吃的文献。叙利亚将文献的第一页和最后一页命名为“蟑螂王之页（The Page of the King of the Cockroaches）”来希望蟑螂王控制其他昆虫对文献的蛀食，并在书页上书写“O Kabi：kaj，save the Paper!”、“O Kabi：kaj，save this book from the worms!”、“O Kabi：kaj，do not eat this paper!”等。

在基督教教堂中，有三个圣人被认为是图书馆的守护人。圣·劳伦斯普遍受到西半球尤其是欧洲的图书馆的尊敬；圣·杰罗姆通常被认为是图书馆在美国和加拿大的守护神；亚历山大的圣·凯瑟琳被认为是东正教传统图书馆的保护神。在许多基督教的修道院里，图书的结尾常常写有祈祷和诅咒以防止被盗，这些“书的诅咒（Book Curse）”有的很长，有的较短，都是些诅咒小偷的语句。

根据斯里兰卡僧伽罗人的神话，他们将“火恶魔（Fire Demons）”的符号或图像挂在图书馆的角落安抚燃烧的恶魔，以避免火灾、闪电和灾难。拉丁美洲的阿兹特克和玛雅印第安人也有与图书馆有关的神，主要是“羽蛇神”。

中世纪时，西方的书籍十分珍稀，据说一本书的价值可以顶一座庄园。不像庄园，书这种财产很容易被偷盗。而为了保护书籍，拴着锁链的图书馆（the Chained Library）1320 年在英格兰最早出现，它的历史持续了四个世纪之久，如牛津和剑桥大学的各学院图书馆、威斯敏斯特地区和其他地区的教会和教堂的图书馆。剑桥大学是 1626 年后才开始不用锁链。但书用链子拴着还持续了好长一段时间，曼彻斯特的 Chetham 学院 1742 年还在购置新锁链，饱蠹楼（Bodleian）图书馆在 1751 年时也是如此，牛津王后学院直到 1780 年才把书上的锁链去掉，默顿学院是 1792 年才去掉图书的锁链，牛津的莫德林学院（Magdalen）则一直保留到 1799 年。

在文献的修复方面，古人的做法十分保守，修复人员从一开始就是在其私人的临时房间内独自工作的，有新的发现和新的方法，也严格保密。例如，有人发现某些花的汁液可以用来恢复羊皮纸上褪色的字迹，非常有效而且对人和文献都无害，可惜，这种秘方却被发明者带进坟墓。由于文献载体材料较为复杂，古代西方文献修复的方法很多，但由于对文献载体和记录材料的不了解，当时修复的一些文献已经完全毁掉或报废，或者已经损坏得再也无法修复。

## 三、近现代文献保护的发展

在中世纪之前，由于制作文献所用的材料具有良好的质量，而且文献的数量很有限，西方所用的文献材料羊皮纸和羔皮纸等都是用石灰仔细处理过的，比较耐久，传统手工造纸技术和造纸原料也保证了纸张具有良好的耐久性，所以文献保护所面临的问题并不大。但随着需求量的增加，羊皮纸等在制作时的处理时间大大缩短，造成品质下降。纸张所采用的原料也逐步由麻、破布、树皮等转向竹子、木材，造纸工艺也因近代工业技术的发展产生了较大的改变。保护文献的问题日益尖锐起来。18 世纪初期，社会对纸的需求日益增加而又没有足够的优质纸纤维来满足这种需求，于是纸的质量逐渐降低。

早在1824年，英国人Jone Murray发现14—17世纪的传统纸pH值在6.9～7.2之间，18世纪的传统纸pH值在6.2左右，而同时期的近代纸pH值在5.4左右。[①] 他把纸的变质归因于造纸工作的有害变革、漂白过度以及所用原料的低劣，建议用紫罗兰的汁液检查纸的酸度。这种汁液含有花色甙，可以起pH指示剂的作用，在pH值约为7时由红变蓝，或反过来由蓝变红。欧洲各档案馆内14—19世纪文件纸的pH值也体现了同样的结果：1346年为6.9，1449年为7.2，1515年为7.2，1563年为5.9，1661年为6.2，1779年为6.7，一份19世纪的文件纸为5.4。

1842年，法拉第研究了用皮革装潢的书籍的变质，并指出文献毁坏变质是由大气环境引起的，尤其是大气高温和高湿。莱顿于1858年考察研究了当时的文献保护与修复问题，认为可以通过提高纸张的质量来解决文献的长期保存问题。

虽然当时人们对文献保护的研究主题是分散的、孤立的，但分别就气体、光线、昆虫、纸张的质量因素等对文献的影响进行了研究。这些调查研究为以后的系统性研究奠定了基础。

1898年，于圣加尔召开的国际图书馆会议上，梵蒂冈图书馆的卡迪纳尔·弗朗兹·埃列呼吁人们重新评价现有的修复方法，并呼吁自然科学给予帮助。埃列介绍了覆盖透明丝绢以加固受损手稿的处理办法，以及新羊皮纸和明胶在修复羊皮纸手稿方面的用途。1900年，英格兰技艺与工商业促进会组成一个专门的委员会考察纸张变质和装订皮革变质的原因。1899年在德累斯顿举行的档案工作者会议和1900年在巴黎召开的国际图书馆会议，探讨了保护手稿文献的问题。1908—1911年，德国、意大利和美国等国也都提出了相关的问题并呼吁进行研究。

第一次世界大战之后，人们的文献保护意识逐渐增强，一些关心保护文献材料的个人和机构都进行了调查研究，并进行了合作。美国、英国、意大利、法国、俄国、瑞典、德国和印度都进行了相关研究工作并取得了一定的进展，发明了一些新的保护、修复办法和技术。这些初期调查研究所收集的资料包括：大气的污染及其对纸的作用，酸和其他杂质的作用，纸的发黄，昆虫和真菌的破坏作用，气候、湿度、温度和其他环境条件的作用，杀虫熏蒸剂对纸的作用，保护图书装潢皮革的办法，对文献害虫的熏蒸处理，热压醋酸纤维素薄膜和纱纸加固易碎的文件，用氯胺T漂白纸上的斑污，等等；还进行了纸的人工老化实验，纸的抗拉强度、抗裂性、抗折性、纤维素纯度等技术指标的制定，纸的持久性物理试验，适合长期的墨水研究，等等。通过以上调查研究和实验，逐渐形成了近现代文献保护知识的基础。

第二次世界大战以后，联合国教科文组织、国际档案理事会和国际博物馆理事会等机构成立之后，在国际层面开始了文献保护的合作研究和实践。许多国家建立了专门的机构进行相关研究，例如，美国的巴罗研究实验室、国家标准局和国家档案馆，英国的公共档案馆和英国博物馆研究实验室，法国的国家档案馆，德意志联邦的档案学校，意大利的国家档案馆照相复制与修复中心和图书病理学研究所，以及印度的国家档案馆。

威廉姆·J.巴罗（William James Barrow，1904—1967）是从事现代文献保护技术研究和实践的先驱，他致力于文献纸张老化原因及其补救之道的研究。当他研究自己的家族历

① Lee E. Grove. John Murray and Paper Deterioration［J］. Libri，1966，Vol. 16（3）：194－204.

史时，发现图书馆的许多旧书曾经修补过，并注意到旧资料碎化损毁的情形，引发了他对纸张老化问题的兴趣。他于1932年在弗吉尼亚州立图书馆建立了文献修复实验室，并开始了近现代纸张老化问题的研究。1938年，巴罗发明了一台以醋酸纤维素（Cellulose Acetate）为材料制成薄膜的过塑机（Laminator）。1940年，巴罗通过实验确认纸张中的酸性是导致纸张劣化的主因。在此之前，人们虽然相信高含量的酸性是纸张劣化的元凶，但缺乏实证研究的根据。直到巴罗对新旧图书进行检测对照后发现，老化的文献纸张酸性较高，pH值在3.0～5.5之间，处于严重酸化状态；相对保存良好的文献纸张酸性较低，pH值在6.0以上，有些甚至呈碱性反应。1959年，巴罗表示20世纪前半叶生产的图书中，可以生存到21世纪的恐怕仅3%左右。① 他指出，使用诸如碳酸钙和碳酸镁的碱性化学药品可以增强纸张的耐久性。巴罗在进行了长期研究之后，提出了适合文献长期保存的碱性纸的计划，并试制成功一种供图书和档案使用的具有三百年寿命以上的碱性纸。

---

**知识点链接1－2**

## William James Barrow: A Biographical Study of His Formative Years and His Role in the History of Library and Archives Conservation From 1931 to 1941

*Sally Roggia*

Advisor: Paul N. Banks

Submitted in partial fulfillment of the requirements for the degree of Doctor of Library Science in the Graduate School of Library Service

COLUMBIA UNIVERSITY 1999

**Abstract**

The early life and career of William James Barrow is examined. Contrary to established belief and other histories of the conservation field that place his significance with his chemical research done in the 1950s and 1960s, this study shows that the period between 1931 and 1941 saw his most significant contribution to the development of the field of library and archives conservation. Barrow began his career as a crafts-person in document restoration. Even though he was from the upper levels of Virginia society he had little formal education when he began to study the complex field of paper chemistry to do product testing of his restoration products. Barrow learned through tutors, by doing. He questioned and worked closely with professional paper chemists from the National Bureau of Standards and the National Printing Office. Barrow added the process of alkalization of acid paper, already documented in the literature on paper chemistry, to his paper restoration work. During his life-long promotion of his restoration method, lamination of alkalized documents using cellulose acetate foil and tissue, he popularized both the methods of lamination and alkalization of acid paper. He thereby introduced the concept of prevention of paper deterioration caused by acid hydrolysis through the alkalization of acidic paper. Barrow affected the entire field of document restoration by introducing librarians, archivists, and other restorers to chemical means of controlling deterioration. in the later part of his life, Barrow and others promoted his claims that he was the discoverer of the dy-

---

① William J. Barrow. Deterioration of Book Stock: Causes and, Remedies: Two Studies on the Permanence of Book Paper [M]. Richmond: Virginia State Library, 1959: 15.

namics of acid deterioration of paper and the chemical means of alkalization to neutralize and therefore prevent further deterioration of the originally acid paper. This study demonstrates that Barrow's most important contribution was his application and popularization of existing chemical research, rather than his own inventions or original research, that establishes Barrow as important in the history of library and archives conservation.

资料来源：http://cool.conservation - us.org/byauth/roggia/barrow/ [2012 - 02 - 12].

---

20 世纪中期以来，纸张的酸化问题逐渐得到世界各国文献保护界的重视，也在不断探索补救的办法。文献脱酸和再加填料等方法开始研究和使用，这些办法有助于恢复文献纸的强度和使其中的游离酸中和。同时，人们也认识到文献的存放条件会对文献载体材料的寿命产生重大影响。在建筑文献库房时，开始考虑防虫与空气调节设备和良好的文献装具配备。

1966 年，意大利佛罗伦萨阿诺河洪水泛滥，摧毁了数以百万计的古籍善本。为了帮助修复这些水毁文献，美国国会图书馆文献修复主管彼得·沃特（Peter Waters）带领来自世界各地的志愿者组成的小组修复了成千上万的图书和纸张文献，被誉为“泥浆天使（Mud Angels）”。这次对文献遗产造成重大损失的水灾不仅促生了文献修复实验室的建设发展和新的文献修复方法，还唤醒人们包括历史学家、图书馆员和其他专业人员对文献保护计划重要性的认识。许多人认为，这次水灾是古罗马时期亚历山大图书馆被焚毁以来文献所遭受的最大损失，但也在全世界范围促进了文献保护事业的复兴。

1987 年，美国人特里·桑德斯（Terry Saunders）拍摄发行了影片 *Slow Fire: On the Preservation of the Human Record*，审视并回顾了因酸化而导致纸张变脆的问题，引起国际文献保护界的广泛关注。首先，在图书馆界的推动下，美国出版界表达了支持使用无酸纸的态度，带动出版产业对相关议题的关注。1989 年 3 月，纽约公共图书馆举行了一场活动，目的在集结作家及出版社支持无酸纸的使用，共计 46 位作家、40 个出版社签署了《图书保存宣言》（*Declarations of Book Preservation*），其誓言为：“在此签下姓名的我们，宣誓对使用无酸纸的承诺，以无酸纸来印行首次出版的精装书，以保护印刷文字并使文化资产世代流传。”其次，美国参众两院图书馆联合委员会（Joint Committee on the Library）主席裴尔（Claiborne Pell）向国会提出无酸纸法案，推动以无酸纸印制重要书籍及其他出版品的国家政策，使得无酸纸能在美国国内由上而下地迅速推展。《出版家周刊》（*Publisher's Weekly*）认为这次事件代表着主要的出版业者对无酸纸的使用作出承诺。这项活动也显示了出版界对图书馆界长期以来致力宣传的纸张酸化和无酸纸使用等相关议题已有相当的认知程度。根据美国国家标准“图书馆和档案馆中出版物和文件用纸的耐久性（Permanence of Paper for Publications and Documents in Libraries and Archives）”Z39.48—1992（以下简称 ANSI/NISO Z39.48—1992）的规定，若图书纸张符合该标准，出版商可以在书内版权页记载右边的符号（为希腊文无限之意），作为表彰并供辨识。最后，国际图联（IFLA）在巴黎会议的决议，将无酸纸的使用推进到国际范围。1994 年，国际标准化组织（ISO）以 ANSI/NISO Z39.48—1992 为底本，发展出永久纸的国际标准。负责制订永久纸国际标准的委员会 ISO/TC46/SC10，包括图书馆界组织与人员在内，至今共出版了三项关于永久纸的国际标准。

(∞)

文献保护任务不仅是巨大的，而且需要许多不同科学门类的知识。人们逐渐认识到，受过科学训练的人员对文献保存保护工作的重要性。1981 年，美国文献保护教育先驱保罗·N. 班克斯（Paul N. Banks 1934—2000）在哥伦比亚大学图书馆学院创办了文献保护与修复专业，培养高层次的文献保护与修复人才。保罗于 1964—1981 年在美国纽伯里图书馆担任文献修复部主任，他根据自己多年从事文献保护与修复的经验，提出了著名的"文献保护十法则（Ten Laws of Conservation）"，在文献保护界产生了广泛的影响。1992 年，哥伦比亚大学图书馆学院关闭后，由于该专业在美国图书馆文献保护界具有极为重要的影响，人们不愿意看到它就此消失，于是在德克萨斯州立大学奥斯汀分校信息学院重开此专业，并于 1996 年开始招生。德克萨斯州立大学的文献保护与修复专业是一个三年制的硕士项目，其中有半年到一年的时间需要在文献保护与修复机构实习。后来，美国陆续有大学开设文献保护教育专业及课程，如罗格斯大学、密歇根大学安娜堡分校、北卡罗来纳大学教堂山分校等。其他国家也陆续开设了文献保护与修复的专业教育，我国也在大学图书馆学专业和档案学专业中开始文献保护课程，并设置有专门的文献保护与修复专业，培养专门的文献保护与修复人才。

---

**知识点链接 1-3**

## In Memoriam: Paul N. Banks
## 1934—2000

Paul Banks died in New York on May 10 after a brief battle with cancer. It is hard to think of him not being around any more, even though few of us saw him on a daily basis after he retired in 1996 and moved back to New York. It was enough to know that he was at the other end of a telephone line, if we needed to call him for anything. Now that we can't call him up any more, we can only imagine what he would have said if he were still alive.

Paul was born in California in 1934, an only child. He wanted to go to college, but was drawn to fine printing, which was not taught in college. He studied at Carnegie Tech in Pittsburgh, then worked as a typographer and production assistant in New York, 1956-1960, while taking book-related evening courses at Columbia.

In 1960, he left the printing industry. For the next four years, he had only part-time work and was very poor. He worked part-time for Carolyn Horton for two years, gave bookbinding lessons and taught binding at Riverside Church, wrote committee reports for the *Journal of the Guild of Book Workers*, studied bookbinding and attended two seminars at Cooperstown on "Conservation of Rare Books and Manuscripts," and "Conservation of Art on Paper."

From 1964 to 1981 he served as Conservator and Head of the Conservation Department at the Newberry Library, where he improved the binding and repair practices then in use, and began training apprentices and staff in conservation. The pay was low, but people were attracted to the lab and the opportunity to learn. Many well-known conservators received part of their training there, either in the lab or the bindery. Paul loved to teach, which he did both in person (in classes and seminars), and in his many publications during this period, including the leaflets he issued in response to the many inquiries he received, such as "Where can I learn bookbinding?" or "How can I learn conservation?"

I was running a small hand bindery in Michigan during this period (1969-1978), and learned about Paul and the Newberry through my customers. Around 1973, I invited three other people to drive with me to Chicago to visit the Newberry Library and talk to Paul. They included my apprentice George, a former Camberwell student visiting in the U. S. , and my former supervisor at the University of Michigan bindery. Paul showed us around the lab and took us on a tour of the new storage building then under construction, explaining how its various features (such as the air filtration system and absence of windows) protected the collection.

Paul published one or more articles every year on bookbinding, book and paper conservation, and problems related to conservation from 1965 onward. Every time he saw a problem that was not being addressed, he would publish one of his calm, overwhelmingly thorough and rational analyses and advocate a solution. He would not suggest a solution; his approach was to state, "This needs to be done." He never got people's backs up by making them feel guilty. He never pushed the responsibility for taking action onto his readers, or blamed the authorities. He was a leader because people felt confident that they would eventually have a successful experience if they supported his recommendations.

And besides that, he could write; and he knew where to publish his articles for the maximum effect.

In 1969, he gave a paper at a meeting of the American Institute for Conservation, "The Treatment of the First British Edition of Melville's The Whale." This was the first time a paper on book conservation had ever been given at the AIC. In 1978 – 1980, he served as President of the American Institute for Conservation—another first for library conservation.

During the 1970s, while he was still at the Newberry, his interests focused increasingly on the need for education. In 1978 and 1979 alone, he published four articles defining the field and describing the need for professional training. And by this he meant full-time, long-term training, not short courses. He had been giving short courses in conservation for years, and he knew their limitations.

At a bookbinding seminar in November 1979, at the Hunt Institute in Pittsburgh, Paul described the curriculum he was developing at Columbia University for library conservators and preservation administrators. The first classes were held on August 1, 1981, in Columbia's library school, and continued for ten years. In 1992, after the library school was closed down, the program moved to Austin, Texas, where it continues today. Paul taught classes in Austin for the first three years.

I think most people who have been through the program would say that Paul's lectures at Columbia University and the University of Texas at Austin were the heart of the program. I bound my class notes from his introductory course and his course on protection and care of library materials. I have them in my library today, along with that remarkable bibliography he put together in 1965, listing everything that had been published on topics relating to library conservation. It was nine pages long. The 1981 edition had grown to 100 pages: *A Selective Bibliography on the Conservation of Research Library Materials*, published by the Newberry Library. He compiled it because his students and the people who came to him for advice needed it.

Today the work he pioneered is being carried on by more people than anyone can count, and it has become our work now. If we need inspiration as we look for ways to handle new challenges, we can consider how Paul might have handled a similar situation.

*Ellen McCrady*

## PAUL BANKS' TEN LAWS oF CONSERVATION 文献保护十法则

1. No One Can Access to a Document No Longer Exists. 没有人能够获取已经不存在的文献

2. Multipication and Dispersal Increase Chances for Survial of Information. 复制和散发增加信息存活的机会

3. Books and Documents Deteriorate All the Time. 文献一直在老化

4. Use Causes Wear. 使用造成磨损

5. Deteriorate Is Irreversible. 老化是不可逆的

6. The Physical Medium of a Book or Document Contains Information. 文献的物理介质包涵信息

7. No Reproduction Can Contain All the Information Contained in the Original. 任何复制品都无法包涵原件的全部信息

8. Authenticity Cannot Be Restored. 真实性是无法修复的

9. Conservation Treatment Is Interpretation. 修复处理是艺术的诠释

10. No Treatment Is Reversible. 任何修复处理都是不可逆

资料来源：In Memoriam：Paul N. Banks：1934 – 2000. Abbey Newsletter. Vol. 24 No. 1，2000. http://cool.conservation – us.org/byorg/abbey/an/an24/an24 – 1/an24 – 102.html.

---

## 第四节　现代文献保护策略

经过长时间的发展和历代文献保护工作者的努力，现代文献保护已经形成较为完善的技术方法和制度管理体系，一方面，通过对文献保护技术的研究，探求延长文献寿命、真实地保存文献信息的科学方法；另一方面，通过制定完善的规章制度、周密的预防方案以及保护人才的培养和文献保护知识的宣传，遏制人为的破坏并将对自然环境的破坏降到最低限度。

### 一、技术策略

#### （一）呼吁耐久性文献载体的使用

人类文献生产的历史过程充满了对适合文献载体的寻求。持久而又耐用是人们追求的重要目标之一，确保文献记录符号和信息可以经受历史的考验与长期利用中的磨损而超越时间地留存文献信息。但耐久性只是相对的而不可能是绝对的。诞生与毁灭是自然界的规律，文献载体不可能超越自然而寻求一劳永逸的永存。而且，随着社会的进步、知识技术的发展和信息量的剧增，文献生产者和用户更为关心的是文献载体的存储容量、可交流性与可用性。但文献保存者还是在不断地努力，在对可以节省空间的大容量、高密度文献载体持欢迎态度的同时，也在为促进传统文献载体和新型文献载体耐久性的提高而不断努力，如不断呼吁文献制作者承担文献长久保存的责任、鼓吹碱性永久纸的推广使用、新型文献载体的质量不断提高等，都为增强文献的载体耐久性打下了基础。

#### （二）创造最佳的保存环境

文献载体等先天条件固然重要，文献后天的保存环境也是文献长久保存的重要因素。

从古至今，人们都在不断地努力改善文献的保存环境，通过营造一个适合文献生存的环境来控制与缓解文献载体劣变的速度，以求载体能更长久地保存。营造最佳保存环境，可以使文献周围的微环境对文献变质的作用减至最小。例如，通过设计符合要求的库房和安装可以调控环境要素的设备，以达到适宜的温度与湿度，并具有防光、防火、防水、防虫、防有害气体、防盗与防灾的能力。古代金匮石室、各种防护措施的使用，都是维护文献载体和信息完整、抑制文献老化的努力和对策。现代科学技术的发达，可以通过各种设备改变文献保存小环境的各种要素，为更好地控制文献保存环境提供了可能。

### （三）拯救已劣变的文献

无论文献的载体和材料的耐久性多么强、保存环境多么好，由于自然规律、利用造成的损失和人为的破坏，最终文献的老化和损坏是不可避免的。对已经发生色变、质变、形变或破裂的文献载体设法进行修复，以恢复信息符号的完整，使文献内容能够真实再现是文献保护的又一努力。

为了解决近现代纸质文献酸化导致文献寿命缩短的问题，文献保护工作者发明了去酸的办法，这是人们拯救已劣变文献载体的一个体现。自古以来，人们对破损文献修复、恢复文献的原状和功能的努力没有停止，产生了很多传统有效的技术和方法，现代科学技术的发展，也为文献修复技术和方法注入了新的活力。无论是纸质等传统文献的修复技术还是新型文献载体的修复技术，都在不断进步和发展。

### （四）完整保留文献的内容

无论人们在保存环境和拯救行动上多么努力，任何文献载体都无法超越其有效寿命而生存。为了达到长久保存最多文献信息的最终目的，扩大文献信息的传播范围和方便人们的利用，人们利用载录格式转换的方法来真实、完整地保留文献信息。这种超越文献的原始载体从而达到文献内容长存的方法将保护文献的着眼点从维护文献载体转向对文献内容加以保护，不仅是保护方法的革新，更是为了利用而保护文献思想的体现。载录格式的转换包括同质载体的转换和非同质载体的转换。

人类早期的抄本、摹真本和文献翻刻都是这一文献保护方式的体现。抄写是一种最原始的对文献内容的拷贝，印刷术发明后的文献翻刻提高了文献复制的效率。通过抄写、校对和刻板等管理过程使文献内容能够真实完整地转换到新的同质载体上，是早期文献复制的主要手段。近代照相复制是通过感光成像技术将文献内容真实完整地拷贝到其他载体上，如纸、胶片与玻璃等。后来发展到缩微复制，利用缩微技术，将文献内容高密度地转换到缩微胶片上，以缩微品的方式保留文献信息，将纸质文献的信息内容真实完整地转移到其他载体上，达到文献内容的长存。近年来，数字化技术应用与文献载体转换越来越多，使文献载体转换的效率越来越高。文献载录格式的转换不仅利于保存文献信息内容，可以将载体严重劣化的文献信息内容转换到稳定的载体材料上，使文献的内容在新的载体上再生，而且可以在保存文献原件和珍贵历史文献的基础上扩大对文献的利用，通过复制使珍贵的文献化身千百，使珍贵文献原件得到很好的保存，将复制件提供给读者使用，达到更为广泛地提供利用的目的。

## 二、管理策略

### （一）文献保护计划和政策

文献保护管理性措施对于文献保护技术的实施起到了保障性作用。文献保护的计划和策略对于文献保存机构来说是十分必要的，制定并维护完善的文献保护计划和政策将有助于文献保藏机构明确文献保护的原则、目标和任务，有助于明确从上到下的责任体系，使文献保藏机构的文献保护工作有章可循。

文献保藏机构文献保护计划的内容与它们的收藏范围、服务对象以及计划实施的时间有密切的关系。一个完整的文献保护计划应该包括馆藏管理的各个方面，并根据馆藏的不同特点提供不同的保护，需要考虑的特点包括馆藏组成部分的特性（物理构成和知识特点）、资料的相对重要性、开放使用的形式（开架还是在另外的地点存放）、使用的频率等。同时，该计划还应该对机构内的全部文献提供基本的保护，包括使它们避免高温和潮湿、提供适当的存放环境、准备紧急情况下的预防方案和灾难预防方案、有切实可行的防止被盗和损毁的措施、鼓励正当的管理和使用等。

文献保藏机构的文献保护政策应该包括保护的原则、优先保护的对象、策略的选择等内容。文献保护的原则将指导文献保护的实践，遵循这些原则，有助于文献保护的制度化和连续性。文献保藏机构应对馆藏进行分类以确定保护的优先次序，以有助于文献保藏机构对优先级别高的文献实施特别的保护计划、募集保护资金，当经费短缺时，可以根据保护对象的优先级别来决定计划的实施或取消。保护策略的选择应该将保护对象放到整个馆藏中去考虑，包括对不同载体的使用情况的评价、实施修复或载体转换与购置新的复本的效益比较等。只有这样，才能保证所选择的保护策略的科学性、实用性和有效性。

### （二）灾难的管理

对于文献保护而言，灾难的破坏往往是毁灭性的，不管是地震、飓风等罕见自然灾难，还是电力中断、水管爆裂等日常突发事件，又或者是生物危害、偷盗和故意破坏。图书馆、档案馆等文献保存机构应有针对可能造成威胁的重大灾害和突发事件，为了保证迅速、有序、有效地开展应急与救援行动、降低事故损失而预先制订的应急方案。这个方案是在分析、评估图书馆、档案馆等潜在的危险性、突发事件发生的可能性、造成后果的严重性的基础上，对图书馆、档案馆的应急机构与职责、人员、技术、装备、设施、物资、救援行动及指挥与协调等方面预先做出的具体安排。预案应涉及包括水火在内的、可能对馆藏造成威胁的所有类型灾难。一份系统组织、正式撰写的计划文本使文献保藏机构能够就灾难紧急情况作出有效而快速的反应，从而将人员所面临的危险以及馆藏和建筑所遭受的损失最小化。根据国际文献保护界的教训和经验，一份全面、系统、成文的灾难预案，是任何文献保藏机构迅速应对灾难、有效控制损失的最佳途径；灾难预案的制定和采用情况，是衡量一个地区文献保护事业发展状况的重要指标。

据《国家突发公共事件总体应急预案》，突发公共事件主要分为自然灾害、事故灾难、公共卫生事件和社会安全事件四类。[1] 针对不同类别突发事件的预防和应对措施，需要分别制定相应的应急预案，进而形成图书馆应急预案体系。按预案的适用对象范围进行分类，可将图书馆、档案馆的应急预案划分为应急基本预案、专项预案、特定场所预案和日常管理预案。[2] 文献保护灾难预案是图书馆应急预案体系中的重要专项预案，其直接目的是馆藏文献保护。

灾难管理不仅包括文献保藏机构灾难预案的制定和定期更新，还包括灾难发生后的应对管理和灾后恢复管理等。

### （三）人员和设施的配备

文献保护工作的实施者是人，需要具有相应专业知识的人员来承担这些工作。文献保藏机构任命专业的团队从事文献保护工作，团队的负责人承担指导工作，团队的成员知识结构合理，才能有效地开展工作。

文献保护工作的开展需要资金和相应的硬件设备设施作为基础条件。完善的基础条件将有助于馆藏保护计划取得实质性的效果，应对文献保藏机构面临的文献保护方面的挑战。如果一个计划将要付诸实施，计划所需要的条件都应该准备就绪。例如，准备对已经发黄变脆的图书进行载体转换，但是资金和设备都没有到位，保护的任务就无法完成，如果要在馆内对破损文献进行修复，就需配备相应的修复人员、建立修复实验室，配备必要的修复用具、材料和设备等。

### （四）宣传保护知识

文献保护工作仅仅依靠文献保护工作者是无法完成的，还需要所有与文献接触的人都能够了解基本的文献保护知识、执行文献保护的相关规定。文献保护知识的宣传对象包括文献保藏机构的工作人员和文献信息资源的利用者，教育他们如何使用和保护文献，还包括社会上的私人收藏者，帮助他们正确收藏和管理文献。

针对文献保藏机构工作人员的文献保护知识包括：严禁在文献保管区域内进食和吸烟，文献的摆放和上下架的基本常识，文献包装和运输过程中的保护知识，各种文献载体损坏的类型和造成损害的原因，日常的清洁卫生管理，定期对文献状况进行调查，等等。

针对读者的文献保护知识的宣传重点应使他们树立保护文献的意识和如何正确使用文献，包括不要在文献上做标记、不要折页撕页、复印时不要用力压等基本常识。

## 第五节　文献保护的意义与作用

文献保护的真正目的是为了加强信息的传播和文献的利用。文献保藏机构所收藏的文

---

① 中华人民共和国中央人民政府．国家突发公共事件总体应急预案［R/OL］．［2010－02－08］．http://www.gov.cn/yjgl/2005－08/07/content_21048.htm.

② 刘秀娥．编制图书馆应急预案，提高图书馆防灾能力［J］．图书馆工作与研究，2006（2）：85—87.

献信息资源是社会文化财富，是文献信息机构为用户服务必不可少的物质条件，它有着巨大的精神价值和物质价值。所以，文献信息机构的基本职能之一，就是保存社会长期积累下来的文献信息财富。文献保藏机构的文献保存与保护，就是要采取一切可以采取的有效措施，防止和消除一切不利于文献信息完整和长期保存的因素，最大限度地减少文献信息资源损耗，使所收藏的文献信息资源处于最佳状态，充分满足用户的文献信息需求。因此，做好文献保存与保护工作，具有十分强烈的现实意义和深远的历史意义。

## 一、有利于文化遗产的保存和积累

人类的历史发展是一个继往开来的过程。文化的继承是社会进步和发展的根本原因，而文献正是这种社会文化继承的桥梁和纽带。文献记载着自古至今人类历史的发展和演变，保存着人类的记忆，人类借此以继承前人在实践中积累的知识，它是帮助人们认识世界、改造世界的珍贵文化遗产。因此，收集和保存文献资料就成为继承文化和发扬文化的前提条件。

图书馆、档案馆等文献保藏机构从产生之日起，就担负着保存人类文化遗产的社会职能。无论是古代的藏书楼、官府的档案保存机构，还是近代、现代的图书馆、档案馆等，都是按照一定的原则和范围，将社会上分散而零乱的文献搜集起来，经过长期的积累，建立起系统完整的文献收藏体系，成为社会文献贮存的中心。它们最广泛、最完整地保存着记载人类活动和知识的文化典籍和文化遗产，充分发挥了其特有的社会功能。而这一社会功能的实现，也凝聚着古往今来文献保护工作者的心血，正是由于他们不间断地探索和研究文献保护技术与方法并运用于文献保护工作实践中，才使数量宏大的文献信息资源得以保存和流传下来。从古代的甲骨文献、近代的手写本和印刷品到现代的视听资料和电子文献等，能够世代相传、留存至今而成为人类知识的宝库，不能不归功于历代文献保藏机构和文献保护工作者的精心收藏和妥善保护。

## 二、为文献信息交流提供条件

人与人之间的信息交流是维系人们的生活，增进人们互相了解，推动社会进步和生产发展的手段和动力。而文献信息交流是人们围绕文献信息所进行的跨越时空的交流活动。

在文献信息交流过程中，文献本身既是交流的对象，又是交流的工具。图书馆、档案馆等文献保藏机构，是人们共同利用文献资源的场所，是保证社会文献信息交流的资源保障体系，它们在整个文献信息交流系统中占有非常重要的地位。文献保藏机构的全部工作最终是为文献信息交流服务的，通过文献信息交流，文献信息机构才能实现自身的各项职能。没有文献载体的保存和保护，文献信息资源就可能自生自灭、难以聚积，就不可能建立起较完备的文献信息资源保障体系，也就不可能保证人类文献信息交流的顺利开展并促进人类社会的进步与发展，因此，文献保存与保护为社会文献信息交流提供了有利条件。

## 三、促进科学技术的进步与发展

科学研究是一种复杂的劳动，有着明显的继承性、连续性和创新性。科学研究的这种特点，要求广泛而迅速地进行科学文献信息交流和传递。文献保藏机构从纵向保存和继承人类自古至今的科学文化知识，从横向连接知识创造和知识利用，它从各个方面不断搜集并长期积累起来的文献信息资源，为继承和交流科学成果提供了物质基础；同时，文献保藏机构又通过文献信息资源将人类积累的经验、创造的知识、研究的成果进行广泛的传递和交流，加快潜在的科学能力转化为现实的科技成果和直接的生产力的进程，从而使其成为促进科学技术进步与发展的重要力量。文献保藏机构促进科学技术进步与发展的源泉就在于文献信息资源的积累和提供，而文献信息资源积累和提供的基础又在于文献的保存与保护。

文献保存与保护活动本身就是一项科学研究工作，特别是在文献保护技术方面取得了一些很有意义的实用技术成果，也在一定程度上丰富了科学技术的进步与发展。

### 四、文献收藏机构发挥职能的基础

文献保藏机构作为科学、文化、教育事业的一种社会实体，其基本功能和工作就是保存和传递文献信息。保存和传递概括了文献保藏机构的全部工作，构成了文献保藏机构基本职能的不可分割的两个方面。只有具备了保存的物质基础，才会有传递的实际内容；只有通过传递利用，才会体现出文献信息的价值和发挥其作用，并进一步促进保存体系的形成和完善。两者互相依存，形成一个有机整体，反映出文献保藏机构最基本的社会活动。

文献保藏机构的这种基本功能和工作，贯穿于文献保藏机构发展的全过程。从古到今，尽管文献载体的物质形态发生了许多变化，文献信息记录手段和提供技术也发生了巨大的变革，但万变不离其宗，文献保藏机构的一切发展变化，都是沿着保存和传递这个基本功能和工作的轨道运行的。任何文献保藏机构的存在，不可能无保存，更不能没有传递。文献的保存与保护，是文献信息服务的物质基础；没有文献保存下来，要传递文献的信息内容就是不可能的。因此，文献保护是文献保藏机构发挥职能的基础，是文献信息传递交流的保障。

## 第六节　文献保护的原则

### 一、有效保护，合理利用

在文献的保存与利用上，必须意识到没有保存就没有利用，拒绝利用就失去了文献保存的价值，因此，应采取“有效保护，合理利用”的原则，正确处理文献保存与利用的关系。

有效保护，合理利用，即在文献利用中应当处理好长远利益与眼前利益的关系，对于利用率高的文献或是具有较高价值的文献更应如此，不能只顾眼前利益滥用文献，致使文献载体过早劣化。对于重要的文献与珍稀文献应以保护为主，抢救第一，使这类跨世保存的文献能一代代发挥永续的作用，使它们尽可能完整地传于子孙后代。因而，对于传世的珍贵文献，原则上以藏为主，一般只提供它们的复制件以供利用，不直接使用原件。对于现代普通文献，应在保障利用的同时，创造适宜的保藏环境，宣传正确使用文献的方法，正确处理和维护文献，使其能得到长久保存和使用。

## 二、以防为主，防治结合

文献保护的“防”就是采取措施减缓、抑制文献载体的劣变，或防止文献内容由于其他原因无法被获取或理解；“治”就是对已经劣变的文献载体进行修复或对无法读出的文献进行处理。防和治是文献保护的两个方面。目前文献保藏机构保存的文献资源，有已经损坏的文献，但大量的是尚未损坏的，如何防止或减缓这部分文献资源的损坏，是文献保护工作的中心和重点。只有做好预防工作，才能减轻文献损坏后治理的任务。如果只重视治而忽视防，必然是治不胜防，且耗费更多的人力、物力和财力。但如果只重视对大量文献资源采取防御性措施，而忽视对已经损坏的文献资源的治理工作，其损坏程度就会加剧，损坏的范围和程度就会扩大，最后将造成无法挽回的损失。文献资源在利用的过程中，文献的制成材料会逐步衰变，所以在文献资源的保护方法中，“治”的任务是永远存在的。注意防治结合是文献保护不可缺少的两个方面，因而，在文献保护的实际工作中，要提倡以防为主、防治结合的原则。

## 三、主次有别，优先重点

文献保藏机构所收藏的文献量大面广，其文献价值也各异。并非全部文献都具有长期保存价值而需世代相传，其中有些文献十分重要，需要永久地保存，而有些文献可能更多的是为了利用，以随时满足读者需要为主。保护文献信息资源的方法很多，不同的方法需要不同的资金和人力。一般来说，保存文献信息资源的原件要比保存其信息内容的花费大得多。在资金有限的情况下，想有效地保护好文献信息资源，必须采取区别对待的原则，也就是根据它们的不同价值，分别采取不同的方法，实施主次有别、优先重点的分级管理，使那些重要的、珍贵的文献处在更为良好的监护之下。例如，对图书馆中的古籍善本、档案馆中的永久保存档案等要采取更为严格的措施，延缓文献原件载体的变质进程，除了提供合适的贮藏条件和加强管理外，还应限制其原件的使用，只使用这些文献的复制品，只有在核实复制品的准确性或在复制品不能解决问题时才使用原件。而图书馆的普通图书和档案馆的短期保存档案的保护措施就不必那么严格，在创造良好保藏环境的情况下，可以原件流通，提供给读者使用。

## 四、技术先进，面向未来

文献的生产以及保存和保护的方法与科学技术的发展密切相关，文献保护技术同其他科学技术一样在不断发展和进步。文献保藏机构在充分利用最先进的科学成果和技术来保护文献的同时，既要考虑先进技术和方法应用于文献保护的有效性，又要考虑技术发展的空间，用发展的眼光来制订文献信息资源的保存和保护计划。例如，对破损文献进行修复的时候，要使用具有可逆性的方法和材料，为以后更有效的修复技术和材料的出现留出发展的余地。

### 推荐阅读书目


1. Morrow, Carolyn Clark. "Defining the Library Preservation Program: Policies and Organization." //Banks, Paul N., Pillette, Roberta. Preservation: Issues and Planning. Chicago: American Library Association, 2000.
2. Ritzenthaler, Mary Lynn. Preserving Archives and Manuscripts. Chicago: Society of American Archivists, 1993.
3. Ward, Christine. "Preservation Program Planning for Archives and Historical Records Repositories." //Banks, Paul N., Pillette, Roberta. Preservation: Issues and Planning. Chicago: American Library Association, 2000.
4. Williams, Sara R. "Preservation Programs in High-Use Library Collections." //Banks, Paul N., Pillette, Roberta. Preservation: Issues and Planning. Chicago: American Library Association, 2000.
5. Eden, Paul. "Concern for the Future: Preservation Management in Libraries and Archives." Journal of Librarianship and Information Science 29.3 (1997)
6. Marrelli, Nancy. Implementing Preservation Management: A How-To Manual for Archives. Montréal: Réseau des Archives du Québec, 1996.
7. Schmude, Karl G. "The Politics and Management of Preservation Planning." IFLA Journal 6.3 (1990)

# 第二章　文献材料的类型及其褪化

**本章要点**

文献载体材料的种类。

文献记录媒介的种类。

文献材料的褪化机理。

**关键术语**

载体材料；装订材料；媒介材料

文献材料包括文献载体材料、文献记录媒介材料和文献装订材料三大类型。文献载体材料是文献的主要外在表现形式，文献记录媒介材料是将文献信息符号显现在载体上的材料，而文献装订材料则是将文献载体集合成文献整体并对文献载体和记录媒介提供保护。

## 第一节　文献载体材料

### 一、天然有机材料

#### （一）竹木材料

简牍是中国古代最早的为书写文字而使用的专用载体，简以竹子为原料，版、牍以木材为原料。商周时期，我国南方包括中原气候温润，很适合竹子生长，河南、山西、山东等地都使用过竹简。南方产竹，以竹简为多，西北等不产竹的地方，则多用木牍。竹简制作简便、成本低廉，轻巧且表面光滑，容易着墨，书写整治起来很容易；木牍使用的木料多是杨树和柳树。竹简的使用早于木牍。用竹木制成竹简和木牍，用于书写公文与制作文献，是我国文献发展史上华夏先人从事文字传播的一项重要创造。

在印度和斯里兰卡，从公元前 1 世纪开始使用一种叫贝多罗叶的棕榈树叶作为文献载体，有些地区直至 19 世纪甚至更晚，还把字写到棕榈叶上。贝多罗叶，梵语为 pattra，是“叶”的音译，简称贝叶，属棕榈科，产地主要在南方，以印度、斯里兰卡、缅甸、中国西南地区为多。贝叶的加工方法是先将棕榈树叶切成长 40 ～ 90 厘米、宽 4 ～ 7. 5 厘米的叶片，放在水里或牛奶里煮沸；然后用刀裁掉过于凸出的地方，把叶片弄平，在表面搽上芝麻油，使之便于书写；再裁成所需要的长度，并保持长度一致。贝叶又薄又硬，但很光滑，而且有一定的韧性。有的文字是用铁笔或金属笔刻在叶子上的，也有用炭黑墨水书写的。为了使书写的字迹牢固，使用的墨水是油和炭的混合物。在每张叶片上穿两个洞，把叶片串联在一起，并拴在两块木板当中，最后用布包起来，所用的布一般是红色或黄色的。

公元 5 世纪，印度、尼泊尔等地曾使用白桦皮作为文献载体。白桦皮纸的制作方法是先从树上砍下约 90 厘米 ×20 厘米的白桦皮，把表面打硬实，然后上油、打磨，使其表面光滑以供书写之用。白桦皮很耐久，而且由于含有一种天然的保存剂即白桦油，所以较少有虫害。

竹木、贝叶等材料是天然有机材料，易受真菌、昆虫的侵害而腐朽变质。

### （二）丝织品

春秋时期，除使用竹木作为书写材料外，丝帛等丝织品也常被用为书写材料。现存的丝帛书实物以湖南长沙子弹库楚墓出土的帛书为最早。因丝织品易糟朽，不易长久保存，所以传世文献较少，只有少量丝帛书画作品传世。

丝织品由蚕丝织成。蚕丝属于天然蛋白质纤维，主要由丝素和丝胶组成。丝素蛋白由 18 种氨基酸组成。丝织品的损坏和老化主要是由光、热、化学、生物、机械破坏等因素造成的，从而引起形貌、手感、颜色、分子量和结晶度等发生变化。

### （三）纸张

从古至今，纸是用做文献载体最多的材料。纸的主要化学成分是组合在一起的纤维素，但是这些纤维并不是纯净的，它还包括一定数量的半纤维素和木质素，以及造纸过程中使用过的物质残留和添加的物质等。

1. 纸张的生产过程

中国传统手工造纸主要以麻类、树皮、竹子和稻草为原料，工艺流程包括备料、煮料、洗料、晒白、打料、抄纸、榨干和焙纸八个步骤。造纸时，先对原料进行切削加工，使它们变成碎片，然后添加石灰、草木灰等碱性物质进行蒸煮，再进行水洗和日光漂白，这样大部分杂质被去掉，保留了纯度很高的纤维素。在抄制纸张前，还要对纤维素进行捶打使之细长和帚化，以便抄制出又薄又好的纸张，帚化是将纤维素的两头打散以提高纤维之间的结合度。在古代，整个造纸过程主要靠人力完成，周期长、效率低。

随着近代科学和工业技术的发展以及纸张需求量的增大，手工造纸逐渐转为近现代的机器造纸。机器造纸的原理和主要过程与传统手工造纸并无二致，但由于机械技术和化学工艺的应用，其工艺程序更加复杂。总体可以分为制浆和造纸两个阶段。

制浆的方法有多种，包括机械制浆法、化学制浆法、半化学和机械化学制浆法以及生物制浆法四种方法。

机械制浆法主要利用机械的旋转摩擦对纤维原料木材的摩擦撕裂作用，以及由于摩擦所产生的热量对原料胞间层木素的加热软化塑化作用，将原料磨解撕裂分离为单根纤维。机械法制浆几乎不溶出原料中的木质素，故得浆率很高，一般在 95% 左右，加之不消耗化学药剂，因而是生产成本最低廉的制浆方法。但这种方法制出的纸浆除纤维素外，还有大量的其他杂质如木质素等，制造出的纸张强度普遍较低，易氧化变脆，如新闻纸。

化学制浆法，是将木材原料放在大汽锅内用高压蒸煮，并在用亚硫酸盐法处理时放硫酸氢钙，用碱法处理时加放苛性钠，用硫酸盐处理时加放苛性碱的混合物，通常是苛性钠和硫化钠的一种混合物。这些方法可以清除纤维材料中的杂质，有效去除或破坏木质素，使纤维素比较不易受到侵害。但是，制浆过程中使用的酸、碱化学物质如果去除得不彻底，残留在纸张中会破坏其纤维素，降低其聚合度，增强纸张酸度，进而影响纸张的耐久性。

半化学制浆法和化学机械制浆法就是将原料先经化学处理，再经机械磨碎制成纸浆，具有介于化学制浆法和机械制浆法之间的性质和得浆率。半化学浆和化学机械浆的区别仅在于化学处理程度的不同。后者的化学处理条件较缓和，机械作用较强烈，其性质比较接近于机械浆，常用于生产瓦楞纸板、包装纸、新闻纸，其漂白浆也可制作书籍纸和印刷纸。

生物制浆法即应用生物分解与机械加工相结合的纸浆生产工艺技术、生物漂白及漂白用水零排放的纸浆漂白生产工艺技术制作纸浆。在生物分解过程中，真菌把植物原料中的木质素、淀粉、果胶、果糖等物质分解后生成水和二氧化碳，水和二氧化碳又生成碳酸，碳酸进一步软化植物木质素利于真菌分解，因此没有废物排出，这就彻底解决了世界造纸行业的污染大难题。采用生物制浆新工艺制备的纸浆，纤维长、得浆率高、耐折性强。

经过上述工艺制成的纸浆还要经过筛选，除去纸浆中多余的废渣，然后再经过漂白，除去植物纤维中的有色物质，以改变和增加纸张的使用范围。根据漂白原理与方法的不同，可将其分为还原性漂白、氧化性漂白和生物漂白三种方法。还原性漂白主要使纸浆内的发色基团改变结构，使其脱色。由于不会造成纤维组分的损失，并可保持原浆料的特性，因此特别适用于磨木浆、化学机械浆等高出浆率浆的漂白，但其漂白效果是暂时的，长时间的空气氧化会使纸浆恢复原来的颜色。氧化漂白法主要是利用漂白剂破坏木质素的结构，使其溶解，达到提高纸浆纯度、白度的目的。此类漂白剂有含氯和含氧两类，含氯漂白剂包括氯、次氯酸盐和二氧化氯，含氧漂白剂包括氧气、过氧化物和臭氧等。目前仍以氧化性漂白为主要的漂白方法，氧化性漂白剂因是含氯漂白，污染严重，将逐渐被含氧漂白方法所取代。漂白剂氧化性漂白是运用氧化剂使木质素分子氧化降解，从而使纸浆变白。生物漂白是利用微生物或者其分泌的酶处理纸浆，达到脱除木质素并改善纸浆的可漂性和提高纸浆白度的方法。

造纸阶段包括打浆、施胶、加填、抄纸等工序。

打浆就是利用物理方法，对水中纸浆纤维进行机械或流体处理，使纤维受到剪切力，改变纤维的形态，使纸浆获得某些特性，以保证抄成的纸达到预期的质量要求。打浆可以使纤维的细胞壁发生位移、变形与破裂等现象而吸水润胀，产生细纤维化，使纸浆具有柔软性、可塑性，也使纤维素分子链中的羟基增加与氢链结合的机会，提高纤维间的结合力。

施胶就是对纸浆、纸张添加化学品，改善纸张抗水、抗油、抗印刷油墨等性能，提高光滑性、憎水性、印刷适应性。施胶有两种方法，一种是浆内施胶，即在纸页成形前（打浆或配料时）将施胶剂添加于纸浆内，另一种是表面放胶，即在纸页成形后涂饰于纸或纸板表面。浆内施胶剂主要有松香施胶剂、合成施胶剂、石蜡施胶剂等，表面施胶剂主要有淀粉类施胶剂和合成高分子类施胶剂。表面施胶主要是改善纸页表面光滑度，降低孔隙度，防止表面起毛和掉毛。

造纸过程中，相互交织的纤维中间仍存有一定空隙，为了改善纸张的光学性能、提高纸的平滑度、透气度、柔软性，改善纸的适印性，需要加入一些不溶于水的矿物质微粒加以填补，这一工序被称为加填。造纸加填料的最初目的是降低纸的成本，现在的主要目的是使纸张获得某些特殊性质。由于加填的目的不同，填料在纸中所占的比例差别较大，一般在10%～20%。同时，加填对纸张和造纸过程也有不利影响，会减少纤维间的结合，造成纸的强度下降，印刷时易掉毛掉粉，同时会增加对纸机的磨蚀。

抄纸就是将纸浆中的水分排干，使之形成纸张。现代造纸工艺多使用抄纸机实现这一工序，纸浆从压力箱内以极快的速度浇在抄纸机网上，机网快速运动滤去水分，并通过挤压形成潮湿的纤维薄层，再通过压榨、干燥最终成为成品纸张。

现代造纸工艺和传统手工造纸相比，使用了大量的化学品并添加了很多物质，这些有利于纸张性能的改善，丰富纸品的种类，但也会因化学品的残留和添加物的不稳定性产生一定的负面效应，影响纸张的长期保存。因此，应对这些过程和物质进行控制，减少不利因素的影响。

纸张在持久性方面的性能与所采用的原料及生产过程和处理方法有密切的关系。纸张的生产过程和处理方法不仅影响纤维的质量，也会因为添加物的使用和化学品的残留影响纸张的长期保存性。纯纤维素具有很好的耐久性。未加工的植物纤维含有木质素和其他杂质，这些杂质对纸有害，会使纸变质，因而只有加以清除才能得到高质量的纤维。但清除这些杂质的过程会降低纤维素纤维的质量，如果做得不好，就会削弱纤维强度，并使纤维素分解成对纸有害的其他物质。所以，植物纤维的原始纯度，也在很大程度上决定着所生产的纸的耐久性。

2. 纸张的性能指标

纸张的性能是衡量纸张质量的重要指标，也是判定纸质文献耐久性的重要依据。文献纸张性能具体可分为物理性能、光学性能、化学性能和表面性能等。

纸张的物理性能指标包括：①定量。指每平方米的重量，以 $g/m^2$ 表示。如文化印刷用纸定量一般为 32～80 $g/m^2$，纸板的定量一般为 200～400 $g/m^2$。②厚度。指在两块测量板间施加 100 kPa 压力下，直接测量的纸张的厚度，以 mm 表示。③紧度。表示纸张结构松紧的程度，每立方厘米纸的重量以 $g/cm^3$ 表示。同一定量的纸，厚度越大的纸质越疏松。④透气度。透气度是以一定面积的纸张在一定真空度下，每分钟透过的空气量或透过一定空气量的时间，分别以 mL/min 或 s/100mL 表示。⑤伸缩率。指纸张浸水后或在不同温度下增湿或减湿后，纸张尺寸相对的变化，以尺寸的增或减对原试样尺寸的百分率表示。胶印纸对伸缩率要求较高。⑥强度。指纸张受外力作用，达到破坏点所反映出的一些具体数值，主要有抗张强度及其断裂时的伸长率、耐破度、耐折度、撕裂度、刚度等。

纸张的光学性能指标包括：①白度。指白色或接近白色的纸表面对蓝光的反射率，以相对于标准氧化镁板反射率的百分率表示。②不透明度。指以单张试样在“全吸收”的黑色衬垫上的反射能力，以完全不透明的若干张试样的反射能力的百分率表示。③透明度。指光线透过纸的程度，以试样能看清楚墨汁线条的最多层数表示。光学性能指标对印刷纸和描图纸等比较重要。

纸张的化学性质指标包括：①水分。指纸中含有在 100 ～ 105 ℃下可蒸发的水分重量，以对纸重的百分率表示。②灰分。纸经灼烧后的残渣重量对纸样绝对干燥试样重量的百分比，是纸张中无机物含量的指标。③pH 值。指纸样在 100 毫升的 95 ～ 100 ℃的蒸馏水中浸泡 1 小时后，然后冷却至 20 ～ 25 ℃，提取上层清液，用校正过的 pH 计测量 2 次，所得的算术平均值。这些化学性质指标对电气及技术用纸尤为重要。

纸张的表面性能包括：①施胶度（耐水度）。指纸张表面防止书写时墨水渗透扩散的性能，对书写纸很重要。以鸭嘴笔蘸特制的墨水，在纸上画线，以不扩散和不渗透线条的最大宽度（mm）表示。②平滑度。指在一定真空度下，一定容积的空气通过在一定压力下的试样表面与玻璃面之间的间隙所需的时间，以秒表示。③表面强度。胶版印刷纸为防止纸张掉毛糊版，要求具有较好的纸页表面强度。以蜡棒加压纸张至拉附纤维为止的蜡棒级数，也可用印刷适用仪测量其拉毛速度表示。绘图纸、描图纸则测其耐擦力，均是对纸张表面组织结合强度的检测。

与纸张长期保存相关的纸张物理指标与化学指标主要有以下九个。

（1）抗张强度（tensile strength）。抗张强度是纸或纸板所能承受的最大张力。裂断长是宽度一致的纸条本身质量将纸断裂时所需要的长度。它是由抗张强度和恒湿后的试样定量计算出来的。伸长率是纸或纸板受到张力至断裂时的伸长，以对原试样长的百分率表示。抗张指数等于抗张强度除以定量，以 Nm/g 表示。

抗张强度试验仪在恒速加固荷的条件下，将规定尺寸的试样拉伸至断裂，测量其抗张力，同时记录断裂时的最大伸张率。

（2）撕裂度（tearing resistance）。撕裂度是将预先切口的纸（或纸板）撕至一定长度所需力的平均值。若起始切口是纵向的，则所测结果是纵向撕裂度；若起始切口是横向的，则所测结果是横向撕裂度。结果以 mN 表示。撕裂指数等于纸张（或纸板）的撕裂度除以其定量，结果以 $mN \cdot m^2/g$ 表示。其原理是具有规定预切口的一叠试样（通常是 4 层），用一垂直于试样面的移动平面摆施加撕力，使纸撕开一个固定距离。用摆的势能损失来测量在撕裂试样的过程中所做的功。平均撕裂力由摆上的刻度来指示或由数字来显示，纸张撕裂度由平均撕裂力和试样层数来确定。

（3）耐折度（folding endurance）。耐折度是在标准张力条件下进行试验，试样断裂时的双折叠次数的对数（以 10 为底）。双折叠就是将试样先向后折，然后在同一折印上再向前折，试样往复一个完整来回。耐折次数是耐折度平均值的反对数，其原理是一个窄纸条在标准状态下受到纵向张力，向后及向前折叠，直至纸条断裂。MIT 型或肖伯尔型揉折机可做这种检验。耐折度是最重要的试验之一，常常用来评价纸的耐久性。

（4）耐破度（bursting strength）。耐破度是由液压系统施加压力，当弹性胶膜顶破试样圆形面积时的最大压力，以 kPa 表示。其原理是将试样放置于弹性胶膜上，紧紧夹住试样周边，使之与胶膜一起自由凸起。当液压流体以稳定速率泵入，使胶膜凸起直至试样破裂时，所施加的最大压力即为试样耐破度。

（5）α－纤维素含量（α－Cellulose）。α－纤维素含量又称甲种纤维素。用 17.5% 氢氧化钠溶液处理纸浆，再用 9.5% 氢氧化钠溶液洗涤，最后用水洗涤，然后干燥、称重，从而定量测定其残余物（α－纤维素）量。α－纤维素的聚合度很大，它的含量是人造纤维和造纸工业用纤维素原料的重要指标。α－纤维素含量很高的纸都含有大量的碎布或者高纯度的化学纸浆，其特点是具有高度的稳定性。

（6）纸的铜价（cupric value）。铜价是指在特定的条件下，100 g 纤维素（纸浆）使氧化铜还原为氧化亚铜的克数。铜价主要用于鉴别纤维素还原基的多少以及链的长短。纤维素分子水解、氧化后聚合度下降，暴露出更多的还原基团，铜价增大，耐久性下降。低铜值是纤维稳定的标志。

（7）酸碱度（pH Value）。酸碱度是纸张试样用沸蒸馏水抽提 1 小时，然后用酸碱滴定法测定酸度或碱度。纸的酸度是根据 pH 计所测出的 pH 值加以确定的。酸度或碱度均表现在 0～14 的 pH 刻度上，其中刻度“7”表示中性，低于 7 表示酸度增加，高于 7 表示碱度增加。

（8）碱保留量（alkali reserve）。碱保留量是纸和纸板中的一类碱性化合物的量，如碳酸钙，该类化合物能中和自然老化或受大气污染所生成的酸。原理是先将纸样浸泡在水中，加热沸腾一段时间，同时加入一定量的盐酸溶液，使盐酸和溶液中的碱性物质完全反应，用氢氧化钠标准溶液滴定未反应的盐酸，从而计算碱保留量。

（9）纸浆卡伯值（kapper number）。纸浆卡伯值是在规定条件下，1 g 纸浆（以绝干浆质量计）10 分钟内所消耗的高锰酸钾标准溶液的毫升数。所得结果校正为相当于消耗高锰酸钾溶液加入量的 50%。卡伯值用于表明纸浆的木质素含量（硬度）或漂白率。测定纸浆卡伯值是在强酸介质中，使已经疏解的纸浆与一定量的高锰酸钾溶液反应一段时间，所选择的浆量应为在反应时间终了时，约有 50% 的高锰酸钾未被消耗，加入碘化钾溶液后反应终止，然后以间接碘量法，测定其剩余的高锰酸钾量。

为了检测纸张的耐久性，通常采用人工老化试验（accelerated aging test）的方式进行。一般认为，纸张在 100 ℃的烘箱内加热 72 小时，与自然环境下 25 年的老化程度相当。美国国家标准局 1937 年做的纸张加速老化试验得出：在 100 ℃下，加速老化 72 小时与自然老化 36 年的纸张的比较结果是 pH 值、α－纤维素、铜价和耐撕强度等方面有很好的相关性，由此推得 pH 值、α－纤维素、铜价和耐撕强度可以作为鉴定纸张稳定性的指标。加速老化和自然老化的耐折度间相关性一般，因此，尽管耐折度是评价加速老化的一项指标，但不能完全依赖于它。

---

**知识点链接 2－1**

## GB/T 24422—2009 中华人民共和国国家标准
## 信息与文献档案纸耐久性和耐用性要求（摘录）

4　性能要求

4.1　采样及处理

用于测试的纸样应按 GB/T 450 规定的方法采取试样，试样应无明显的缺陷，如大的污点、孔眼和皱折。试样的处理和试验应在 GB/T 10739 规定的标准大气条件下进行。

4.2　纤维成分

该纸张应由一定量的棉纤维、棉短绒纤维、麻类纤维、韧皮纤维或它们的混合物配以全漂化学木浆抄造而成，并应注明纤维的含量配比，同时应当具有理想的工作性能。

注：理想的工作性能不仅是指档案纸本身的性能，还包括纸张的印刷适性及其他必要的使用性能。

4.3　定量

纸张的定量应不少于70 g/m$^2$。

注：未给出纸张定量的上限，但本标准界定的纸张不包括定量超过225 g/m$^2$ 的纸张。

4.4　撕裂度

纸张的纵向和横向撕裂度均应不小于350 mN。

4.5　耐折度

当使用肖伯尔耐折度测定仪进行测试时，纸张的纵向和横向的耐折度均应不少于2.18。当使用MIT耐折度测定仪进行测定时，纸张的纵向和横向的耐折度均应不少于1.95。

注：耐折度为2.18时所对应的耐折次数为150次；耐折度为1.95时所对应的耐折次数为90次。

4.6　水抽提液的pH值

试样冷水抽提液的pH值应在7.5～10.0的范围内。

4.7　碱保留量

纸张应至少具有相当于0.4 mol/kg酸的碱保留量。

注：当以碳酸钙为碱保留物时，每千克纸张中碳酸钙的含量不小于20 g。

4.8　抗氧化性

纸张的卡伯值应低于5.0。

注：本标准中取换算成消耗50%高锰酸钾的常数 =1.000。

---

3. 纸张的老化

纸张的主要成分是纤维素。纤维素是不溶于大多数溶剂的白色物质，除非在酸作用下，它与大多数化学品都不发生反应。一般室温条件下，纤维素是一种稳定的高分子化合物，在适当条件下保存上千年也不会变质。纤维素的化学稳定性为纸质文献的长期保存奠定了基础。纸张的纤维素含量越高，有效寿命越长。但由于纸张中的非纤维成分和外界环境的影响，纸张中的纤维素会发生不同程度的变质与损坏，从而缩短纸张的寿命。

（1）酸性水解降解。纤维素是一种十分稳定的高分子材料，纯净的纤维素即使浸泡在水中，其性质也会非常稳定。但如果有了酸的存在，纤维素在适当的氢离子浓度、温度和时间作用下，糖苷键断裂、聚合度下降、还原能力提高，这种反应称为纤维素的酸性水解。部分水解后的纤维素称为水纤维素，纤维素完全水解则生成葡萄糖。古埃及国王坟墓里出土的麻纤维制品，在有水分的条件下保藏了数千年，并未发生水解降解，这主要是由于介质中缺少酸性物质。

水解反应破坏的结果是纤维素长链被截短，纤维素聚合度下降，纤维素结晶区减少，纸张泛黄、脆弱，经不起折叠。一些含酸量较高的纸质文献经过一段时期的保藏后，虽能外观完整，但纸张已脆化，稍一触摸就会变碎。

酸的破坏作用具有传染性。酸中的氢离子能在同一载体中或相邻的载体之间移动。酸的这一性质，使得纸中的酸可以从局部开始破坏而蔓延至整个纸张，同时，酸性载体同非酸性载体接触时，酸也可以从酸性载体迁移到非酸性载体上，使原本不含酸的载体也带上酸。这是因为在水解过程中，氢离子并没有消耗掉，它完成某一部分纤维素的水解之后，便会转移到尚未遭受破坏的其他纤维素长链部位，继续进行酸性水解降解。氢离子的迁移，一直持续到一本纸书完全降解成粉末为止，然后再向与之相邻的其他书上迁移。

酸对纸的破坏速度同周围环境有关，高湿和高温能加速酸对纸张的损毁作用。酸对纸的破坏作用，是在一定的湿度、温度条件下进行的，必须有一定量的水参加，此外，温度越高，酸对纸的破坏作用越大。

任何酸对纸都有破坏作用，只要是酸都可不同程度地离解出氢离子。因而不管是无机酸、有机酸还是由盐水解而成的酸都对纸有破坏作用，只是破坏速率不同而已。酸对纸的破坏程度与纸中氢离子数有关，氢离子浓度越高的纸，被破坏的程度越大。因此，纸的含酸度是影响纸张保存期限的关键因素，纸的 pH 值越小，酸对纸的破坏作用越大。有资料表明，若纸的 pH 值小于 5，保存 20～50 年，就会脆化，pH 值在 7.5～9.5 范围内的纸，预计可保存几百年。此外，最持久的纸要求有一定量的碳酸钙或碳酸镁驻留，以抵抗保存过程中可能接触的酸。

纸张中的酸的来源有四个方面。

1）造纸过程中残留的酸。纸张内酸的来源十分广泛，首先来自于造纸过程。在化学制浆过程中，为了有效地清除木质素等杂质，要使用大量酸性化学品，如亚硫酸、亚硫酸盐、硫酸盐等。虽然化学纸浆在制浆过程中要用大量水冲洗，以除掉所使用的各种化学品，但大规模工业造纸很难将其洗净，酸不可避免地残留在纸张中。

其次，为了除掉造纸植物原料中的色素，要使用许多氧化性漂白剂，如次氯酸钙、二氧化氯、亚氯酸钠等。这些氧化剂本身大部分是酸性化合物，同样会造成残留。施胶时加入纸浆的明矾和松香也是纸张中酸的来源。明矾是含有结晶水的硫酸铝钾复合盐，分子中的硫酸铝成分为强酸弱碱盐，遇水则可发生水解而生成硫酸。松香的化学成分是松香酸，松香酸为有机酸，对纸也有破坏作用。除中性纸外，现代文献用纸大都用明矾、松香施胶，因而都不同程度地含有酸。

2）纸张中木质素产生的酸。木质素是一种广泛存在于植物体中的无定形的、分子结构中含有氧代苯丙醇或其衍生物结构单元的芳香性高聚物。植物的木质部含有大量木质素，使木质部维持极高的硬度以承担整株植物的重量。木质素与纤维素、半纤维素一起，形成植物骨架的主要成分，在数量上仅次于纤维素。木质素填充于纤维素构架中以增强植物体的机械强度，利于输导组织的水分和抵抗不良外界环境的侵袭。木质素无毒，性能优异，在工业上应用广泛。大部分纸张尤其是以木材为原料的纸张含有一定量的木质素。木质素性质不稳定，在长期保存的过程中会被大气中的氧化物氧化成有机酸，特别是含木素较多的纸的转变更快。有资料显示，木质素含量高的纸即使在最佳保存环境下，其有效寿命也不超过 200 年。

3）印刷书写媒介带来的酸。使用酸性墨水书写的手稿、含氯化物的油墨印刷的文献及酸性染料染制或绘制的文献，都会因媒介的酸性使纸张局部含酸量大而引起纸张纤维素的水解。如西方古代手稿常用鞣酸铁墨水（iron gall ink）书写，造成大量的纸张腐蚀、文字脱落。

4）保存环境中的酸。纸张是众多纤维素纵横交错而成的多层毛细管体系，可通过毛细凝结作用保持更多的水分。纤维素这类多孔材料具有很强的表面吸附能力，除了吸附水汽外，还可吸附大气中的二氧化硫和二氧化氮等酸性气体，与所吸附的水反应生成酸。如果文献纸张载体发生霉变，霉菌也有可能使纸张中的纤维素变多成有机酸。有的霉菌在生长繁殖过程中，使纸张酸度增加很快。

（2）纸的热降解。热降解是指高分子材料在受热过程中分子量变小的化学反应过程。热降解主要有解聚、无规断链、侧基脱除三种反应方式。高分子材料的热降解通常发生在高温条件下，但也不排除在室温条件下的缓慢降解。纤维素的热降解包括低温下的缓慢降解和高温下的激烈分解两种形式。纸质文献在保藏过程中，除了有可能在室温条件下发生缓慢的低温降解外，还可能在复印过程、微波炉杀虫处理过程、聚光灯照射过程及其他受热过程中发生高温条件下的热降解。降解使纤维素材料的力学强度降低。

（3）纸的氧化。纸中的纤维素在空气中的氧化是十分缓慢的，但纸内的许多非纤维素易被氧化。长期暴露在空气中，特别是暴露在污浊空气中的纸，会被氧化而发黄并逐渐裂为碎片。纸张被氧化后，纤维素的聚合度减小，纸的机械强度降低，并伴有退色或泛黄现象。木质素具有光自动氧化的性质，木质素含量高的纸比其他纸易于氧化。木质素被氧化后变成褐色物质，使纸泛黄与脆化。

漂白纸浆纸比未经漂白纸浆纸容易氧化。未经漂白的纤维素氧化反应活化能较高，因而在空气中不易发生氧化。含有金属微粒铜或铁的纸比其他纸易被氧化。光和高温可以加速空气中的氧对纸的破坏速率。潮湿、阳光和高温会导致空气中的氧转变成过氧化物，使纸张大面积地吸收这类破坏力极强的氧化物而早毁。

光敏氧化反应对出土文献的保护来说是一个极为重要的反应，文物发掘中遇到的风化现象就是由光敏氧化反应引起的。在缺氧、黑暗、干燥条件下保存了若干年的纤维素纤维材料（如地下古籍文物），如果发掘出来没有妥善的保护手段，一旦遇光、氧、水分就会立即发生严重的光敏降解。染料等有色物体通常可以引发光敏氧化反应。

泛黄是指白度的下降。日常生活中白度下降的现象在各类天然纤维制品中普遍存在。白度的下降说明有黄色化合物的生成。光氧化反应是诱发泛黄的主要原因，此外，热感应也能对泛黄过程产生不良影响。纸张在室外条件下很容易发生泛黄现象。许多研究材料表明，木质素对纸张的泛黄起着重要作用。

（4）纸的吸湿性与劣变。纸张是吸水性很强的材料，它不仅可以吸收与其接触的物体中的水，而且还有从潮湿空气中吸收水汽及向干燥的空气中排水的能力。文献储存环境的相对湿度在多个方面影响了文献载体的长期保存，可以从物理途径、化学途径、文献结构等方面对纸质文献造成危害。纸的机械强度与环境湿度有关，纸张只有含一定量的水分，才具有良好的机械强度和柔韧性。含水量过低，纸张会发脆；含水量过高，纸张应有的强度也会减弱。相对湿度的变化会带来纸张尺寸的改变，导致纸张被拉紧、变形或破碎。当纸质文献周围环境温度与湿度发生急剧变化时，纸张很容易发生形变。纸张吸收的水分也会加速纸张的其他劣化反应，造成纸张的加速老化。

4. 照片基纸

除了普通纸质文献的载体为纸张外，还有一种常见的文献以纸张为基材，那就是传统照片。照片基纸除了具有一般文献用纸的老化机理外，还因上面的涂层而表现出不同的特性。

目前常用的照片纸基有钡地纸与涂塑纸两种。钡地纸是迄今为止被用来制造相纸的最久的纸类材料。钡地纸用棉浆或高纯度的化学木浆（α－纤维素不小于90%，灰分不大于2%）在长网造纸机上抄造而成，用由硫酸钡颜料和明胶之类的粘结剂配成的涂料对原纸进行涂布加工，并经超级压光制成。硫酸钡涂布的目的是为了获得光滑的、高光反射率的表面整饰，以便进行感光剂涂料的涂布加工。原纸定量为 140 $g/m^2$ 和 200 $g/m^2$，白度为95%～100%，具有平滑度大，干、湿抗张强度和撕裂强度高等特点。涂塑纸则是将原纸两面涂以含有一定细度的二氧化钛的聚乙烯薄膜制成。二氧化钡的作用相当于钡地纸中的硫酸钡，用来增加底纸的白度和光滑性。

照片基纸在热湿环境中或光辐射下可使纸基纤维素产生断链造成纸基变脆。纸基的衰变有可能促使影像物质和黏合物明胶恶化，使影像层产生大量气泡，使乳剂层与纸基脱离。两种基纸相比较，由于钡地纸的硫酸钡与凝胶混合之后涂布在相纸上，其界面间的性质有比较大的差异，所以相纸不耐弯曲；涂塑纸较有弹性，不易发生弯曲龟裂。钡地纸一般没有防水层，这使得显影液易残留在相纸内，给照片画面的长期保存带来严重影响；但涂塑纸基中的聚乙烯受到光和热的影响时，自由基被氧化产生裂纹，同时，二氧化钛是一种光催化剂，会加速纤维素与涂料的老化，照片较易变成褐色，尤其在户外露天展览时，照片的表面易被损坏，致使涂层脱落。但涂塑纸在常规条件下的性能稳定性和暗处保存性均好于钡地纸，所以目前涂塑纸基已大部分取代了钡地纸基。

### （四）纸草纸

纸草纸是古代埃及人的主要书写材料，是古埃及人对人类文明的伟大贡献，是历史上最早、最便利的书写材料。纸草纸不仅长时间广泛应用于埃及，还曾在地中海沿岸地区广泛使用，直至8—9世纪时，随着纸张生产的日益增多而逐渐停止使用。不过，可能直到公元1050年，埃及还在制造纸草纸。

纸草纸并不能算真正意义上的纸，生产纸草纸的原料是纸草的茎。纸草是一种水生植物。据考古证实，公元前3600年—前2000年前，古埃及人就掌握了用纸草植物制造纸草纸的技术。制作方法是先将纸草茎的硬质绿色外皮削去，把浅色的内茎切成40厘米左右的长条，再切成一片片的薄片。薄片要在水中浸泡至少6天，以除去所含的糖分。之后，将这些薄片并排放成一层，然后在上面垂直覆上另一层，将两层薄片平摊在两层亚麻布间趁湿用木槌捶打，将其压成一片并挤去水分，再用石头等重物压，干燥后用浮石磨光就得到纸草纸的成品。由于只使用纸的一面，因此，在书写的一面要进行施胶处理，使墨水在书写时不会渗开。纸草纸文献有的是单页，有的做成卷轴，卷轴的高度从15厘米到45厘米不等，长度也各异，有的长达30米。

纸草纸是有机物质，会因时间、环境因素变旧，发生化学反应，导致纸草纸文献损坏，潮湿环境下很容易被霉菌毁坏。光线、高温、干燥、空气污染及人们的粗暴行为都有可能损坏纸草纸文献。此外，纸草纸质量有优劣之分，优质纸草纸是透明的，劣质品则是灰色的。

### （五）羊皮纸

羊皮纸作为文献载体始于公元前170年左右，直到近代仍有使用。羊皮纸主要有两种，一种是由小羊皮做成，另一种是用小牛皮做成，也称羔皮纸、犊皮纸。使用羊皮纸做载体的文献主要为手抄本图书，也有部分西方早期印本书采用羊皮纸为载体材料。此外，还有不少图书用羊皮纸作封面。

羊皮纸是非常坚固的类似纸的材料。与普通羊皮纸相比，羔皮纸比较薄、白、光滑，外表美观；羊皮纸很坚固，不易扯裂，经得起相当程度地使用而不变质，都是合适的书写材料或印刷材料。羊皮纸对钢笔只有很小的阻力或者没有阻力。它几乎是白色的，可以两面写字，靠肉的那一面颜色比较暗，但会较好地吸收墨水。在纸张广泛使用之前，羊皮纸和羔皮纸普遍供印制图书使用，纸张广泛使用后，羊皮纸只用来制作一些重要文件。

羊皮纸是一种未经鞣制的特制皮革。其制作方法是将绵羊、羊羔、山羊或小牛的皮放在石灰槽内洗涤和浸泡，刮掉毛，彻底刮净皮下脂肪，然后将真皮放在一个框架上伸开，再用特制的弯去掉残留的毛或肉。为了增白和进一步脱脂，磨光时常使用一些白垩粉，或者把真皮拉紧固定后，再用碳酸钾去掉皮上的肉膜。最后放在框架内拉伸绷平干燥，就可以制成羊皮纸。

羊皮纸和羔皮纸的书页基本上同现代书页一样。为了保证色彩一致，在折叠成册时要使毛面对毛面、肉面对肉面，因为毛面皮结构较为粗糙，会使笔画变得模糊不清。

由于制作羊皮纸时没有中和掉加工羊皮纸时使用的碱性物质，因此羊皮纸通常呈弱碱性。碱能抵御空气中的酸对羊皮纸的侵蚀，使羊皮纸的抗酸性较强。虽然羊皮纸表面的防护层也能抵抗微生物的腐蚀，但会使羊皮纸变黄。

羊皮纸和羔皮纸虽比纸坚固，但对空气的湿度非常敏感，容易吸水和排水，并因此降低其稳固性。例如，空气的相对湿度低于40%时，羊皮纸就会变硬、变形，面积明显地缩小，有时还会出现纸色和墨色减退的现象；如果空气相对湿度为80%或更高，羊皮纸就更容易变形，书页就会皱起来，甚至书页还会牢固地黏合在一起。装在硬封面里的手写本羊皮纸书页，在干燥的房间里存放一段时间后，由于书边吸收和排出水分，卷边更为严重。封面装订太紧或装订线脱落，都会造成羊皮纸变形过程的加快，最后产生页边或整本图书体积膨胀的现象，导致书本难以合拢。

另外，由于大多数羊皮纸手写本文献用鞣酸铁墨水写成，这种墨水会随着时间推移而变成褐色，而且会腐蚀羊皮纸，造成有文字的地方成为空洞。

### （六）其他

除上述各种文献载体外，还有一些天然材料的文献载体，如虫胶。虫胶是虫胶唱片的原料，是虫胶树上的紫胶虫吸食并消化树汁后的分泌物，属于天然树脂。虫胶唱片的成分包括填充剂、着色剂、稳定剂等。虫胶唱片的化学性质稳定，在良好的保存环境下50年不变质，但树脂随着时间流逝会逐渐变脆破裂。而且，虫胶唱片同其他树脂一样，对温度敏感，遇热变软，成型后仍然可以遇热软化并重新模塑，因此，在全盛时期曾有唱片公司因缺乏原料而回收虫胶唱片，这也是很多虫胶唱片存世量极少甚至绝版的原因。虫胶唱片一旦受热变形，记录声音的声槽的深浅致密程度就会发生变化，造成音质失真甚至无法放音。虫胶唱片易于吸收挥发性气体，含有挥发性油类的柏木、松木、樟木均不能用于制作存放虫胶唱片的装具。虫胶唱片分为实心唱片和夹心唱片两种，由于夹心唱片中的牛皮纸层易吸收水分，在潮湿环境下会发生膨胀和霉变，损坏虫胶塑料层，造成声音失真，因此应将其存放在干燥环境下。

## 二、合成高分子材料

人类已经合成了成千上万种自然界没有的物质，有机高分子合成材料的生产已经成为20世纪以来发展最快的行业之一。高分子合成材料已大量应用于文献制作，成为文献载体的重要形式，如塑胶唱片、照片胶片、缩微胶片胶卷、磁盘磁带、光盘等。

塑料唱片分为虫胶唱片和薄膜唱片。薄膜唱片具有轻便、价廉、生产简单、携带方便、音质优异的特点，且不易破裂、耐刮磨，不怕潮湿，其主要成分是聚乙烯，与增塑剂、填充剂、着色剂、稳定剂、润滑剂共同压制成薄膜唱片，聚乙烯的热膨胀系数高而热传导系数很低，因而高温易变形，低温易碎裂，是目前机械录制唱片的主要制成材料，在保存环境良好的情况下可保存约100年。薄膜唱片对温度较为敏感，保存和使用时应该严格控制温度，尽量在恒温环境下保存和利用；它对光、有害气体同样敏感，易于老化，在紫外线照射下或者阳光直射下会加速老化，因此最好避光保存；空气中的有害气体、木制设备中的挥发性气体都会使塑料材料发胀、发粘甚至水解；薄膜唱片中的增塑剂、填充剂和补充剂都是霉菌喜爱的食物，霉菌在合适的温度和湿度下很容易在薄膜唱片上生长并分泌出酸、碱，加速唱片老化。

胶片是感光型文献的主要载体，包括黑白和彩色两种类型。照片、缩微平片和缩微胶卷都属于此类文献。胶片文献的支持体主要为塑料片基，支持体变质会直接影响胶片文献的使用寿命与影像的保存时间。

黑白胶片的基本结构一般是由保护层、乳剂层、防光晕层、底层、片基和背涂层等部分组成。其中，乳剂层又称感光层，是胶片文献的记录媒介，主要是由分散在明胶中的感光物质卤化银组成，是感光胶片中最重要的物质组成部分——成像层，其中各种成分的特性决定了感光胶片的照相性能；而片基则是乳剂层和其他涂层的支持体，是胶片文献的载体。

彩色胶片由保护层、感蓝层、感绿层、感红层、底层、片基和防光晕层组成。彩色胶片的保护层、底层、片基和防光晕层的成分、结构及作用等与黑白胶片基本相同，不同的是其乳剂层由感蓝层、感绿层和感红层组成，共有三层结构。

无论是黑白胶片还是彩色胶片，其片基多由纤维素酯或聚酯加入适量增塑剂、稳定剂、填料等助剂塑造成型，对感光材料的机械性能、成像质量和安全保存有很大的影响。

磁带是记录声音、图像、数字或其他信号的载有磁层的带状材料，是产量最大和用途最广的一种磁记录材料。磁带文献的种类很多，有录音磁带、录像磁带、数字磁带、仪器磁带等。

磁带一般由聚酯薄膜带基和涂在上面的磁层组成，磁层是由磁介质和把磁介质黏到聚酯带基上的粘结剂组成的，即磁带主要由磁介质和带基通过粘结剂黏合而成。其中，磁介质最重要，起记录信息的作用；带基决定磁带的机械性能，对录放没有直接影响，但其柔软性、均匀性、变形特性都将影响磁带的耐久性；粘结剂起到黏合带基和磁介质层的作用，粘结剂的质量也将影响磁带的耐久性。

随着计算机技术的飞速发展，磁盘和光盘已成为数字记录的主要信息载体材料。磁盘包括软磁盘、硬盘、磁性存储卡等。光盘有 CD - ROM、CD - R、CD - RW、DVD、磁光盘（MO）、蓝光盘（BD）等。

软磁盘盘片通常使用聚酯制作，上面涂有一层磁性材料（如氧化铁），它是记录数据的介质。在外壳和盘片之间有一层保护层，防止外壳对盘片的磨损。软磁盘存取速度慢、容量小，但使用携带方便。磁性存储卡是一种磁记录介质卡片，简称磁卡，由高强度、耐高温的塑料或纸质涂覆塑料作为片基，在片基上涂有磁条。磁条是一层薄薄的由定向排列的铁性氧化粒子组成的磁性材料，用树脂粘结剂严密地黏合在片基上。

光盘的内部结构一般由盘基、记录层、反射层和保护层组成。其中，盘基使用的主要材料有玻璃、环氧树脂、聚碳酸酯等材料，目前主要使用聚碳酸酯盘基。记录层中记录介质的不同，决定了光盘结构的差异性。

上述文献类型的载体主要有硝酸纤维素酯、醋酸纤维素酯、聚酯、聚氯乙烯和聚碳酸酯。

### （一）硝酸纤维素酯

硝酸纤维素酯胶片作为照片片基，在第二次世界大战前曾被广泛使用。

硝酸纤维素酯片基在分解过程中，不断挥发的气体主要有一氧化氮、二氧化氮和其他氮氧化物。这些气体因封闭在片卷和片盒内，不能迅速挥发，易与乳剂层和空气生成硝酸、亚硝酸。这两种酸会漂白乳剂层中的银和染料影像，加速片基和明胶的分解以致将其完全破坏。硝酸纤维素酯片基随着分解过程的加深，其燃点逐渐降低，并可引起火灾。因此，从20世纪50年代起就很少采用了。以这类材料形成的胶片文献，其信息内容大多已更新到安全片基上。

### （二）醋酸纤维素酯

醋酸纤维素酯常用于照片底片、缩微胶卷、录音录像带和软磁盘的片基。醋酸盐片基具有热塑性好、透明性良好、机械性能强等特点，它与聚酯片基因性能稳定、不易燃烧而被国际标准化组织定为安全片基。单独的醋酸纤维素酯制成的片基脆性很大，为增加片基的柔韧性和耐寒性，需加入适量的增塑剂，如邻苯二甲酸酯、磷酸酯等不挥发性酯。但增塑剂也会带来很多隐患，增塑剂和水分会随逐渐蒸发减少，致使片基老化，强度减弱；增塑剂还会在光、氧的作用下发生氧化或水解反应而失效。但1985年发现醋酸纤维素酯易水解而产生醋综合征，即在光照及高温条件下，醋酸盐片基易发生氧化反应，在潮湿、高温、酸和碱的条件下还易发生水解反应。这两种反应共同使醋酸纤维素分子发生降解、聚合链断裂、分子量减小，同时产生醋酸、一氧化碳、二氧化碳等物质，使片基散发出酸味，随之变硬、发脆。醋综合征将影响20世纪所生产胶片影像文献的保藏问题。

醋综合征是多种内外因素共同作用的结果，内因主要是胶片自身的质量及三醋酸纤维素酯的氧化、水解及断链降解；外因主要有胶片加工制作工艺过程中的技术处理情况以及片基的保存条件状况等。醋综合征可以使胶片发出刺鼻的酸臭味，黑白影像失去光泽；片基变软，析出增塑剂晶体，机械强度降低；进而导致片基变形，乳剂层降解、发粘，由不溶于水到极易溶于水、片卷板结成块；最后，从片卷中渗出黑色胶状黏液，片基完全失去机械强度，变成碎片或粉末。

**知识点链接 2－2**

## 醋综合征的普遍性

醋酸片基因水解产生醋综合征自 1985 年发现以来，在世界范围内普遍而严重的存在着。无论热带、温带还是寒带都不例外，仅是发生的迟早而已。德国 AGFA 公司的专家调查了十三个品种的二醋酸纤维素酯、三醋酸纤维素酯、醋酸丙酸纤维素酯与醋酸丁酸纤维素酯的胶片，均无一例外的染上了醋综合征。英国国家电影档案馆将影片存放于温度 5 ℃、相对湿度 50% 的恒温恒湿的库房中，也不能幸免。根据中国感光学会影像保护专业委员会对我国影像保存现状与存在问题的调查，从北到南均存在醋酸片基水解变酸的问题，愈往南愈严重。

在我馆（编者注：指北京的中国电影资料馆）的温度 10 ℃、相对湿度 55% 左右的库房中也发现了散发出醋酸臭味的影片。经测试，pH 值已降低到 4.0 以下。特别是 20 世纪 70 年代印制的彩色染印法拷贝，最低已达 pH 3.7。

根据影片保存实践与实验研究，从醋酸片基生产出来到挥发出明显的醋酸臭味，显影加工正常时，在常温常湿（温度 21～24 ℃、相对湿度 50%～60%）条件下，为 30～35 年。如果显影加工时最后水洗不彻底，还会加速水解变酸的进程。

严重的问题还在于，水解释放出醋酸气体会被“健康”的胶片吸收，染上醋综合征。

鉴于上述情况，引起影像保管部门、感光材料生产厂家的极大关注。有人惊呼，醋酸片基水解产生醋综合征成了 20 世纪创作的影像艺术能否完好保存下去的关键。因此，世界上的大感光材料生产公司、影像保护机构、影像档案技术研究部门、高等院校等，纷纷开展实验研究。如柯达公司、美国影像保护技术研究所、英国曼彻斯特工业学院等，先后进行长达十年的研究，弄清楚了各种影响因素及水解产生醋综合征的机理，提出了降低温度，特别是相对湿度的保存原则。

## 醋酸片基水解原因与影像因素

醋酸片基之所以水解产生醋综合征，原因在于片基制造过程中的先天不足，显影加工与使用、保管中的后天失调。

（1）在三醋酸纤维素酯中，因生产工艺的原因，一般含有万分之 1.77～3.90 的硫酸醋。另外，在全部酯化的三醋酸纤维素酯中，醋酸含量为 62.5%。由这种醋酸纤维素酯制成的片基脆性很高，机械强度低，不能满足实际的需要。通常是在硫酸的存在下采用稀硝酸使其再部分降解，含醋酸量降低到 60% ±0.5%。这样一来，醋酸片基还未完全制成已经受到酸的侵蚀。以上两个原因是胶片制成后产生水解形成醋综合征的内在原因。

有的胶片（如 Kodak 电影胶片）在底层中使用了部分硝酸纤维素酯，它分解出的氮氧化物也是诱发醋综合征的重要原因。

（2）使用、保存环境与高温特别高湿是醋综合征产生的最主要的外部因素。实验证明，保存温度每降低 5 ℃，醋酸片基的有效寿命就会延长一倍。例如，在 3 ℃下的寿命是在 20 ℃下 的 10 倍，而在 －20 ℃下 是它的 100 倍。相对湿度的影响更加显著，若湿度由 50% 降低到 20%，片基的寿命将延长 4～10 倍。

（3）使用、保存环境的酸性物质和氧化物的影响。环境中的任何酸性气体和氧化剂均可促进醋酸片基的水解。硝酸片基分解出的氮氧化物是诱发醋酸片基的重要原因。一部误放入硝酸片基影片库房的胶片，经数年后释放出醋酸气体，使整个库房充满酸味。因此，将醋酸片基的胶片与硝酸片基胶片分开存放，不仅是为了防火灾，更主要的是防止它们产生的气体相互影响。

（4）显影加工的影响。无论卤化银黑白影像还是彩色影像，显影加工时均有可能使用酸性加工处理溶液，使片基受到侵蚀。特别在最后水洗不彻底时，酸性物质残留胶片上，更会加速片基的水解。

（5）存放容器密封程度的影响。胶片存放在马口铁盒中，基本上是密闭的，片基水解产生的醋酸气体不能及时排放出去，浓度越积越高，反过来加速片基的水解，形成自催化的恶性循环。

（6）包装容器质料的影响。实验证明，铁离子、铬离子都有加速醋酸片基分解的倾向。在胶片保存过程中，片盒上的铁离子逐渐渗透到片基中，成为它分解的催化剂。片基中的铁离子浓度只要达到 10～20 ppm 就显示出催化作用。铬也有相同的作用。银的影响可以忽略，玻璃最小，聚乙烯塑料和铝次之。

那么，三醋酸纤维素酯通过什么样的反应机理水解衰变呢？众所周知，三醋酸纤维素酯的每一个葡萄糖基团上分别结合三个醋酸根（即乙酰基），各个葡萄糖基团通过化学链紧密连结在一起，形成高分子聚合物。根据测定，在未催化的情况下，葡萄糖基团 6 位上的乙酰基受水分子的攻击、被水分子的氢氧根取代所需的活化能，比 2 位或 3 位的小，更比断链需要的能量小。因此，醋酸片基衰变最初是去乙酰化，且首先发生在葡萄糖基团的 6 位上，其次是 2 位或 3 位去乙酰化，从而导致由三醋酸纤维素酯逐渐向二醋酸、一醋酸纤维素酯转变，分子量减小，产生不溶解于二氯甲烷与甲醇的聚化合物。乙酰基与乳剂层或空气中的水分结合形成醋酸。这就是为什么醋酸片基一旦分解首先散发出醋酸臭味的原因。所以，醋酸片基的酸度是它分解的晴雨表。

醋酸纤维素酯降解衰变的另一现象，是 1，4 配糖键断裂，称作三醋酸纤维素酯断键。在水分子与其他外界因素的作用下，联结葡萄糖基团的化学链断裂，使片基溶液的黏度下降，机械强度减弱。

资料来源：许建合，孙进步，戚红莉，等. 醋酸片基的水解与防护［J］. 现代声像档案，2000（2）：24－29.

---

### （三）聚酯

聚酯常用于制作照片底片、缩微胶卷、录音录像带和软磁盘等。聚酯基片，也称 PET 膜，是对苯二甲酸二甲酯和乙二醇的缩聚产物，是一种耐久性强、坚固、高韧性、耐潮、耐高温和低温的材料。它清澈透明，经本体染色、金属化镀层、磁控溅射、夹层合成等多种工艺处理，成为具有不同特性的膜。聚酯片基已逐步取代醋酸盐片基，被认为是比较稳定的片基。

聚酯片基是目前唯一被推荐的保存性缩微复制品的片基材料。聚酯是由二元或多元醇，以及二元或多元酸缩聚而成的高分子化合物的总称，是一类在其主链上含有酯基官能团的聚合物，可分为天然聚酯和合成聚酯两大类。天然聚酯和一部分合成聚酯是可以生物降解的，但绝大部分合成聚酯都不会被生物降解。聚酯作为一种高度惰性材料，在干燥条件下，具有良好的耐热性、耐磨性、电绝缘性和力学性能。以聚酯作为支持体的缩微胶卷/胶片稳定、耐用，在适当的储存条件下，黑白聚酯胶片的平均寿命可达到500年以上，最长甚至可达800年。

聚酯化学性质稳定，与大部分化学品都不发生作用；对光、热、氧和潮湿的作用都有优良的抵抗能力；但对酸、碱的稳定性较低，碱中尤以氨的影响最大。聚酯片基的劣变主要表现在：片基容易产生静电而吸尘；高度的惰性造成片基与感光层结合有困难，黏结牢度低；对酸、碱的稳定性较低，氨对片基的影响尤其大。此外，片基材料中增塑剂的挥发或分解使增塑剂失去增塑作用，导致片基材料的柔韧性降低、脆性增大。

### （四）聚氯乙烯

聚氯乙烯是早期磁带的主要底基材料，其机械性能好，抗拉、耐潮，但不耐热。其软化点只有60～80 ℃，正处于磁记录仪电动机加热范围内，因而限制了它的使用。

聚氯乙烯虽然具有难燃、耐酸碱、抗微生物、耐磨的特点，但它对光、热的稳定性较差。在不加热稳定剂的情况下，聚氯乙烯在100 ℃时即开始分解，在130 ℃以上分解更快，受热分解过程中放出氯化氢气体，使其变色，由白色逐渐变为黑色。阳光中的紫外线和氧会使聚氯乙烯发生光氧化分解，因而使聚氯乙烯的柔性下降，最后发脆。

### （五）聚碳酸酯

聚碳酸酯是分子链中含有碳酸酯基的高分子聚合物，根据酯基的结构可分为脂肪族、芳香族、脂肪族－芳香族等多种类型。目前仅有芳香族聚碳酸酯获得了工业化生产。聚碳酸酯无色透明、耐热阻燃，在常温下有良好的机械性能，其冲击强度高，尺寸稳定性好，着色性好，电绝缘性、耐腐蚀性、耐磨性好，因此，现已成为五大工程塑料中增长速度最快的通用工程塑料。

聚碳酸酯的自润滑性差，有应力开裂倾向，高温易水解。聚碳酸酯的耐磨性也较差，易和其他物质发生化学反应，不耐紫外光，不耐强碱。

## 三、无机材料

### （一）玻璃

玻璃作为照相底片的底基的历史大约有100年，19世纪20年代到20世纪20年代，碱石灰玻璃一直被用做照相底板。玻璃和陶瓷都可以被用来作为硬磁盘的基材。

玻璃是一种较为透明的固体物质，在熔融时形成连续网络结构，冷却过程中黏度逐渐增大并硬化而不结晶的硅酸盐类非金属材料。普通玻璃的主要成分是二氧化硅，其脆性较大，热稳定性较差。玻璃在日常环境中呈化学惰性，不溶于水和酸，也不会与生物起作用，但溶于碱。玻璃照片底板在长期的保藏过程中，由于环境因素的作用或多或少地出现了一些化学风化现象，影响了玻璃表面的银影像的质量。玻璃照片底板在潮湿的环境中渗出钠离子、钾离子，与乳剂中水分作用生成氢氧化物、钠氢氧化物、钾氢氧化物，进一步吸收乳剂层和空气中的水分和二氧化碳，生成碳酸盐，逐渐侵蚀玻璃，形成大片白斑而损伤影像。受污染空气中的二氧化硫可以转化为硫酸对玻璃进行侵蚀。另外，空气中的尘粒是微生物迁徙、扩散的载体，微生物侵蚀与尘粒的玷污密切相关，玻璃表面易遭玷污。玻璃表面的亲水性和乳剂层的吸湿性，容易造成对水汽的过分吸附。过多的水可以为微生物的生长、代谢和繁殖提供充足的水分供应，并为其创造良好的生态环境，使之达到造成危害的群体水平。水的过分吸附还可使乳剂层溶胀，在玻璃与乳剂层之间产生内应力，导致乳剂层的脱落，对影像造成破坏。

玻璃作为硬磁盘的载体，经过特殊加工后可承受高温，不易被破坏，可保存数据数千年。这种玻璃硬盘比传统硬盘能存储更多的数据信息。在玻璃中加入一定数量的陶瓷后制成的玻璃陶瓷复合材料具有更优良的机械性能和化学稳定性，其抗冲击能力高、刚性好、厚度薄，热稳定性好。玻璃材料能使硬盘具有平滑性及更高的坚固性，在硬盘高转速时具有更高的稳定性。

### （二）金属

金属作为文献载体材料常用做机械刻录唱片的金属模版和硬磁盘的基材。

金属模版是利用录音的原始铝版膜片加工压制而成的，上有导电的金或银的薄膜以及镍或铜的薄膜，金属模版的优点是具有良好的机械强度，不易变形和碎裂，但弱点是金属的化学性质比较活泼，容易被氧化和腐蚀，尤其是纯铜制作的模版很容易发生氧化还原反应被腐蚀，模版表面出现锈斑，从而破坏声槽。空气中的各种污染物，如有害气体、灰尘、水汽、氧气、酸、碱、盐、氧化物等，都会造成金属模板的锈蚀，因此，隔绝空气存放是金属模版保护和利用中最重要的一点。

硬磁盘的基材也大量采用铝合金。铝合金中的金属铝容易与卤化物、碱溶液反应，使盘基老化，影响磁记录信息。相比而言，玻璃或玻璃陶瓷复合材料更稳定，耐久性更好。

## 第二节　文献装订材料

纸质文献的装订方式很多，大致可分为黏性装订、锁线装订、订书钉平订等。黏性装订是以胶黏剂为装订材料使纸质文献成册，有些中国古籍采用此装订方式，如蝴蝶装和包背装，现代书刊装订工业中也常用此法装订，如无线胶装。锁线装订是在书脊处打孔穿线缝订，较为费时，但装订牢固程度和展开度较好，便于重装和改装。订书钉平订是用铁质订书钉在书脊处穿透整本纸张，使之固定成册，其特点是在短期内较坚固，但因纸张和金属的强度不匹配，在使用的过程中容易造成装订处纸张的破损，而且铁钉等容易生锈腐蚀纸张造成文献装订解体。

文献装订的目的之一是为了保护文献，若装订材料和装订方法选择不当，会对文献造成伤害，不利于文献的长期保存。例如，用含酸的封面材料去装订文献，装订材料内的酸会迁移到文献纸张内，促进其脆化。

文献的装订材料有多种。根据其用途不同，大致可以分为粘结剂、订缝连接材料和封面包装材料等。

## 一、粘结剂

能通过表面接触使两种物质黏合在一起的物质被称为黏合材料或粘结剂。粘结剂的黏结机理主要有两种，即吸引黏结和渗透黏结。吸引黏结是靠粘结剂和被黏物分子间的吸引力，将两个物体黏结在一起的。吸引黏结的被黏物体本身无渗透能力，全靠粘结剂的强黏力、链状结构的聚合分子的吸引能力将两个物体吸引黏结在一起的。渗透黏结是靠粘结剂渗透到两个被黏物表面的微孔中去，靠机械力将被黏物黏结在一起的。文献装订修复黏结主要采用渗透黏结。

衡量粘结剂的理化指标主要包括：①润湿性。指粘结剂对被黏物体的润湿程度。粘结剂的润湿性强，当粘结剂涂抹在被黏物表面上时，才能完全润湿被黏物的表面，达到黏结要求。②流动性。指粘结剂在使用中的流动性能。装订用粘结剂是根据被黏物的质地等具体情况选择不同的流动性的。③黏度。指粘结剂的稠稀程度。④黏性。指两个物体经黏结后的牢固性能。⑤颜色。粘结剂的颜色直接影响书刊本册的外观质量。⑥气味。装订用粘结剂应无难闻气味，且不释放有害气体。⑦酸碱度。酸碱性应适中或为弱酸、碱性。如果粘结剂中有游离酸或碱，就会影响黏结的牢度，或损害被黏结的材料，特别是丝织品，遇弱碱也会起变化。⑧成分。粘结剂的成分中不应有使油墨退色、织品变色的物质，同时应具有不易发霉、不被虫蛀鼠咬的性能，以利于文献的保存。

### （一）粘结剂的选用原则

文献装订用粘结剂，主要用于黏结书页、书帖、封面、书封壳表面的织品、皮革、塑料等。因文献长期保存和利用的需要及文献载体的特点，对粘结剂有区别于其他行业用粘结剂的特别要求。一般来讲应当达到以下九点基本要求。

1. 应有足够和持续的黏合力量

经黏合后的两个物体应不易分开，且胶黏处应具备一定的韧性，在干燥后能伸展到一定程度而不破裂。同时，黏性要长期稳定，在干燥的状况下，其黏结力的保持期应不低于文献的保存期限。

2. 黏性应适宜

黏性过大的胶黏剂会使纸张收缩变形或出现皱纹，黏性过低的胶黏剂又会使黏过的文献经过一段时间后自行脱胶。良好的胶黏剂的黏性应比被黏结材料的拉力强度稍大一点，只有这样才不会给黏结面带来危害。同时，胶黏剂黏结力的选择应根据被修复和装订的纸张厚薄和纸张的机械强度大小来决定，用黏性过大的胶黏剂去黏结强度较低的纸张，纸张会在黏结处破裂。

3. 粘结剂对于纸张和字迹安全

有些粘结剂中含有酸或碱，特别是某些人工合成胶黏剂。为了使胶黏剂能在低温和合理的时间内凝固，某些人工合成胶黏剂在制作过程中就具有较高的酸度，而有些天然胶黏剂为了防腐加入了有害的化学品。这些含有有害成分的胶黏剂会给纸张和字迹带来损伤。因此，在配制和选用胶黏剂时，应注意胶黏剂内的各种成分，尽量避免使用酸性防腐剂。

4. 应永久无色，并具有高度的稳定性

有色的胶黏剂会玷污文献，有些胶黏剂虽然无色，但在保存过程中会渐渐发黄变暗，如不少动物胶、树胶都有这类缺点。

5. 粘结剂吸湿性适宜，并对昆虫和霉菌具有一定的抵抗力

具有一定吸湿能力的胶黏剂能保持一定的韧性，但吸湿能力过大的胶黏剂容易霉变而失去黏着力。

6. 粘结剂不应给纸张带来过大的形变

胶黏剂应是流动的液体并能使黏结处湿润，但如果胶黏剂过于湿润，就会使纸张由于干湿不匀而严重起皱或过度膨胀，给干燥工作造成困难。

7. 良好的粘结剂应干燥迅速，又留有工作和操作的时间

一旦被黏结的两个部分连结在一起，粘结剂凝结越快，黏合就越迅速，黏结过程就不会引起纸张的损伤和变形。但粘结剂从液态到固态应有一段充分的时间，这段时间应当满足操作人员将被黏结的两个部分覆盖在一起并按需要的方式固定好。

8. 粘结剂应是可逆的

凡是加在文献上在必要时不能去掉的材料一概不得使用。文献载体是随时可能需要修复的，只有具有可逆性的胶黏剂才能保证文献在若干年后还可以再次修复或是能够纠正操作中的错误。

9. 根据被黏结物的性质选用适宜的粘结剂

黏合是物体表面的接触，被黏合物的表面性质同黏合后的黏附强度有关。要使胶黏剂和被黏物紧密牢固结合，必须根据被黏物的特性选择粘结剂。

### （二）粘结剂的种类和性能

用于文献纸张黏结的粘结剂，按其制作原料可分为天然粘结剂和合成粘结剂两类。天然粘结剂是利用天然原料制作而成，又分为动物粘结剂和植物粘结剂。动物粘结剂取哺乳动物的皮、骨、筋制成，植物胶主要由谷类等制成，天然树胶如阿拉伯胶、琼脂也属植物胶。天然粘结剂对被黏物副作用小，但含有较高的蛋白质和淀粉，特别易霉变、虫蚀。我国传统粘结剂大都是天然粘结剂。合成粘结剂是一些非天然的聚合物，分为热塑性和热固性两大类。热塑性粘结剂在加热时软化黏合，冷却后变硬而不发生化学变化，热固性粘结剂是通过交联生成永久、坚实、耐热的聚合彻。同天然胶黏剂相比，合成胶黏剂的最大缺点是大多含有不纯净的化学品，对文献的保存有一定影响。按胶黏剂的溶性来分，又可分为水溶性胶黏剂和热熔性胶黏剂。水溶性胶黏剂制作简单、成本低、无毒，对纸张等表面有微孔的材料有良好的渗透性能，且使用方便，但会使某些字迹扩散。热熔性胶黏剂干燥迅速，黏结强度高，大多属合成胶黏剂，主要用于装订工业中。

1. 动物类

动物类黏结材料的制作工艺是：将动物的骨、皮、角、肌内组织等切碎，放置于石灰水中浸泡 15～30 天，用水冲洗干净再用硫酸中和，经加热熬成动物胶。低纯度的动物胶称为骨胶、皮胶，高浓度的动物胶称为明胶，骨胶的黏度比明胶差。鱼胶是动物胶中质量最好且价格最高的一种，是由鱼皮等提取的经加工处理所得的高质量黏结材料。

动物胶黏结性能好，具有较好的可逆性，可以用湿水的方法将其去除，易干燥，价格便宜，不易使纸起皱。但动物胶抗湿性小，胶层遇水膨胀，强度降低，有时与被黏物脱离，有干燥后易脆裂的特点。另外，动物胶有色，能在黏结处留下颜色，不宜用于文献纸张的修补与裱糊；动物胶内含有大量蛋白质，遇潮易生霉。

动物胶是古代西方最常用的文献装订用粘结剂，目前有时用于圆背精装图书的书脊定型。

骨胶用于糊制书封壳，可避免或减少书封壳的翘曲不平。明胶成分近似骨胶，但纯度较高，胶体透明。制作明胶的原料为优质新鲜的动物皮、下脚料及骨等。明胶的熔融温度和凝结温度与骨胶有所不同。明胶的纯度虽高，但仍含有一些增塑剂，这些增塑剂可以从空气中吸取水分，以阻止黏结层干燥过分而变脆。明胶的使用方法与骨胶基本相同，但因其价格较贵，一般只在一些高档书刊画册和特殊加工物上使用。

现在明胶常用于胶片、磁带等片基与记录媒介的粘结剂。在照相胶片中，卤化银照相材料的粘结剂主要是明胶，不论是黑白影像还是彩色影像，都是由明胶固定在片基上的。明胶是银盐胶片感光乳剂层的主要组成部分，约占乳剂层成分的55%。明胶还是胶片上其他涂层（如底层、保护层和背涂层）不可缺少的原料。

胶片中，明胶的主要作用除了对卤化银晶体颗粒起到保护和黏结作用，将每一个卤化银晶体颗粒包围，使其均匀地悬浮在明胶中外，还可以起到增感作用。一方面，明胶所含的硫化物等微量元素与卤化银反应后，可在卤化银微晶体上形成少量的银原子和硫化银分子微斑，这些微斑的形成有利于提高卤化银的感光速度；另一方面，明胶所具有的吸收卤素元素的特性，可以减少卤素元素与银原子重新结合的机会，加快银原子的积累和显影中心的形成，也提高了乳剂层的感光速度。

明胶是一种复杂的蛋白质大分子聚合物，而蛋白质是由若干个氨基酸脱水缩合而形成的多肽链结构，所以明胶对空气介质中的污染成分、环境温湿度条件都很敏感，容易发生霉变。明胶的劣变会影响胶片的多种性能，也会影响胶片的使用寿命。

（1）明胶的化学降解。因为氨基酸分子是两性的，明胶表现为酸碱两性化合物，容易发生酸或碱的化学分解作用，从而发生降解。

（2）明胶的酶降解。明胶分子中含有较多的亲水基团，含水量为20%左右，内含氨基酸，营养丰富，容易滋生霉菌。霉菌分泌的蛋白酶将明胶蛋白分解成肽，肽酶将肽分解成可被微生物直接利用的氨基酸。随着明胶蛋白质的分解，明胶成分就会降解、液化、变质，直至失去功能。

（3）明胶胶体的变形性。明胶的熔点一般为30～34 ℃，凝固点为22～25 ℃。温度过高时，明胶会发粘发软；温度过低时，明胶又容易脆化。同时，明胶对湿度也较为敏感，湿度过高会导致明胶吸水膨胀，湿度过低又会使明胶失水收缩，所有这些变化都容易使乳剂层脱落或使画面尺寸变形。

明胶的吸水性使银盐片在潮湿环境中会由于感光层吸收空气中的水汽而膨胀，膨胀后的感光层不仅机械强度降低，分散在感光层内的银粒子间的相对距离也发生改变，银盐片上的影像会因此而模糊，当明胶吸水膨胀到一定程度，感光层就会起皱。环境湿度过低时，感光层内的明胶会由于水分被蒸发而收缩，银盐片由此而形变。形变严重时，感光层有从片基上剥落或龟裂的可能。

2. 淀粉类

淀粉类黏结材料是指用植物的种子、茎秆、块茎等提取的淀粉制成的粘结剂。不同种类的淀粉，可以从不同的植物中提取，包括小麦、江米、玉米、马铃薯等多种。淀粉分子结构中含有较多的羟基和醚基等极性官能团，能与纸中纤维素的极性官能团产生化学键合力。另外，淀粉糨糊的流动性与渗透性使其能深入纸张孔隙，并在纸中迅速扩散，因而用于纸张黏结可达到良好的黏结效果。糨糊含有较多的水分，靠水分蒸发达到干燥，因而凝固速度不及动物胶，较为缓慢，这一特点能给予装订和修复充足的操作时间。糨糊不会污染纸张，其黏性可用兑水来调解稠度，且无毒、无味，这些特点使它至今仍是一种良好的粘结剂。

目前常用的淀粉类粘结剂主要有：

（1）纯淀粉糨糊。纯淀粉糨糊就是将面粉用清水糅合成面块状后，继续用水揉洗，除掉面粉中的混合蛋白质，制得淀粉浆，把淀粉浆加热即成为浆粘结剂。

（2）面粉糨糊。面粉糨糊的主要成分是淀粉，但没有去除蛋白质。面粉糨糊是装订书刊使用最为普遍的一种传统黏结材料。它和纯淀粉糨糊一样，原料广泛、制作简单、成本低廉、使用简便、无毒无味，可以随意加水调节其稠度。纯淀粉糨糊与面粉糨糊相比，具有黏性低、不易发酵霉变、黏结面更平滑等特点。

（3）糊精。糊精是由淀粉经酸或热处理或经淀粉酶作用而制成的一种粘结剂。糊精与面粉相比，黏度高、干燥快、透明度好，放置时间较长不易腐败。但市售糊精的成分较为复杂，对文献纸张的长期保存有不确定性因素，所以不宜用于装订修复长期保存纸质文献。

淀粉糨糊在使用中应注意以下问题：

（1）糨糊中的水分可能使纸张变形起皱。一般来说，糨糊稠度应按被黏结纸张的厚薄和种类而定。纸厚不可用糊过稀，纸薄不可用糊过稠。用糊过稀，黏结处易开裂；用糊过稠，纸张易起皱。糟朽的文献，纸张已失去弹性，须用稀糨糊，若用糊过稠，会因为涩笔容易带起纸页，使其受损。

（2）糨糊为水溶性胶黏剂，能使水溶性色素的字迹洇化。在使用前应对字迹进行洇水性检测，谨慎使用。淀粉糨糊具有吸湿性，若环境温湿度过大，黏结处的糨糊容易受潮而降低黏结度，甚至生虫发霉。

3. 纤维素类

现代合成胶黏剂种类极多，其主要优点在于不易霉变和招虫，但也有许多缺点使它不能用于文献修复与装订的黏结。例如，许多合成胶黏剂并不能像糨糊一样只用水湿润就可揭去，大多得使用特殊的溶剂，可逆性不好。只有少数合成胶黏剂如羧甲基纤维素、甲基纤维素可以用于文献的装订与修复，其效用和糨糊相似。

（1）羧甲基纤维素。羧甲基纤维素是纤维素和乙醇酸的醚，又称为纸毛糨糊、无粮糨糊或 CMC 化学糨糊。羧甲基纤维素为白色粒状或纤维状物质，无毒无味，易溶于水并形成透明胶体，水溶液呈中性或弱碱性。羧甲基纤维素粘结剂干燥后的黏结强度比面粉糨糊大，胶膜的弹性好，无色透明，不怕虫蛀鼠咬，不变质腐败，不沉淀，贮存时间较长。其黏度可以随意调制，并能与面粉糨糊或聚乙烯醇等混合使用，能获得较好的黏结效果，可以代替淀粉基黏结材料，如黏结封面、纸张、衬纸等。羧甲基纤维素黏结处的吸湿率比淀粉糨糊高，在潮湿环境中黏结处易剥离。羧甲基纤维素粘结剂的干燥速度比淀粉类粘结剂要慢，黏结开始时黏力不足，随着水分蒸发而干燥，黏结力逐渐增强，待完全干燥后，黏结强度好。

（2）甲基纤维素。甲基纤维素是纤维素和甲醇的醚，为白色或米黄色的片状物，能溶于冷水，溶解时表面张力降低。甲基纤维素无毒，对细菌有较高的抗性，对紫外线也很稳定。

4. 合成树脂类

合成树脂又称人造树脂，是由单体经聚合或缩聚而成的树脂。合成树脂类黏结材料品种繁多，使用广泛、方便。

（1）聚醋酸乙烯酯（PVAC）。聚醋酸乙烯酯是一种聚合物，由醋酸乙烯酯单体聚合而成。根据聚合方法不同有溶液型和乳液型两种，装订所用的是乳液型，因颜色乳白又称白胶或乳胶。聚醋酸乙烯酯具有微酸性，能溶于多种有机溶剂，并能耐稀酸稀碱，不怕虫蛀鼠咬，不发霉变质，对人体无害。PVAC 固化后的胶层无色透明，不会给纸张带来污染，且易洗涤，可随意调其稠度，使用方便；胶层干燥后韧性好，适合纸张文献装订使用。

（2）聚乙烯醇（PVA）粘结剂。聚乙烯醇粘结剂是一种白色絮状或粉末状的高分子化合物，能溶于水，热熔后为无色透明的黏稠液体。PVA 粘结剂是热熔胶，用来黏结纸张、纸板、精装书壳、织品等有良好的效果，因是冷却凝固干燥，所以定型较好。

（3）EVA 热熔胶。EVA 热熔胶是一种不需溶剂，不含水分的固体可熔性聚合物。EVA 热熔胶常温下为固体，加热熔融到一定程度时变为能流动且有一定黏性的浅棕色半透明液体。热熔性粘结剂有许多优点，加热到一定温度时使用，一旦冷却就能很快保证黏结牢度，但其不具有可逆性，不能用于装订和修复珍贵的文献。

在文献的修复与装订实践中，淀粉类糨糊是纸质和织物类文献修复与装订的主要粘结剂，纤维素类和合成树脂类粘结剂较少在文献修复中使用，多用于普通文献的装订。粘结剂是装订用主要材料之一，它是连接页张、书册必不可少的一种材料。粘结剂选用是否得当，关系到文献书页、本册是否牢固、平整，外观质量等。修复装订加工中出现的一些修复和装订成品质量问题，有很大比例是因粘结剂使用不当造成的。因此，了解装订用黏结材料的种类、原料、性能、用途等，提高对黏结材料的认识，在装订和修复中正确使用粘结剂是提高装订和修复质量的关键。

## 二、订缝连接材料

订缝连接材料，指将零散书帖和页张等经订或缝使其连接成册所用的各种材料。装订用订缝材料的种类、性质、质量如何，是决定书刊、本册连接是否牢固、平整的关键。常用的订缝连接材料主要有线、金属丝等。

### （一）线连接材料

使用线连接书册，在我国已有几个世纪的历史了。早在 15 世纪的明朝中叶，就已经出现线装书了。现代用线装订文献的主要形式是锁线装、缝纫线装、三眼线装及古线装等。线根据纺制方法不同有多种，棉、丝、麻等短纤维，通过纺纱工序制出单股纱，单股纱的强度往往是不够的，将两股或两股以上单纱合并加捻的叫股线，再将几股线合并制成的称作纺线。线纺完后，根据需要，还要浸入淀粉液中上浆，使其挺括、光滑不卷曲，方便加工时使用。线由于原材料质地分为多种，如棉线、毛线、丝线、麻线、化学纤维线等。我国传统装订用线为丝和棉线，近些年由于化学纤维工业的发展，装订用线越来越多地使用强度更高、性能更好的化学纤维线。

棉线是棉花纤维纺成的线，分上光与不上光两种。装订用线规格根据专业标准规定有四种：42 支纱 4 股、42 支纱 6 股、60 支纱 4 股和 60 支纱 6 股的白色蜡光线。装订时应根据书刊本册的厚度、书帖的折数、纸张定量的不同，选用不同粗细的棉线。如果使用的棉线过细，强度又差，书帖连接的牢固性就差，文献订缝后就会出现断线、页帖散落不牢等问题，客观上缩短了文献的使用寿命；棉线使用过粗，强度又大，文献本册订缝后会加大书背宽度或书脊高度，导致加工困难，影响外观。

丝线是用蚕丝纺成的线，是我国历史上最早使用的一种装订订缝材料，目前，丝线多用于古籍线装书的修复装订。

合成纤维线是一种将聚合物在高温下熔融后，经过极细孔径的喷头，喷出流丝经凝固后加工而成的线。热熔线是上升到一定温度能熔融并与纸张黏结的一种装订用线连接材料。塑料线是用塑料埋线装订的一种聚氯乙烯线状连接材料，多用于新书刊的装订。

#### （二）金属连接材料

金属丝的种类很多，如铁丝、铜丝、钢丝等，装订连接书帖的金属丝主要是铁丝。金属丝装订文献、本册加工方便，常用于平装薄本书和骑马订书。金属丝圈是用金属丝（线径不等）制成的有一定规格的环圈，一般用于穿连挂历或活页本册。铁丝的强度远远大于纸张的强度，这种装订材料和载体材料的不匹配，在使用过程中会造成纸张在装订处破损，且铁丝易锈蚀，会造成装订处纸张的变质，所以铁丝装订文献长期保存性不好。

### 三、封面包装材料

封面能防止文献内部载体材料的损坏，减缓外界因素对文献纸张的影响。常用的封面材料有皮革、木材、纸张、织物和非织物材料等。

#### （一）皮革

皮革是动物的原皮经鞣制加工后的变性物质。鞣制是采用化学性、机械性处理，将动物原皮（skin）加工为皮革（leather）的工艺。经过鞣制处理的皮不容易腐烂，而且能呈现出柔韧性、多孔性、耐水性、耐热性等皮革本来的特性。

皮革是西方古代文献较为常用的装订材料。但其价格昂贵，现在一般只用来制作珍贵文献的封面。皮革强度高、伸缩率小，具有较好的耐热和耐寒性，耐磨程度、耐折度、伸拉强度等都优于纸张等封面材料。

制作图书封面用的皮革，多是牛犊皮、山羊皮和绵羊皮制成的。刚从动物身上剥下来的皮，还是一片充满汗腺和毛发的纤维组织。在加工之前，先用石灰水浸泡去毛，再用刀刮掉脂肪，然后进行鞣制和加工。鞣料可提高皮革的生物化学稳定性，鞣制皮革的原料有植物鞣料、矿物鞣料、合成鞣料、混合鞣料等。

用植物鞣料鞣制皮革就是用植物萃取物处理兽皮。古代使用过的植物鞣料，包括柞树皮浸泡剂、洋槐角浸泡剂、柳树和漆树的萃取物、槟榔膏等。植物鞣料中的单宁与兽皮内的蛋白质发生反应，使兽皮变成皮革。不过，实际过程是很复杂的，往往持续数月之久。植物鞣制的皮质地柔软，呈棕色，耐水、耐酸、柔韧，还可以进行艺术加工。兽皮内留有保护性的非鞣料物质（鞣制过程中沉入皮革的水溶性有机盐类），这些物质可以阻止二氧化硫的腐坏作用，有些早期鞣制的皮革曾经保持了很长时期。植物鞣革在用来装订书籍前常用热水或热蜡等液体进行处理。

矾鞣革是使用明矾等铝盐，加以胶合剂和面粉、蛋黄等蛋白质成分鞣制的皮革，质地不如植物鞣革柔软，而且在水中会腐烂。铬鞣革于1858年发明，是使用硫酸铬等铬盐鞣制的皮革，比植物鞣革柔软，褪色和缩水程度都小，并且便于染色。脑鞣革用乳化的脂肪（例如动物的脑组织）鞣制，非常柔软，而且耐水。

用矿物鞣制的皮革，特别是用铬盐鞣制的皮革，质量好，而且耐久，但很硬，不适于装帧之用。在供装订用的各种皮革中，最好的是用植物鞣制的山羊皮，即摩洛哥皮、尼日尔皮、海角皮或波斯湾皮，以及小牛皮，它们的软化效果好，容易润湿加工，皮革的性质稳定，便于金镶玉饰或挤压花纹。

为了提高皮革的弹性，鞣制后要涂上一层油，上油可以使皮质纤维在晾干过程中紧密联结，并起到增塑的作用。用做上油的材料，有动物油和动物脂肪、植物油、海洋动物油、矿物油和磺酸盐等。皮革上涂油能控制皮革脱水变干，所以及时和正确的上油也可以对皮革加以防护，提高皮革的耐久性。

19世纪时，为了满足人类对皮革日益增长的需求，通过使用硫酸和醋酸的办法，把鞣制过程从几个月缩短成几天。这些酸会分解非鞣料物质，并把有害的盐类留在皮革内。这就是造成目前世界各地档案馆和图书馆所存19世纪的许多皮革装潢材料腐坏和腐朽的原因。

皮革内含有较多蛋白质和油脂成分，易被虫蛀和霉变。皮革受潮后，即使是在水里浸泡几分钟，或者是由于空气湿度太高，都会发生严重的损坏。高温高湿和日光照射则会使皮革蛋白质分解，色泽变暗，强度降低。皮革更易被有害气体破坏，皮革可以吸收周围环境中的二氧化硫，在皮革里生成并积蓄大量的硫酸，从而引发严重的粉化。因此，皮革装帧文献应减少同有害气体接触，做好防湿保养，避免日光曝晒。

### （二）木板

木板在中国古代常用来做书籍的夹板。图书夹板可能是受梵夹装的夹板启发而来，具体何时开始已不可考。中国古代为了保护图书，常常为图书配置函套或夹板。函套多糊、包裹图书不透气，容易生虫，所以在南方不用函套，而用夹板。

夹板由两块平滑的木板制作，木板大小与书籍相同。制作夹板的木材以紫檀、楠木、樟木、银杏等上选硬质木料为优，但以梓木、杉木、苦楝木等居多。

古代西方常以木板作为图书封面板，材质以橡木和榉木为主。

木板是有机材料，如果保存环境不好，常常受到虫蛀，且受潮易变形。

### （三）纸与纸板

纸和纸板是装帧纸质文献的重要材料，纸主要用于平装书的封面和精装书的外封皮，而纸板主要用于制作精装封壳的中间层材料。纸板与纸的区别是定量的高低。纸的定量一般在 120 $g/m^2$ 以下，纸板的定量一般超过 250 $g/m^2$。定量在 120～250 $g/m^2$ 之间的称为卡纸。

纸张在文献中除作为中心的载体材料外，还用于文献的装订材料，如封皮纸、书背纸、环衬等。

封皮用纸多为彩色厚纸，现代文献封皮纸多有彩色印刷的图案。古籍线装书的封皮纸一般采用与书芯相同的纸张，讲究些的用绫裱纸。线装书的封面用纸多使用毛边纸，有两种形式，一种是使用与书芯颜色相同的本色纸，另一种是使用染色纸，所染颜色均为水蓝或青蓝。

现代图书文献通常用纸做封面。由于装订方法不同，封面用纸的种类与定量也不同。

平装和骑马订装用封面纸的种类和定量基本相同，常用的是胶版纸，少数用铜版纸或其他纸张。封面纸的定量根据图书的厚度而定，一般情况下，要求封面用纸具有良好的黏结性能。

精装图书用封面纸以胶版纸为多，主要用做封面书壳的表面纸。装订时将表面纸印上书名等信息后粘贴在纸板上制作封面。用纸张作为精装图书的封面纸，较为经济，且可不烫印、易加工，但牢固性较差。

书背是书册需订连的平齐部分。所用装帧材料有书背纸、书背布、书背纸板、堵头布等几种。书背纸，指精装或平装时粘在书背上的纸张，其作用是加固书芯各帖的连接、增加书背的平整度、提高书册的外观质量。平装书背纸一般粘在平装无线胶订或锁线的书背上。精装书一般均锁线（少数用无线胶订），分散力大，所以精装书背纸的强度、柔性也应适当加大才能满足要求。精装书背纸粘在书背外、书封壳里，成册后不外露，因此只需要拉力好、牢固，不受颜色的限制。

纸板是精装、古线装书的主要材料之一。用织物、纸张等软质材料，将纸板包粘起来即成为书封壳或函套。纸板的质量优劣对精装书刊、本册的制作影响很大，装订纸板与函套同精装书的加工效果有密切关系。

古代纸板多以单层纸张裱糊而成。现代纸板的生产与纸的生产过程基本相同，但由于纸板的厚度大，加工中需增加压榨部分，以将纸板内部的大量水分排除。纸板含水率小，吸湿伸长率低，翘曲程度就小，就可以保证装订加工中书壳表面的平整度。一般纸板本身含有 10% 左右的水分，在干燥环境中会脱水，纤维变脆强度下降，若脱水不均匀会造成变形纸板。在潮湿环境中，纸板吸潮后易霉变。

目前，文献装订用纸板主要有灰白纸板、黄纸板、草纸板及少量纤维板。衡量纸板质量的指标主要有纸板表面平整度、含水量、厚度超标、层次黏结牢固度、纤维颗粒、酸碱度等。因此，装订所用纸板表面应平整，弹性应适当，紧度应较大，能承受烫印压力。文献修复用纸板和新装订应长期保存的学术类图书应采用酸碱度为中性或弱碱性的灰白纸板，以保证修复文献的长期保存。

灰白纸板又称封壳纸板、封面纸板，是近十几年才使用的一种书壳纸板，这种纸板最初用于制箱，后发现用在书壳上效果较好，因此 20 世纪 80 年代起逐渐用于书刊装订。

灰白纸板是目前制作书封壳用量最大的一种纸板。由于生产过程严格，具有含水量适当、伸长率小、弹性较好、紧度适当、表面平整、着胶后不易变形等优点，被文献装订加工单位广泛使用。

草纸板又称马粪纸板，表面较粗糙，呈黄色，主要原料是稻草纤维。草纸板是我国较早采用的一种装订纸板，也是用途较广的一种纸板。草纸板的厚度一般为0.7毫米，通过裱合可以加大厚度。草纸板紧度低、伸长率大、韧性差，表面渗透能力强，着胶糊壳时容易变形，但价格低廉，可供加工一些低档精装书壳用。

黄纸板是一种表面呈烟黄色（与牛皮纸颜色相同），平滑、坚硬、刚性较好的纸板，常用于制鞋、制箱，也用于书的封套和书封壳的糊制。用黄纸板制作的封套耐久不易磨损，但黄纸板大多呈酸性，不易长久保存。

### （四）织品与塑料

文献封面材料还包括织品类、皮革类、纸张类、涂布类、塑料类等。织品在我国是使用最早、最广泛的一种书刊装帧材料，如卷轴装、包背装、蝴蝶装、线装等，都是采用丝或棉织品作为封面材料的。

1. 织品类封面材料

织品类封面材料主要包括棉织品、丝织品、麻织品和化学纤维织品四种。

棉织品封面材料的主要成分是棉花纤维。棉纤维对酸的耐抗性很弱，要防止与盐酸、硫酸和硝酸等酸类接触，但耐碱性很好。棉织品封面材料的贮存好坏直接影响其缩水率的变化和加工效果。棉纤维在日光长期照射下，会产生氧化、性质变脆、颜色变浅或变黄、强度下降、牢度减退等现象，缩短其使用年限，因此要防止日晒。

丝织品封面材料的主要成分是蚕丝。早在一千多年前，我国就用丝织品作为书籍的主要材料了。丝织品是由丝纤维紧密编织的，有许多孔隙，容易渗透水溶性粘结剂，经压后有较好的黏结性。蚕丝的主要成分是蛋白质，它不耐酸碱，遇酸丝纤维会膨胀，遇碱蛋白质水解会导致丝纤维被破坏，即使是弱酸碱也不适宜。因此，加工中应尽量避免使用酸碱性粘结剂，否则会损坏丝织品的强度、颜色、光泽等，而且会缩短书刊的使用寿命。

麻织品是以麻类植物纤维为原料，制成线后织成的一种材料。书刊封面选用的麻织品主要为乳白原色的粗纹、中纹产品。麻织品朴素、庄严、高雅、大方。

化学纤维面料是近些年使用的一种装帧材料，是以高分子化合物为原料制成纤维后纺成的面料。化学纤维织品比其他织品更耐磨、耐折叠、耐酸碱，且不易被虫蛀、鼠咬。

2. 涂布类封面材料

涂布类封面材料，是在纸或布基上进行各种材料的涂布而成的一种代替皮革、织品等的装帧材料。涂布类封面材料的种类很多，使用范围极广，是当前用量最大的一种材料。利用这种材料可节省大量的动植物原料，而且加工效果好，深受广大使用者的欢迎。

漆布和漆纸是以布或纸为基底，表面涂有漆类，是主要的涂布类封面材料。漆布的强度比漆纸大，漆纸折叠后会产生折痕，容易撕裂。漆布和漆纸与汽油、煤油等有机溶剂接触后，会失去颜色和光泽。漆涂布的各种封面材料，由于表面是硝基清漆，对空气有一定的污染，且易老化变质，现在虽有部分加工单位仍在使用，但随着装订材料的发展和新材料的出现，漆涂布类封面材料将被逐步淘汰。

3. 塑料封面材料

塑料封面材料，指以不加任何涂料的合成树脂为主要成分，加上一些填料如增塑剂、染料等，在一定的温度与压力条件下，制成具有一定形状，并在常温下保持形状不变的材料。常用的有聚乙烯塑料薄膜封面材料和聚氯乙烯塑料封面材料。

### （五）其他装饰材料

1. 烫印材料

烫印材料是指在纸张、织品、皮革、涂布面料等封面材料上，用热压方法烫粘上各种图文的材料，也包括烫印时的各种助粘材料。烫印材料种类很多，如电化铝、色箔、粉片、金属箔等，使用性能各不相同。电化铝箔是一种在薄膜片基上真空蒸镀一层金属箔制成的烫印材料，可代替金属箔作为装饰材料，以金色和银色为多，适于在纸张、塑料、皮革、涂布面料、有机玻璃、塑料等材料上进行烫印。色箔也称粉箔，是一种在薄膜片基上涂布颜料、树脂类粘结剂及其他溶剂等混合涂料制成的烫印材料，用色箔烫印可形成各种颜色的图文。色片是在玻璃等平面光滑的物体上，沉积一层颜料和黏合材料等混合涂料层，经干燥后剥离于纸上包装好的烫印材料。金属箔即用金属延展或用金属粉末制成的薄金属片，有赤金箔、银簿、铜箔和铝箔几种，其中赤金箔使用较多，使用时间也最长，15世纪末就曾流行用赤金箔装饰书籍，后来采用金属箔烫印封面的越来越多，现在仍有一些贵重书籍用赤金箔烫印，而一般书刊本册的金色均用电化铝代替。

2. 骨签、木轴等

古线装、卷轴装常有骨签、木轴等装饰材料。骨签是古线装书函套前口（翻阅口）部分孔销的骨制插销，一般用羊骨磨削制成，其形状为扁锥形，中间有一长孔用于穿布带来连接书函。木轴指卷轴装的圆柱形支撑轴。木轴的长度根据卷轴的宽度而定，即轴长是卷宽再加轴头，木轴的直径一般为20～30毫米。木轴材料质地不等，根据卷轴书的品级而定，例如，檀香木既美观又可防虫蛀，但价格高，红松木价格低而不易变形。木轴的作用是支撑软料卷轴使其挺括，使宜保存、查阅。

牙料与金属料较常见于西方古本，如皮革面精装本册封壳前口上下角包的铜皮边，我国古代书籍也有使用，如线装书的象牙骨签、卷装木轴的象牙轴头等。豪华精装的封壳上也有用牙料、宝石、金银等进行装饰镶嵌的，以区别书刊的卷册和品级。

3. 色料

色料指涂染在书的切口或封面上的各种色料。装订色料常用红、粉、黄、绿、水蓝、青蓝等色，根据装订需要有的要在色料中加入粘结剂、填料等。图书切口的涂色，是将红、黄、绿等色加入清水调制成色剂，用喷涂方法在切口染上大小不同的色点。西方豪华精装书口常染成大理石纹，工艺较为复杂。

线装书封面的染色是将封面纸浸入色剂内进行染色加工。线装书封面常用的深蓝色俗称青蓝色，浅蓝色称水蓝。

## 第三节　文献媒介材料

### 一、书写印刷媒介

#### （一）书写印刷媒介的种类

书写或印刷在纸质或羊皮纸载体上的字迹是色料附着在其上的信息符号。色料中的色素决定了字迹的清晰度与可辨认性，而辅料决定了字迹固着在载体的方式。

书写印刷媒介的色素成分一般可分为三大类，即炭黑、颜料和染料。不同的色素具有不同的性质，这些性质影响由其所形成的字迹的耐光性、耐腐蚀性、耐水性、耐油性等。

1. 炭黑

炭黑是一种疏松、轻质且极细的黑色粉末，由固态、气态或液态的碳氢化合物在空气不足的条件下不完全燃烧或热裂分解所得。古时一般通过焚烧动植物油、松树枝来收集炭黑。炭黑主要由碳元素组成，晶粒细小，对光的吸收能力较强，具有较高的黑色呈现强度和光稳定性，同时，炭黑具有良好的分散性能，因而具有较强的着色强度。炭黑具有较稳定的理化性质，不溶于水、油和一般溶剂，不易与其他物质反应，耐光、耐热、耐碱性、耐氧化，是字迹色素成分中最耐久的一种。炭黑虽能持久，但易于洗掉或用湿布擦掉。

2. 颜料

颜料是不溶于水和有机溶剂的白色或有色粉状物质，可分为人造颜料和天然颜料两大类。天然颜料多为矿物质，如朱砂、石绿等；人造颜料是人工合成的化合物，种类很多，大致可分成有机颜料和无机颜料两类。颜料的耐光性较好，其中，无机颜料和天然颜料的耐光性优于有机颜料。不同颜料对酸、碱和热的耐抗力不同，但大多数天然颜料对酸、碱和热的耐抗力好。颜料的耐水性、耐有机溶剂性较好，其中以天然颜料和无机颜料最好。

3. 染料

染料可分为天然染料和合成染料两大类。天然染料大多是植物染料，合成染料主要从煤焦油分馏产品中经化学加工而成，目前合成染料基本替代了天然染料。大多数染料不耐光，因而以染料为色素的字迹见光后易退色。有的染料不耐酸，有的染料不耐碱，有的染料既不耐酸又不耐碱，而所有的有机染料都易溶于水、油、醇及其他有机溶剂。

上述材料的耐久性以炭黑为最好，其次是无机颜料、有机颜料，而以染料的耐久性为最差。

书写印刷媒介除了主料色素成分外，还有其他辅助成分。胶是最常用的辅助成分之一。炭黑粒子不溶于水，为了使它们能够均匀悬浮在墨水中，必须加入一定量的胶，胶料可以使碳分子相互结合，并且在研磨成墨汁时使碳分子均匀悬浮在水中，也使书写后的墨牢固黏附于纸上。胶料多以鹿角、牛皮、鱼皮或废皮革制成。

古代西方使用羊皮纸作为文献载体，因其表面非常光滑，墨水书写字迹的耐磨性较差。为了克服这个缺点，西方人采用鞣酸铁墨水（iron-gall ink）在羊皮纸和后来的纸张上书写。鞣酸铁墨水由铁盐（绿矾或七水硫酸盐，即硫酸亚铁）与五倍子的单宁浸液结合而成。这种墨水在刚制成时颜色较浅，不能使用，但会在贮存过程中逐渐氧化，呈蓝黑色，这样制成的墨水有自然沉淀的倾向，也需要加胶使其均匀悬浮。这种墨水在写到纸上或羊皮纸上后还在继续氧化，墨水会因此牢固地固定在书写材料上，牢固程度取决于单宁和铁的成分。这样的字迹经过几个世纪仍然清晰可辨，但会由于纸内残余化学药品以及光线的作用由黑色变为褐色。墨水中铁元素的氧化，再加上为改善墨水的流动性而加进去的盐酸或硫酸，会对羊皮纸或纸张起不良作用，致使有字迹部分的羊皮纸或纸张被腐蚀，形成空洞，通常酸还会转移到邻近的载体上，使污染逐渐扩大。这就是西方古代手稿尤其是纸张手稿常见的墨水腐蚀（ink corrosion）现象。几乎所有的档案馆都存在这种例子，但是羔皮纸手稿没有受到什么影响，这可能是因为它呈碱性的缘故。

---

**知识点链接 2－3**

## RECIPE：Iron-Gall Ink

Iron-gall ink has been used for centuries. Even now it is the most commonly used writing ink. The name indicates that this ink essentially consists of iron salt and gallic acid (tannic acid).

A good iron-gall ink is obtained by diluting 23.4 g tannin (tannic acid) or 7.7 g crystallized gallic acid, 30 g green iron-Ⅱ-sulfate crystals, 10 g gum arabic, 7 g crude hydrochloric acid and 1 g ascorbic acid (for stabilization purposes) in 1 liter of water.

Iron-gall ink is relatively liquid. Since it turns black only after a few days, pigments such as Indigotin or Atramentum are added to show a dark script. The pigments bleach after a while, and the Iron-gall Ink turns black.

Ascorbic acid or Salicylic acid can be added to prevent moulding. Gum Arabic delays premature flocculation of the black iron-gallic complex and causes the ink to absorb the oxygen in the jar, the black pigment precipitates as insoluble sediment.

---

### （二）书写印刷媒介的褪化

书写印刷媒介的褪化表现为磨损和褪色。作为衡量其是否容易褪化的耐久性指标取决于媒介中的色素成分，而耐磨性指标则和媒介与载体的结合方式密切相关。不同的媒介材料，转移固着在载体上的方式各不相同，其结合的牢固程度也不一样。一般来说，媒介与载体的结合方式主要包括结膜方式、吸收方式、填充方式三种。

1. 结膜方式

经过书写或印刷的媒介除色素附着在载体纤维素上之外，还通过媒介的其他辅助成分在字迹表面形成一层薄而坚韧的干性保护膜，这种结合方式称为结膜方式，能确保字迹具有很好的耐磨性，以及一定的耐热性、耐光性、耐湿性和耐有害气体的性能。

2. 吸收方式

媒介的组成成分书写或印刷到纸张载体上，其色素成分随着溶剂一起被纸张纤维的毛细孔吸附，渗入纤维内部，这种结合方式称为吸收方式，以吸收方式与载体结合的媒介字迹具有较好的耐磨性，但因为字上没有一层保护膜，在湿、热、光等因素作用下会出现字迹扩散、渗透、洇化现象，属于比较耐久字迹。

3. 填充方式

利用一定的力（如书写工具对纸的压力和摩擦力）使色素分子充填进纸张表面孔洞内，仅在纸的表面形成字迹的结合方式称为填充方式，如铅笔等，其组成成分主要是固态的色素成分及黏土等粘结剂，这些字迹材料写在纸张上，既不会在纸张表面结膜，也不会被纸张吸收，因此是不牢固的。文献使用过程中的摩擦力就可将字迹从纸上去掉，这类媒介字迹的文献，不管其色素成分如何都是经不起长期使用的，在反复摩擦之后会造成字迹的褪色、淡化甚至消失，因此属于不耐久字迹。

常用书写印刷媒介材料的成分及其耐久性比较见表 2－1。

**表 2－1　常用书写印刷媒介材料的成分及其耐久性比较**

| 字迹分类 | | 名称 | 主要色素成分 | 主要辅助成分 |
|---|---|---|---|---|
| 最耐久 | 炭黑＋结膜 | 墨、墨汁 | 桐烟、漆烟、墨灰、松烟 | 动物胶、防腐剂 |
| | | 黑油墨 | 氧化炭黑、墨灰 | |
| 较耐久 | 颜料＋结膜 | 蓝油墨 | 无机颜料 $Fe_4[Fe(CN)_6]_3$<br>有机颜料酞菁蓝 | 亚麻仁油、苏子油、桐油等干性植物油或含天然树脂、合成树脂等的树脂型粘结剂、稀释剂、增滑剂 |
| | | 红油墨 | 偶氮颜料金光红、立索尔红 | |
| | | 红印泥 | 无机颜料硫化汞（朱砂）<br>偶氮颜料甲苯胺红 | 牛油、蓖麻油等分散剂、填充剂、防腐剂 |
| | 炭黑＋吸收 | 碳素墨水 | 氧化炭黑 | 稳定剂、防腐剂、表面活性剂 |
| | 颜料＋吸收 | 蓝黑墨水 | 鞣酸 $Fe^{3+}$ 没食子酸 $Fe^{3+}$ | 稳定剂（硫酸）、缓蚀剂、润滑剂、渗透剂 |
| | | 铁盐图纸线条 | 铁氰化铁（滕氏蓝）<br>$Fe_3[Fe(CN)_6]_2$<br>亚铁氰化铁（普鲁士蓝）<br>$Fe_4[Fe(CN)_6]_3$ | 水 |
| 不耐久 | 染料 | 纯蓝墨水、红墨水 | 酸性墨水蓝、直接湖蓝、酸性大红、曙光红 | 水 |
| | | 圆珠笔 | 碱性品蓝、碱性紫 5BN、曙光红、苯胺黑 | 非干性油、快干剂、三乙醇胺 |
| | | 复写纸 | 碱性品蓝、碱性紫 5BN、油溶黑、墨灰 | 非干性油、蓖麻油、油酸、蜡 |
| | | 印台油 | 碱性品蓝、碱性紫 5BN、直接湖蓝、碱性品红 | 甘油、酒精、水 |
| | | 重氮盐图纸线条 | 偶氮染料 | 水 |

续上表

| 字迹分类 | | 名称 | 主要色素成分 | 主要辅助成分 |
|---|---|---|---|---|
| 不耐久 | 黏附 | 石墨铅笔 | 石墨 | 黏土、滑石粉 |
| | | 彩颜色铅笔 | 立索尔红粉、铁蓝、酞菁蓝、钛白 | 黏土、滑石粉、牛油、虫蜡 |
| | | 染料铅笔 | 墨水蓝、墨水红、碱性品黄 | 黏土、滑石粉 |
| 较耐久 | 炭黑＋结膜＋黏附 | 静电复印字迹 | 炭黑、染料 | 热熔性树脂（分散剂、极性剂、固化结膜剂）、助剂 |
| 不耐久 | 染料＋吸收 | 热敏传真字迹 | 染料（无色染料＋生色剂反应生成，不耐光、不耐酸碱、不耐热） | 粘结剂 |
| 较耐久或不耐久 | 颜料＋吸收<br>染料＋吸收 | 喷墨打印字迹 | 染料或颜料 | 液态溶剂 |
| 较耐久 | 吸收 | 针式打印字迹 | 炭黑、苯胺黑、油溶黑、吲哚啉、染料 | 不干性油 |
| 较耐久 | 颜料＋黏附＋结膜<br>染料＋黏附＋结膜 | 激光打印字迹 | 炭黑、颜料或染料 | 热塑性树脂、电荷控制剂、石蜡等 |

## 二、感光媒介

### （一）感光媒介记录原理

感光胶片按感光材料形成影像物质的不同，可分为银盐感光胶片、重氮感光胶片和微泡法胶片三种。

1. 银盐感光胶片

银盐感光胶片按照成像色彩可分为黑白银盐胶片和彩色银盐胶片两种。两种银盐胶片的基本结构都是由保护层、乳剂层、底层、片基（支持体）和防光晕层组成，只是在组成结构的顺序和具体分层方面存在差异。

银盐感光胶片的成像原理是利用乳剂层中的 AgX 见光分解的性质，借助摄影装置和冲洗设备，经过拍照、显影、定影、水洗等处理过程来记录物体的影像。拍照是胶片上乳剂层记录影像的过程，即乳剂层中的 AgX 见光分解，形成卤离子（$X^-$）和银离子（$Ag^+$），此时被摄物体以潜影形式记录在胶片上。但是潜影不稳定，见光会分解、消失，且人眼无法识别，必须经过显影、定影、水洗等冲洗加工处理过程，使银离子还原为黑色的金属银，形成可见的稳定影像。而彩色银盐感光胶片因为有彩色成色剂，可以通过其形成彩色染料影像。

2. 重氮感光胶片

重氮感光胶片是一种以重氮盐或重氮树脂作为光敏剂的感光材料。与银盐感光材料相比，重氮感光材料具有解像力高、加工方便和价格便宜等优点，至今仍广泛应用于工程图复制、印刷、缩微、地质勘探、电子等领域。重氮感光胶片由感光层、明胶层和片基三层结构组成。但是重氮片不能用来直接拍摄，仅能作为缩微片的复制品而提供利用。

3. 微泡法胶片

作为非银盐感光材料的微泡法胶片，其光敏剂均匀分散于热塑性载体中，一次涂布于透明片基上而制成，其基本结构与重氮感光胶片相同，也是由感光层、明胶层和片基组成。微泡法胶片的光敏剂同样使用重氮盐，即感光层由重氮盐和热塑性树脂组成，所以在广义上可以将其作为重氮感光材料的特殊品种。

### （二）感光媒介的褪化

银盐感光是最常用的感光媒介，其有效成分是卤化银颗粒。卤化银是卤素与金属银形成的化合物的总称，包括氟化银（AgF）、氯化银（AgCl，白色）、溴化银（AgBr，淡黄色）和碘化银（AgI，黄色）。除氟化银外，其余三种卤化银是制造感光胶片的重要原料。

构成卤化银胶片影像的主要成分是不活泼的重金属银。在室温条件下银是比较稳定的，但胶片在长期保藏过程中，也容易发生劣变现象。影像消退、胶片发黄或出现彩色斑点等都是常见的自然劣变现象。胶片影像的劣变与银粒子被氧化和硫化相关。环境介质中的多种氧化剂成分可以参与银的氧化过程。

1. 黑白胶片感光媒介的变质

黑白胶片影像的色变与银粒子被氧化和硫化相关。其中，银的氧化主要由环境介质中的各种氧化剂引起；银的硫化则与环境介质中的硫化氢、包装材料中的硫离子以及银盐片本身的含硫物质有关系。

（1）环境介质引起的银氧化反应。保存时间较长的银盐缩微负片上常会有许多彩色斑点或污点，称为“氧化还原斑”，是由空气污染或库房设备和装具的各种污染氧化物氧化银粒子形成的。使银盐片生斑的氧化物来自被污染的空气，也潜伏在片库内部的许多设备和文献装具中。例如，经过漂白或老化变质的包装纸，在保存过程中有可能释放出过氧化物而使与之接触的银盐片生斑；木制的柜架设备也会不断地向空气中散发松香、松节油及甲醛、甲酸的蒸汽，这些蒸汽都具有氧化作用；片库内的油漆烟雾甚至印刷油墨都能散发氧化性气体，使银影像变质。

过氧化氢是液相中最主要的强氧化剂之一，它本身是以一种液体形式存在的强漂白剂（双氧水），可在室温条件下将影像中的银粒子氧化为褐色的氧化银。甲醛和甲酸与银的反应有多种方式，其中最重要的一种反应方式是生成过氧化氢。实际上室内过氧化氢的主要来源之一就是甲醛的光解。

空气中的臭氧与影像中的银发生化学反应生成氧化银和过氧化银。空气中的二氧化氮可生成硝酸，硝酸可以与影像中的银盐生成硝酸银。硝酸银本身虽然是无色透明的，但当硫化氢和硝酸银反应时，可生成硫化银使胶片发黄。

（2）环境介质引起的银硫化反应。黑白影像的发黄与褪色通常是硫化反应造成的。

随着空气污染的加剧，空气中的二氧化硫可以与影像中的银发生化学反应。二氧化硫首先与空气中的水生成硫酸。常温条件下，稀硫酸不容易与银发生反应，但如果同时存在硫化银或其他硫化物，则生成硫酸银和硫化氢，并通过硫化氢影响银的稳定性，并不断对金属银进行硫化，从而有可能造成银影像的完全破坏。

除了空气中的二氧化硫可以导致银粒子硫化外，大多数包装用纸、艺术用纸、衬页纸、透明胶水纸、橡胶带页、醋酸乳胶粘结剂等都含有硫，这些物质同银影像接触后都具有使影像发黄、褪色的能力。引起胶片文献发黄和褪色的硫，其主要来源还在于银盐片本身，即湿法加工工艺中海波的残留。定影处理时使用海波作为定影液，使它同显过影而未曝光的卤化银反应，生成溶于水的硫代硫酸银络盐，通过水洗加以去除。水洗得是否彻底直接影响着银盐片的保存性。水洗后胶片上若仍有硫代硫酸钠残留，在胶片文献长期保存中，它们能逐渐与空气中的二氧化氮作用，生成硫和亚硫酸。硫同影像上的金属银作用生成黄色的硫化银，使胶片发黄；亚硫酸被空气中的氧氧化为硫酸，硫酸同硫化银缓慢作用而生成硫化氢和白色可溶的硫酸银，使胶片发黄持续下去。残留在胶片上的硫代硫酸盐的破坏作用，一直要持续到其本身或影像中的银全部耗尽为止。

另外，影像材料乳剂层中的明胶由蛋白质组成，蛋白质中的氨基酸光解可产生硫，通过此途径产生的硫同样有可能参与银的硫化反应。

2. 彩色影像感光媒介的褪化

彩色银盐感光胶片与黑白银盐感光胶片一样，也是以卤化银为感光剂的影像材料，而且结构也相似，其差别主要是彩色银盐感光胶片的乳剂层由感蓝层、感绿层和感红层三层构成。但由于黑白影像的黑白色由金属银构成，比较稳定；而彩色影像的“色彩”是由染料构成，染料的光化学稳定性较差，因此，褪色是彩色影像材料的主要劣变形式。

无论是织物上的染料，还是其他制品中的染料，其褪色的机理都是相同的，彩色影像材料中的染料也不例外。

光化学反应可以导致染料褪色。光辐射引起的褪色必须首先使染料分子或其参与反应的物质活化，活化是引发褪色反应的能量基础，被活化了的分子具有化学活性。染料分子、染料载体分子、环境介质中的污染物分子以及空气中的氧分子等，吸收一定波长的光辐射后，均可变为激发态分子。激发态分子可以参与直接或间接的光化学褪色反应。染料的褪色反应主要包括光氧化、光还原、光解离、光催化氧化等形式，此外，热化学反应也能引起染料的褪色。

空气中的氧分子并不具备光化学活性，因此不能直接参与染料的氧化色反应。但如果染料分子被光辐射所激发，空气中的氧分子就可以与之发生反应。因而在有光的环境中，染料影像的褪色速率加快，暗稳定性好的染料影像在光照下稳定性减弱，也会发生褪色现象；而暗稳定性差的染料影像，在光照下褪色会加快。在有光环境下发生的褪色，称为明褪，彩色照片保存多长时间才开始显著地明褪，取决于陈列或保存处的环境状况。若其陈列在阳光直射的橱窗内，不到几年就会成为一张白纸；若陈列在阳光很少直射的室内，其褪色速度要慢些。显然，彩色片明褪速度除与染料品种有关外，主要取决于照射光的波长、照射光的照度与照射的时间。

光还原反应是指分子在光的作用下所发生的还原反应。光还原反应是重要的染料褪色反应方式。染料的光化学褪色通常属于还原或氧化现象。

污染的空气中，含有超标的二氧化氮成分。二氧化氮是一种具有光化学活性的气体污染物，它在各种有色物质的褪色过程中扮演着重要的角色，绝大多数褪色反应都直接或间接地与二氧化氮的光化学活性有关。二氧化氮是强氧化剂，能够与水结合成硝酸和亚硝酸，银和彩色影像造成显著的褪色现象。

染料影像在潮湿环境中褪色速度会加快，例如，将空气的相对湿度从60% 提高到80%，彩色影像褪色速度会加快两倍。

---

知识点链接 2 - 4

## 照片档案管理规范（节选）
## CB/T 11821—2002

6　照片档案的保管

6.1　包装物与装具

6.1.1　底片袋应使用表面略微粗糙和无光泽的中性偏碱性纸制材料制作，其 pH 值应在 7.2～9.5 之间，a - 纤维素含量应高于 87%。底片袋应使用中性胶黏剂，接缝应在袋边。

6.1.2　底片册、照片册　底片册、照片册所用封面、封底、芯页均应采用中性偏碱性纸质材料制作，其 pH 值应在 7.2～9.5 之间，化学性能稳定，且不易产生碎屑或脱落的纤维。

6.1.3　贮存柜架　底片、照片应在能关闭的装具中保存，如存储柜、抽屉、有门的书架或文件架等。贮存柜架应采用不可燃、耐腐蚀的材料，避免使用木制及类似材料。木制材料易燃烧、易腐蚀，还可能挥发出某些有害气体，促使底片、照片老化或褪色。贮存柜架的喷涂用料应稳定耐用，且对贮存的底片、照片无有害影响。对贮存柜架进行排列时，应保证空气能在其内部循环流通。

6.2　温度、湿度要求

6.2.1　推荐的存贮最高温度和相对湿度见表 1。

**表 1　推荐的存贮最高温度和相对湿度**

| 类　型 | 中期贮存 | | 长期贮存 | |
|---|---|---|---|---|
| | 最高温度（℃） | 相对湿度（%） | 最高温度（℃） | 相对湿度（%） |
| 黑白底片 | 25 | 20～50 | 21 | 20～30 |
| | | | 15 | 20～40 |
| | | | 10 | 20～50 |
| 彩色底片 | 25 | 20～50 | 2 | 20～30 |
| | | | -3 | 20～40 |
| | | | -10 | 20～50 |
| 黑白照片 | 25 | 20～50 | 18 | 30～50 |
| 彩色照片 | 25 | 20～50 | 2 | 30～40 |
| 注：①中期贮存是指胶片、照片在表中规定的温、湿度条件下至少能保存 10 年。长期贮存是指胶片、照片在表中规定的温、湿度条件下至少能保存 10 年。②推荐值内较低的温度、湿度环境，更能延长胶片、照片的寿命。 | | | | |

6.2.2　底片、照片应恒温、恒湿保存。长期贮存环境，24 小时内温度的周期变化不应大于 ±2 ℃，相对湿度变化不应大于 ±5%。中期贮存环境，24 小时内温度的周期变化不应大于 ±5 ℃，相对湿度变化不应大于 ±10%。

6.2.3　所推荐的温度、湿度条件，应在各单独的贮存器具内或整个贮存室内加以保证。

6.2.4　底片、照片贮存的温度、湿度与提供利用房间的温度、湿度若存在较大差别，应设缓冲间，在其提供利用前应在缓冲间过渡几小时。

6.3　空气调节和净化要求

6.3.1　空气调节要求

6.3.1.1　为保证贮存库的温度、湿度条件，应配备独立的空气调节系统。

6.3.1.2　贮存库的气压应保持正压状态，以防止外界空气渗入。

6.3.1.3　去湿应选用恒湿控制的自动制冷型除湿机；加湿应选用可控式加湿机，不应使用水盆或饱和化学溶液，以免导致湿度过高。

6.3.2　空气净化要求

6.3.2.1　进入贮存室或贮存柜的空气应首先经过机械过滤器过滤，以免空气中的固体颗粒擦伤胶片或与胶片起反应。过滤器宜采用于介质型，应不可燃，其捕捉率不应低于 85%。

6.3.2.2　应使用洗涤或吸收等空气净化装置，去除空气中的二氧化硫、硫化氢、过氧化物、臭氧、酸性雾气、氨和氧化氮等气体杂质。

6.3.2.3　油漆的挥发气体是一种氧化污染源，应控制使用：若贮存环境新刷油漆，应在三个月后投入使用。对其他存有污染源的新贮存环境，亦应搁置一段时期后再投入使用。

6.3.2.4　硝酸片基胶片会释放出有害气体，因此，不应与其他胶片同处存放，也不应与其他胶片使用同一通风系统。

6.4　库房有关要求　库房条件和防火、防水、防潮、防日光及紫外线照射、防污染、防有害生物、防震、防盗等要求，应符合 JGJ25 的规定。

6.5　保管要求和措施

6.5.1　贮存库房应保持整齐、清洁，应有严格的使用和存放规则。

6.5.2　照片档案入库前应进行检查。对受污染的照片、底片应进行必要的技术处理，防止受污染的照片、底片入库。

6.5.3　接触底片的人员应戴洁净的棉质薄手套，轻拿底片的边缘。

6.5.4　底片册、照片册应立放，不应堆积平放，以免堆在下面的底片、照片受压后造成粘连。

6.5.5　珍贵的、重要的、使用频率高的底片应进行拷贝，异地保存。拷贝片提供利用，以便更好地保存母片。

6.5.6　每隔两年应对底片、照片进行一次抽样检查，不超过五年进行一次全面检查。若温度、湿度出现严重波动，应缩短检查的间隔期。检查中应密切注意底片、照片的变化情况（卷曲、变形、变脆、粘连、破损、霉斑、褪色等），亦应注意包装材料的变质问题，并做好检查记录。若发现问题，应查明原因，及时采取补救措施。

## 三、磁性媒介

### （一）磁记录原理

自 1898 年丹麦科学家波尔森发明磁记录以来，磁记录方式已广泛应用在记录声音、图像模拟信号、数字信号等方面。磁的产生与电密切相关，电流周围存在磁场，磁场强度大小随电流强度的变化而变化，这种现象称为“电生磁”；同样，当导线处于变化磁场中也能产生感应电流，电流大小随磁场强度的变化而变化，这种现象称为“磁生电”。将各种信息转换为随时间变化的电信号，再将它转换为磁记录介质的磁化强度的过程称为磁记录过程（电生磁），将其逆过程称为再生（重现）过程（磁生电），磁性记录文献利用“电生磁”原理记录信息，并利用“磁生电”原理重放信息。

磁记录文献是以磁介质的剩磁为信息符号的，所谓剩磁就是铁磁质经磁化后，在外磁场消失的情况下仍保存的磁感应强度。记录信息的磁粉颗粒保留磁场强度的能力，直接关系到所记录信息的理想保存时间，即磁记录的有效寿命。

磁记录材料的信息能否长期保存，关键是磁介质的剩磁能否长期保留。能作为磁性记录档案文献的磁介质材料需要满足一定的要求：首先，剩余磁化强度要高，高强的剩磁能有效地存储信息，抗环境的干扰，提高记录密度。其次，需要有适当的矫顽力。矫顽力是使磁化后铁磁体的磁感应强度降为零所必须施加的磁场强度，也称为矫顽场。矫顽力过高，所需的磁化电流就高，会导致材料难以磁化和消磁；矫顽力过低，会降低存储密度，材料更容易消磁导致信息丢失。

此外，记录信息的磁颗粒保留磁场强度的能力决定于磁粉颗粒的弛豫时间。弛豫时间是指热运动所引起的颗粒磁矩的混乱转动而破坏颗粒磁矩之间有序排列的时间，它决定磁性材料记录讯号后，代表讯号的磁化强度随着时间而逐渐减小或消失所需要的时间。弛豫时间依赖于磁粉颗粒的体积，颗粒越大，弛豫时间越长。虽然增加磁颗粒的体积可以增加讯号存储的稳定性，但大颗粒磁粉的均匀磁化效果差，影响磁记录的质量。因此，磁记录载体上的磁粉颗粒必须限定在一定的范围内，这就使得信息在磁记录载体上存储的时间受到了限制。磁记录具有短期（10～20 年）保存信息的足够稳定性，但不能长期地保留住所记录的信息。

用于磁记录介质的材料分为两类：一类是氧化介质。氧化介质由多种成分构成，包括氧化铁颗粒和氧化铬颗粒，其中的铁氧体是有效成分。另一类是薄膜介质。与氧化介质相比，薄膜介质更薄、更光滑、更结实，工艺更好。最初，薄膜介质仅用于高容量或高品质的硬磁盘系统，现在已普及到所有的硬磁盘中。在硬磁盘盘片上涂薄膜介质的工艺过程有电镀和溅射两种。电镀是通过电镀机把介质材料覆盖在盘片表面而形成的，溅射则是分别在盘片表面沉积金属层、磁介质材料薄膜和保护层。由于金属薄膜具有连续性，其间不含非磁性杂质，故磁学性能比金属颗粒更好，适宜制作高密度磁记录的磁层。目前，计算机硬磁盘的磁层以金属薄膜为主。

磁性载体文献的保存与使用寿命除了和制作材料性质相关外，还强烈依赖记录和重现的设备的质量，以及配套软件、硬件的生命周期。需要注意的是，磁性载体文献上的信息与载体可以分离，无论磁性载体是否被破坏，载体上记录的信息都有可能缺失，而且这种缺失不如纸质文献容易发现，因此需要及时定期检查。

### （二）磁性记录的褪化

磁记录的实际寿命与磁层的完整性、磁颗粒的磁性能、磁颗粒保持的完整程度等因素有关。一般来，磁性记录的褪化表现为以下三种状况。

1. 磁颗粒脱落和损坏

磁颗粒脱落和损坏会直接导致磁性文献的失效。磁记录的磁粉颗粒是否完整直接影响磁记录信息重现的质量。影响磁粉脱落的因素很多，如保存与利用环境的温度与湿度、日光空气污染物、磁带的受潮与发霉等。磁粉颗粒保存的完整程度除与磁带自身质量有关外，还与磁带的播放次数、使用环境及播放设备等有关。

2. 磁性消失

磁性记录文献磁性消失的主要原因包括外磁场的影响和保存环境的影响。外磁场会影响磁记录的强度，甚至可能将磁记录上的信息抹掉。所有电器设备均在四周产生磁场，如电动机、发电机、变压器等电器设备均含有磁场，其磁场强度通常超过 1500 奥斯特。有些设备如放大器、电源装置、话筒、耳机、电视机、扬声器、消磁器等，虽然不具有大型电器设备那么高的磁场，但也具有一定的磁场强度，能使放置于周围的磁记录信号减弱，出现杂音或信号丢失。

外磁场是随距离的增大而急速减小的，避免外磁场对磁记录影响的有效措施是使其远离磁场。为了安全，磁记录文献存储处附近的杂散磁场场强应小于 1 奥斯特，最好将磁记录存放在抗磁性材料制成的装具内。

若磁性文献保存环境较为恶劣，如温度过高或强光辐射、使用处置不当、冲击、激烈的摔打或振动等，也会改变磁记录介质的结构，造成磁介质消磁。同时，磁介质也具有自退磁效应，导致磁性消失。

3. 信号失真

失真是指输入信号与输出信号不一致，出现信号畸变现象。重放信息的失真与磁性文献的形体状况或回放设备的工作状况有关，如磁性文献的变形或破裂、磁层表面粗糙或有异物污损、磁层表面被氧化等；也与磁记录的原本状态发生改变有关，如重放信号时出现衰减、跌落或消失等。漏码率是衡量信号失真的重要指标，也是衡量磁记录质量的重要标准。漏码率一旦超过 50%，信息原有的状态就会改变，使读出信号出现错误。

导致信号失真的原因还有磁性记录特有的复印效应，即由相邻的磁层间的相互作用使邻层磁介质磁化，将记录信号复印到邻层上的现象，也称回声效应。复印效应的产生主要受环境温度影响，温度越高，复印效应越大。

## 推荐阅读书目


1. Archival and Special Collections Facilities: Guidelines for Archivists, Librarians, Architects, and Engineers (DRAFT, 8/08) Society of American Archivists, SAA Standards Board, SAA Task Force on Guidelines for Archival Facilities. © 2008 Society of American Archivists. Read the section on Light. http://www.archivists.org/governance/taskforces/ArchivalFacilitiesGuidelines-Draft-3Aug08.pdf.
2. Lavedrine, Bertrand. "Chapter 1: The Vulnerability of Photographs." In A Guide to the Preventive Conservation of Photograph Collections. Los Angeles: Getty Conservation Institute, 2003.
3. Ritzenthaler, Mary Lynn. "Chapter 3: Nature of Archival Materials" and "Chapter 4: Causes of Deterioration." In Preserving Archives and Manuscripts. Chicago: Society of American Archivists, 1993.
4. Shelley, Marjorie. "Warning Signs: When Works on Paper Require Conservation." In Conservation Concerns: A Guide for Collectors and Curators, edited by Konstanze Bachmann. Washington, D. C.: Smithsonian Institution Press, 1992.
5. Sound Directions: Best Practices for Audio Preservation. http://www.dlib.indiana.edu/projects/sounddirections/papersPresent/sd_bp_07.pdf
6. Norris, Debbie H. Appendix R: Curatorial Care of Photographic Collections [1996]. In Museum Handbook, Part I: Museum Collections. Washington, D. C.: National Park Service, 2000. http://www.cr.nps.gov/museum/publications/MHI/mushbkI.html.
7. Library of Congress. Cylinder, Disc and Tape Care in a Nutshell. Washington, D. C.: Library of Congress, 2002. http://www.loc.gov/preservation/care/record.html.
8. A Consumer Guide to Traditional and Digital Print Stability. Image Permanence Institute. 2003. http://www.imagepermanenceinstitute.org/.
9. Van Bogart, Dr. John W. C. Magnetic Tape Storage and Handling: A Guide for Libraries and Archives. Washington, D. C.: Commission on Preservation and Access, (June 1995). http://www.clir.org/pubs/reports/pub54/index.html.
10. Byers, Fred R. Care and Handling of CDs and DVDs: A Guide for Librarians and Archivists, Washington, D. C.: Council on Library and Information Resources, 2003. http://www.clir.org/pubs/abstract/pub121abst.html.
11. The Film Preservation Guide: The Basics for Archives, Libraries, and Museums. San Francisco, CA: National Film Preservation Foundation, 2004. http://www.filmpreservation.org/ (Click on Preservation Basics and Select the Film Preservation Guide).

# 第三章　文献保存环境和控制

**本章要点**

文献保存环境的组成要素。

适宜文献保存的环境条件。

达到适宜条件的调控方法。

**关键术语**

文献保存环境；文献载体；温度；湿度；围护结构；光；照度；空气；生物防治；有害生物综合治理

## 第一节　文献保存环境的组成与构建

各种类型的文献载体都会受其保存环境的影响。热量、水分、光照、各种污染物可能会制造并催化一些破坏性的化学反应，温暖及潮湿的环境可能会加速霉菌及昆虫的繁殖，这使得文献资料，尤其是纸质品，容易受环境影响而损坏。而图书馆、档案馆、博物馆等文献保藏机构，其建筑及内部家具等，也会受到环境的影响发生变化。

依靠对各种环境因素的控制，构建适当的文献保存环境，可以在一定程度上减缓文献的损坏速度，延长文献的保存及使用寿命。对文献载体产生影响的主要环境因素包括温度与湿度、光照、空气污染、生物侵害等，因此，构建文献保存环境也需要从这几个方面综合考虑。

### 一、温度与湿度

#### （一）温度与湿度的概念

温度是物质分子、原子无规则运动的宏观表现，是用来衡量物体冷热程度的状态参数。文献保存环境中所提到的温度，指的是环境中空气的温度。目前，国际上常用的温度衡量标尺有摄氏温标、华氏温标和绝对温标。绝对温标也叫热力学温标，是目前国际上通用的一种温标，单位为开尔文（Kelvin，K）。欧美国家常用华氏温标，单位为华氏度（℉），而我国习惯使用摄氏温标，单位为摄氏度（℃）。

湿度用来表示空气潮湿或干燥的程度，有不同的表示方法。单位体积空气中实际所含的水蒸气的量称为绝对湿度，一般以 $g/m^3$ 为单位。但空气容纳水蒸气的能力不是无限的，当空气中水蒸气蒸发速度与凝聚速度相等时，蒸发过程与凝聚过程处于动态平衡，此时，空气达到饱和状态，此时的空气含水量称为饱和量，饱和状态时的湿度称为饱和湿度。而相对湿度是指空气实际含水量与饱和状态含水量的百分比，可以反映空气含水量距离饱和量的程度。因此，相对湿度的概念可以说明空气潮湿的程度。

空气的相对湿度与温度有关。温度越高，空气容纳水蒸气的能力越强，饱和湿度越高（见表3－1）。所以，如果一定空间内的绝对湿度保持不变，相对湿度会随着温度的升高而下降、随着温度的降低而上升。

**表3－1　不同温度时1 $m^3$ 空气中水蒸气的饱和量**

| 温度（℃） | 空气的饱和量（g） | 温度（℃） | 空气的饱和量（g） | 温度（℃） | 空气的饱和量（g） |
|---|---|---|---|---|---|
| －1 | 4.47 | 13 | 11.4 | 27 | 25.8 |
| 0 | 4.84 | 14 | 12.1 | 28 | 27.2 |
| 1 | 5.22 | 15 | 12.8 | 29 | 28.7 |
| 2 | 5.60 | 16 | 13.6 | 30 | 30.3 |
| 3 | 5.98 | 17 | 14.5 | 31 | 32.1 |
| 4 | 6.40 | 18 | 15.4 | 32 | 33.9 |
| 5 | 6.84 | 19 | 16.3 | 33 | 35.7 |
| 6 | 7.3 | 20 | 17.3 | 34 | 37.6 |
| 7 | 7.8 | 21 | 18.3 | 35 | 39.6 |
| 8 | 8.3 | 22 | 19.4 | 36 | 41.8 |
| 9 | 8.8 | 23 | 20.6 | 37 | 44.0 |
| 10 | 9.4 | 24 | 21.8 | 38 | 46.3 |
| 11 | 10.0 | 25 | 23.0 | 39 | 48.7 |
| 12 | 10.7 | 26 | 24.2 | 40 | 51.2 |

资料来源：郭莉珠. 档案保护技术学教程. 北京：中国人民大学出版社，2000：105.

当环境温度一直下降，达到某个阈值时，相对湿度会达到100%，这时空气已达到饱和状态。如果温度继续下降，空气中的水蒸气开始凝结成水珠，这种现象叫做结露，空气结露的临界温度称为露点温度。结露现象是否出现，取决于空气实际含水量与环境温度这两个因素。在湿度较高的环境中，温度稍有波动，就容易结露。

### （二）温湿度对文献的影响

保存环境的温湿度条件是影响文献保存及利用的重要因素，不适宜的温湿度会大大缩短文献的使用寿命。

1. 不适宜的温湿度会加速文献变质过程

脆化是纸张和其他一些有机材料（如皮革、纺织品、磁带等）发生化学变质的表现之一，温湿度在材料脆化过程中起主要作用。温度会加速化学反应的速度，一般来说，温度每上升 10 ℃，反应的速度就会加倍。而纤维素相关实验证明，即使在完全排除光照、污染物以及其他影响因素的情况下，温度每上升 5 ℃，材料的变质速度就会加倍。相对湿度则为这些化学反应提供了必要的水分，湿度越高，文献变质速度越快。

关于这一点，研究者已建立量化研究模型，可以具体测算出温湿度对化学变质过程的影响。美国纽约州罗彻斯特理工学院（Rochester Institute of Technology）的影像长期保存研究所（the Image Permanence Institute，IPI）建立了一套“文献保护环境指数（Preservation Index)”，计算出在一定的温湿度条件下，纸质文献发生明显变质的时间。研究模型显示，在温度为 72 ℉（22.2 ℃）相对湿度为 50% 的环境中，某种有机材料可以保存大约 33 年；但当温度降低到 62 ℉（16.6 ℃），相对湿度降低至 40% 时，这些材料可以保存 88 年；如果将这些材料置于恶劣的高温高湿环境中，如温度为 82 ℉（27.7 ℃），相对湿度 75%，不到 9 年的时间就会发生明显的变质。

该研究同时证明，文献资源有可能在不同温度和不同相对湿度组合构成的环境中保持同样的使用寿命。例如，57 ℉（13.8 ℃）和 50% 的相对湿度，62 ℉（16.6 ℃）和 35% 的相对湿度，在这两种环境条件下，文献都能保存大约 100 年。这就为文献保藏机构在选择温湿度条件时提供了一定的灵活性。但为了避免带来生物侵害，极度高温或高湿的环境是绝对不可取的。①

低温环境有利于减缓文献材料变质的过程，但相对湿度太低并不利于文献的保存。纸张在湿度太低时，会变得非常脆弱易碎，不能触碰。研究表明，纸张在相对湿度 20% 左右的环境里可以安全触碰或移动，在相对湿度 30% 左右的环境中可以达到一定的耐折度；如果无需进行特殊处理，一般不应存放在相对湿度高达 40%～50% 的环境中。羊皮纸和摄影胶片储存在相对湿度较低的环境中有利于保持其化学稳定性，但也不应低于 30%。②

2. 温湿度波动导致文献载体形变

环境温湿度的波动对文献保护具有极大的破坏性。包括纸张在内的很多文献载体材料具有吸湿性，非常容易吸收和释放水分。这意味着当环境温度升高，相对湿度降低时，纸张会将水分释放到空气中以保持相对平衡的状态；当环境温度降低，相对湿度升高时，纸张又会从空气中重新吸收水分。在这个过程中，含水量的变化会导致材料膨胀和收缩，从而产生物理性应力，引起纸张起皱、油墨脱落、书籍封面扭曲变形、胶片上的感光乳剂剥落等现象。有些文献载体是由几种不同的材料加工组合而成的，不同的材料膨胀系数不一，随温度波动膨胀或收缩时，还可能导致复合性载体结构破裂。

3. 高温高湿环境带来生物侵害

水分对有害生物的生长、繁殖有着重要的意义。当环境湿度较高时，有害生物容易获得水分，维持体内含水量，保证其生长及发育的速度。如果环境湿度低于一定标准，昆虫体内的水分会经由体表蒸发，体内含水量降低，导致发育停顿甚至死亡；微生物孢子在较

---

① James M. Reilly, Douglas W. Nishimura & Edward Zinn. New Tools for Preservation: Assessing Long-Term Environmental Effects on Library and Archives Collections. Washington, D. C.: Commission on Preservation and Access, 1995: 7.

② National Information Standards Organization. Environmental Guidelines for the Storage of Paper Records, Technical Report NISO－TR01－1995. Bethesda: MD NISO Press, 1995: 1.

干燥的环境中也会进入休眠期。

温度为生物提供热量，高温对有害生物繁殖起到一定的促进作用，特别是会直接影响昆虫和啮齿目动物的发育速度、繁殖数目、分布密度。

## 二、光照

### （一）光的种类与来源

光是电磁波的一种形式。我们肉眼可以看到的可见光，波长位于电磁波谱的中间位置，为 400 ～ 700 纳米；紫外线的波长比可见光略短，在 400 纳米以下；红外线的波长比可见光略长。这几种类型的光对文献都有损害作用，其中，紫外线的能量最高，破坏性也最强。

光按照来源不同，可以分为自然光和人造光。自然光，也就是阳光中，紫外线含量约为 5%，可见光约为 40%，红外线为 55%。比起大多数人造光来说，自然光太过明亮、强烈，对文献的损害极大，因此图书馆和档案馆都应避免自然光。在文献保藏机构中，目前使用的两种主要人造光源是白炽灯和荧光灯。随着制造技术的发展，不断有新型光源推出。

传统白炽灯发光时，电流经过钨丝，将钨丝加热到约 2700 ℃。白炽灯只能将一小部分电能转化为光能，其余都转换为热量。传统白炽灯只放射出极少量的紫外线，无需进行紫外过滤。

钨卤素灯（也称为石英灯）是在传统白炽灯的基础上加以改进的，将卤素气体充入石英灯泡，使灯泡发出的光线更亮，使用寿命也更长。但钨卤素灯会释放出大量紫外线，需要进行紫外过滤。

荧光灯的玻璃灯泡内壁涂有白色荧光粉，灯泡内填充了水银蒸汽。当电流通过灯丝时，水银蒸汽放射出的紫外线被荧光粉吸收，并转化为可见光释放出来。然而，大部分荧光灯还是可能会泄露少许紫外线，所以荧光灯对纸质品的危害性比白炽灯强。最新型的荧光灯是紧凑型荧光灯，这种荧光灯体积更小，使用寿命更长，发出光线的颜色也比传统荧光灯更为舒适，并可以插在白炽灯灯座上使用。但即使是紧凑型荧光灯，使用时也必须进行紫外过滤。

与荧光灯一样，高强度放电（high intensity discharge，HID）灯灯泡内壁也有一层荧光粉涂层，灯泡内填充某种蒸汽，但强度比一般荧光灯高得多。HID 灯有两种类型，水银或金属卤化物 HID 灯会释放出大量足以造成危险的紫外线，而且难以过滤，不宜用于文献保藏机构；高压钠 HID 灯可以用于间接照明（将灯光打向天花板再反射回来）。高压钠 HID 灯释放的紫外线量非常低，产生的热量也很小，是一种节能光源，日常维护成本也比较低。

光纤照明是另一种节能的照明手段，尤其适用于展览照明。在光纤照明系统中，光源发出的光通过玻璃纤维或丙烯酸纤维（腈纶）传输。这些纤维不会传导红外光或紫外光，而且不像荧光灯那样累积热量。

无极灯是目前最新型的光源。普通白炽灯通过不断加热金属电极（通常是钨电极）发光，长时间使用，可能会烧毁电极。无极灯发光的原理与白炽灯不同，它使用电磁感应原理或使用微波能直接激发硫元素产生可见光。无极灯比 HID 灯更节能，而且显色性更好，释放出的红外线、紫外线更少，使用寿命也更长。

### （二）光照对文献的影响

光对文献载体的破坏主要通过两个途径进行，即光化学反应和辐射热。

物体中的每个分子都需要吸收一定的能量才能与其他分子发生化学反应，这个能让分子发生反应的最低能量值被称为这种分子的活化能。不同类型分子的活化能不同。来自自然光源或人工光源的光能被分子吸收，如果达到或超过其活化能，就能激活该分子，与其他分子发生化学反应，这个过程称为光化学反应。

超出活化能的能量可能会以热量或光的形式表现，也可能打破分子键，将大分子转化为小分子，使纸张变得脆弱，还可能导致分子中的原子重新排序，或是被转移至另一个分子。氧化是光化学反应最主要的形式之一，在氧化反应中，被激活的分子将能量转移给氧分子，氧分子再与其他分子发生作用，启动一系列对文献有害的化学反应。

紫外线的波长较短，频率比可见光高，可以在短时间内高速冲击物体，激活更多不同的分子。因此，紫外线会更迅速地造成文献的光化学变质，破坏性非常强。而波长较长的红外线具有的能量较少，频率较低，激活分子的能力也相对较弱。

然而，即使是波长较长的光，也会造成纸张和其他材料的损坏。载体材料接受红外光照时，从红外光中吸收的能量会提高材料的温度，这反过来又会加速已发生的破坏性化学反应。

## 三、空气污染

空气是构成地球周围大气的气体，主要成分是氮气和氧气，还有极少量的氦、氖、氩、氪、氙等稀有气体和水蒸气、二氧化碳、甲烷、笑气（氧化亚氮）、臭氧、氢气和尘埃等。大多数文献需要保存在充满空气的环境中，空气质量是影响文献保存的重要因素之一。

空气中的污染物主要分为两个类型，有害气体和尘埃微粒。

有害气体主要来源于燃料的燃烧、工业废气、运输工具、动植物腐烂及文献保存环境中的设备及家具。文献载体作为固体材料具有一定吸附能力，可以吸引气体分子附着在载体表面，甚至渗透进固体内部。空气中的有害气体附着在文献载体表面，能够形成具有酸性或具有氧化性的物质，与载体材料发生反应，破坏载体材料的化学成分，导致其机械强度下降，或是物理性能的改变，纸张会因此褪色、脆化，皮革的强度会降低甚至碎成粉末。高温高湿环境会促进破坏的进程。破坏性最大的有害气体包括二氧化硫、一氧化氮、过氧化物、臭氧等，这些气体对空气造成污染，不仅损害文献材料，还会给人体和动植物带来极大危害。

尘埃微粒来自自然界变迁和人类生产生活两个方面。尘埃微粒呈固体状态，形状不规则，容易磨损文献；微粒本身构成复杂，且容易吸附气体分子，具有不同程度的酸性或氧化性，易腐蚀文献；尘埃微粒还具有吸湿性，在环境湿度较高的情况下大量吸附水分子，形成微小水滴，使文献受潮；尘埃微粒也为有害生物的生长、繁殖提供了有效的掩护，甚至可能成为微生物（尤其是霉菌孢子）的传播者。

## 四、生物侵害

各种动植物和人类的行为都可能给文献资源带来一定的破坏，但危害文献载体最主要的有害生物包括霉菌、昆虫及啮齿目动物。

### （一）霉菌对文献的影响

霉菌是各种类型真菌的总称，以寄生或腐生方式生活。目前已知的真菌种类超过十万种，在不同条件下呈现多种多样的生长、繁殖方式。

霉菌可以通过散布大量孢子进行繁殖。霉菌孢子几乎无处不在，通过空气传播。在周围环境不适宜萌发时，孢子处于休眠期，基本上不会对文献造成损害。但一旦遇到适合的环境，霉菌孢子就会萌发，长出大量毛发状的菌丝，形成网状交织的菌丝体（霉菌的肉眼可见部分）；菌丝体不断生长，形成更多的孢子囊，孢子囊成熟并破裂后又散布大量孢子。这个过程不断循环。

水分是促进霉菌生长的最重要因素。一般来说，相对湿度越高的环境，越适宜霉菌生长，如果相对湿度在70%以上的水平维持一段时间，霉菌的生长几乎不可避免。所以，如果文献资源浸水后不能及时干燥，发霉的可能性很大。另外，温度较高，空气流动性差，环境阴暗等因素也会促使霉菌生长。

霉菌会分泌生物酶，这些酶能够分解纸张、书籍封皮等有机材料。有些霉菌孢子或菌丝含有色素，且性质比较稳定，容易在纸张、布料或皮革等材料上形成霉斑，很难清除。另外，霉菌对人体健康有害，可能会给文献保护人员带来很大的疾病隐患。

### （二）昆虫对文献的影响

大部分侵害纸质文献的昆虫对纸张本身并不感兴趣，而是以文献中的涂料、粘结剂、糨糊等材料为食，这些材料比纸张中的纤维素更容易消化。也有些昆虫以纤维素（主要存在于纸张和硬纸板中）和蛋白质（主要存在于羊皮纸和皮革中）为食。昆虫不仅蛀食纸张，而且在纸质文献中钻洞、筑穴、排泄分泌物，这些行为都会损害文献。

蠹虫、衣鱼、啮虫（也叫书虱）和蟑螂是图书馆内最常见的害虫。蠹虫和衣鱼可以生长到12.5毫米长，偏爱阴暗、潮湿、长期不受干扰的环境，可以以纸浆为食，在纸张中打洞（尤其是光滑的纸张），损坏书籍封面和衬里；也可以以纺织品为食，主要包括人造丝、棉布和亚麻布。啮虫的尺寸比蠹虫和衣鱼小得多，只有1～2毫米，以纸张上生长的霉菌为食，也吃糨糊和胶水，但不会在纸上打洞。蟑螂是杂食性动物，偏爱含大量淀粉和蛋白质的食物，会咬食书页、封面、粘结剂、皮革等材料，还会排泄分泌物污染纸张。蟑螂具有趋触性，喜欢让整个身体与周围物体保持接触，因此经常隐藏在非常细小的缝隙中。皮蠹可能损害皮革和羊毛制品，包括地毯，还可以以鸟类尸体和弃用鸟巢为食。有些种类的甲壳虫以花粉和花蜜为食，有些以人和动物脱落的毛发、皮肤细胞为食。尘螨，一种数量巨大但肉眼几乎看不到的昆虫，以人的头屑为食。还有些昆虫本身并不损害文献，但它们存在于文献保存环境中，可能会招致其他生物，给文献带来威胁。

所有昆虫在生命周期中都会经历外部形态、内部构造及生活习性的一系列变化，这一过程称为变态。不完全变态的昆虫要经历虫卵、若虫和成虫三个发育阶段，完全变态的昆虫要经历虫卵、幼虫、蛹、成虫四个阶段。对大多数昆虫来说，幼虫阶段对纸质文献的破坏性最强，在这个阶段昆虫需要大量进食，但也有特例，如书虱则是成虫阶段危害较大。

### （三）啮齿目动物对文献的影响

啮齿目动物生命力旺盛，繁殖力强，环境适应力强，几乎地球上任何地方都有它们的踪迹。它们生性狡猾多疑，喜欢黑暗、清静的环境，习惯夜间活动。文献保存环境通常比较安静，温差不大，光线较暗，是啮齿目动物理想的栖息地。

啮齿目动物通常有非常锐利的牙齿，终生保持生长，需要通过不断啮咬的动作将牙齿磨短。一旦有这种动物进入文献保存环境，文献、装具、家具、设备、电线甚至建筑本身都容易遭到破坏。

啮齿目动物还会在文献保存环境中到处觅食，随地排泄。各种分泌物如唾液、粪便等将严重污染文献，使字迹褪变、洇化，形成各种斑迹，难以清除。

## 第二节　温度与湿度的控制

### 一、文献保存环境温湿度的标准

环境温湿度的选择涉及文献保藏机构的地理位置、气候条件，文献的类型、使用方式，社会发展及经济水平等各方面因素，难以设立精确的标准。目前，对文献保存环境适宜的温湿度条件已达成以下三点共识。

第一，温度高于21 ℃，相对湿度大于55%～60%的环境容易滋生霉菌和昆虫，不宜保存文献。

第二，极端的温湿度条件对文献保存不利，应避免。相对湿度如果太高，文献表面容易生成酸性物质；而如果低于30%，则会造成纸张、羊皮纸、粘结剂、感光乳剂及其他材料的脆化。

第三，在保持稳定的前提下，温湿度在以上允许的范围内越低越好。

当然在实际选择时，还需要考虑一些其他的情况，如文献保存环境内工作人员及文献使用者的身体健康与舒适度，文献保护单位的经济条件，等等。

---

**知识点链接3－1**

**ANSI/NISO Z39.79—2001 Environmental Conditions for Exhibiting Library and Archival Materials（节选）**

4. Relative Humidity

……

4.2 Range

The relative humidity for the object's environment shall be set at a value (set point) between 35 and 50%, inclusive. The maximum acceptable total relative humidity variation or operating range shall be 5% on either side of the set point. The relative humidity therefore shall not go above 55% or below 30% RH.

……

5. Temperature

5.1 Set Point

The temperature of the object's environment shall be set at a value (set point) not to exceed 72 ℉ (21 ℃). For preservation purposes, cooler temperatures are recommended.

5.2 Range

A temperature range of 5 ℉ (3 ℃) on either side of the set point shall be the maximum acceptable total temperature variation. The temperature shall not go above 77 ℉.

---

**知识点链接 3－2**

## JGJ 38—1999 图书馆建筑设计规范（节选）

5.2 温度、湿度要求

5.2.1 基本书库的温度不宜低于 5 ℃和高于 30 ℃；相对湿度不宜小于 40%和大于 65%。……

5.2.2 特藏书库温度应保持在 12～24 ℃之间，日较差不应大于 ±2 ℃，相对湿度应为 45%～60%，日较差不应大于 10%。缩微胶片库的温、湿度应按胶片保存时间（长期、短期）、胶片性质（母片、拷贝片）胶片种类（黑白、彩色）、胶片类型（银盐醋酸片基、银盐聚酯片基）的不同分别确定；长期或永久保存的胶片库，温度应低于 20 ℃，中期保存的胶片库，温度不应超过 25 ℃，并应避免温度、湿度在短时间内周期性的剧烈变化。……

5.2.3 与特藏库毗邻的特藏阅览室，温度差不宜超过 ±2 ℃，湿度不宜超过 ±10%，为避免温、湿度的剧烈变化，两者之间应设缓冲间。

---

**知识点链接 3－3**

## JGJ 25—2010 档案馆建筑设计规范（节选）

5.2 温度、湿度要求

5.2.1 纸质档案库的温湿度要求应符合表 5.2.1 的规定。

**表 5.2.1 纸质档案库的温湿度要求**

| 用房名称 | 温度（℃） | 相对湿度（%） |
|---|---|---|
| 纸质档案库 | 14～24 | 45～60 |

5.2.2 特藏库、音像磁带库、胶片库等特殊档案库的温湿度要求应符合表 5.2.2 的要求。

**表 5.2.2　特殊档案库的温湿度要求**

| 用房名称 | | 温度（℃） | 相对湿度（%） |
|---|---|---|---|
| 特藏库 | | 14～20 | 45～55 |
| 音像磁带库 | | 14～24 | 40～60 |
| 胶片库 | 拷贝片 | 14～24 | 40～60 |
| | 母片 | 13～15 | 35～45 |

5.2.3　档案库在选定温、湿度后，每昼夜温度波动幅度不得大于 ±2 ℃、相对湿度波动幅度不得大于 ±5%。

5.2.4　部分技术用房和对外服务用房温湿度要求应符合表 5.2.4 的规定。

**表 5.2.4　特殊档案库的温湿度要求**

| 用房名称 | 温度（℃） | 相对湿度（%） |
|---|---|---|
| 裱糊室 | 18～28 | 50～70 |
| 保护技术试验室 | 18～28 | 40～60 |
| 复印室 | 18～28 | 50～65 |
| 音像档案阅览室 | 20～25 | 50～60 |
| 阅览室 | 18～28 | — |
| 展览厅 | 14～28 | 45～60 |
| 工作间（拍照、拷贝、校对、阅读） | 18～28 | 40～60 |

---

## 二、文献保存环境温湿度的监测

文献保存环境温湿度的监测是文献保藏机构最重要的基础工作之一。准确、详细的温湿度记录可以描述目前的环境条件，为选择安装温湿度调控设备提供依据，还可以监测调控设备是否正常、有效地运行。

用于测量温湿度的仪器种类繁多，主要分为两个类型：一类使用“快照式”测量方法，记录特定时刻的温湿度条件；另一类使用连续记录的方法，记录一段时期内温湿度条件的变化。具体选择哪种仪器，取决于不同单位的监测需求和经济能力。

### （一）“快照式”监测设备

1. 液体温度计

液体温度计利用玻璃管内液体受热膨胀、遇冷收缩的性质来测量温度。常用的有酒精温度计，测量范围为 -100～75 ℃；水银温度计，测量范围为 -30～700 ℃。

2. 湿度指示条或湿度指示色卡

湿度指示条有一次性的和可重复使用的，只能给出一个大概的湿度范围，一般用来指示极端高湿或低湿的环境。

3. 干湿球湿度计

普通干湿球湿度计可以测量出比较准确的温度和相对湿度，成本也不算太高，在文献保藏单位应用比较普遍。它是由两支相同的温度计平行地固定在一块木板或金属架上，其中一支暴露于空气中，用于测量空气温度，叫干球，另一支温度计的温包被保持湿润的纱布包裹，叫湿球（见图3－1）。

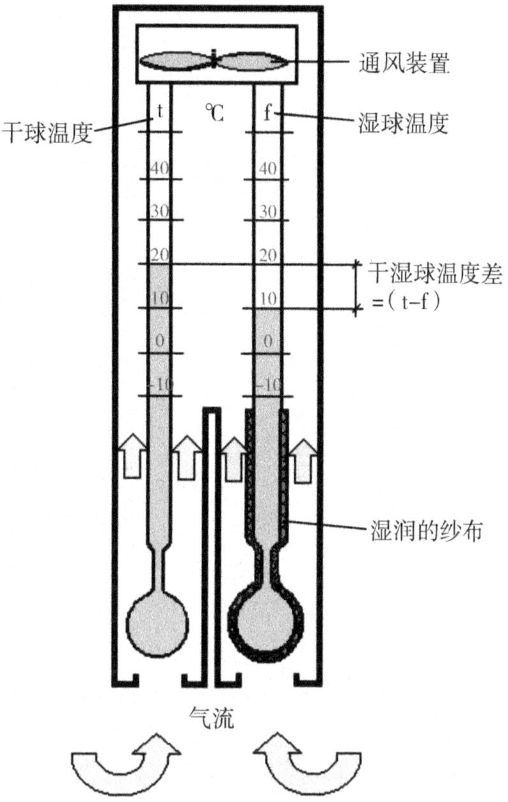

图3－1　干湿球湿度计

干湿球湿度计来回摆动，大约每秒旋转一次，这样测量数分钟后，可以得到一个准确的读数。湿球摆动时产生的气流对干球进行冷却，这样依据干球和湿球之间的温差可以计算出当时的相对湿度。

根据物理学原理，湿球纱布上的水分蒸发是一个吸收热量的汽化过程。在一定温度下，空气相对湿度越低，其吸湿能力越强，纱布上蒸发的水分越多，水分所带走的热量就越多，使得紧贴纱布的温包由于蒸发致冷引起的温度变化越大，干球和湿球的温差越大；反之，空气相对湿度越高时，干球和湿球的温差越小；当干湿球的温差为零时，环境的湿度为100%，这时的空气呈现饱和状态。根据干球和湿球温度的差值，按照一定的计算公式，就可以算出空气的相对湿度。风速及大气压强对空气相对湿度的测量有一定的影响，在一定大气压强下测量空气相对湿度，风速不同时，计算方法也不一样。

通风干湿球湿度计的结构及测量原理与普通干湿球湿度计基本相同，区别在于，通风干湿球湿度计利用机械装置进行通风，使流经温包周围的空气速度恒定在2米/秒以上。因为风速固定，计算得到的结果更加准确。

需要注意的是，因为包裹湿球温包的纱布需要时刻湿润，在气温低于0 ℃时，不宜使用干湿球湿度计。

4. 毛发湿度计

毛发湿度计由脱脂毛发、指针、刻度盘等部分构成。将单根毛发的一端固定于金属架上，另一端与杠杆相连，杠杆的另一端与记录针相连。毛发长度的改变将导致杠杆的改变，进而带动记录指针的读数发生变化，在刻度尺上指示出相应环境的湿度数值（见图3－2）。

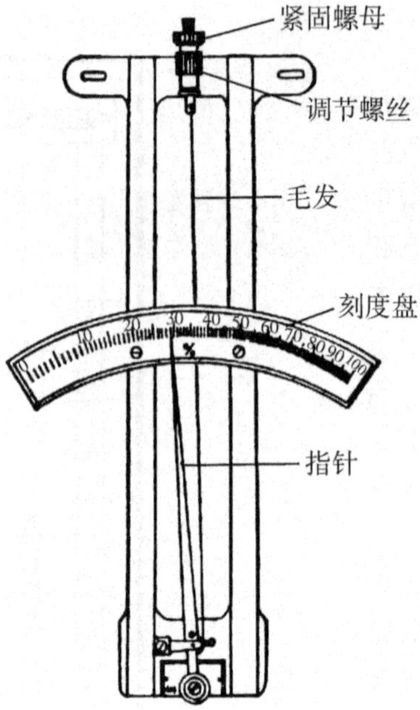


图 3-2　毛发湿度计

人的头发属于纤维组织，有许多毛细孔，内含色素、水分、空气等。经脱脂加工后，毛细孔与大气直接相通，当空气湿度小时，毛细孔内水分减少，纤维组织收缩，毛发缩短；当空气湿度大时，毛细孔内水分增多，纤维组织膨胀，毛发伸长；当空气湿度为100%时，毛细孔中充满了水分，变得平直，毛发达到最大长度。这样，环境湿度的变化直接导致毛发长度的改变，通过毛发的伸缩就可以在刻度尺上得到相应的湿度值。

毛发湿度计一般内置双金属片，可以同时测量温度，测温下限可达 -30 ℃，误差在 ±1% 之内；测湿范围为30%～100%，误差不超过 ±5%。毛发湿度计构造简单，使用方便，但需要定期校验，精度较低；毛发使用一定时间后弹性减弱，影响测量准确度，需要及时更换。

5. 电子温湿度计

电子温湿度计使用校准传感器来测量环境温度和已知温度下的相对湿度。多数电子温湿度计使用液晶显示屏，可以同时显示环境温度和相对湿度。这种设备准确性相对较好，也易于使用，但比较低端的型号在测量时仍然会有 ±3%～5% 的湿度差，而且对于相对湿度的变化需要几分钟的反应时间。电子温湿度计应定期进行校准。

如果使用“快照式”设备，对温湿度的测量应在每天同一时间、同一地点进行，这样测量出的结果才具有可比性。而且基于快照式读数的监测设备都面临同样的问题，只能提供一个对环境粗略的描述，因为它们依赖于人工监测，每次只能测量一时一地的温湿度情况，而在午夜、周末、假日等最有可能出现极端温湿度条件的时间，很可能无法测量数据，更难提供 24 小时内温湿度变化速度及频率等关键信息。

### （二）连续监测设备

1. 双金属自记温度计

双金属自记温度计由传动系统和自动记录部分构成。

将膨胀系数不同的两块金属片焊接在一起便成为一个双金属片。当外界温度发生变化时，双金属片由于各自膨胀系数不同，会产生不同程度的弯曲。将双金属片的一端固定，另一端就会随着温度的变化产生移动，移动距离与温度变化程度一致。在双金属片自由端连一杠杆，并在杠杆的一端连接指针，就构成了双金属自记温度计的传动系统（见图3－3）。

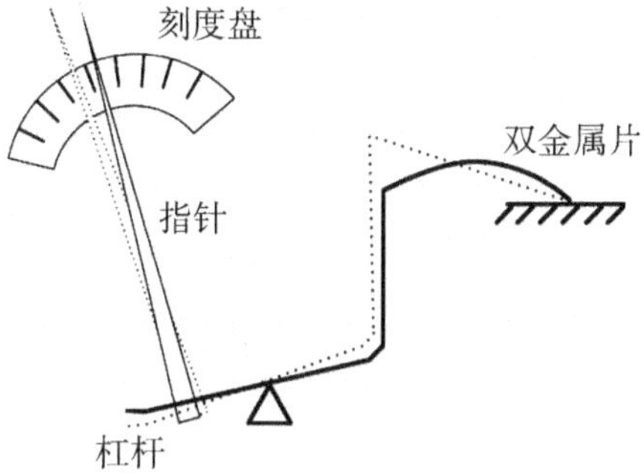


图3－3　双金属自记温度计传动系统

自动记录部分内装有记时部件，随着记时部件的运行，温度计的记录筒围绕固定主轴匀速旋转，指针便在记录纸上记录气温变化情况。记录速度可以根据需要调节，能够用来绘制每日或每周的图表，记录最详细的温湿度信息。如果没有条件频繁更换图纸，也可以使用月记图表。

2. 自记毛发温湿度计

自记毛发温湿度计由感应部分、传动部分、自动记录部分、外壳构成。感应部分是一束脱脂毛发，传动部分由弧片、重锤等组成，自动记录部分与双金属自记温度计相同。自记毛发温湿度计通常内置双金属温度计以同步测量温度（见图3－4）。

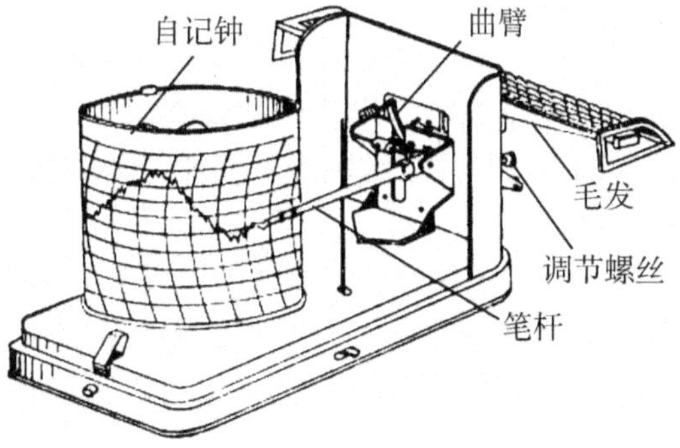


图3－4　自记毛发温湿度计

环境湿度的变化会引起毛发长度的变化，带动弧片等传动装置，使记录笔随之移动，随着记时部件运行，在记录筒上记录下一定时间内湿度的连续变化情况。

如果条件有限，可以使用同一台设备对多个空间进行监测，但每一次测量至少要在同一地点持续两周时间，才能真正记录下气温的变化情况。

自记式温湿度计需要加盖防尘，并按照说明书的要求定期清洁。仪器在每次使用之前，必须依照通风干湿球湿度计或性能良好的电子温湿度计来校准。毛发束需要定期润湿，3～5 年更换一次。

3. 数字温湿度记录仪

数字温湿度记录仪使用电子传感器和计算机芯片，按照用户设置的间隔时间记录温湿度。记录下的数据可以通过数据线传输到计算机里，使用配套软件生成图表，以显示温湿度条件的变化，省却了人工绘制图表进行分析的步骤。

数字温湿度记录仪其实并不能像自记毛发温湿度计那样连续不断地进行测量，每次测量的间隔时间可以设置成几秒钟到几小时不等。测量次数越频繁，就需要占用越多的存储空间，也需要更频繁地下载数据，消耗更多人力成本。因此，在设置数字温湿度记录仪时，应仔细考虑测量需求，设置最合适的测量频率和数据传送频率。

数字温湿度记录仪需要定期校准，测湿准确度大概在 ±3% 的范围内，但在湿度下降时，传感器可能需要 4～5 分钟的反应时间，记录相应会有一定延时，如果测量频率较高，可能会造成误差。

在选择温湿度监测设备时，应仔细考虑对设备的具体需求。例如，需要通过监测设备获取的信息类型；设备可以测量的温湿度范围，可以达到的精确度；设备使用及维护所需要的人力，正常运行所需的动力；等等。

完善的监测程序除了选择合适的设备之外，还需要有详尽的书面计划，内容包括信息的采集和仪器的维护，还应明确监测的空间范围、测量频率、具体步骤、负责人和监测记录的格式。

如果使用“快照式”监测仪进行人工监测，应将测量范围最大化，也就是在环境条件极端值可能出现的时候进行测量。在实际应用中，对一般文献保藏机构来说，应在早上开馆、中午、晚上闭馆这几个时间点进行测量。如果使用自动记录仪，应注意安装在合适的地点，以便测量到最典型的环境条件。温湿度监测仪器一般必须安装在地面以上，远离门窗、通风口及温湿度调控设备。

在温湿度监测结果的记录中，每一张记录图表都应标出测量的具体地点、时间和测量者。如果测量前调试过机器，还需要标示出相应的校准信息（日期、时间、更改内容）。应定期将温湿度仪记录下的信息转换成连续图表，直观地显示出最高值和最低值、波动大小及波动频率，以便阐释这些信息。

在保留监测结果的同时，还应该保留关于当地天气情况（依据气象部门提供的信息）和特殊事件（如展览开幕，大量参观者涌入改变环境温湿度条件，或是供暖设备、空调系统出现故障）的记录，与温湿度监测设备的记录相对照，这样能够更好地解释记录中出现的环境条件的变化。

## 三、文献保藏机构建筑围护结构的设计

围护结构是指建筑及房间各面的围挡物，包括屋顶、墙壁、窗户、地面等。建筑围护结构使文献隔绝于外部空间，起到控制温湿度、抵御不利环境影响的作用。

### （一）围护结构的隔热

热量的传递一般通过辐射、对流、传导这三种形式进行，建筑物的传热是这三种方式共同作用的结果。热辐射指的是热量以电磁辐射的形式进行传递，是远距离传热的主要方式，太阳的热量就是以热辐射的形式进行传递的。热对流是指热量通过流动介质进行传递的方式，对流交换热量的大小与流体的速度、流体导热系数、固体表面光滑程度等因素有关。热传导指热量在物体内部由高温部分向低温部分传递，或是由高温物体向与其接触的低温物体传递的方式。不同物质的热传递能力不同，热传递能力的大小用导热系数（λ）表示，单位为瓦/（米·度）[W/(m·K)]。在稳定传热条件下，1 米厚的材料，两侧表面的温差为 1 度（K 或 ℃）时，在 1 秒内，通过 1 平方米面积传递的热量就是 1W/(m·K)。各种材料的导热系数不同，且与环境温度、湿度等因素相关。单位时间内的导热量与物体的截面积和温差成正比，与物体的厚度成反比。

---

**知识点链接 3－4**

**部分建筑材料常温下导热系数**

| 类　别 | 名　称 | 导热系数 [W/(m·K)] |
|---|---|---|
| 砖和砌体 | 灰砂砖 | 0.430～0.790 |
| | 炉渣砖 | 0.546 |
| | 土坯砖 | 0.581 |
| | 矿渣砖 | 0.476～0.720 |
| | 天然石砌体 | 3.196 |
| 混凝土类 | 泡沫混凝土 | 0.077～0.291 |
| | 加气混凝土 | 0.151～0.302 |
| | 大颗粒珍珠岩混凝土 | 0.221～0.604 |
| | 钢筋混凝土 | 1.545～1.627 |
| 保温材料 | 蛭石材料 | 0.073～0.279 |
| | 珍珠岩 | 0.042～0.184 |
| | 水泥珍珠岩 | 0.058～0.349 |
| | 玻璃棉 | 0.031～0.058 |
| | 矿棉 | 0.042～0.116 |
| 玻璃 | 有机玻璃 | 0.198 |
| | 平板玻璃 | 0.755 |
| 砂浆 | 石灰砂浆 | 0.813 |
| | 水泥砂浆 | 0.999 |

续上表

| 类　别 | 名　称 | 导热系数［W/(m·K)］ |
|---|---|---|
| 砂、土壤、岩石 | 石英砂 | 0.209 |
| | 细砂 | 0.256 |
| | 石灰岩 | 0.930～2.150 |
| | 大理石、花岗岩、玄武岩 | 3.486 |
| 石膏制品 | 泡沫石膏 | 0.256 |
| | 石膏锯末 | 0.256～0.325 |
| | 石膏板 | 0.302～0.407 |
| 其他 | 木纤维板 | 0.070～0.337 |
| | 膨珠 | 0.221 |
| | 铝（0 ℃） | 202.769 |
| | 建筑钢 | 58.100 |
| | 空气（0 ℃） | 0.024 |
| | 水（0 ℃） | 0.546 |
| | 泡沫氧化铝 | 0.256 |

资料来源：周辉，钱美丽，冯金秋，等. 建筑材料热物理性能与数据手册. 北京：中国建筑工业出版社，2010：77－169.

建筑围护结构传热过程包括感热、传导、散热三个阶段。在感热阶段，建筑物表面通过辐射、对流的方式从周围环境中接受热量；在传导阶段，热量由建筑高温部分传向低温部分；在散热阶段，热量再以辐射、对流的方式从建筑物表面散发到周围环境中。

在一天24小时的周期中，建筑物室外温度受太阳辐射的影响，随着时间波动，建筑围护结构的传热方向、热流量也随着日夜交替而不断变换。同样，围护结构传热方向及热流量也会受季节变化、室内温度调节等因素的影响。做好建筑围护结构的隔热处理，尽量减少室内外热交换流量，有助于保持建筑物室内温湿度的稳定，也可以达到节能的目的。

1. 屋顶隔热

普通建筑物屋顶有平顶式和人字形两种。从传热过程及特点来看，人字形屋顶接受太阳照射的时间比平顶式屋顶更短，强度也较弱，所以人字形屋顶的隔热效果一般比较好。

除了外形的选择以外，在设计文献保护建筑屋顶结构时采取一定的隔热措施，也有助于降低室内温度。目前采用的屋顶隔热结构有实体材料隔热和空气间层隔热两种。实体材料隔热屋顶是利用在屋顶中铺设多层导热系数较小的隔热材料，如泡沫混凝土、石棉、膨胀珍珠岩混凝土等，以达到延缓热传导效应的目的。空气间层隔热屋顶则在屋顶铺设的隔热材料中内设空气间层，巧妙地将空气作为一种隔热材料来利用，实际上达到双层屋顶的效果，比实体材料隔热屋顶隔热效果更好，同时还能减轻屋顶的重量，节省建筑材料，也易于维修。

对于空气间层隔热屋顶，还可以通过一些途径以提高其隔热性能，例如，在双层屋顶上开设通风洞保持空气流通，将间层分隔为两个空气层以加大热阻，在间层表面采用色浅光滑的材料以反射阳光，在间层内铺设隔热材料，等等。

2. 外墙隔热

利用外墙实现隔热效果的原理及方法与屋顶隔热类似，采用的方法主要有以下三种。

（1）加厚墙体。墙体的导热量与材料的厚度成反比，材料越厚，热阻越大，导热量越小。

（2）使用隔热材料。直接使用隔热材料建造建筑外墙或是将隔热材料填充在黏土砖之间，都有助于提高墙体的隔热性能。

（3）内设空气间层。在两层墙体之间内设空气间层也可以起到隔热作用。

另外，设置环绕库房的封闭式走廊，或是在外墙周边种植植被也可以起到一定的隔热效果。

无论使用哪种外墙，都应在墙体表面使用色浅光滑的材料以反射阳光，减少热辐射带来的影响。

3. 门窗隔热

门窗是建筑围护结构的薄弱环节，室内外的空气在门窗打开时可以直接对流，太阳辐射热也会透过窗户玻璃影响室内温度，因此，设计围护结构时也应做好门窗的隔热措施。

首先，文献保存库房的门窗数量应尽可能减少，面积也应有一定限制，满足库房通风需求即可。其次，门窗以双层为宜，要求密封性好，窗外应采取适当的遮阳措施。有条件时可使用全封闭的无窗库房来保存重要文献，使库房内的空气长期处于比较稳定的状态。

### （二）围护结构的防潮

雨水通过屋顶和外墙渗透，地下水通过地面和墙体蒸发，潮湿空气通过门窗缝隙入侵，都是造成库房潮湿的原因。因此，库房围护结构防潮主要包括屋顶、外墙、地面、门窗的防水防潮。

1. 屋顶防潮

平顶式屋顶可以在屋面铺设防水材料。防水材料分为卷材防水结构和刚性防水结构两种。卷材防水结构使用沥青和油毡交替黏合作为防水层，防水性能好，但易随时间老化，需要定期更换。刚性防水结构以防水砂浆抹面或由混凝土浇铸而成，耐久性好，便于维修，但柔韧性稍差。

人字形屋顶坡度较大，本身不易积水。可以采用具有防水性能的屋顶构件，通过合理设计，利用屋顶坡度及时排除雨水，达到防水效果。使用得比较普遍的屋顶防水构件有槽瓦、小青瓦等。构件自防水屋顶具有自重轻、构造简单、节约材料、施工方便、易于维修等优点。

2. 外墙防潮

雨水浸湿外墙后，有可能向墙内面渗透，影响室内湿度。为了防止雨水透过灰缝渗透入墙体，可以在墙体外表面的灰缝处用较密实的 1∶1 或 1∶2 的水泥砂浆勾缝，整个外表面以 1.0～1.5 厘米厚的水泥砂浆或防水砂浆涂抹，以减少墙体毛细渗透现象。

另外，外墙与地面接近的部位称为勒脚，勒脚部位受到房檐滴水或地面雨雪的浸溅，还会受到基础墙所吸收土壤中水分的影响，需要做好防潮措施。可以采取的措施有：适当加厚勒脚部位墙体，外抹 1∶3 水泥砂浆；沿外墙周围设一定宽度的散水坡和排水沟，将雨水引离外墙；在外墙中设置防潮层，防止土壤中的水分从基础墙上升；设内走廊，实际上形成双层墙体，减小室外潮湿空气和雨雪对库房内部湿度的影响。

3. 地面防潮

地上库房地面防潮最理想的做法是设置架空层，即在地面的基层和面层之间留出一定空间，使地下水不能直接通过地面影响库房内部湿度。架空层上部地面宜涂抹防水材料，基层地面也应进行一定的防潮处理。

地下库房的地面和部分墙壁处于地下水位以下，地下水可能通过毛细作用、渗透作用、侵蚀作用等各种途径影响库房内部湿度。在设计地下库房防水防潮结构时，应考虑地下水活动规律，采用排水与防潮设计相结合的方法，使用卷材防水、外抹防水、混凝土构件自防水等方法制作防水层，提高地下库房地面与墙体的防潮性能。

4. 门窗防潮

尽量减少文献保护库房门窗的数量和面积，提高门窗密封性，有助于减缓室外潮湿空气和雨水对库房内温度的影响。

---

**案例学习** 3－1

## “金匮石室”——皇史宬的围护结构

西周时我国就已经有了石室金匮之制。金匮，即用金质的绳索捆束的匣子，内存古代国家秘藏重要文书，放置于石室。这种制度，在皇史宬的建筑过程中得到进一步的体现和诠释。《汉书·高帝本纪》中记载：“丹书铁契，金匮石室，藏之宗庙”，“以金为匮，以石为室，重缄封之，保慎之义”。《史记·太史公自序》里也记载道：“紬史记石室金匮之书。”在皇史宬内，正殿不用木植，全为整石雕砌（砖只是装饰），整个殿身为无梁建筑，墙壁专门有特殊的厚度（南北墙 6 米，东西墙 3 米）。地面筑有 1.42 米高的石台，其上排列着 150 余个外包铜皮雕龙的樟木大柜，即为“金匮”。整个建筑设计完美，功能完善，装具工艺考究，华丽实用，不仅能防光、防火、防潮、防虫、防霉，而且冬暖夏凉，温湿度易于控制，非常适合保存档案文献。……

……

任何一个档案库房，在保存保管档案时必须考虑“九防”，即防潮、防高温、防光、防虫、防尘、防有害气体、防火、防震、防盗。作为专门保存皇家档案的皇史宬，在其建筑风格上，也较突出地显示了保护档案的专业性和优越性。

1. 正殿不用木植，全为整石雕砌。这是数次火灾给封建统治者上的一课，熊熊大火将历代珍品付之一炬，封建统治的根基也在大火中变得脆化。全部采用砖石结构之后，对我国古代档案毁灭最直接的大火将难以肆虐，而且，砖石坚固硬实，防震效果明显，使得皇史宬历经几百年沧桑仍岿然屹立在中华大地。

2. 墙壁特殊的厚度是控制库房内温度的重要保障。太阳辐射热和气温是档案库房围护结构外表的两个主要热源，由于物体内部存在着导热现象，所以当室外温度较高时，库房内的温度也会随之升高。相对于在库房内安装空气调节设备等技术手段，利用热阻增加墙壁厚度，既节约又环保。根据热阻公式：$R=\delta/\lambda$ [其中，$\delta$ 是材料的厚度（单位：m），$\lambda$ 是材料的导热系数 [单位：W/（m·K）]，R 是材料的热阻（单位：$m^2$·K/W）]，实心砖的导热系数约为 1.1 W/（m·K），因此，3 米厚的砖墙热阻为 2.727 $m^2$·K/W，而 6 米厚的墙砖热阻为 5.455 $m^2$·K/W，分别是普通墙壁（30 厘米厚）热阻的 10 倍和 20 倍。这样，通过超厚的墙壁，外部温差的变化对室温的影响就微不足道了，而室温也可以常年控制在（15～23）℃ ±2 ℃之间。

3. 地面筑有 1 米多高的石台，其上放置金匮。金匮作为档案柜直接存放档案，离地 1 米多高，可有效防止地面潮湿给档案带来的影响；金匮厚重，且处于锁闭状态，可有效防止档案失窃；这样封闭保存还有助于防止虫咬鼠噬等直接毁坏档案现象的发生。

4. 顶部和门户的设置。皇史宬屋顶呈拱形，这样就避免了应力集中，增加了屋顶强度；根据数学原理，同周长的几何形状，圆面的面积最大，因此，在同样材质的情况下，拱形屋顶能最大限度地利用空间，便于通风，调节室温；此外，五道门的设计也保证了档案运送的方便和多样。

资料来源：王立权. 从皇史宬的建造看明清档案保护工作特点. 广东档案，2009（5）：15－16.

## 四、文献保存环境温湿度的调控

采用合适的温湿度调控方法，使文献保存环境维持在标准范围内，可以有效地延缓文献载体材料的变质。温湿度调控方法包括密闭、通风、使用专门温湿度调节设备等。

密闭的目的是减少外界环境的影响，尽量使适宜文献保存的温湿度环境处于相对稳定的状态。可以从库房、装具、单册文献等层次做到不同程度的密闭。首先应做好文献保藏机构建筑的维护工作，一旦发现裂缝必须尽快修复。建筑对外的门窗需要安装挡风雨条，平时应保持关闭状态，使建筑内部与外部环境隔离。在北方严寒地区，需要时应使用塑料板或胶带从建筑内部将窗户密封，尤其是在专门的文献存贮区域，可以使用板材及塑料进行双重密封。为了防止人员出入时带入潮湿空气，可以在库房门口设置一个过渡空间，过渡间与内外空间之间分别以门帘相隔，在库房门的上方安装排风扇或气幕防潮装置。部分利用率低或特别珍贵的文献，可以用箱柜密闭保存，将装具的缝隙密封，隔绝外界空气。也可以将某些文献单独装进特殊材料制成的透气性极弱的袋子并密封。

通风与密闭正好相反，是指有计划地通过空气流动，促进空气交换，以达到调节环境温湿度的目的。通风可以分为自然通风和机械通风，在不同情况下，可以起到增温、减温、增湿、减湿等具体效果。

专门的温湿度调节设备种类繁多，包括简单的单机式空调、加湿器、除湿机以及多功能的楼宇中央空调系统，可以根据实际情况，在专业人员指导下选择安装。

采取温湿度调控措施时必须意识到，温度和相对湿度是密切相关的，改变其中一个因素时，有可能会打破其他重要因素之间的平衡，需要采取相应的补救措施。例如，冬季使用中央供暖系统会明显地降低环境相对湿度，如果有条件，应使用蒸汽加湿器增湿，蒸汽来源必须保证洁净并独立于其他系统；但大多数蒸汽或热水加热系统中使用了抗腐蚀的化学药品以防止管道被腐蚀，如果这些化学药品被排放到空气中，对工作人员和馆藏文献都会造成损害。因此，在对温湿度进行调节前，应通过监测记录了解清楚现有的情况，并遵循专业人员的建议；而温湿度条件改变后，也应继续保持监测。

另外，在进行温湿度调控时，必须考虑建筑物本身的承受能力。间隔不好的、历史性的或是一些砖木结构的建筑可能会在安装中央供暖或湿度控制系统时遭到破坏。如果遇到此种情况，需要事先对建筑物进行改造，或是干脆将藏品迁移到适合保存的地方。

当然，温湿度调控也需要考虑成本，将温湿度条件尽可能稳定地控制在理想范围内。恒温恒湿是文献保护最理想的状态，温湿度调控设备一旦启用，使温湿度条件达到文献保护标准后，就应保持稳定，即使在夜晚、周末或其他不开放的时间，也都不应关闭设备或改变设置。如果设备开关频繁或经常变动设置，会引起温湿度急剧的反复变化，非常不利于文献的保存。在某些地区，文献保藏机构在冬季由于严寒等原因必须暂时关闭。这种情况下，文献面临的最大风险并不是低温，而是由于建筑隔热性、密封性差，可能带来温湿度的频繁波动。维持稳定的环境条件相当困难且花费昂贵，尤其是在北方地区，既要经历炎热、潮湿的夏天，又要经历寒冷、干燥的冬天。因此，随着季节更替，可以允许环境温度和相对湿度在一定范围内逐步调整，但每 24 小时内的波动幅度仍然需要控制。为了准确地跟踪了解这些变化，必须对环境进行仔细监测。

---

**知识点链接** 3－5

## JGJ 38—1999 图书馆建筑设计规范（节选）

7.2　采暖、通风、空气调节

7.2.1　图书馆设置采暖或空气调节系统时，室内温度、湿度设计参数应分别符合表 7.2.1－1 及表 7.2.1－2 的规定。

**表 7.2.1－1　（采暖地区）图书馆各种用房冬季采暖室内设计温度**

<table>
<tr><th>房 间 名 称</th><th>冬季采暖室内计算温度（℃）</th></tr>
<tr><td>少年儿童阅览室</td><td>18～20</td></tr>
<tr><td>阅览室</td><td rowspan="7">18</td></tr>
<tr><td>珍善本书、舆图阅览室</td></tr>
<tr><td>开架书库</td></tr>
<tr><td>缩微阅览室</td></tr>
<tr><td>研究室</td></tr>
<tr><td>电子阅览室</td></tr>
<tr><td>目录、出纳厅（室）</td><td rowspan="4">16～18</td></tr>
<tr><td>会议室</td></tr>
<tr><td>视听室</td></tr>
<tr><td>内部业务办公室</td></tr>
</table>

续上表

<table>
<tr><th>房间名称</th><th>冬季采暖室内计算温度（℃）</th></tr>
<tr><td>装裱修整间</td><td rowspan="5">16～18</td></tr>
<tr><td>复印间</td></tr>
<tr><td>陈列室</td></tr>
<tr><td>读者休息室</td></tr>
<tr><td>门厅、走廊、楼梯间</td></tr>
<tr><td>报告厅（多功能厅）</td><td rowspan="4">14～16</td></tr>
<tr><td>陈列室</td></tr>
<tr><td>书库</td></tr>
<tr><td>厕所</td></tr>
<tr><td>其他</td><td>—</td></tr>
</table>

**表 7.2.1－2　图书馆室内空气调节设计参数**

<table>
<tr><th colspan="3" rowspan="2">房间名称</th><th rowspan="2">材　质</th><th colspan="2">干球温度（℃）</th><th colspan="2">相对湿度（%）</th><th colspan="2">风速 m/s</th></tr>
<tr><th>冬</th><th>夏</th><th>冬</th><th>夏</th><th>冬</th><th>夏</th></tr>
<tr><td rowspan="11">特藏库</td><td colspan="2">舆图、珍善本书库</td><td></td><td colspan="2">12～24±2</td><td colspan="2">45～60</td><td>—</td><td>—</td></tr>
<tr><td rowspan="10">缩微资料库</td><td rowspan="2">母片及永久保存库（长期保存环境）</td><td>银盐醋酸片基</td><td colspan="2">≤20</td><td colspan="2">15～40</td><td>—</td><td>—</td></tr>
<tr><td>银盐醋酸片基</td><td colspan="2">≤20</td><td colspan="2">30～40</td><td>—</td><td>—</td></tr>
<tr><td rowspan="2">一般胶片库（中期保存环境）</td><td>银盐醋酸片基</td><td colspan="2">≤25</td><td colspan="2">15～60</td><td>—</td><td>—</td></tr>
<tr><td>银盐醋酸片基</td><td colspan="2">≤25</td><td colspan="2">30～60</td><td>—</td><td>—</td></tr>
<tr><td rowspan="2">彩色胶片库（长期保存环境）</td><td>银盐醋酸片基</td><td colspan="2">≤2</td><td colspan="2">15～30</td><td>—</td><td>—</td></tr>
<tr><td>银盐醋酸片基</td><td colspan="2">≤2</td><td colspan="2">25～30</td><td>—</td><td>—</td></tr>
<tr><td rowspan="2">彩色胶片库（短期保存环境）</td><td>银盐醋酸片基</td><td colspan="2">≤10</td><td colspan="2">15～60</td><td>—</td><td>—</td></tr>
<tr><td>银盐醋酸片基</td><td colspan="2">≤10</td><td colspan="2">25～60</td><td>—</td><td>—</td></tr>
<tr><td>唱片、光盘库</td><td></td><td colspan="2">≤10</td><td colspan="2">40～60</td><td>—</td><td>—</td></tr>
<tr><td>磁带库</td><td>醋酸、聚酯</td><td colspan="2">≤10</td><td colspan="2">40～60</td><td>—</td><td>—</td></tr>
<tr><td colspan="3">少年儿童阅览室</td><td></td><td>18～20</td><td>24～28</td><td>40～60</td><td>40～65</td><td><0.2</td><td><0.3</td></tr>
<tr><td colspan="3">普通阅览室</td><td></td><td>18～20</td><td>24～28</td><td>40～60</td><td>40～65</td><td><0.2</td><td><0.3</td></tr>
<tr><td colspan="3">装裱整修</td><td></td><td>18～20</td><td>24～28</td><td>40～60</td><td>40～65</td><td><0.2</td><td><0.3</td></tr>
<tr><td colspan="3">研究室</td><td></td><td>18～20</td><td>24～28</td><td>40～60</td><td>40～65</td><td><0.2</td><td><0.3</td></tr>
<tr><td colspan="3">目录厅、出纳厅</td><td></td><td>18～20</td><td>24～28</td><td>40～60</td><td>40～65</td><td><0.2</td><td><0.3</td></tr>
</table>

续上表

| 房间名称 | 材质 | 干球温度（℃） | | 相对湿度（%） | | 风速 m/s | |
|---|---|---|---|---|---|---|---|
| | | 冬 | 夏 | 冬 | 夏 | 冬 | 夏 |
| 视听室 | | 18～20 | 24～28 | 40～60 | 40～65 | <0.2 | <0.3 |
| 报告厅 | | 18～20 | 24～28 | 40～60 | 40～65 | <0.2 | <0.3 |
| 美工室 | | 18～20 | 24～28 | 40～60 | 40～65 | <0.2 | <0.3 |
| 会议室 | | 18～20 | 24～28 | 40～60 | 40～65 | <0.2 | <0.3 |
| 缩微阅览室 | | 18～20 | 24～28 | 40～60 | 40～65 | <0.2 | <0.3 |
| 电子阅览室 | | 18～20 | 24～28 | 40～60 | 40～65 | <0.2 | <0.3 |
| 普通书库 | | 18～20 | 24～28 | 40～60 | 40～65 | <0.2 | <0.3 |
| 公共活动空间 | | 18～20 | 24～28 | 40～60 | 40～65 | <0.2 | <0.3 |
| 内部业务办公 | | 18～20 | 24～28 | 40～60 | 40～65 | <0.2 | <0.3 |
| 电子计算机房 | | 18～20 | 24～28 | 40～60 | 40～65 | <0.2 | <0.3 |

7.2.2　书库集中采暖时，热媒宜采用温度低于100 ℃的热水，管道及散热器应采取可靠措施，严禁渗漏。

7.2.3　空气调节设备应有专门的机房，其位置远离阅览区。机房门应为乙级防火门，风管进入书库时应设防火阀门。

7.2.4　馆内各种用房应有自然通风，阅览室应采取建筑措施或机械排风设备，在冬季门窗关闭情况下，满足室内通风换气的需要。

7.2.5　书库无空气调节系统时，应设机械通风设备。当地空气污染超标时，应有净化措施。

7.2.6　特藏库、缩微复制间的送风系统导入空气应进行净化处理。

7.2.7　书库、阅览室应保持气流均匀；采用机械通风时，阅览空间与工作空间的空气流速不应大于0.5 m/s。

7.2.8　馆内各种用房通风、换气设计参数应符合表7.2.8的规定。

**表7.2.8　图书馆各种用房通风换气次数**

| 房间名称 | 通风换气次数（次/小时） |
|---|---|
| 陈列室 | 1～2 |
| 研究室 | |
| 目录、出纳厅（室） | |
| 缩微照相室 | |
| 普通阅览室 | 1～2 |
| 内部业务用房 | |

续上表

| 房间名称 | 通风换气次数（次/小时） |
|---|---|
| 报告厅 | 2 |
| 视听室 | |
| 珍善本书、舆图阅览室 | |
| 缩微阅览室 | 2 |
| 装裱修整间 | |
| 会议室 | |
| 书库 | 1～3 |
| 少年儿童阅览室 | |
| 读者休息室 | 3～5 |
| 复印室 | 5～10 |
| 消毒室 | |
| 厕所 | |

注：1. 普通阅览室和内部业务用房，寒冷地区冬季宜设机械通风装置；

2. 书库和少年阅览室炎热地区书库宜设机械通风，高温季节每小时宜换气3次；梅雨季节窗应严密关闭；

3. 复印室、消毒室和厕所应设机械通风。

# 第三节　光照的控制

## 一、光照条件的监测

光照对文献的破坏程度取决于光照强度和光照时间两个因素。这两个因素之间存在一个相互作用定律，也就是说，短时间暴露于强光中，与长期暴露在低强度照明中，对文献造成的损害相当。

根据相互作用定律，在文献保存环境中可以依据对不同文献的不同需求，从不同的途径进行光照控制，在文献利用与保护之间寻找最可行的折中方案。

### （一）光照强度的测量

光照强度水平可以用照度这个参数来衡量。照度指的是物体表面单位面积入射的光通量，单位为勒克斯（lx）。

光照强度可以用光计量仪来测量。测量时，将光计量仪放置于文献表面，与文献迎光的角度保持一致，可以得到比较准确的照度。如果没有条件使用光计量仪，可以使用35毫米镜头的单反相机，通过其内置的曝光表测量出大致的光照强度。

光计量仪测量的仅仅是光照的强度，还需要使用紫外计量仪才能测量出其中的紫外光含量。紫外光用微瓦/流明（μW/l）来度量。

---

**知识点链接3－6**

## 利用单反相机测量光照强度

测量器材：

35毫米镜头单反相机，白板1块（30 cm×40 cm）

测量方法：

将白板放置于测量地点，迎光角度与文献一致。将相机的ASA/ISO感光度标准设置为800，快门速度设置为1/60秒。将相机镜头对准白板并尽可能靠近，使白板填满整个视野，但要注意不能让相机在白板上投下阴影。调节光圈直至曝光表显示曝光正确，记录下此时的光圈设置。

测量结果：

按照下表，可以从光圈设置读数计算出大致的光照强度。

**35毫米镜头单反相机光圈设置与光照强度对照表**

| 光圈设置 | 光照强度（lx） |
|---|---|
| F4 | 50 |
| F5.6 | 100 |
| F8 | 200 |
| F11 | 400 |
| F16 | 800 |

资料来源：Canadian Conservation Institute. CCI Notes 2/5: Using a Camera to Measure Light Levels. [2012－03－02]. http://www.cci－icc.gc.ca/publications/notes/2－5－eng.aspx.

---

### （二）光照强度的标准

文献保存环境中，紫外光强度的标准应控制在75 μW/l以下。任何紫外强度超过这个标准的光源，都必须接受紫外光过滤。

而对可见光的控制则比较灵活，一般来说，文献保护界的共识是对感光材料（包括纸张）的照度应控制在55 lx（勒克斯）以下，非感光材料控制在165 lx以下。但这个标准仍有一定争议，各文献保藏机构建立具体照明标准时，可以依据文献利用与保护的不同需求，对不同场所采用不同的标准。

知识点链接 3－7

## JGJ 38—1999 图书馆建筑设计规范（节选）

7.3　建筑电气

……

7.3.2　图书馆各种用房人工照明设计标准应符合表 7.3.2 的规定。

表 7.3.2　人工照明照度标准

| 房间名称 | 照度标准（lx） | 参考平面及其高度（m） |
|---|---|---|
| 老年人阅览室 | 200～500 | 0.75（水平） |
| 少年儿童阅览室 | | |
| 珍善本、舆图阅览室 | | |
| 光盘检索室 | 150～300 | 0.75（水平） |
| 普通阅览室 | | |
| 装裱修整间 | 150～300 | 0.75（水平） |
| 美工室 | | |
| 研究室 | | |
| 内部业务办公室 | 75～150 | 0.75（水平） |
| 陈列室 | | |
| 目录厅（室） | | |
| 出纳厅（室） | | |
| 视听室 | | |
| 报告室 | | |
| 缩微阅览室 | | |
| 会议室 | | |
| 读者休息室 | 50～100 | 0.75（水平） |
| 开敞式运输传送设备 | | |
| 电子阅览室 | | |
| 书库 | 20～50（垂直照度） | 0.25（垂直面） |
| 门厅、走廊、楼梯间、厕所等 | 30～75 | 地面 |

注：1. 专业阅览、珍善本和舆图阅览可设局部照明；
2. 陈列室应设局部照明；
3. 缩微阅览室的环境亮度与缩微阅读器屏幕亮度比宜为 1:3；
4. 开架书库设有研究厢的，应设局部照明。

### （三）光照破坏力的评估

一定强度一定时间的光照对文献所造成的损害是可以评估的，可以使用ISO蓝色羊毛标准和加拿大文物保护协会（Canadian Conservation Institute，CCI）的光损害计算尺（light-damage slide rule）来测量。

蓝色羊毛标准包括8片染成蓝色的羊毛样品。1号样品对光极度敏感，褪色最严重，2号样品的褪色时间是1号样品的两倍，3号样品的褪色时间是2号样品的两倍，以此类推，而8号样品则采用了最稳定的染色方法，非常不易褪色（但并非永不褪色）。

为了显示某一特定地点光照引起褪色效果的程度，我们可以用不透光的材料将标准样品遮起一半，作为对照。在样品上标明日期，然后放在指定地点。定期（每两周一次）检查样品，判断不同样品褪色所需要的时间。蓝色羊毛标准前几号样品的感光度与纸或纺织品等感光性材料近似，所以，蓝色羊毛标准试验的结果大致可以体现出特定地点的光照会给文献带来怎样的损害。（见图3－5）

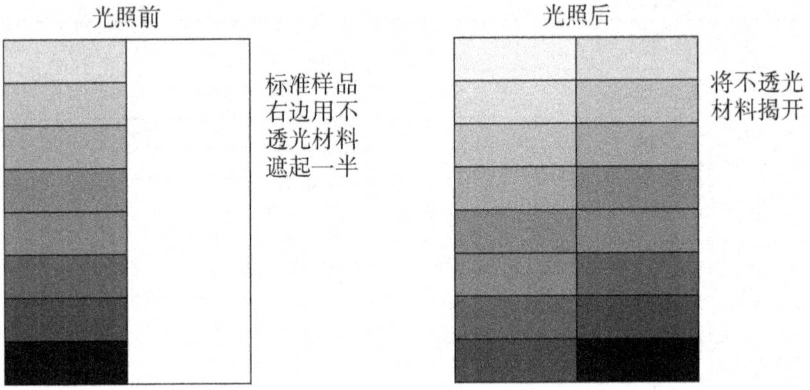


图3－5　蓝色羊毛标准样品光照前后的变化

CCI的光损害计算尺是一把可以滑动的塑料刻度尺，实质上是事先换算好的光照情况与相应光损害的对照表。如果已知投射光的类型、光的强度、接受照射的时间，不一定需要进行蓝色羊毛标准试验，可以直接用光损害计算尺来测算此种环境下蓝色羊毛标准样卡的褪色情况。光损害计算尺还可以显示紫外光过滤对文献的保护作用，如果文献接受的光照是经过紫外光过滤的，蓝色羊毛标准样品的褪色速度会显著减慢。

上述工具都可以用来评估不同照明条件对文献造成的影响。一般情况下，了解文献材料的感光性，再参考蓝色羊毛标准试验的结果，就能决定基本的照明方案。

---

**知识点链接3－8**

## GB 730—1998 纺织品 色牢度试验 耐光和耐气候色牢度蓝色羊毛标准

1　范围

本标准规定了耐光和耐气候色牢度蓝色羊毛标准的原理、试验方法、试验报告等内容。

本标准适用于有色纺织品在色牢度试验中评定耐光和耐气候色牢度等级。

2　引用标准

下列标准所包含的条文，通过在本标准中引用而构成为本标准的条文。本标准出版时，所示版本均为有效。所有标准都会被修订，使用本标准的各方应探讨使用下列标准最新版本的可能性。

GB/T 8426—1998 纺织品色牢度试验耐光色牢度：日光（eqv ISO 105 - B01：1994）

GB/T 8427—1998 纺织品色牢度试验耐人造光色牢度：氙弧（eqv ISO 105 - B02：1994）

GB/T 8429—1998 纺织品色牢度试验耐气候色牢度：室外曝晒（eqv ISO 105 - B03：1994）

GB/T 8430—1998 纺织品色牢度试验耐人造气候色牢度：氙弧（eqv ISO 105 - B04：1994）

3　原理

3.1　耐光色牢度蓝色羊毛标准共分八级，代表八个耐光色牢度等级。

级别：8 级 7 级 6 级 5 级 4 级 3 级 2 级 1 级

蓝色羊毛标准在光的照射下，1 级褪色最严重，8 级最不易褪色。如果 4 级在光的照射下，需要一定时间以达到某种程度褪色，则在同样条件下，产生同等程度的褪色，3 级约需一半的时间，而 5 级约需增加一倍的时间。

3.2　耐光色牢度蓝色羊毛标准系以规定深度的八种染料染于羊毛织物上制成。各级染料名称规定如表 1：

表 1

| 标准级别 | 染料索引号 |
| --- | --- |
| 1 | C. I. 酸性蓝 104（C. I. Acid Blue 104） |
| 2 | C. I. 酸性蓝 109（C. I. Acid Blue 109） |
| 3 | C. I. 酸性蓝 83（C. I. Acid Blue 83） |
| 4 | C. I. 酸性蓝 121（C. I. Acid Blue 121） |
| 5 | C. I. 酸性蓝 47（C. I. Acid Blue 47） |
| 6 | C. I. 酸性蓝 23（C. I. Acid Blue 23） |
| 7 | C. I. 可溶性还原蓝 5（C. I. Solubilized Vat Blue 5） |
| 8 | C. I. 可溶性还原蓝 8（C. I. Solubilized Vat Blue 8） |

4　试验方法

4.1　耐人造光日晒牢度试验按 GB/T 8427—1998 中 7.2.1 进行。

4.2　耐天然光日晒牢度试验按 GB/T 8426—1998 中 6.1 进行。

4.3　耐人造气候试验方法按 GB/T 8430—1998 中 6.2 进行。

4.4　耐天然气候试验方法按 GB/T 8429—1998 中 6.2 进行。

4.5　根据试样曝晒前后的褪色程度与同时曝晒的八块蓝色羊毛标准的褪色程度比较，

以评定试样耐光色牢度等级，试样的褪色程度相当于某一级蓝色羊毛标准的褪色程度时，其耐光色牢度等级即以该蓝色羊毛标准的等级表示；介于两者之间，则评为中间等级，如4-5级、6-7级等。

5　试验报告

试验报告应包括以下内容：

a）本标准编号，即GB 730—1998；

b）所对照的基准样品所属国家及批号；

c）按附录A中A8验收标准是否合格。

---

## 二、光照控制的措施

### （一）紫外光的控制

在所有的光中，紫外光能量最好，破坏性最强，是光照控制的重点。文献保存环境中，紫外光强度超过75 μW/l的光源都必须接受紫外光过滤。

有些特殊的材料能透过可见光，但不能透过紫外光，可以使用这种材料对光线进行紫外光过滤。最理想的过滤材料能阻挡住所有波长在400 nm以下的紫外光，但这个标准很难达到。在选择紫外光过滤产品时，应首先考虑是否适用于对自然光的过滤，其次才考虑对荧光的过滤。

常用的紫外光过滤材料包括丙烯酸树脂、醋酸纤维素薄膜等。在不违反当地消防条例的前提下，丙烯树脂薄板可以直接安装在窗框上，相当于给窗户安装了双层玻璃。也可以使用挂钩将丙烯酸树脂薄板悬挂在窗户内侧，如果这样安装，薄板的尺寸必须比窗户略大，才能保证所有照进室内的光线都能接受过滤。醋酸纤维素薄膜可按需要裁剪成任何形状，粘贴在现有的窗户玻璃上，过滤紫外光。

使用特殊工具将能够吸收紫外光的清漆涂在窗玻璃上，也能起到一定的过滤作用。不过这种方法并不常用，因为清漆很难在玻璃上涂匀，而且在使用过程中会不断剥落。相比之下塑料薄板使用起来更加方便，能够持续使用的时间更长，过滤的效果也更好一些。

阅读文献时，应尽量使用白炽灯。如果需要使用荧光灯，则必须与紫外光过滤器配套。有些建筑在设计时已特别考虑到将荧光灯装在墙壁凹进处，并设有保护罩遮蔽，这些保护罩可以起到过滤紫外光的作用，将紫外光强度控制在10～20 μW/l的范围内。紧凑型荧光灯紫外光强度明显低于一般水平，将这种灯与紫外光过滤器结合使用，可以实现最大限度的防护效果，进一步降低环境紫外光强度。

使用含二氧化钛的白色涂料也是一种紫外光防护措施，尽管达不到紫外光过滤器的效果，但确实能大大降低环境紫外光的强度。

紫外光过滤器有一定的使用寿命，使用过程中应定期测量环境中的紫外光强度，以确定过滤器是否需要更换。

### （二）可见光的控制

紫外光对文献的极强破坏力导致有人误以为，只要排除紫外光的影响，可见光不足为虑。实际上，在展示、阅读、贮存区域，控制紫外光相对比较容易，因为人的肉眼感知不到紫外光，排除紫外光的照射并不会对人造成影响；反倒是可见光控制的难度比较大。

避免可见光损害最理想的状态是让文献一直处于完全没有光照的环境中，但这显然是不可能的。即使是采取避光方法保存的珍贵文献，也需要取出在光照条件下使用。藏与用的矛盾长期存在于文献保护领域，很难从中找到平衡。

缩减可见光照时间，能够减少对文献的长期损害。因此，文献平时可以保存在避光的贮存区域，需要时才取出使用。专门的贮存空间在建造时可以不设窗户，或是将所有的窗户密闭。贮存空间的照明应选择白炽灯，并在不用时保持关闭状态。工作人员在贮存区域完成工作后，离开时应随手关灯。有条件的机构可以在贮存区域安装定时器和行动传感器，传感器感知到空间里已没有任何人为活动时会自动关灯。而实际上，很多时候文献贮存区域与使用区域很难完全分开。如果找不到完全避光的空间，可以采取另一种办法，将重要的文献装进不透光的箱柜，或是用不透光的材料包装每一册文献。

在文献使用区域，窗户应有窗帘遮挡，避免阳光直射。这样做也可以尽量减少室内外热交换，有助于环境温度的控制。有些建筑中设计了天窗，应该用钛白或锌白涂料粉刷，以反射光线，并过滤紫外光。阅读文献时，应使用白炽灯照明。白炽灯发出的紫外光少，但照明时会产生热量，所以应与文献保持一定的距离。为保护文献，在保证用户舒适度的前提下，阅览区可见光照度也应控制在尽可能低的水平。

有的文献需要通过展示来体现其艺术价值，但光损害具有累积性，即使是低强度的光照，只要光照时间够长，也会损伤文献材料，因此任何情况下都应避免长期展示文献。对于感光性材料，建议接受累积曝光量不宜超过 50000 勒克斯时。① 如果文献每天接受 50 lx 的光照 10 小时，那么 100 天就会达到 50000 lx 时的上限（50 lx × 10 小时 × 100 天）。如果光照强度变为 100 lx，那么 50 天就会达到这个上限。因此，有条件的机构应该为特别重要的文献建立档案，保存文献累积曝光量的历史记录。

---

**知识点链接 3－9**

## GB 50034—2004 建筑照明设计标准（节选）

5.2　公共建筑

5.2.8　博物馆建筑陈列室展品照明标准值不应大于表 5.2.8 的规定。

**表 5.2.8　博物馆建筑照明标准值**

| 类　　别 | 参考平面及其高度 | 照度标准值（lx） |
|---|---|---|
| 对光特别敏感的展品：纺织品、织绣品、绘画、纸质物品、彩绘、陶（石）器、染色皮革、动物标本等 | 展品面 | 50 |
| 对光敏感的展品：油画、蛋清画、不染色皮革、角制品、骨制品、象牙制品、竹木制品和漆器等 | 展品面 | 150 |

① Catherine Nicholson. What Exhibits Can Do to Your Collection. Restaurator, 1992, 13 (3): 95—113.

续上表

| 类　　别 | 参考平面及其高度 | 照度标准值(lx) |
| --- | --- | --- |
| 对光不敏感的展品：金属制品、石质器物、陶瓷器、宝石玉器、岩矿标本、玻璃制品、搪瓷制品、珐琅器等 | 展品面 | 300 |
| 注：1. 陈列室一般照明应按展品照度值的20%～30%选取；<br>2. 陈列室一般照明 UGR 不宜大于19；<br>3. 辨色要求一般的场所 Ra 不应低于80，辨色要求高的场所，Ra 不应低于90 | | |

## 第四节　空气质量监控

### 一、空气质量的监测

空气污染物主要包括有害气体和尘埃微粒。空气中的有害气体和尘埃微粒含量可以参照国家标准 GB/T 18883—2002《室内空气质量标准》中的方法进行采样和比对，判断是否达到了空气污染的程度。

知识点链接 3 - 10

**GB/T 18883—2002 室内空气质量标准（节选）**

4　室内空气质量

4.1　室内空气应无毒、无害、无异常嗅味。

4.2　室内空气质量标准见表1

表1　室内空气质量标准

| 序号 | 参数类别 | 参　　数 | 单　　位 | 标 准 值 | 备　　注 |
| --- | --- | --- | --- | --- | --- |
| 1 | 物理性 | 温度 | ℃ | 22～28 | 夏季空调 |
| | | | | 16～24 | 冬季采暖 |
| 2 | | 相对湿度 | % | 40～80 | 夏季空调 |
| | | | | 30～60 | 冬季采暖 |
| 3 | | 空气流速 | m/s | 0.3 | 夏季空调 |
| | | | | 0.2 | 冬季采暖 |
| 4 | | 新风量 | $m^3$（h·人） | 30a | |

续上表

| 序号 | 参数类别 | 参　　数 | 单　　位 | 标　准　值 | 备　　注 |
|---|---|---|---|---|---|
| 5 | 化学性 | 二氧化硫　$SO_2$ | $mg/m^3$ | 0.50 | 1小时均值 |
| 6 | | 二氧化氮　$NO_2$ | $mg/m^3$ | 0.24 | 1小时均值 |
| 7 | | 一氧化碳　CO | $mg/m^3$ | 10 | 1小时均值 |
| 8 | | 二氧化碳　$CO_2$ | % | 0.10 | 日平均值 |
| 9 | | 氨　$NH_3$ | $mg/m^3$ | 0.20 | 1小时均值 |
| 10 | | 臭氧　$O_3$ | $mg/m^3$ | 0.16 | 1小时均值 |
| 11 | | 甲醛　HCHO | $mg/m^3$ | 0.10 | 1小时均值 |
| 12 | | 苯　$C_6H_6$ | $mg/m^3$ | 0.11 | 1小时均值 |
| 13 | | 甲苯　$C_7H_6$ | $mg/m^3$ | 0.20 | 1小时均值 |
| 14 | | 二甲苯　$C_8H_{10}$ | $mg/m^3$ | 0.20 | 1小时均值 |
| 15 | | 苯并[a]芘　B(a)P | $mg/m^3$ | 1.0 | 日平均值 |
| 16 | | 可吸入颗粒物　$PM_{10}$ | $mg/m^3$ | 0.15 | 日平均值 |
| 17 | | 总挥发性有机物　TVOC | $mg/m^3$ | 0.60 | 8小时均值 |
| 18 | 生物性 | 菌落总数 | $cfu/m^3$ | 2500 | 根据仪器定 b |
| 19 | 放射性 | 氡$^{222}$　$R_n$ | $Bq/m^3$ | 400 | 年平均值(行动水平 c) |
| a. 新风量要求≥标准值，除温度、相对湿度外的其它参数要求≤标准值；<br>b. 见附录 D；<br>c. 达到此水平建议采取干预行动以降低室内氡浓度 | | | | | |

……

附录 A　室内空气监测技术导则

A.1　范围

本导则规定了室内空气监测时的选点要求、采样时间和频率、采样方法和仪器、室内空气中各种参数的检验方法、质量保证措施、测试结果和评价。

A.2　选点要求

A.2.1　采样点的数量：采样点的数量根据监测室内面积大小和现场情况而确定，以期能正确反映室内空气污染物的水平。原则上小于 50 $m^2$ 的房间应设 1～3 个点；50～100 $m^2$ 设 3～5 个点；100 $m^2$ 以上至少设 5 个点。在对角线上或梅花式均匀分布。

A.2.2　采样点应避开通风口，离墙壁距离应大于 0.5 m。

A.2.3　采样点的高度：原则上与人的呼吸带高度相一致。相对高度 0.5 m～1.5 m 之间。

A.3　采样时间与频率

年平均浓度至少采样 3 个月，日平均浓度至少采样 18 h，8 h 平均浓度至少采样6 h，1 h 平均浓度至少采样 45 min，采样时间应涵盖通风最差的时间段。

A.4　采样方法和采样仪器

根据污染物在室内空气中存在状态，选用合适的采样方法和仪器，用于室内的采样器的噪声应小于50 dB（A）。具体采样方法应按各个污染物检验方法中规定的方法和操作步骤进行。

A.4.1 筛选法采样：采样前关闭门窗12 h，采样时关闭门窗，至少采样45 min。

A.4.2 累积法采样：当采用筛选法采样达不到本标准要求时，必须采用累积法（按年平均、日平均、8 h平均值）的要求采样。

A.5 质量保证措施

A.5.1 气密性检查：有动力采样器在采样前应对采样系统气密性进行检查，不得漏气。

A.5.2 流量校准：采样系统流量要能保持恒定，采样前和采样后要用一级皂膜计校准采样系统进气流量，误差不超过5%。

采样器流量校准：在采样器正常使用状态下，用一级皂膜计校准采样器流量计的刻度，校准5个点，绘制流量标准曲线。记录校准时的大气压力和温度。

A.5.3 空白检验：在一批现场采样中，应留有两个采样管不采样，并按其他样品管一样对待，作为采样过程中空白检验，若空白检验超过控制范围，则这批样品作废。

A.5.4 仪器使用前，应按仪器说明书对仪器进行检验和标定。

A.5.5 在计算浓度时应用下式将采样体积换算成标准状态下的体积：

$$V_0 = V\frac{T_0}{T} \cdot \frac{P}{P_0}$$

式中 $V_0$——换算成标准状态下的采样体积，L；

$V$——采样体积，L；

$T_0$——标准状态的绝对温度，273 K；

$T$——采样时采样点现场的温度（$t$）与标准状态的绝对温度之和，（$t$+273）K；

$P_0$——标准状态下的大气压力，101.3 kPa；

$P$——采样时采样点的大气压力，kPa。

A.5.6 每次平行采样，测定之差与平均值比较的相对偏差不超过20%。

A.6 检验方法

室内空气中各种参数的检验方法见表A.1。

**表A.1 室内空气中各种参数的检验方法**

| 序号 | 参　　数 | 检验方法 | 来　　源 |
|---|---|---|---|
| 1 | 二氧化硫　$SO_2$ | （1）甲醛溶液吸收——盐酸副玫瑰苯胺分光光度法 | （1）GB/T 16128<br>GB/T 15262 |
| 2 | 二氧化氮　$NO_2$ | （1）改进的Saltzaman法 | （1）GB 16128<br>GB/T 15435 |
| 3 | 一氧化碳　CO | （1）非分散红外法<br>（2）不分光红外线气体分析法　气相色谱法　汞置换法 | （1）GB 9801<br>（2）GB/T 18204.23 |

续上表

| 序号 | 参　数 | 检验方法 | 来　源 |
|---|---|---|---|
| 4 | 二氧化碳　$CO_2$ | （1）不分光红外线气体分析法<br>（2）气相色谱法<br>（3）容量滴定法 | GB/T 18204.24 |
| 5 | 氨　$NH_3$ | （1）靛酚蓝分光光度法<br>纳氏试剂分光光度法<br>（2）离子选择电极法<br>（3）次氯酸钠－水杨酸分光光度法 | （1）GB/T 18204.25<br>GB/T 14668<br>（2）GB/T 14669<br>（3）GB/T 14679 |
| 6 | 臭氧　$O_3$ | （1）紫外光度法<br>（2）靛蓝二磺钠分光光度法 | （1）GB/T 15438<br>（2）GB/T 18204.27<br>GB/T 15437 |
| 7 | 甲醛　HCHO | （1）AHMT 分光光度法<br>（2）酚试剂分光光度法　气相色谱法<br>（3）乙酰丙酮分光光度法 | （1）GB/T 16129<br>（2）GB/T 18204.26<br>（3）GB/T 15516 |
| 8 | 苯　$C_6H_6$ | 气相色谱法 | （1）附录 B<br>（2）GB 11737 |
| 9 | 甲苯　$C_7H_8$<br>二甲苯　$C_8H_{10}$ | 气相色谱法 | （1）GB 11737<br>（2）GB 14677 |
| 10 | 苯并［a］<br>芘　B(a)P | 高效液相色谱法 | GB/T 15439 |
| 11 | 可吸入颗粒物　$PM_{10}$ | 撞击式——称重法 | GB/T 17095 |
| 12 | 总挥发性有机<br>化合物　TVOC | 气相色谱法 | 附录 C |
| 13 | 菌落总数 | 撞击法 | 附录 D |
| 14 | 温度 | （1）玻璃液体温度计法<br>（2）数显式温度计法 | GB/T 18204.13 |
| 15 | 相对湿度 | （1）通风干湿表法<br>（2）氯化锂湿度计法<br>（3）电容式数字湿度计法 | GB/T 18204.14 |
| 16 | 空气流速 | （1）热球式电风速计法<br>（2）数字式风速表法 | GB/T 18204.15 |
| 17 | 新风量 | 示踪气体法 | GB/T 18204.18 |
| 18 | 氡$^{222}$　$R_n$ | （1）空气中氡浓度的闪烁瓶测量方法<br>（2）径迹蚀刻法<br>（3）双滤膜法<br>（4）活性炭盒法 | （1）GB/T 16147<br>（2）GB/T 14582 |

A.7　记录

采样时要对现场情况、各种污染源、采样日期、时间、地点、数量、布点方式、大气压力、气温、相对湿度、空气流速以及采样者签字等做出详细记录，随样品一同报到实验室。

检验时应对检验日期、实验室、仪器和编号、分析方法、检验依据、实验条件、原始数据、测试人、校核人等做出详细记录。

A.8　测试结果和评价

测试结果以平均值表示，化学性、生物性和放射性指标平均值符合标准值要求时，为符合本标准。如有一项检验结果未达到本标准要求时，为不符合本标准。

要求年平均、日平均、8 h 平均值的参数，可以先做筛选采样检验。若检验结果符合标准值要求，为符合本标准。若筛选采样检验结果不符合标准值要求，必须按年平均、日平均、8 h 平均值的要求，用累积采样检验结果评价。

---

## 二、空气质量的控制

空气自由流动，因此空气质量的控制相对比较困难。文献保藏机构能做的是努力减缓室外空气对室内文献的危害，并杜绝新的污染源产生。

### （一）避开污染源

文献保藏机构选址应尽可能避开工业园、大型厂矿、码头、繁华街道等污染较重的地区，这是减轻文献保存环境空气污染程度最有效的办法。虽然空气污染物会随着空气的流动四处扩散，但离污染源越远，污染物的浓度就会越低。如果有图书馆、档案馆必须建设在上述地点，则应考虑当地地理位置及气象条件，尽可能将馆址选择在上风口，减少有害气体和尘埃污染。

日常生活中，像机动车、工厂这些主要的污染源可能难以控制，但可以尽可能地减少一些其他常见污染源，包括香烟、复印机、某些建筑材料、油漆、密封胶、木制仓库、清洁剂、家具、地毯等。

### （二）提高密闭程度

提高文献存放空间的密闭程度有助于阻挡室外空气污染物进入室内。在设计时应选择密闭性好的门窗，并加装密封条，如果有条件可以安装双层门窗提高库房的密封性。需要注意的是，缺乏通风的长期密闭，反而有可能使库房内空气污染物浓度累积，因此，密闭措施需与适时的通风换气相结合。

还有一项措施是将文献资料存放在密闭装具中，减少空气污染物与文献的接触机会。一些新型的装具制作时采用了活性炭或沸石等分子筛材料，可以吸附污染物，对文献保护尤其有效。

### （三）空气过滤与净化

空气过滤措施主要针对尘埃微粒。文献保存区域应定期清扫，还应结合使用化学滤毒器、湿式除尘器等设备，使用机械化的方式过滤尘埃微粒。选择设备时主要考虑不同文献保藏机构的实际需要和当地大气污染的具体情况。但应注意的是，静电除尘器不适合在此使用，因为它在使用过程中会产生臭氧，对文献造成损害。

空气净化措施针对有害气体，主要有吸收法和吸附法两种。吸收法是利用适当的碱性液体，与酸性有害气体发生反应，净化空气。吸附法是利用固体吸附剂粗糙不平的表面或缝隙来吸附有害气体，常用的吸附剂有活性炭、浸渍活性炭、活性氧化铝、硅胶及分子筛等。

过滤与净化可以与空调设备结合使用，同时达到除尘及保持恒温恒湿的目的。

#### （四）改善周边绿化

绿色植物可以用于文献保存环境周边空气质量监测。某些植物对特定污染物非常敏感，当环境中污染物累积超过一定标准时，植物可以起到指示作用。植物对灰尘有明显的阻挡、过滤和吸附作用，尤其是枝叶繁茂的乔木植物，还有很多植物可以吸收有害气体。

---

**知识点链接 3－11**

### JGJ 38—1999 图书馆建筑设计规范（节选）

5.4　防尘、防污染

5.4.1　图书馆的环境绿化应选择净化空气能力较强的树种。

5.4.2　书库、非书资料库的楼、地面应坚实耐磨；墙面和顶棚应表面光滑不易积灰尘。

5.4.3　书库的窗扇应能开启方便，并有防尘的密闭措施，严寒及多风沙地区应设双层窗和缓冲门。

5.4.4　特藏库应设固定窗，必须开启的少量窗扇应采取防尘的密闭措施；空气中有害气体含量超过标准的地区，特藏库的空调系统应具有净化措施。

5.4.5　合理安排锅炉房、除尘室、洗印暗室等用房的位置，并结合需要设置通风装置，以减少其产生的尘埃和有害气体对馆区的影响。

---

## 第五节　生物侵害的防治

### 一、微生物侵害防治

霉菌等微生物体积小、生长繁殖速度快、适应能力强，给文献造成很大危害，是生物防治的重点之一。

#### （一）有害微生物的预防

有害微生物的预防指的是采取一定措施，防止或抑制以霉菌为主的微生物在文献保护环境内的生长和繁殖，避免对文献材料的破坏。

霉菌孢子在生活中几乎无处不在，很难彻底清除，但还是可以通过一定的途径控制其生长。维持适当的环境温湿度，让霉菌孢子一直处于休眠期，尽可能保持文献洁净，避免引入新的活性菌落，是比较可行的控制措施。

1. 控制温湿度

霉菌孢子的萌发、生长需要适宜的环境，如果环境条件不合适，孢子就会一直处于休眠期，基本不损害文献。控制文献保存环境的温湿度是预防微生物侵害的有效措施。

霉菌等微生物适宜在高温高湿的环境中生存，温湿度越高，文献发霉的可能性就越大。要预防有害微生物，就要将环境温湿度长年控制在不适宜霉菌生长的范围内。一般来说，温度控制在 21 ℃以下，相对湿度控制在 55% 以下（最好能低于 45%），能够有效地预防有害微生物。在这个范围内，还应尽可能保持温湿度的稳定，环境条件的急剧变化也会促进霉菌的生长。

一旦文献遭受水浸等特殊情况，应在霉菌开始生长之前（一般在 48 小时内）进行紧急处理，将文献干燥或冷冻起来。

2. 保持文献洁净

霉菌孢子体积小、重量轻，能够随空气四处散布，飘落在文献上。因此，保持文献保存环境的洁净也是预防微生物侵害的重要措施。

要做好文献保存环境的日常清扫工作，能够接触到文献的工作人员也需要严格遵守库房清洁制度，减少文献受污染的机会。文献保存区域的空气也应按照前文介绍的各种方法进行过滤和净化。新入藏文献需要经过仔细检查，必要时进行灭菌处理后方可上架，排架时避免放置于地板、墙壁、天花板附近，不应排列太紧，并保持通风。重要的文献应单独配备装具。

3. 使用防霉药物

在文献保存区域、文献装具上施放化学药物，通过影响有害微生物的生理活动和代谢机制来达到抑制有害微生物生长繁殖的目的，也是文献保藏机构常用的防治方法之一。

防霉剂种类很多，大多数卤素、烷化剂、酚类具备抑菌杀菌的功能，在挑选时应考虑防霉剂对文献材料的影响，抑菌杀菌范围、效率及有效期限，对人体健康的副作用等。

### （二）有害微生物的杀灭

一旦在文献保存环境中发现霉菌的痕迹，应立即采取灭菌除霉措施。如果只是部分文献受霉菌侵袭，应将受侵袭的文献及时分离出来，移入灭菌设备进行处理；如果暴发大面积霉变事故，应首先封闭霉菌暴发的区域，将之在空间上与通风系统中都与建筑内的其他区域隔离开来。

1. 化学除霉法

利用化学药剂杀灭有害微生物，是传统的除霉灭菌方法，包括熏蒸法、拭抹法、喷雾法、浸渍法等。最常用的化学除霉法是熏蒸法，在密闭空间内，利用压力使熏蒸剂气体渗透到文献材料中，杀灭霉菌。化学除霉法可以迅速杀死霉菌及霉菌孢子，但使用的化学试剂有可能对工作人员的健康产生一定副作用。

2. 物理除霉法

物理除霉是利用温度、水分、辐射、电磁波、光波、声波、渗透压等物理因子作用于有害微生物，影响其新陈代谢，破坏其生命活动，导致微生物死亡。物理除霉方法包括真空法、冷冻法、干燥法、微波辐照法、$\gamma$ 射线辐照法等。

### （三）抢救发霉文献的步骤

霉菌暴发事故的处理刻不容缓，但又需要有条不紊，下文列出了以物理除霉法处理发霉文献的详细步骤。为叙述方便，对每一步骤进行了排序，但在实际操作过程中，有些步骤可以同时进行。

1. 找出霉菌生长的原因

找出导致霉菌生长的原因可以避免霉菌进一步生长，感染其他文献。一旦发现霉菌的痕迹，应立即将感染区域与其他区域隔离，从相对湿度、空气流通等方面查找异常情况。

2. 改善文献存放环境以遏制霉菌生长

使用设备将室内相对湿度降低到 55% 以下，温度降低到 21 ℃以下，改善空气流通，对环境情况进行监测和记录。

3. 为工作人员做好防护措施

请专家来辨识霉菌种类，如果存在有毒霉菌，需交由专业人员处理。若霉菌无毒，可以自行抢救，但必须为工作人员配备手套、防护服、口罩、防毒面具等防护设施。

4. 隔离已发霉的文献

将发霉文献挑选出来，进行密封，以免感染其他文献。将密封后的发霉文献转移到相对湿度低于 45% 的洁净区域，立刻取出，以免霉菌在密闭的微环境中进一步生长。

在大型霉菌暴发事故中，不太可能做到转移所有已发霉的文献。这种情况下，应封闭霉菌暴发的区域，将其在空间上及通风系统中与建筑内的其他区域隔离。

5. 干燥发霉文献

开始着手干燥发霉文献，使霉菌失活，进入休眠状态。进入休眠期的霉菌形态会由柔软的茸毛状转变为干燥的粉末状，易于清除。

受潮文献的干燥应该在阴凉干爽、通风良好的环境中进行。将受潮文献平铺在纸巾或空白新闻纸上（不能使用普通报纸，因为油墨有可能污染受潮文献）吸干水分。吸水纸需要经常更换。空气干燥法需要在合适的室内环境中进行，干燥过程中应不断检查文献的情况。

也可以使用日晒法干燥文献，阳光和紫外光都会导致某些霉菌失活，而且室外的相对湿度通常较低。但日晒会导致文献褪色并造成其他损伤，应控制使用。

干燥经过装裱的文献和书脊内部时需要特别注意。画框背部和书脊内部不透光、不透气，潮气不断积聚，是霉菌生长的理想环境，在干燥过程中需要不断检查。而装裱过的作品应立刻去掉装裱，再按照上述方法处理。

不能及时干燥的发霉文献应用冷冻纸严密包裹，以防与其他物体粘连，根据尺寸大小放进不同的冷冻设备。经过冷冻的文献应分成小批解冻，并逐批干燥。

6. 清洁发霉文献

尽可能在室外清扫文献上的失活霉菌，处理时需做好防护措施。如果在室内，必须在通风橱下进行操作，处理发霉文献的区域也应与建筑内的其他区域隔离。

粉末状的失活霉菌可以用带高效微粒空气过滤器的真空吸尘器吸除，也可以用柔软的刷子刷除后再用吸尘器清理。清洁完成后，应将吸尘器的集尘袋密封并妥善处理。文献装具可以直接用吸尘器来清洁；纸张则应用塑料膜遮盖后隔着塑料膜进行操作；易碎文献不能直接使用吸尘器处理。

7. 干燥并彻底消毒霉菌暴发的区域

用漂白水、来沙尔消毒剂等擦拭书架并完全吹干，用小苏打去除残留霉味。供暖、通风、空调等系统的组件也需要彻底清洁并消毒。这些服务都可以由专业机构提供。

8. 重新将文献上架

9. 继续监测环境条件，巡查库房，并采取预防措施避免霉菌再生

需要注意的是，以上处理步骤只适用于中小型霉菌暴发事故，如果大部分文献已被霉菌感染，或是发现了危险的菌种，又或是供暖通风空调系统和建筑本身也已被霉菌侵袭，则必须求助于专业的抢险机构。

在霉菌暴发特别严重或者是危及工作人员健康的情况下，可以请专业机构进行空气质量监测，判断建筑内的环境对人体是否安全。情况严重时，整个霉菌感染区必须彻底熏蒸消毒。

## 二、昆虫侵害防治

### （一）害虫生长的环境条件

文献害虫的生命活动与周围环境密切相关。害虫需要占据一定的生活空间，在一定的温湿度、食物及其他条件下才能正常生长，对环境条件有一定的依赖性，受环境条件制约。

1. 入侵途径

文献保护单位门窗密封性不好，或是库房管理不严格，都会给害虫的入侵提供机会。建筑外墙上的裂缝，各种管道的钻孔、排气孔或通风管是常见的害虫入侵途径，它们能从极细小的缝隙钻进室内。紧邻建筑物的植物是昆虫理想的栖息地，从那里它们可以通过多种途径进入建筑物内部。新入藏的文献本身也有可能携带害虫。

2. 温湿度

最适宜昆虫繁衍的温度是20～30 ℃，如果环境温度一段时间内保持在－2 ℃以下或者45 ℃上，大部分昆虫都会死亡。最适宜昆虫繁衍的湿度是60%～80%，昆虫的生存需要水分，因此潮湿的环境经常成为害虫聚集的地方。建筑各处的水管、屋顶的积水附近湿度都比较高，是害虫繁衍的绝佳环境。

3. 食物

文献害虫食性很杂，文献中的纸张、皮革，木质装具等并不是它们唯一的食物来源，图书馆或档案馆建筑中有大量适合昆虫食用的材料。人类的生活垃圾是昆虫最好的食物，如果清理不够及时，很容易招引昆虫。植物盆栽、花瓶中的水、开花植物的花粉、花蜜都会引来昆虫。

4. 光和空气

昆虫能够在狭小、阴暗、不受干扰的环境中筑巢并迅速繁殖，而这样的环境在文献保

存区域随处可见。昆虫还偏爱安静的空间，墙角、书柜下面、家具背后都是害虫经常出没的地方。尘土和污垢也为害虫的繁衍提供了良好的掩护，如果环境脏乱，即使害虫横行也可能难以察觉。

### （二）文献害虫的预防

传统的害虫防治依靠化学杀虫剂进行常规的预防，处理已发现的虫害。然而使用杀虫剂并不能起到预防的作用，也不能挽回已造成的损失，其中的化学物质还可能对人体造成危害。

现在主张使用“有害生物综合治理（integrated pest management，IPM）”策略防治昆虫侵害。这种方法主要依靠非化学的途径（如气候控制、食物来源、建筑入口管理）预防及控制生物侵害。化学方法一般只作为最后的补救措施。

有害生物综合治理主张依靠日常维护和库房内部清洁工作，清除适合昆虫生活的环境，从而控制害虫在文献保护环境中的生长繁殖，达到限制或消除虫害的目的。IPM 策略的主要措施包括建筑巡查及维护，气候控制，限制馆内的食物和植物，定期保洁，合理储存，新入藏文献的检查，以及对害虫的常规监测。

1. 减少害虫入侵途径

密封门窗，必要时安装挡风雨条，保持常闭状态。管道周围的孔隙、墙缝需要封死，通风口应遮蔽。距馆舍建筑 30 厘米以内的区域不宜种植植物，30 厘米以外的植物也需及时修剪，避免过度灌溉。建筑物地基周边的区域应维持一定坡度，并铺上沙砾，以防地下室淹水。

2. 控制温湿度

保持文献保存环境阴凉干燥，具体标准取决于文献采用的不同材料。一般来说，文献保存环境的温度应控制在 20 ℃以下，相对湿度控制在50%以下，能够有效地控制昆虫数量，保护书籍和纸张。

3. 排查水源

定期检查建筑各区域的水管是否漏水，使用绝缘胶带缠绕水管表面，以防冷凝水积聚。封堵闲置不用的排水管，定期检查屋顶和地下室是否积水。对于反复出现问题的地方，应加大检查力度。

4. 切断害虫食物来源

图书馆和档案馆内不适合种植植物或供养瓶花，即使不能完全避免也应尽可能减少，开花植物应绝对禁止种植。养护馆内或周边植物时应避免过度灌溉，时刻关注植物的健康状况。馆员的餐饮应安排在指定的馆员休息区，工作区域不得进食，剩余的食物需要及时清理。任何食物都应使用密闭的玻璃或金属容器存放，或是放进冰箱。厨余垃圾应存放进可密闭的垃圾桶，每天清理出馆外。

5. 做好环境清洁

文献保存区域至少每六个月进行一次彻底清洁。每月应至少巡查全馆一次，检查文献是否有污迹或是虫害迹象（纸张上有无小洞，纸面或书籍封面有无缺损），注意查看各种角落是否有堆积尘土、昆虫尸体、粪便、虫卵，甚至是活体昆虫，一旦发现昆虫残骸要立即清理。

6. 谨慎处理新入藏文献

新入藏文献到馆后，应与其他文献分开存放，进行检查，查看是否有虫害迹象。在洁净台面上铺上吸墨纸或其他轻质纸张，移除文献上所有的包装，仔细查看封面、内页是否存在虫洞。包装纸等附件同样要应进行严格的检查，查看是否有活体昆虫、昆虫粪便、幼虫或是虫尸。

一旦发现害虫痕迹，应立即制订处理方案。一般来说，用高度过滤真空吸尘器隔着尼龙布等材料操作可以彻底清洁文献。清洁完成后，需要及时清理过滤器和一次性集尘袋。

7. 害虫监测

只有对害虫活动进行常规监测，才能有效地执行有害生物综合治理计划。常规监测通过使用诱捕器，可以提供关于昆虫种类、入侵途径、昆虫数量、聚集地、生长情况等信息。这些信息可以用来确定虫害发生的区域，也有助于针对特定昆虫种类制订具体处理方案。

最常用的昆虫诱捕器是粘胶诱捕器，有各种形状，帐篷形比较易于操作。选定一种诱捕器后，在整个监测过程中应持续使用，这样才能准确地分析监测数据。

害虫监测基本步骤：①在建筑平面图上标出所有的门、窗、水源、热源及家具的位置；②标出昆虫可能经过的路径及应放置诱捕器的位置；③将诱捕器编号并标明日期；④将诱捕器放至指定地点，并在平面图上注明；⑤定期检查诱捕器并采集数据；⑥根据收集到的信息，改进诱捕器投放位置及数据采集方法，重新布置诱捕器，再进行监测。

如果监测显示昆虫出没于某个特定区域，那么可以在该区域内增设诱捕器，每隔 3 米放置一个，收集更具体的信息。注意不能让诱捕器接触到馆藏文献，因为诱捕器上的粘胶可能会损坏文献。放置诱捕器 48 小时后进行检查，可以确定遭受虫害最严重的区域。诱捕器需要每周定期检查，至少持续三个月。每隔两个月左右，诱捕器可能会装满或者失去黏性，应及时更换。

对监测结果的整理、分析、记录十分重要。每次检查时，应记录下每个诱捕器中昆虫的数量、种类、成长阶段，诱捕器更换的时间和位置，等等。其他任何昆虫活动的迹象，如活体昆虫、昆虫尸体、排泄物等，也都应详细记录下来。

一旦捕获文献害虫，应及时鉴别昆虫种类，以确认可能对文献造成的损害。

### （三）文献害虫的杀灭

有一两只害虫出没并不一定意味着发生了灾难性的虫害，此时应通过害虫监测判断问题的严重性，避免滥用杀虫剂。如果的确已经发生严重的虫害，那就有必要进行直接的杀虫处理，包括化学杀虫法和物理杀虫法。

1. 化学杀虫法

化学杀虫法是使用化学药剂引起害虫生理机能严重障碍以致死亡的方法。根据化学药物进入害虫体内的不同方式，化学杀虫法可以分为触杀法、胃毒法、熏蒸法三类。

胃毒法，是使化学药物通过害虫的口器及消化道进入虫体，害虫吸收药物后中毒致死。

触杀法，是指化学药物由害虫体壁和体节进入虫体，引起害虫的神经传导失常，使其中毒死亡。

熏蒸法，是化学药物汽化后散发的毒气经由害虫的呼吸系统和体壁进入虫体，导致害虫中毒死亡。

各种化学杀虫法中，熏蒸法毒性最强。其他杀虫剂通常以悬浊液或喷雾形式存在，容易在空气中分解，而熏蒸剂可以长时间停留在空气中，并不断扩散。常用的熏蒸剂有溴甲烷、环氧乙烷、硫酰氟等。

熏蒸剂对杀灭昆虫成虫、幼虫、虫卵都非常有效，但同样会对工作人员的健康造成威胁，而且有证据表明有些熏蒸剂会改变纸张和皮革材料的物理性质和化学性质。目前，熏蒸剂的使用已受到限制，用量逐步降低。熏蒸剂有一定的残留效应，对文献和工作人员的长期影响尚未可知，所以熏蒸处理后的文献应经过至少数周的隔离才能重新上架。

2. 物理杀虫法

总体来说，化学杀虫剂毒性较大，可能影响人体健康，还会造成一定的环境污染。认识到化学杀虫法可能带来的风险后，越来越多的机构开始使用物理杀虫法杀灭害虫。

物理杀虫法是指利用物理方法破坏害虫的生理机能，使之死亡或不育，达到防治害虫的目的。目前使用的多种物理杀虫法，效果最好的是低温杀虫法和气调杀虫法。

低温杀虫法已经被文献保藏机构广泛采用，效果比较令人满意。具体操作方法是将遭受虫害的文献密封在袋中，置于冷冻设备中，迅速降温，要求温度在 4 小时内达到0 ℃，8 小时内达到 - 20 ℃（文献在冷冻设备中不宜排放得太紧密，这有可能会减缓降温速度）；完成低温处理后，应缓慢解冻文献，通常先将温度恢复到 0 ℃（这个过程持续的时间应超过 8 小时），然后再慢慢升高到室温。将以上整个过程重复几遍以保证除虫效果，详细记录每个步骤并妥善保管。在证实害虫完全扑灭之前，处理中的文献应一直保存在密封袋中。有些机构会将低温处理的文献密封长达 6 ～ 8 个月。低温杀虫法不使用任何化学药品，不会给工作人员带来健康问题。据现有的实验资料，低温杀虫法适用于大多数文献材料，而且尚未发现副作用；但此种方法不应用来处理易碎文献、不同材料拼接制作的文献、纸张脆化的古籍等。

---

**知识点链接 3 - 12**

## 加拿大文物保护协会低温杀虫相关数据

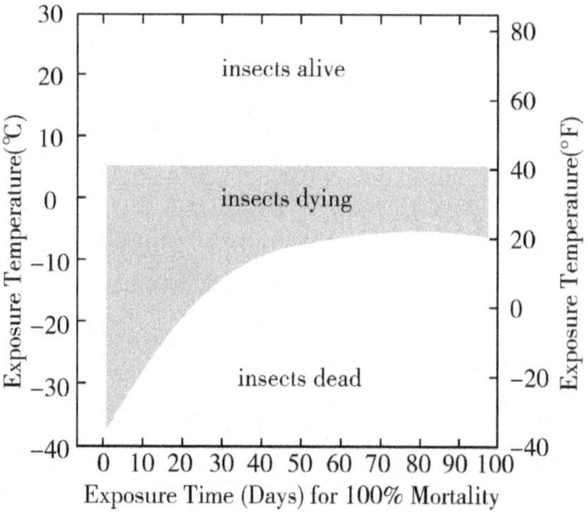


图 1　不同温度低温杀虫所需时间

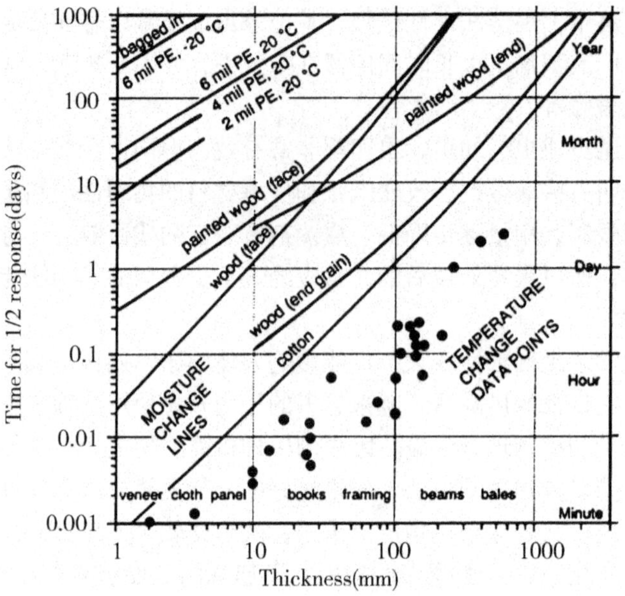


图 2　文献厚度对低温杀虫效果的影响

资料来源：Canadian Conservation Institute. CCI Notes 3/3：Controlling Insect Pests with Low Temperature [2011 - 08 - 31]. http://www. cci - icc. gc. ca/publications/notes/3 - 3 - eng. aspx.

---

**知识点链接 3 - 13**

## 国家图书馆冷冻杀虫相关数据

**表 1　害虫低温致死效果**

| 虫　　种 | 虫　　态 | 虫数（条） | 致死温度（℃）和时间（小时） | | | | | | | | | |
|---|---|---|---|---|---|---|---|---|---|---|---|---|
| | | | 温度 | 时间 | 温度 | 时间 | 温度 | 时间 | 温度 | 时间 | 温度 | 时间 |
| 烟草甲 | 成虫 | 30 | -7 | 48 | -10 | 24 | -14 | 20 | -18 | 5 | -22 | 2 |
| | 卵 | 40～100 | -7 | 120 | -10 | 48 | -14 | 24 | -16 | 20 | / | / |
| | 蛹 | 30 | -7 | 120 | -10 | 48 | -14 | 24 | -16 | 20 | / | / |
| | 群体 | 40～100 | -7 | 120 | -10 | 48 | -14 | 24 | / | / | / | / |
| 花斑皮蠹 | 成虫 | 30 | -14 | 48 | -18 | 24 | -22 | 20 | -25 | 10 | -30 | 5 |
| | 卵 | 30 | -18 | 72 | -25 | 48 | / | / | / | / | / | / |
| | 蛹 | 30 | -18 | 72 | -25 | 48 | / | / | / | / | / | / |
| | 群体 | 40～100 | -18 | 72 | -25 | 48 | / | / | / | / | / | / |
| 毛衣鱼 | 成虫 | 20 | -5 | 48 | -10 | 24 | / | / | / | / | / | / |
| 黑皮蠹 | 幼虫 | 30 | -16 | 24 | -25 | 10 | -30 | 5 | / | / | / | / |
| 书虱 | 成虫 | 100 | -5 | 70 | -10 | 24 | -18 | 20 | / | / | / | / |

续上表

| 虫种 | 虫态 | 虫数（条） | 致死温度（℃）和时间（小时） | | | | | | | | | |
|---|---|---|---|---|---|---|---|---|---|---|---|---|
| | | | 温度 | 时间 | 温度 | 时间 | 温度 | 时间 | 温度 | 时间 | 温度 | 时间 |
| 米象 | 成虫 | 30 | -5 | 48 | -10 | 24 | -14 | 10 | -18 | 5 | -22 | 2 |
| 药材甲 | 成虫 | 15 | -10 | 70 | / | / | / | / | / | / | / | / |
| | 幼虫 | 18 | -10 | 77 | -14 | -16 | 24 | / | / | / | / | / |
| 蜚蠊 | 成虫 | 20 | -7 | 48 | -10 | 24 | -16 | 20 | / | / | / | / |
| 档案窃蠹 | 幼虫 | 81 | -22 | 24 | / | / | / | / | / | / | / | / |
| 赤拟谷盗 | 成虫 | 30 | -5 | 48 | 10 | 24 | -16 | 5 | -22 | 2 | / | / |

**表2　文献低温杀虫效果**

| 温度（℃） | 虫种 | 虫态 | 虫数 | 图书存放方式 | 虫样部位 | 冷冻时间（h） | 死亡率 |
|---|---|---|---|---|---|---|---|
| -16 | 花斑皮蠹 | 成虫 | 30 | 成批平放 | 上、中、下 | 48 | 100% |
| | | 幼虫 | 30 | 单册平放 | 上、中、下 | 24 | 100% |
| | | | 30 | 木箱内 | 中 | 202 | 100% |
| | 黑皮蠹 | 幼虫 | 30 | 成批平放 | 上、中、下 | 48 | 100% |
| | | | 30 | 单册平放 | 上、中、下 | 24 | 100% |
| | | | 30 | 木箱内 | 中 | 202 | 100% |
| | | | 30 | 铁箱内 | 中 | 202 | 100% |
| | 烟草甲 | 成虫 | 30 | 成批平放 | 上、中、下 | 48 | 100% |
| | | | 30 | 单册平放 | 上、中、下 | 24 | 100% |
| | | 幼虫 | 30 | 成批竖放 | 上、下 | 48 | 100% |
| | | | 30 | 木箱内 | 中 | 72 | 100% |
| -25 | 书虱 | 成虫 | 30 | 成批竖放 | 上、下 | 48 | 100% |
| | 花斑皮蠹 | 幼虫 | 30 | 木箱内 | 中 | 120 | 100% |
| | 黑皮蠹 | 幼虫 | 30 | 木箱内 | 中 | 120 | 100% |
| | 烟草甲 | 幼虫 | 30 | 木箱内 | 中 | 48 | 100% |
| | 赤拟谷盗 | 幼虫 | 30 | 木箱内 | 中 | 48 | 100% |

资料来源：刘家真. 文献遗产保护. 北京：高等教育出版社，2005：88-89.

---

气调杀虫法，又称绝氧杀虫法，指的是将文献置于隔绝氧气的密封环境中，使害虫窒息死亡的方法。所谓气调，意为减少空气中的氧气，增加二氧化碳或惰性气体（主要是氮气）含量，通过人为方法调节空气成分。气调技术已在农业和食品工业中广泛应用，可以达到果蔬长期贮存及保鲜的目的。

具体操作时，先将待处理的文献与其他文献隔离，置于密封环境中，使用机械方法抽去密封环境中的空气，注入二氧化碳或氮气至一定标准后，在特定温湿度下维持一定时间；绝氧处理结束后，解除密封状态，抽出二氧化碳或氮气，充入空气，将处理完的文献转移至隔离区，评估除虫效果。

有些情况下，可以使用化学除氧法，将除氧剂与待处理文献一起密封，除氧剂会与密封环境中的氧气发生化学反应，将环境中的氧气含量降低到昆虫生存所需标准以下（一般可将氧气含量降低至 0.1% 以下）。

使用气调杀虫法时，绝氧处理过程持续的时间、采用的温湿度与害虫种类、具体的绝氧方法相关。气调杀虫法一般不会给文献带来明显损害，也没有残余效应，需要注意的是，在操作过程中应避免高浓度二氧化碳环境可能对工作人员的健康造成的影响。

高温杀虫也是一种有效的除虫方法，广泛应用于食品加工和医药产业。保持 60 ℃ 的高温 1 小时，可以杀灭绝大部分昆虫。但这种程度的高温会大大加速纸张的氧化及老化进程，导致纸张脆化易碎或其他损害。

γ 射线目前应用于化妆品、食品、农产品、医药用品、医疗和实验仪器的消毒。γ 射线能够有效杀虫，而且不会残留在文献中；但 γ 射线也会启动氧化反应，导致纤维素分子的断裂，可能会严重损害纸质材料，并且具有累积效应，还可能对人体造成一定影响。

微波杀虫已成功地应用于食品、农业、纺织品产业，但微波穿透能力有限，杀虫处理的时间和温度需要按照具体情况严格控制；而且微波可能对文献造成损害，一旦操作不当，可能会将书页和封面烤焦，一些金属附件如钉书钉可能会冒出电火花，粘结剂软化也会导致书页散落。

目前来说，冷冻杀虫法和气调杀虫法最有可能替代传统杀虫方法。

---

**知识点链接 3 - 14**

## CCI 关于建立 IPM 计划的指南
## Designing an IPM Program

This section outlines a basic IPM program. Each table describes a recognizable situation accompanied by IPM recommendations. It can be used to make a rapid survey of a current state and to note items to incorporate into a collection's IPM plan.

**Levels 0 - 6. Doing an IPM Survey to Create a Plan of Action**

Photocopy the tables so you can mark them up. Determine the nearest level to your situation by matching it to the table's headline description. Read the left column headings of Site, Building, Portable Fittings, and Procedure to see if these descriptions are roughly applicable to your situation. Use a highlighter to mark features that are present in your situation (left-side column). If the terms in the table matching your situation (level) are not applicable, search through adjacent tables to find more appropriate terms to capture the breadth of the situation across your holdings and highlight them. The actions in the right-hand column (Plan B), which are listed near the items you highlighted, are a guide to reasonable activities or modifications that will help ensure a better degree of protection.

One response to pest problems would be to move the collection from its existing level of enclosure to a higher level. Often this is an institution's ideal "Plan A" because it solves many problems in collection care, exhibition, etc. There are degrees of a "Plan A" response. A building upgrade providing new or additional collection storage is a much costlier proposition than a simpler "Plan A" response of moving wood wagons from field display to a place underneath an existing shed roof. Both would provide benefits to long-term preservation from biological and other deterioration mechanisms, but would have different residual vulnerabilities.

The Plan B column was created to show how one can fight back against pests in the given situation if a "Plan A" solution must wait or cannot be done. Using the suggestions given under Plan B, determine if the described activities are being performed, or if the suggested modifications are present in your facility. The Plan B columns were designed to include remedial suggestions where they would most likely be effective and not cause undue effort at that level.

The prognosis and expected deterioration are given as examples of what the uncontrolled situation might result in and the changes that might result from an IPM program or pest control treatments.

For a full description of the approach and rationale behind these tables, see Strang and Kigawa (2006).

**Progressive Scales of IPM Components**

Two tables follow the description of control levels 0 – 6. Each column in these tables is a scale, listing in incremental order the improved activities and features that are distributed across the levels (physical situations 0 – 6). These scales can be used as a brief, structured inventory of features and actions in your facility by highlighting elements that match your situation. The result is a summary "readout" of pest-inhibiting features. The scales can also be used to indicate areas of possible improvement by moving to the next better feature in the column; for example, "Sheltered from rain and sun" to "Protected from weather, may have winter heating".

Level 0. A totem pole outdoors.

Level 0—Outdoors with unrestrained access by harmful agents

Starting from a situation of no preservation steps taken, this is the base level from which to evaluate the effectiveness of any improvements to block pests. Plan B presents the first steps to reduce the effects of pests in this situation.

Level 1—Roof or tarp only

Basic shelter from rain and overhead sun is provided by an architectural element, an applied covering, or a self-sheltering part of the exposed object. In your action plan, include appropriate action elements from Level 0, Plan B.

Level 2—Roof, walls, and loose-fitting doors

This level offers more complete shelter from the elements. Contents may be exposed to wind-driven precipitation, oblique sun rays, excessive wind and wind-blown soil, snow, spores, and seeds. In your action plan, include appropriate elements from previous levels.

Level 3—Basic habitation

Human housing that has reasonable protection from the effects of climate and coarse control of the interior environment through basic heating or ventilation. In your action plan, include appropriate elements from previous levels.

Level 4—Adapted commercial

Adapted civic structures built for large-scale inhabitation, industrial processes, or business activities. Historic structures that possess elaborate architecture. In your action plan, include appropriate elements from previous levels.

Level 5—Purpose built

Building designed as a museum, gallery, or archive accompanied by increased planning that integrates policies and features to include pest control with control of other agents of deterioration. Include appropriate elements from previous levels.

Level 6—Preservation designed

A collections facility whose primary function is long-term preservation. Provides an excellent enclosure, with multiple layers that block routine hazards, and is designed to reduce calamities. In your action plan, include appropriate elements from previous levels.

资料来源：Tom Strang, Rika Kigawa. Combatting Pests of Cultural Property. [2012-02-29]. http://www.cci-icc.gc.ca/caringfor-prendresoindes/articles/10agents/chap06-eng.aspx#pest-parasites10a.

---

案例学习 3-2

## 日本国会图书馆基于 IPM 策略的生物防治措施
## Countermeasures Against Pest and Mold Damage Based on IPM by the NDL

With a warm and humid climate, like most Asian countries, Japan provides a favorable environment for molds and pests to grow. Since there are so many species and numbers of pests which remain active for a long time in the year, damage to materials can be serious. Many libraries have long been afflicted with damage from pests and molds. Therefore, the NDL has taken measures to contain the damage.

Integrated pest management (IPM) differs from traditional countermeasures against pest and mold damage that mainly use chemicals. It is a concept to prevent and control damage caused by pests and molds, using chemicals as little as possible and reasonably combining multiple countermeasures, in order to reduce the harmful effects on the human body and the environment. The concept of IPM appeared in the agricultural sector in the 1960s and has been applied to cultural assets, mainly in museums, since the 1990s. Going with the trend, the NDL has advanced countermeasures against pest and mold based on IPM.

This article introduces the NDL's countermeasures against pest and mold damage based on IPM following a five-stage control model. The model is based on "Framework for Preservation on Museum Collections" drawn up by the Canadian Conservation Institute (CCI).

Stage 1: Avoid (reduce the attractants that invite pests and molds)

Stage 2: Block (block the invasion route of pests and molds)

Stage 3: Detect (detect pests and molds early)

Stage 4: Respond (apply appropriate measures to damaged materials)

Stage 5: Recover/Treat (return materials to the secure stacks)

At the first stage "Avoid," to reduce the attractants that invite pests and molds, we clean the stacks at regular intervals and the materials as the need arises. Though it is necessary to clean more frequently and thoroughly in the future, the stack space is too large and there are too many materials, so we are thinking of determining the area to focus on and starting from what is feasible step by step.

At the second stage "Block," we check materials suspected of pest and mold damage (e. g. purchased materials from antiquarian bookshops and donated materials) at the time of accessioning; if material evidence such as feces or parts of dead insects are found, we apply a process of eradicating pests and bacteria from materials before placing them on the shelves of the stacks. When there are too many such materials, the process is outsourced, while it is done by the Preservation Division when it is manageable. To avoid tracking in dirt on the soles of our shoes into the stacks, we instruct our staff to wear shoes that they use only inside the library, and we provide visitors with shoe covers when they enter the stacks.

At the third stage "Detect," we have distributed manuals for pest and mold damage to our library staff since 2005 for the early detection of pests and molds. In this manual, directions are given how to report and react when materials with pest and mold damage are found. Anyone who discovers pest or mold damage reports the discovery to the Preservation Division in a "record of damage." The Preservation Division accumulates these records and uses them to review biological damage prevention. In 2009, out of 32 reports, there were 7 cases of actual damage to materials. As we asked our staff to report all cases, including suspected ones, there were cases that, after being checked by staff of the Preservation Division, turned out to be only a spot of dirt, not molds.

In addition, surveys on pests' habitats have been conducted regularly using sticky traps. From the results of surveys so far, we found that despite a few sightings, the damage was not very serious. In September 2008, we organized a forum on preservation to spread IPM to other libraries in Japan and reported the results of the survey.

In 2007, thousands of moldy materials were found in a certain part of the stacks of the Main Building of the Tokyo Main Library. Since the outbreak, we have been trying to patrol the affected areas regularly to find and remove molds promptly. It takes a team of three persons about an hour to check if there are any materials in the stacks affected by mold, and when moldy materials are found, we clean them. In addition, we measure the temperature and humidity of the area using data loggers. When the relative humidity rises to over 60% in summer, we run a small dehumidifier. As a result of that kind of measure, large scale mold outbreaks have not occurred in that area since 2008.

At the fourth stage "Respond" and the fifth stage "Recover/Treat", we try not to rely on chemicals when damage is found. We use methods selected by the amount of throughput, namely the low oxygen method using deoxidant or carbon dioxide for pests and absolute ethanol for bacteria. We are also thinking of such new measures as nitrogen gas or lowered temperature (under -20 ℃) to remove pests.

In addition to the five stages of control, internal and external cooperation is also an important approach. Information sharing and communication between preservation, materials management and facilities management are necessary to promote countermeasures against pest and mold damage based on IPM inside the NDL. For that purpose, in August 2009 we established a regular meeting inside our library to consult continuously on IPM. We have also been pushing forward to cooperate with outside experts and relevant organizations focusing on the countermeasures on molds discovered in 2007.

We are thinking of promoting IPM by feasible and sustainable measures, and of further enhancing the preservation program. Promotion of IPM is an issue of the IFLA/PAC Regional Centre for Asia hosted in the NDL. Cooperating not only with domestic libraries, but also with Asian libraries, we will promote IPM.

资料来源：National Diet Library, Japan. Countermeasures Against Pest and Mold Damage Based on IPM by the NDL [2012-03-01]. http://www.ndl.go.jp/en/cdnlao/newsletter/068/681.html.

---

## 三、鼠害防治

根据 IPM 策略，文献保存环境预防鼠害也应从啮齿目动物生长发育必需的环境因素出发，依靠日常维护及清洁，消除建筑内部及周边适合啮齿目动物生活的环境，具体措施包括温湿度调节、食物水源控制、建筑入口管理、库房内部清洁、驱鼠药物或设备的使用等。

灭鼠方法有很多种。化学灭鼠法使用药物使鼠中毒死亡，经济迅速，目前使用较多，但使用时需要注意安全。物理灭鼠法使用各种器械捕捉鼠，主要有鼠笼、鼠夹两类。生物灭鼠法是利用鼠的天敌或对人畜无害、对鼠有致病能力的微生物来消灭鼠害，但如果使用不当，可能反而给文献保存环境带来较大危害，须谨慎使用。

**推荐阅读书目**

关于文献保存环境组成：

1. Northeast Document Conservation Center. Preservation Leaflets 2. 1：Temperature, Relative Humidity, Light, and Air Quality：Basic Guidelines for Preservation. http://www.nedcc.org/resources/leaflets/2The_Environment/01BasicGuidelines.php.
2. National Information Standards Organization. NISO TR01—1995 Environmental Guidelines for the Storage of Paper Records. http://www.niso.org/publications/tr/tr01.pdf.
3. National Information Standards Organization. ANSI/NISO Z39.79—2001 Environmental Conditions for Exhibiting Library and Archival Materials. http://www.niso.org/apps/group_public/project/details.php?project_id=41.

关于温湿度监控：

1. Northeast Document Conservation Center. Preservation Leaflets 2. 2：Monitoring Temperature and Relative Humidity. http://www.nedcc.org/resources/leaflets/2The_Environment/02TemperatureAndHumidity.php.
2. Canadian Conservation Institute. CCI Notes 2/4：Environmental Monitoring Kit. http://www.cci-icc.gc.ca/publications/notes/2-4-eng.aspx.
3. David Grattan, Stefan Michalski. Environmental Guidelines for Museums-Temperature and Relative Humidity (RH). http://www.cci-icc.gc.ca/caringfor-prendresoindes/articles/enviro/index-eng.aspx.
4. Kerschner, Richard L., Jennifer Baker. Practical Climate Control：A Selected, Annotated Bibliography. http://palimpsest.stanford.edu/byauth/kerschner/ccbiblio.html.
5. Reilly, James M., Douglas W. Nishimura, et al. New Tools for Preservation：Assessing Long-Term Environmental Effects on Library and Archives Collections. Washington, D. C.：Commission on Preservation and Access, 1995.
6. Stefan Michalski. Incorrect Temperature. http://www.cci-icc.gc.ca/caringfor-prendresoindes/articles/10agents/chap09-eng.aspx.
7. Stefan Michalski. Incorrect Relative Humidity. http://www.cci-icc.gc.ca/caringfor-prendresoindes/articles/10agents/chap10-eng.aspx.

关于光照监控：

1. Northeast Document Conservation Center. Preservation Leaflets 2. 4：Protection from Light Damage. http://www.nedcc.org/resources/leaflets/2The_Environment/04ProtectionFromLight.php.
2. Canadian Conservation Institute. Preventive Conservation. http://www.cci-icc.gc.ca/publications/notes/index-eng.aspx.
3. Stefan Michalski. Light, Ultraviolet and Infrared. http://www.cci-icc.gc.ca/caringfor-prendresoindes/articles/10agents/chap08-eng.aspx.
4. Nicholson, Catherine. What Exhibits Can Do to Your Collection. Restaurator, 1992 (13)：

95 – 113. http://www.viks.sk/chk/res_92_95_113.doc.

关于空气质量监控：

1. IAQ in Museums and Archives. http://iaq.dk/.
2. National Bureau of Standards (NBS). NBSIR 83 – 2795: Air Quality Criteria for Storage of Paper-based Archival Records. Gaithersburg, MD: NBS, 1983.
3. Jean Tétreault. Pollutants. http://www.cci-icc.gc.ca/caringfor-prendresoindes/articles/10agents/chap07-eng.aspx.

关于生物防治：

1. Northeast Document Conservation Center. Preservation Leaflets 3.8: Emergency Salvage of Moldy Books and Paper. http://www.nedcc.org/resources/leaflets/3Emergency_Management/08SalvageMoldyBooks.php.
2. Northeast Document Conservation Center. Preservation Leaflets 3.10: Integrated Pest Management. http://www.nedcc.org/resources/leaflets/3Emergency_Management/10Pest Management.php.
3. Canadian Conservation Institute. The Museum Environment: Biological Factors. http://www.cci-icc.gc.ca/publications/notes/index-eng.aspx.
4. Tom Strang, Rika Kigawa. Combatting Pests of Cultural Property. http://www.cci-icc.gc.ca/caringfor-prendresoindes/articles/10agents/chap06-eng.aspx.
5. Invasion of the Giant Mold Spore. http://cool.conservation-us.org/byauth/nyberg/spore.html.
6. A Brief Bibliography on Pest Management. http://cool.conservation-us.org/byauth/hernampez/pestbib.html.
7. Integrated Pest Management: A Selected Bibliography for Collections Care. http://cool.conservation-us.org/byauth/jessup/ipm.html.
8. Parker, Thomas A. Study on Integrated Pest Management for Libraries and Archives. Paris: UNESCO, General Information Program and UNISIST, 1988.
9. Chamberlain, William R. A New Approach to Treating Fungus in Small Libraries. Abbey Newsletter, 1991, 15 (7). http://cool.conservation-us.org/byorg/abbey/an/an15/an15 – 7/an15 – 707.html.
10. Sherry Butcher-Younghans, Gretchen E. Anderson. Anderson. A Holistic Approach to Museum Pest Management. Nashville: American Association for State and Local History, 1990.
11. Harmon, James D. Integrated Pest Management in Museum, Library, and Archival Facilities: A Step by Step Approach for the Design, Development, Implementation, and Maintenance of an Integrated Pest Management Program. Indianapolis: Harmon Preservation Pest Management, 1993.
12. Nancy Odegaard. Insect Monitoring in Museums. Waac Newsletter, 1991, 13 (1): 19 –

20. http://cool. conservation-us. org/waac/wn/wn13/wn13 –1/wn13 –107. html.
13. Dale Paul Kronkright. Insect Traps in Conservation Surveys. Waac Ne-wsletter, 1991, 13 (1): 21 –23. http://cool. conservation-us. org/waac/wn/wn13/wn13 –1/wn13 –108. html

# 第四章　纸质文献的日常维护

**本章要点**

保存方法和处理方案：图书的保存与处理，单页文献的保存与处理，特大型资料的保存与处理，照片的保存与处理，其他类型文献的保存与处理。

装具的安全性：外装具的安全性，内装具的安全性。

书库与书籍的清洁：书库的清洁，书籍的表面除尘。

文献的包装与运输：包装、运输的一般方法，各种类型文献的包装程序。

**关键术语**

装具；密集型存储设备；碱化剂；表面除尘

## 第一节　保存方法和处理方案

不正确的保存方法会直接影响文献的使用寿命，恶劣的保存环境会使馆藏受到不必要的破坏，劣质的存储用具则会使原本需要保护的文献恶化速度加快，不当的处理同样会对文献造成破坏，因此，在文献的日常维护环节，须充分考虑各类文献的载体特点、装帧方式以及影响文献载体变质的时间和环境因素，采取恰当的保存方法和处理方案。一般来说，常规的处理方式会引起文献载体一些不可避免的破坏，而粗率的处理则会导致纸质文献载体迅速地出现色变、质变、形变和破裂等一系列严重的、无法挽回的破坏，如果要最大限度地延长馆藏文献的寿命，使其能够长期保存和利用，在日常维护和操作过程中就应遵守基本的规则。

### 一、图书的保存与处理

#### （一）排架的方法

一般而言，书库里要保持良好的环境状况，除了需要对温度、湿度、光照和空气质量进行管理和控制以外，图书在书库中的放置方式也相当重要。图书不可直接靠墙存放，至少要离墙约 8 厘米，以便于图书周围的空气流通，同时也避免潮湿空气的侵入。尤其是当书架所靠近的墙为建筑外墙时，这点尤为重要。保存在密闭书柜里的图书应该与书柜后壁保持一定距离，同时书柜本身也应该距墙约8厘米。

图书应垂直置于书架之上，不可向一侧倾倒或靠在其他图书上，否则会导致图书封面变形。图书要恰好摆满书架，防止其倾倒，但也不可排列得过紧，否则当图书从书架上抽出时会受损。如果书架不能排满，则应使用书挡使图书保持垂直状态。所使用的书挡应该具有平滑的表面和宽阔的边框，以防止图书的封面受损，或者书页被撕毁，折叠。

图书的放置不可超过书架致使边缘突出到通道上，否则图书就有可能被撞倒而受损。因此，应该使用可以使大型图书完全置于书架上的足够宽的书架。此外，图书书口不可朝下放置，以防止书芯因重力作用与书脊分离，从而导致图书结构被破坏。如果图书过高不能垂直摆放，则应该选择合适的隔层或调整书架隔板之间的高度，以便使图书能垂直摆放在架上。体积过大的图书最好平放，尤其不能靠着比其尺寸小的图书垂直放置，因为尺寸小的图书不足以支撑尺寸大的图书，因此，如果可能，图书最好按规格分架摆放。

平装图书和布面精装图书不可直接与皮面精装图书放在一起，因为皮革里的酸性物质和油性物质会渗入纸张和布料中，加速其衰变。另外，皮革降解形成的粉末也会污损纸张和布料。如果有条件，图书应该放在书盒里以避免这些问题；如果没有条件，则平装图书和布面精装图书应该和皮制精装图书分开保存。

通常，图书不能叠放在书架上。小型的、装订结实的书要垂直放在书架上，大型的、厚重的、装订不牢固的或者是破损的图书则要水平放置，使其拥有足够的支撑。如果图书是水平放置的，则每隔一段距离就需要插入一个架子，避免所有的图书都堆在一起。若不是迫不得已，图书最好不要叠放，如果必须叠放则每叠不超过三本。理想情况下，所有需要水平放置的图书都应先独立装入书盒中。封面具有特殊价值的图书必须装入书盒方可水平放置，这样可以避免封面被磨损。特别需要注意的是，平放图书时必须露出书标或书名，使图书无需移动即可被查找。

### （二）书盒的使用

以下两类图书最好装入书盒存放：①封面易碎，但封面又具有特殊价值必须保持原状的图书应放入书盒保存；如果破损的图书价值不高，或者较少使用，或者其封面尚未准许进行处理或修补，也应放入书盒保存。②用牛皮纸装订的图书应该放入书盒保存，因为牛皮纸很容易随温度和相对湿度的变化而膨胀、收缩，导致封面变形。用书盒装起来可以防止牛皮纸封面变形或使变形程度降到最低。在此特别需要注意的是，所使用的书盒应采用档案专用材料制成，并严格按照图书的尺寸定制。

垂直摆放和装盒保存都是可取的，如果垂直摆放书盒则更好，因为可以更好地提供支撑并保持图书清洁。如果图书需要进行陈列展示，则应对其使用的书盒加以结构性的支撑。书套应尽量避免使用，因为在将图书插入或抽出书套的过程中会磨损封面；有时封套也可用于保护图书。但是这些用具都不能为图书提供支撑，因此应尽量使用书盒存放图书。如果使用书盒成本太高或占用的书架空间太多，则可把不经常使用的图书保存于卡纸封套中（这种方法特别适合小型图书），或使用持久耐用的纸将图书打包。受损的图书千万不能用橡皮圈或绳子捆在一起，应装入盒中，或包上纸以后再打包，并使用光滑的无色棉绳、亚麻绳或聚酯绳绑扎，在一捆书的顶部或书口处打结。

### （三）图书的取放

不当的处理方法会给图书造成无法挽回的损害。例如，不可拉着书脊护舌从书架上把书抽出来，这样会损坏书脊护舌、撕裂书脊。正确的方法是把所要取出的图书两侧的书推入一点，然后轻柔地抓住所需图书的两侧将其抽出。当把书放回书架时，先移松书挡，把书架上的图书挪开一定的空间，然后把书插入空位，再卡紧书挡。当移动平放于书架上的大型图书时，则要先把其上的书移放到空架上或书车上，双手托起所需的图书将其取出，然后将其他书放回原位。放回大型图书时也采用相同的方法。

搬动图书时不可摞放得太高，珍贵的图书更加不可摞放，以防止图书散落。使用书车时，书车应该移动灵活、隔板宽阔、四周有防护。图书不可在书车上堆得太高，也不可超出书车边沿；装书后的书车重心应尽可能低，以便保持稳定。

### （四）其他日常操作注意事项

图书经常在复印过程中受到不必要的破坏，因为为了获得较好的复印效果，复印机的上盖必须压紧书脊，重复性的操作会使书脊受到严重的破坏，因此，切不可为了获得较好的复印效果而用手或复印机上盖用力挤压书脊。设计合理的复印机通常有侧边压板（edge platens）或类似功能，可以使图书无需打开至180°角，而是在打开90°角时即可复印。复印珍贵书籍时必须在确保书籍不会受损的前提下由工作人员操作，而不可由研究者自行操作。如果一本书太易碎或装订过紧以致无法安全地复印，则应该用缩微拍摄代替复印，再由胶片制成影印件。

普通图书的索书号通常直接粘贴在书脊上，在此要注意的是，要确保粘贴标签的粘结剂黏性持久，不会因变干而导致标签松动或脱落，同时也要确保不会渗出而使书也带有黏性，否则渗出的粘结剂会吸附污垢，也可能破坏其他与其接触的资料。对于馆藏珍贵书籍，索书号不可直接写在其上，也不可使用压敏性胶带或胶水把印有索书号的标签贴于其上，因为写在书上既不醒目又会污损图书，而胶带和胶水则会脱色污损封面。理想的做法是把珍籍装入书盒，索书号贴在书盒上。如果没有书盒，索书号应打印在厚的无酸纸标签上，夹在书内。标签纸一般宽约5厘米，比书的高度长出5～8厘米。还有一种方法是制作聚酯薄膜护封，将索书号贴在护封上。珍贵的书籍不可使用条形码标签，因为会使书籍受损。如果珍贵的书籍必须使用计算机条码，则必须将标签贴于碱性纸上，然后再夹在书中或贴于聚酯薄膜护封上。

珍贵图书的藏书票也必须使用低木质素的碱性纸制成，用化学性质稳定的、易清理的粘结剂粘贴，最好是成分为大米淀粉或小麦淀粉的糨糊，或甲基纤维素，再或者是制作聚酯薄膜护封，将藏书票嵌入其中。尽管大多数珍籍一般是不流通的，但借阅卡袋的制作和使用也应遵循上述方法。

此外，所有含酸性的插件，如书签、便笺、拼图等，都要从书中取出。这是为了防止插入物的酸性转移到书页上而对纸张造成损害。书页上或插件上的回形针也必须全部取下。

## 二、单页文献的保存与处理

单页文献以单独保存为宜，原因在于：首先，体积和重量的差异可能会对纸质载体馆藏造成物理性的损害，所以保存纸质载体馆藏的一般原则是把相同尺寸和类型的藏品存放在一起，重的藏品应该和轻的分开存放，大体积的藏品（会导致盒子内的压力不均衡）单独保存，因此单页文献应与图书或小册子分开存放；其次，酸性物质具有扩散性，任何与酸性纸张有直接接触的纸张都会转为酸性，所以以酸性纸为载体的文献必须和非酸性纸张载体分开保存，因此如剪报等酸性纸张载体的文献必须避免直接接触到以非酸性纸张为载体的历史文献和手稿。

单页文献通常以展开状态保存为宜，如果展开文献的过程中出现撕裂、破损等现象，则应在操作前咨询文献保护人员。所有如订书钉、回形针、大头针等具有破坏性的扣件，都应该被小心移除，如果必须使用应选用防锈扣件。在装具的选用方面，应选用由无酸材料制成的、具有开合缓冲功能的文件夹。理想情况下，每个文件夹内放置的文献不超过10～15页；文献越珍贵或越易碎，则每个文件夹里存放的页数就应该越少。

文件夹应保存于由档案保护级别材料制成的文件盒中，放置时应注意每个文件盒内的文件夹尺寸应当一致，并与文件盒的规格相匹配。文件盒水平放置和垂直放置均可。如果水平放置，为便于操作一般以每两盒叠放一摞为宜。水平放置文件盒的好处在于可以为盒中的文献提供完整的支撑力，防止出现垂直放置时可能造成的文件边缘破损、脱落等机械性损伤，但是其不足之处在于文件盒底层的文件要承受来自上层文件的重量。如果垂直放置文件盒，必须确保文件和文件夹具有良好的支撑力，不会出现文件脱落、边缘破损等问题。

如果文件盒内放置的文件不是很满，可使用由稳定性材料制成的垫板填充闲置的空间。同时也要注意文件盒不可装得过满，否则在移动和翻阅过程中很可能会造成文件的损坏。也可选用装置有悬挂槽和悬挂式文件夹的文件柜保存单页文件，但特别值得注意的是，文件柜放置文件的悬挂式文件夹必须是由档案专用材料制成。

以皮纸为载体的文献特别容易受到温度和相对湿度的影响，因此需要装入封套中保存。诸如信封、文件夹、衬纸和文件盒之类封装用具都可用于保存此类文献。

## 三、特大型资料的保存与处理

建筑图纸、设计图、地图、大幅图片和壁纸样品等特大型资料最好水平置于地图柜的抽屉里或大号有盖的文件盒内。一般来说，此类资料都应存放于经过无酸处理的文件夹内，但是设计图纸通常对碱性物质敏感，不适于存放在经过碱性处理的文件夹内。然而最近有研究表明如果保存环境能够保持合适的相对湿度（30%～55%），就不必使用未经处理的文件夹，可采用经过处理的文件夹。所使用的文件夹的规格应与抽屉或文件盒的尺寸相匹配，与抽屉和文件盒尺寸相同的文件夹最为合适，因为如果文件夹小于抽屉和文件盒的尺寸，那么位于抽屉底层的文件夹有可能卡在缝隙里，在开关抽屉、移动文件盒时会错位。理想的做法是一个文件夹里只放一份文件，但如果有必要，一个文件夹里也可以放几份文件。如果一个文件夹内放有几份文件，最好采用无酸薄纸将各份文件隔开，特别是对于彩色文件或具有特殊价值的文件。存放特大型资料需要有足够的空间，以便其能够安全地从抽屉里或书架上移出，并有足够的空间摆放。

如果没有足够的空间将特大型资料平展存放，则可将其正面向内卷起存放，但在操作前必须确认资料的载体是否已变脆或易碎，能否承受卷折和展开的操作。有些资料必须单独卷为一轴，而有些规格稍小的资料则可以每4～6张卷成一轴，具体数目视纸张的尺寸和重量而定。在画筒的选用方面，其长度应比最大的文件略长几厘米，而直径至少需要4英寸（10.16厘米），若直径稍大一些则更适宜。如果画筒不是由低木质素、pH值中性的材料制成，使用时需裹上一层中性或去酸处理过的纸或聚酯薄膜；或者将文件放入约5密耳的聚酯薄膜文件夹中，文件夹两端长出文件卷轴的部分需要裁掉，其卷起后的长度应与画筒的长度相当。需要为文件裹上一层中性、经过去酸处理的纸或聚酯薄膜的另外一个原因是可以减少摩擦。包裹好的卷轴要用丝线、棉线或聚酯胶带松松地打结捆好。如果希望使文件得到更好的保护则可使用大号的画筒保存，并将画筒水平放置的方式置于架上。

## 四、照片的保存与处理

保存照片时最好每张照片单独装入一个封套，这有利于为每张照片提供足够的保护和物理支撑，使其免受破坏。用于保存照片的封套可以由纸或塑料制成，两者各有利弊。纸质封套具有遮光性，但查看照片时必须将其从封套中取出；透明塑料封套则无需取出照片即可查看，可以降低照片出现刮痕或磨损的几率。

如果使用纸质封套则必须选用无酸、无木质素的纸质封套。适合保存照片的塑料材质包括聚酯、聚丙烯和聚乙烯，但一定要注意不可使用聚氯乙烯材料。无论是纸质封套还是塑料封套都应该符合相关的国际标准或国家标准，并通过相应的照片活性测试。

---

**知识点链接4－1**

### GB/T 11821—2002 照片档案管理规范（节选）

5.4　照片的整理

……

5.4.4　照片的入册

5.4.4.1　照片册一般由297 mm × 210 mm大小的若干芯页和封面、封底组成。芯页以30页左右为宜，有活页式和定页式两种。……

5.4.4.2　应按照分类、排列顺序即照片号顺序将照片固定在芯页上，组成照片册。

5.4.5　大幅照片的放置

对于照片册放置不下的大幅照片，可将其放入专用的档案袋或档案盒中，按照片号顺序排列。如竖直放置，应首先将照片固定在专用的纸板上，再放入袋、盒中；如水平放置，照片的堆放高度不宜超过5 cm。以竖直放置为宜。

……

---

资料装入文件夹、套筒或信封后，通常应水平放置在档案保护专用盒里，但是玻璃板底片必须垂直保存，以免压在底部的玻璃板底片出现断裂。文件盒应保存在金属架上或金属柜内。排架时，较小规格的文件应集中在一起保存，因为尺寸不同的文件保存在一起会导致磨损和破裂等，或使较小尺寸的资料错位而无法查检到。此外，不考虑照片本身的尺寸，装入文件盒的所有封套都应该选用相同规格，并与文件盒的尺寸相一致。文件盒也不

宜装得过满。

水平放置照片比垂直保存更合理。因为水平放置可以为照片提供完整的支撑，避免出现弯曲变形等机械性损伤；而垂直放置更便于取阅，降低操作时的工作量。因此，如果需要垂直放置照片，应将其放入无酸文件夹或信封中，再放入悬挂式文件夹或文件柜中，但也需要注意避免悬挂得过密。使用悬挂式文件夹可以防止照片滑落，同时使操作更简便。

装裱在卡纸画框内的特大型图片在保存时要尤其注意。此类卡纸通常为酸性且极易碎，支撑板脆化对于相框内的图片来说是很危险的，因为在保存和操作过程中卡纸板有可能会破碎从而损坏图片。此类图片务必妥善保存，最好制作专门的封套保护图片。

## 五、其他类型文献的保存与处理

### （一）报纸

报纸产生于19世纪中期以后，由于载体纸浆中含有木质素和其他杂质而难以长期保存。理论上将报纸进行脱酸处理可以延缓纸张衰变，但实际上报纸仍会以较快的速率继续衰变，脱酸处理后的报纸会发黄变脆，且无法再恢复本色和纸张的韧性。因为大多数剪报的重要性在于其所包含的内容而非剪报本身，所以对于剪报收藏来说最可行的保护方法是将其复印或制成缩微品。采用复印方法保存剪报内容，一般应使用低木质素含量的脱酸复印纸。如果必须保存剪报原件，则应对其进行必要的处理，并与其他中性纸张载体的文献分开保存，或将其装入由聚酯薄膜制成的封套内保存。

### （二）小册子

小册子应放入文件盒或文件夹中保存。封面尺寸相同的小册子可以集中在同一个文件盒内保存，而尺寸不同的小册子应分开单独放入不同的文件盒中保存，或夹入不同的文件夹中，再将文件夹放入文件盒中保存或放入悬挂式文件柜中。如果保存在文件夹里，小册子的书脊应向下。如果单册的小册子需要和图书一起摆放在书架上，最好先将其分别装入文件盒再排架；成套的小册子则可按照主题统一装入一个文件盒，然后再上架与图书一起排放。如果需要将小册子装订成合订本保存，则应挑选资质合格的装订商承担装订工作，以免对小册子造成破坏。在对小册子进行装订工作之前，可先向有经验的文献保护专家评估各类装订机构的优缺点，再行实施装订项目。

### （三）剪贴簿和短期出版物

许多历史文献性馆藏中包括剪贴簿和短期出版物，如商业卡片、明信片、图样、纸偶等，保存此类资料是一项富有挑战性的工作，因为其由多种部分和介质载体组成，在结构上可能会有凸起的表面、立体装饰物或活动部件。这些资料通常都是独特的，具有重要的附加价值，同时又易碎易损。在收藏时，由于尺寸、形状、重量和载体材质方面的差异会导致不同程度的损害，因此这类资料很难与其他各类图书、档案资料共同归档。

剪贴簿和短期出版物主要依据相应的主题进行归类保存。对于原件本身具有特殊历史价值的剪贴簿，应根据其尺寸规格定制合适的保存盒单独装箱保存。对于零散的短期出版物，应根据其尺寸和类型（如照片、印刷资料、手迹等）进行归类，然后根据需要分别封装保存，以防其酸性扩散或出现机械性破损，在保存时还要注意为藏品提供必要的结构上的支撑保护。通常档案保护用品供应商都会提供适用于普通短期出版物（如明信片和立体图片等）标准规格的储物箱和储物架，或提供为特殊藏品定制保护专用封套的服务。

总之，采取上述措施，对图书、档案等馆藏采取正确的保存方法和处理方案，可以为馆藏提供良好的预防性保护措施，将采用补救性保护措施的可能性降到最低。从文献保护长期发展的角度来看，采取正确的保存方法和处理方案是延长馆藏寿命最为可行和最经济的一种方式。

## 第二节　装具的安全性

装具（或保存设备）是指存放并保护文献的家具设备或装置用品，一般可分为外装具和内装具两大类。外装具包括架、箱、柜、橱等，可以充分利用书库空间，实现立体分层存放文献；内装具包括夹、盒、套、袋、袟等，是文献保存的最小空间。装具对于文献的保护作用主要体现为可以防光、防尘、防水和防蠹。此外，内装具还具有可移动、防挤压、防磨损和减少文献直接与人体接触等作用。但是，装具对于文献保护作用的发挥还有赖于其制作材质、使用涂料和结构设计的安全性。市场上常见的许多装具的材质都含有会对文献造成损害的副产品或挥发物，某些不合理的结构设计也会对文献造成损害，因此，图书馆、档案馆等文献保藏机构在选择装具之前需要仔细调查和分析其材质的安全性。本节内容即围绕装具的安全性这一主题，为文献保存日常处理过程中装具的选择提供正确的指引。

---

**知识点链接 4－2**

### DA/T 6—1992 档案装具（节选）

1　主题内容与适用范围

1.1　本标准规定了档案装具的尺寸规格、技术要求及试验方法。

1.2　本标准适用于钢类、木类、纸类等材料的档案装具，其他材料的档案装具亦应参照执行。

……

4　装具种类

4.1　柜装具类

案卷柜、文件柜、办公柜、胶片柜、磁带柜、卡片柜、自动选层柜。

4.2　架装具类

直列式密集架、侧拉式密集架、抽屉式密集架、单柱固定架、双柱固定架。

4.3　其他装具类

档案卷盒、卷夹、卷皮等。

……

7　技术要求

7.1　性能

7.1.1　装具应满足档案载体的存贮、保护及其使用功能的需要。

7.1.2　装具的承重应满足下列要求，特殊规格按用户要求决定。

| 名　　称 | 规　　格 | 载重单位 | 质　量（kg） |
|---|---|---|---|
| 固定架、密集架 | | 每层隔板 | 40 |
| 案卷柜 | | 每层隔板 | 40 |
| 底图柜 | 0# | 每个抽屉 | 40 |
| | 1# | 每个抽屉 | 20 |
| 胶片柜 | | 每个抽屉 | 20 |
| 磁带柜 | | 每层隔板 | 20 |
| 卡片柜 | | 每个抽屉 | 5 |

7.1.3　同类产品各零件、组合件之间应有良好的互换性能。

7.1.4　活动装具应有防倒安全装置，传动系统应转动灵活，运行平稳，不得有失灵现象。

7.1.5　电器线路应有可靠的短路保护装置，电器元件与档案载体应有隔离防护措施。

7.1.6　档案装具所用的导线，易老化电器元件应在说明书或相应元件上注明使用年限，到期更换，以防因老化产生的火花危害。

7.1.7　装具表面深层色泽必须均匀一致，同时应有良好的耐湿热性（一级标准）及耐霉菌性（0级标准）。

7.1.8　木质装具选材，应不易生虫，不易变形，不出油，结实耐用。

……

---

## 一、外装具的安全性

### （一）烤漆

烤漆设备直到最近几年才被认为可用于收藏文献，这种在钢铁表面进行瓷釉涂搪的设备具有稳定的化学性质。由于易制作、成本低且坚固耐用，烤漆设备已经成为特别具有吸引力的一种选择。但是，如果烘烤的过程不当（如没有在足够高的温度下烧制足够长的时间），瓷釉涂层可能会释放出对文献有害的甲醛及其他挥发性物质。如果书架所处的空间是一个封闭或空气流通很差的环境，或者文献保存于诸如地图柜、文件柜的抽屉以及实心门书柜等封闭设备中，那么有害物质挥发对文献的损害就更为严重。

在选择使用烤漆设备之前，必须先检测其是否会释放挥发性的有害物质。一般来说，正确的检测程序为使用甲乙酮擦拭法进行检测，如果发现涂层的烧制质量有问题，则应将设备送交专业检测部门进一步检测。

甲乙酮擦拭法是一种简单的检测方法，取一根浸取了甲乙酮溶剂的小号棉花棒在设备某个不显眼处用力擦拭，通常需要在设备的正反面分别擦拭 30 次，直至擦拭处的涂层软化，呈湿润状或褪色状。然后目测棉花棒的变色程度，如果只是略微变色则说明瓷釉涂层的烧制质量合格，如果严重变色则说明瓷釉涂层的烧制质量可能不合格。

### （二）粉末涂料

表面喷涂各种粉末涂料的钢铁质地的装具不存在烧烤搪瓷装具挥发有害气体的问题。粉末涂料是一种经过精细研磨的合成聚酯材料，经静电喷涂、摩擦喷涂（热固方法）或流化床浸涂（热塑方法）等方法，再加热烘烤熔融固化，在钢铁制品的表面使形成平整光亮的永久性涂膜，达到装饰和防腐蚀的目的。

测试表明粉末涂料化学性质稳定，不含毒性、不含溶剂、不含挥发性有毒物质，不存在中毒、火灾和“三废”排放等公害问题，符合国家环保法的要求。粉末涂料形成的涂层致密、附着力强、抗冲击强度和韧性良好，边角覆盖率高，具有优良的耐化学药品腐蚀性能和电气绝缘性能。因此，使用粉末涂料的装具用于保存珍贵文献是安全的。

### （三）阳极氧化铝

阳极氧化铝板制成的外装具也适用于保存文献。阳极氧化铝板是将铝板置于相应电解液（如硫酸、铬酸、草酸等）中作为阳极，在特定条件和外加电流作用下进行电解。阳极的铝板氧化，表面上形成氧化铝薄层，其厚度为 5 ～ 20 微米，硬质阳极氧化膜可达 60 ～200 微米。阳极氧化后的铝板具有的优点有：①耐候性好。标准厚度氧化膜（3 微米）的阳极氧化铝板在室内使用，可保持长期不变色、不腐蚀、不氧化、不生锈。加厚氧化膜（10 微米）的阳极氧化铝板即使于室外使用，也可长期暴露于阳光下不变色。②防火性高。阳极氧化铝板作为纯金属制品，表面无油漆和任何化工物质，在 600 ℃高温下不燃烧、不产生有毒气体，符合消防环保要求。③抗污性强。不留手印，污点痕迹容易清洗，不会产生腐蚀斑点。

正因为阳极氧化铝板制品具有上述优点，且质量轻、牢固耐用，因此是文献保存装具最适宜的材料，尤其适用于保存高敏感度材料。但是，阳极氧化铝设备通常价格昂贵。

### （四）镀铬钢书架

由高强度的镀铬钢丝制成的开放式镀铬钢书架适合保存盒装资料。这种含铬的合金钢具有质地坚硬、耐磨、耐腐蚀和不生锈的特点，所以制成的书架经久耐用。而且开放式的结构不仅使书架质量轻，还可保证良好的空气流通。镀铬钢书架的缺点在于会在文献资料上留下永久性的印记，所以资料最好先装入文件箱再放置在书架上，或者在书架上加以铺衬再摆放文献。

**知识点链接4-3**

## DA/T 6—1992 档案装具（节选）

7.2 材料

7.2.1 钢材

7.2.1.1 装具使用的冷轧钢板应符合 GB 710 普通碳素钢冷轧钢板或同等性能的普通碳素钢冷轧钢带。

7.2.1.2 对于要求钢板厚度≥2 mm 的部件可采用 GB 711 热轧钢板或不低于同等性能的热轧钢板。

7.2.1.3 装具使用的圆钢应符合 GB 699 中优质碳素钢和低合金结构钢。

7.2.1.4 常用钢板厚度柜类见表8，架类见表9。

**表8** 单位：mm

| 名称 | 厚度 | 名称 | 厚度 |
|---|---|---|---|
| 顶板 | ≥1.0 | 正面板 | ≥1.0 |
| 侧面板 | ≥1.0 | 底版 | ≥1.0 |
| 隔板 | ≥0.8 | 背板 | ≥0.8 |
| 轨道 | ≥1.5 | | |

**表9** 单位：mm

| 名称 | 厚度 |
|---|---|
| 立柱 | ≥1.5 |
| 隔板 | ≥1.0 |
| 面板 | ≥1.0 |
| 底盘 | ≥3.0 |

……

7.2.4 涂料

7.2.4.1 钢制装具常用涂料见表10。

**表10**

| 名称 | 用途 | 牌号 | 标准 |
|---|---|---|---|
| 各色氨基烘干磁漆 | 面漆 | A04-9 | ZB G51 043 |
| 各色醇酸磁漆 | 面漆 | C04-2 | ZB G51 035 |
| 各色硝基醇酸磁漆 | 面漆 | Q04-17 | ZB G51 054 |
| 铁红、锌黄、铁黑底漆 | 底漆 | H06-2 | HG 2239 |
| 铁红、锌黄环氧酯底漆 | 底漆 | X06-19 | ZB G51 095 |
| 磷化底漆 | 底漆 | X06-2 | |
| 粉末喷涂 | 面漆 | | |

注：粉末喷涂材料为环氧树脂和聚酯树脂。

### （五）木材

木质装具（尤其是书架）因其美观、经济且构造简易而历来被普遍使用。但是木材、复合木及其涂层剂和粘结剂都会散发出酸性物质及其他有害物质。一般情况下，挥发物伴随着物质的整个生命周期，在最初阶段挥发量最高。为了防止对馆藏造成潜在的损害，应尽量避免使用实木或木质装具。如果只能选用木质装具，则必须事先采取预防措施。

事实上，一般的实木或复合木比其他材料更具潜在的危害性。例如，广泛用于保存图书、档案资料的橡木，是挥发酸性物质最强的木材，因此不应该用于保存纸质文献。我国的档案行业标准 DA/T 6—1992《档案装具》中规定可用于作为档案装具材料的木材包括樟木、楠木、柞木、水曲柳、红松木和杉木，木材质量应符合国家标准 GB 3324《木家具通用技术条件》的规定。

---

**知识点链接 4－4**

#### 一种检测木质产品、涂层剂及其他各种材料所含有害性挥发物的方法

测试器材：广口瓶 2 只，小号玻璃烧杯或小号玻璃试管 2 只，铅片（银片或铁片）2 块，棉花 2 块，600 目砂纸或钢丝棉，丙酮或酒精，去离子水，载玻片和盖玻片，铝箔纸 4 张，黄铜丝（或其他金属丝）若干，烤箱 1 个，高倍镜 1 架。

测试步骤：

（1）取两只玻璃广口瓶，分别编号为 1#瓶和 2#瓶。

（2）将事先准备好的 2 块铅片（银片或铁片）分别用 600 目的砂纸或钢丝棉打磨，再分别用丙酮或酒精擦拭，然后将其分别放入 1#瓶和 2#瓶。

（3）将 2 块棉花分别在去离子水中沾湿，再分别装入小玻璃烧杯或小玻璃试管中，然后分别放入 1#瓶和 2#瓶。将沾湿的棉花装入小玻璃烧杯或小玻璃试管中，是为了防止其直接与金属片和测试对象接触，并降低棉花中水分蒸发的速度。

（4）在 1#瓶中放入测试样本。如果测试对象是木质产品或其他材料的产品，则直接取一块测试对象的样本置于 1#瓶中；如果测试对象是涂层剂，则先取少许密封胶制成玻片，然后再放入 1#瓶中。

（5）在 1#瓶和 2#瓶的瓶口上分别覆盖两层铝箔纸，用黄铜丝（或其他金属丝）将铝箔纸紧紧固定。

（6）将 1#瓶和 2#瓶同时放入烤箱中，温度设置为 60 ℃，加热 3 个星期。

测试结果的观察：

在高倍镜下观察 1#瓶和 2#瓶中金属片表面的变化。可能两者都会发生变化，但是如果观察发现 1#瓶中的金属片和 2#瓶中的金属片变化不同，则被检测的对象就不适合使用。

资料来源：Sherelyn Ogden. Preservation of Library and Archival Materials：A Manual. 3rd edition，Revised and Expanded. Andover，MA：Northeast Documents Conservation Center：1999. NEDCC. [2011－08－31].

http://www.nedcc.org/resources/leaflets/4Storage_and_Handling/4.2footnotes.html#4.

---

### （六）木器涂料

已投入使用的木质装具必须采取安全保护措施，将其所有部分都刷上涂料。虽然涂料或涂层剂并不能长期完全阻挡酸性物质和有害物质的挥发，但至少在短时期内是有效的。某些涂层剂在阻挡有害挥发物质方面的能力优于其他材料。因此，在挑选涂层剂时要尤其注意，确保所选择的涂层剂能够形成最有效的屏障，且本身也不会释放出有害物质。

目前常见的涂层剂中，适用于保存文献的是一种水性聚氨酯产品。油改性聚氨酯、油性涂料及其他含油性或醇酸树脂的产品都不适用于文献保存用途。只有水性聚氨酯可用于文献保存。

如果木材表面不需要保持其本色，则可以使用涂料漆涂刷木质装具。一般来说，双组环氧树脂涂料虽然能够形成良好的保护屏障，但此类产品不易使用；乳胶涂料和丙烯酸涂料虽然在形成屏障方面的效果较差，但更易于使用。油性涂料漆和着色剂则切不可使用，因为干性油中含有酸性有害成分。

木质装具无论是使用涂料还是涂层剂进行涂刷，在使用之前都必须进行安全性检测。在涂刷后应先在通风环境中放置 3 ～ 4 个星期，然后再投入使用。由于大多数涂层剂所含的成分都具有毒性，所以应慎重使用并遵守相应的安全标准。

---

**知识点链接 4 - 5**

## DA/T 6—1992 档案装具（节选）

7.2　材料

……

7.2.4.2　木制装具常用涂料见表 11。

**表 11**

| 名　　称 | 用　　途 | 牌　　号 | 标　　准 |
|---|---|---|---|
| 聚氨酯漆 | 面漆 | S01 - 3<br>S01 - 6 | |
| 硝基木器漆 | 面漆 | Q22 - 1 | ZB G51 059 |
| 油基大漆 | 面漆 | T09 - 1 | ZB G51 014 |
| 虫胶清漆 | 底漆 | T01 - 18 | |

---

### （七）其他具有阻隔效果的材料

书架和抽屉都应该覆盖具有良好阻隔效果的材料。目前推荐使用的具有阻隔效果的产品包括惰性金属板、聚氯三氟乙烯高阻隔性薄膜、铝板、玻璃、有机玻璃板之类的合成材料。有机玻璃板在吸收了污染物后会重新将其释放，因此这种材料不可重复利用。此外，还要注意某些阻隔性材料上的油墨具有腐蚀性。如果上述材料均不适合用做装具的表面层，可以再加铺一层成分为100%破布浆的纸板。但是破布浆纸板不能单独使用，因为其本身不具备阻挡挥发性有害物质的功能。

### （八）外装具构造的安全性

从构造上来看，外装具表面抛光后应平滑，不会对文献造成磨损。如果外装具为钢铁材质则应漆上涂料或镀膜，抛光后具有防剥落的能力，否则剥落的缺口会使钢铁材质暴露在空气中并极易生锈。外装具不可有锋利的边角和突起，突出的螺母和螺栓对文献的伤害尤其大。

外装具的结构应当坚固耐用，以防在放满文献后出现倾斜变形。书架最好用螺丝固定在地面上，如果可能在天花板上也进行固定，以使其在排满文献后仍旧能够保持稳固。书架还应该可以根据各种馆藏的尺寸进行调整，特别是在存放超大尺寸的馆藏时应有足够的空间。书架或书柜最底层应距离地面10～15厘米，以防发生水患时馆藏被浸泡。

如果在文献保存过程中需要尤其注意安全问题和防尘问题时，最好选用带门的书柜作为装具。如果柜门打开至180°角有助于将文献安全地从书柜中取出，则最好在柜门上使用长铰链。如果书柜所处的环境相对湿度不稳定，应尽量避免使用封闭式钢铁质地的书柜；如果使用，书库内应保持良好的通风环境，或对书柜内的湿度情况进行监控。

水平放置文件的抽屉的深度最好不要超过5厘米，因为抽屉越深，放置在内的文件数量就越多，重量也越重，抽取资料时产生的压力就越大。抽屉内需要铺上防尘罩以防文件被损。抽屉还应具有自动定位功能，防止开关时从橱柜中滑落。此外，滚珠轴承结构的抽屉较之滑轨结构的抽屉滑动更为自如，可防止抽屉从滑轨中脱落或卡在轨槽中，还可减少抽屉内资料的震动。抽屉中还可铺衬泡沫塑料芯材以起到缓冲作用，减少文献受震，起到保护作用。

### （九）密集型存储设备

密集型存储设备通常是指空间有限的机构所使用的密集型、可移动的书架。此类设备通过书架的密集排列或抽屉的紧凑设计使空间利用达到最大化。每排书架都可以沿着轨道滑动，在需要取阅特定一排书架上的文献时可以移动出足够的空间，然后再将书架移动回原位。但由于书架在滑动过程中会导致保存于内的文献震动，从而增加文献被损的可能性，此外，文献还有可能从书架上跌落导致更严重的破损，因此，在选择密集型存储设备时应注意其设计是否可以将上述风险降至最低。对于密集型存储设备来说，最关键的一点是文献在存放时不可超出书架的边缘，以避免书架密集排列时与相邻书架上的文献相互碰撞积压。在安装密集型存储设备时应预留出充足的整体空间，确保每列书架之间能够移动出足够宽敞的通道，使文献（尤其是超大尺寸的文献）能够安全、方便地从书架上或抽屉里移出。

地面承重能力是安装密集型存储设备时需要重点考虑的问题，尤其是当大量厚重的文献需要集中保存在一个封闭的空间内时。设计密集书库时承重能力的计算除单位面积内文献藏品的重量以外，还应包括地板、设备轨道和配件、书架和抽屉等的重量及其承重能力。火警预测和灭火系统是密集书库设计时需要考虑的另外一个重要问题。密集型存储设备的书架之间应留出几厘米的空间，以便于探测火灾隐患及扑灭火灾。书架之间预留少量的空间还可以保证空气流通顺畅，避免潮气和浑浊空气的聚积。

此外，密集型存储设备在水灾、火灾和地震中的性能也是需要考虑的问题。在选择设备之前应向供应商咨询性能问题，如当重量增加、轨道变形或电力中断时如何移动书架。

## 二、内装具的安全性

内装具应采用化学性质稳定的材料制作，这样才能为保存于内的纸质文献提供物理上和化学上的双重保护作用。由于内装具直接与文献接触，因此选择适宜的材料制作显得尤为重要。如果制作内装具的材料不符合要求，则会对文献造成无法挽回的损害。

### （一）化学性质稳定

纸张中的酸性物质是导致纸质文献衰变的主要因素。纸张酸化的衰变表现和纸张褪色、脆变的表现一样明显。选用化学性质稳定、不含酸性的材料制成的内装具十分重要。木质素、磨木浆和明矾－松脂填料是纸张的常见成分，同时也是导致纸张酸化的因素，因此在选择内装具制作材料时应避免选用含有上述成分的材料。所有用于做衬纸、文件夹和封套的纸张材料都应具备化学性质稳定、不含木质素的特征，应使用无木质素、化学成分纯净的材料制作封套，选用100%棉的布浆纸板或不含木质素、化学成分纯净的、具有保护作用的框板对纸质作品进行镶裱。此外，制作内装具过程中所使用的粘结剂也应具备化学性质稳定、不含污染成分和有害成分的特性。

### （二）碱化剂

为了进一步防止酸性物质的形成，纸质的装具材料在生产过程中需要添加如碳酸钙等碱化剂进行处理。进行碱化处理的目的是为了中和装具材料中的酸性物质。存储材料的供应商可以提供所使用的碱化剂的种类和用量。很多纸张和修复用衬托纸板中都含有3%的碳酸钙。经过碱化处理的材料适合保存大多数书籍和纸质艺术品。但是，下列藏品不适宜保存于碱性材质制成的装具内：含有对高碱性敏感的染料或颜料的艺术品，含有毛料或丝织品等成分的拼贴画、图纸、氰版相片、重氮相片及某些类型的照片等。

### （三）分子阱和分子筛

在美国历史与艺术品保存协会（the American Institute for Conservation of Historic and Artistic Works）的年会上，美国国会图书馆（the Library of Congress）展出了其在2005—2006年间自主研发的一项新型装具材料成果，这种新型材料由活性炭或沸石等一种或多种具备分子阱结构的碱化剂复合而成，所能提供的保护效果优于仅含有一种碱化剂的装具材料。这种装具材料能够抵御环境中的污染物和具有腐蚀性的物质，而含有普通碱化剂的装具材料是无法中和上述酸性物质的。虽然碱化剂能够中和存储材料本身产生的游离态酸性物质，但是研究表明，碱化剂不能阻挡空气中的污染气体穿透存储材料，而分子阱或分子筛可以吸收空气中的污染物。如果用于诸如封闭式陈列柜之类的密闭空间，分子阱能够吸收和消除有害颗粒；如果用于较开放性存储设备，其效果则有可能会降低。

### （四）pH 值

对于装具材料的酸碱度虽然很难给出一个推荐值，但是通常认为酸碱值在 7.0～8.5 之间的材料适合保存书籍和纸质艺术品。综上所述，为那些对高碱性敏感的媒介选择装具时要特别小心。此外，在选择照片的装具时要特别注意装具的材料是否通过了有关测试。

测量 pH 值有多种方法，最简单的方法是使用 pH 测试笔，可以检测材料表面的 pH 值。在使用 pH 测试笔时，应该分别测试纸张的中心处和表面的 pH 值，以避免单纯测试表面 pH 值时产生的误差。这种测试笔为一次性用品，使用过后不可再用于测试其他物体。如果需要精确测量 pH 值，可以使用 pH 值试纸。而 pH 值测试计可以提供更为精确的读数。在选择装具材质时，当 pH 值的读数在 7.0 以上并不意味着此种材质一定符合文献保护要求。例如，某些木浆纸板在新出厂时呈碱性，但是会迅速酸化。因此，生产商应该提供关于装具材质的成分和生产过程的全部信息，这些信息和 pH 值共同成为选择装具时的参考信息。

---

**知识点链接 4－6**

## DA/T 11—1994 文件用纸耐久性测试法

1　主题内容与适用范围

本标准规定了纸在 100±2 ℃的干热加速老化方法。

本标准适用于公文、科技文件材料归档用纸及类似归档材料用纸。

2　引用标准

GB 450　纸和纸板试样的采取

GB 10739　纸浆、纸和纸板试样处理和试验的标准大气

GB 2679.5　纸耐折度的测定法（MIT 耐折度仪）

GB 455.1　纸撕裂度的测定法

GB 1545.2　纸、纸板和纸浆水抽提液 pH 值的测定法（冷抽提法）

GB 8940.1　纸和纸板白度测定法（45/0 定向反射法）

3　术语

3.1　耐久性（permanence）

纸的耐久性指在很长的时间内，能保持纸张一定的原有重要物理、化学性能，特别是耐折度、撕裂度、白度、pH 值等，纸的耐久性即加速老化试验或在特定的温度条件下试验可得出结果。

3.2　强度保留率（strength retention）

同一试样加速老化后强度与老化前强度的百分比。

3.3　最耐久纸（maximum permanence paper）

可保存 500 年以上。经 100±2 ℃、576 小时（24 天）干热加速老化后，其耐折度保留率纵、横向均不低于 50%，撕裂度保留率纵、横向均不低于 80%，水抽提液 pH 值为 7.5～9.5。其纤维原料建议采用 100% 漂白针叶木浆或新的棉花和亚麻浆，或这些纤维的

混合浆。

3.4　一般耐久纸（medium permanence paper）

可保存200年以上。经100±2 ℃、576小时（24天）干热加速老化后，其耐折度保留率纵、横向均不低于5%（最小不得低于2双折次），撕裂度保留率纵、横向均不低于60%，水抽提液pH值为7.5～9.5。建议其纤维原料中至少含有20%漂白针叶木浆或新的棉花和亚麻浆，或这些纤维的混合浆，其余的为其他纤维原料。

4　原理

将纸样置于鼓风式电热恒温箱中，在100±2 ℃下干热老化处理24天，取出后测定其有关性能的变化，进而得出纸张耐久性能的结论。

5　仪器

5.1　恒温箱

鼓风式并能保持空气温度为100±2 ℃的烘箱。

5.2　干燥器

相对湿度10%～35%（硫酸干燥器）。

注：69%的硫酸（比重1.6），干燥器相对湿度（RH）为10%，不同纸的平衡水分含量为2.2%～4.5%。51%的硫酸（比重1.4），干燥器相对湿度（RH）为35%，不同纸的平衡水分含量为14.3%～7.5%。

5.3　试验仪器

有关试验测定纸张理化性能（耐折度、撕裂度、白度、pH值）试验仪器（一套），要符合相应的国家标准或与之相当的标准。

6　试验步骤

6.1　取样

6.1.1　试样按GB 450的规定采取并以“交错裁切法”按规定的尺寸裁切，即在纸张上先裁一个处理试样（或对照试样），接着再裁一个对照试样（或处理试样）。这样交错裁切下去，直至试验用够数为止。

选用的试样，应保证纤维交织均匀，以尽量减少试样本身的误差带来的影响。

6.1.2　按相应的国家标准各准备两份用于测定纸张理化性能的试样。

避免裸手拿取试样，防止强光照射试样及过分将试样暴露在化学实验室的大气中。

6.2　干热老化处理

6.2.1　热处理应在黑暗中进行。

6.2.2　把（6.1.2）两份试样中的一份悬挂在（5.1）烘箱中（烘箱内只能放置一种纸样，以防止纸里蒸发或升华的产物引起相互污染的可能性），以便使未被污染的100±2 ℃的空气能围绕每一试样循环，试样距烘箱内壁不得少于100 mm，并且不能相互靠触。试样在100±2 ℃烘箱中放置576小时（24天）。

6.2.3　把（6.1.2）两份试样中的另一份（对照试样）放置在比较干燥、无化学污染、无光照（即用黑色纸包好或放在纸口袋内）的安全地方，以避免影响其测定的精确度。

6.3　温湿处理

6.3.1　至少在结束热处理2小时以前，将未处理的那份试样（对照试样）放入大干燥器内。

6.3.2　干热老化处理结束，把未处理和已老化处理的两份试样同时移到符合GB

10739 规定的标准大气内进行温湿处理，使试样各个表面都能与空气接触直至试样的水分与空气中的水汽达到平衡（不少于 2 小时）。

6.4 测试

6.4.1 按 GB 2679.5 测定未处理和已老化处理的两份试样的耐折度。

6.4.2 按 GB 455.1 测定未处理和已老化处理的两份试样的撕裂度。

6.4.3 按 GB 1545.2 测定未处理和已老化处理的两份试样的 pH 值。

6.4.4 按 GB 8940.1 测定未处理和已老化处理的两份试样的白度。

7 结果计算与分析

7.1 结果计算

分别计算未处理和已老化处理试样的耐折度、撕裂度、pH 值、白度测定结果的算术平均值。按下式计算耐折度、撕裂度的强度保留率（纵、横向分别计算）：

$$R = \frac{S_1}{S_0} \times 100\%$$

式中：$R$——强度保留率；

$S_0$——未处理试样的强度值；

$S_1$——已老化处理试样的强度值。

7.2 耐久性分析

按下表所列的技术要求判断纸张的耐久性等级，推算纸张的保存年限。

| 指标名称 | 技术要求 | | 试验方法 |
|---|---|---|---|
| | 最耐久纸（可保存 500 年以上） | 一般耐久纸（可保存 200 年以上） | |
| pH 值（经老化后） | 7.5～9.5 | 7.5～9.5 | GB 1545.2（冷抽提法） |
| 耐折度保留率（纵、横向分别计算） | 不低于 50% | 不低于 50%（最少不得低于 2 双折次） | GB 2679.5 |
| 撕裂度保留率（纵、横向分别计算） | 不低于 80% | 不低于 60% | GB 455.1 |

只要有一个指标达不到要求，则判该纸的耐久性不合格。只有各项指标均达到要求，该纸的耐久性才算合格。

白度只作为参考指标，不作具体要求。

8 试验报告

试验报告应包括下列内容：

a. 参考本标准；

b. 试样的纤维原料、生产日期；

c. 干热老化处理试样与未处理试样的测定平均值及精确度；

d. 耐折度、撕裂度的强度保留率（纵、横向分别计算）；

e. 试验结论。

知识点链接 4 - 7

## DA/T 24—2000 无酸档案卷皮卷盒用纸及纸板（节选）

3　产品分类

3.1　无酸档案卷皮、卷盒用纸及纸板为卷筒纸，卷筒宽度为 1600 mm 或按订货合同；宽度偏差不超过 ±5 mm。

3.2　卷筒直径为 850 ±50 mm。

4　技术要求

4.1　无酸档案卷皮纸的技术指标及试验方法应符合表 1 规定；无酸档案卷皮、卷盒用纸板的技术指标及试验方法应符合表 2 规定。

表 1　无酸档案卷皮纸的技术指标及试验方法

| 指标名称 | 单位 | 规　定 | 试验方法 |
|---|---|---|---|
| 定量 | $g/m^2$ | 120.0 ±6.0，130.0 ±6.0，140.0 ±6.0，50.0 ±6.0 | GB/T 451.2 |
| 紧度≥ | $g/cm^3$ | 0.60 | GB/T 451.2、GB/T 451.3 |
| 纵向撕裂度≥ | mN | 1000 | GB/T 455.1 |
| 横向耐折度≥ | 次 | 300 | GB/T 457 |
| pH 值 | | 7.3～8.5 | GB/T 1545.2 |
| 施胶度（画线法）正/反≥ | mm | 1.5/1.0 | GB/T 460 |
| 交货水分 | % | 5.0～8.0 | GB/T 462 |
| 光泽度 | | 机械压光 | |

表 2　无酸档案卷皮、卷盒用纸板的技术指标及试验方法

| 指标名称 | 单位 | 规　定 | 试验方法 |
|---|---|---|---|
| 定量 | $g/m^2$ | 250.0 ± 10.0，280.0 ± 12.0，320.0 ±14.0 | GB/T 451.2 |
| 紧度≥ | $g/cm^3$ | 0.60 | GB/T 451.2<br>GB/T 451.3 |
| 纵向撕裂度≥ | mN | 2000，2250，250，0 | GB/T 455.2 |
| 横向耐折度≥ | 次 | 500，400，300 | GB/T 1538 |
| 横向环压强度≥ | (N·m)/g | 6.00 | GB/T 451.2<br>GB/T 2679.8 |
| pH 值 | | 7.5～8.5 | GB/T 1545.2 |
| 施胶度（画线法）正/反≥ | mm | 1.5/1，0 | GB/T 460 |
| 交货水分 | % | 5.0～8.0 | GB/T 462 |
| 光泽度 | | 机械压光 | |

4.2 外观

4.2.1 纸及纸板表面应平整、光洁、纤维组织均匀，不允许有褶子、裂口、洞眼、透帘、分层、起毛等影响使用的纸病。

4.2.2 挂面的无酸档案卷皮、卷盒用纸及纸板 1.0～2.0 mm、尘埃每平方米不多于 50 个。2.0～5.0 $mm^2$ 的尘埃或斑痕每平方米不多于 10 个，5.0～10.0 $mm^2$ 的尘埃或斑痕每 10 $mm^2$ 不多于 3 个（非周期性），不允许有 10 $mm^2$ 以上的尘埃或斑痕。

4.2.3 未挂面的无酸档案卷皮纸及纸板 2.0～5.0 $mm^2$ 的尘埃或斑痕每平方米不多于 10 个，5.0～10.0 $mm^2$ 的尘埃或斑痕每 10 $mm^2$ 不多于 3 个（非周期性），不允许有 10 $mm^2$ 以上的尘埃或斑痕。

4.2.4 卷筒两端面应平整，弓形不超过 15 mm，锯齿形不超过 5 mm。

4.2.5 每卷筒断头不允许超过 3 个，断头处用胶带对接粘牢并做明显标记。

5 检验规则

5.1 供方应保证产品符合本标准要求，以一次交货数量为一批，每件产品应附有一份检验合格证。

5.2 需方有权按本标准规定进行检查验收，在检查验收时应先检查外包装情况，然后按 GB/T 450 和 GB/T 10739 的规定，从中采取试样进行检验。

5.3 需方对产品质量有异议时，应在到货后三个月之内提出书面意见通知供方，由双方共同或委托第三方抽样检验；检验结果判定不合格时，由供方负责处理；检验结果判定合格时，由需方负责处理。

5.4 交收抽样检验按 GB/T 2828 规定进行，样本单位为卷筒，交收抽样项目分组，检查水平、抽样方案及合格质量水平 AQL 按表 3 规定进行。

**表 3 检查水平、抽样方案及合格质量水平 AQL**

<table>
<tr><td rowspan="3">抽样方案<br>批量（筒）</td><td colspan="3">二次正常抽样</td><td colspan="2">检查水平 1</td><td colspan="2">不合格分类</td></tr>
<tr><td rowspan="2">样本大小</td><td colspan="2">B 类不合格产品<br>AQL = 6.5</td><td colspan="2">C 类不合格产品<br>AQL = 10</td><td rowspan="2">B 类不合格</td><td rowspan="2">C 类不合格</td></tr>
<tr><td>Ac</td><td>Rc</td><td>Ac</td><td>Rc</td></tr>
<tr><td>1～25</td><td>2<br>2（4）</td><td>0<br>1</td><td>2<br>2</td><td>0<br>1</td><td>2<br>2</td><td rowspan="4">pH 值<br>横向耐折度<br>紧度</td><td rowspan="4">定量<br>横向环压强度指数<br>施胶度<br>纵向撕裂度<br>水分<br>光泽度<br>外观纸病</td></tr>
<tr><td>26～90</td><td>3<br>3（6）</td><td>0<br>1</td><td>2<br>2</td><td>0<br>1</td><td>2<br>2</td></tr>
<tr><td>91～150</td><td>5<br>5（10）</td><td>0<br>1</td><td>2<br>2</td><td>0<br>3</td><td>3<br>4</td></tr>
<tr><td>151～280</td><td>8<br>8（16）</td><td>0<br>3</td><td>3<br>4</td><td>1<br>4</td><td>3<br>5</td></tr>
</table>

6 标志、包装、运输、贮存

6.1 本产品的标志按 GB/T 10342 中 6.2 的规定执行。

6.2 本产品的包装除按 GB/T 10342 规定进行外，应做如下补充：

卷筒纸尾必须全幅粘牢，捆扎三道编织带，如有特殊要求按订货合同规定。

6.3 运输时应使用清洁有篷的运输工具或用苫布遮盖，防止雨、雪等淋湿产品。

6.4 不许将产品从高处扔下，以防损坏。

6.5 产品应妥善保管，防止雨、雪及地面湿气等的影响。

6.6 由于运输和贮存不符合本标准规定，使产品质量发生变化，应由有关方面负责处理。

---

### （五）塑料

塑料的化学稳定性差异很大，因此应该慎用。化学性质不稳定，塑料制品会产生副产品，这种副产品会加速纸张衰变进而使之破裂。其他含有挥发性增塑剂的材质会使与其接触的物品黏化或分泌出液态物质。只有聚丙烯、聚酯和聚乙烯三类塑料符合文献保护标准。

聚丙烯通常用于制作文件盒和文件栏，聚酯薄膜一般用于制作资料插袋或单页文件套。只有聚酯材料不含有增塑剂、紫外线抑制剂、染色剂和表面涂层，化学性质稳定。聚酯薄膜带有静电荷，使其容易吸附纸张表面松散的书写媒介，所以使用蜡笔、粉笔、炭笔或铅笔书写的资料不适合装入聚酯薄膜文件套内，而剥落的油墨也会受到静电荷的影响。聚酯薄膜可以使用超声波或热激活焊接技术进行密封处理，但是不可使用双面胶黏合聚酯薄膜套，因为随着时间的变化，双面胶渗出的黏性物质会对保存于聚酯薄膜套内的资料造成损害。

## 第三节　书库与书籍的清洁

保持书籍清洁很大程度上可以延长书籍的使用寿命。书籍应该定期清洁，而清洁的频率取决于书库内灰尘的堆积速度。对于某些破损的文献来说，由于其破损的程度已难以支持其进行书籍的清洁，因而清洁书库和书籍有可能给文献带来进一步的破坏。因此，判断清洁的频率和清洁的程序十分重要。

清洁书架和书籍的计划与程序取决于四个因素：①文献本身的物理状况；②待清除的脏物的类型和状况；③书籍的价值；④待清洁的范围。在实施书架和书籍的清洁项目时需要考虑，待清洁的书籍的价值在于其内容本身，还是同时具有史料价值、艺术价值或其他潜在价值；还需要认真考虑具体某项清洁项目清洁的范围是针对机构的全部藏书，还是只针对特定区域的藏书或特定藏书类型。对上述因素进行决策后方可采取具体的书库清洁步骤和书籍表面除尘工作。

### 一、书库清洁

如果想减少堆积在书籍和书架上的灰尘，应先确保书库地面的清洁，定期吸尘。书库内不宜使用扫把打扫，因为这样会扬起灰尘并使其散落在书库各处。在必要的时候需要用水清洗地板或地毯，此时要特别注意避免把水喷洒到书架底层的书籍上。

清洁书架最好使用磁抹布，因为它可以靠静电作用吸附灰尘。经过化学处理吸附灰尘的抹布也可用于清洁书架，但是不适合清洁书籍。鸡毛掸子的作用只是分散灰尘，所以不适合清洁书籍和书架。对于厚重的灰尘可使用真空吸尘器清理，真空设计可以防止灰尘通过排气系统再循环。如果书架上沉积的灰尘较厚，可使用温和的清洁剂擦拭。如果需要一次清洁大批书架，则需要慎重选择使用水洗的方式，因为这种方式有弄湿文献或使室内相对湿度升高的风险。如果书架曾用水清洗过，则必须待书架完全干燥以后方可将文献重新摆放回书架上。速干式喷雾清洁剂无需与水混合使用，比较适合用于清洁书架，但是使用时应注意保护书籍和书架附近的物品。

书籍边缘的浮尘宜用磁抹布进行清洁，因为这种抹布本身不含化学成分，不会在书籍上残留有害物质。如果书籍表面的浮尘很厚，可使用安装了软毛刷的吸尘器来清理。操作时应调低吸尘器的挡位，并在软管和软毛刷之间加装一块纱布或筛网，以防书页的碎片被吸走。另外，还要注意的是，操作时应紧握书籍，使书页紧密地挨在一起，以防灰尘进入书页之间。吸尘的方向应该是由书脊向书口方向操作，以免灰尘落入装订线部位。书的顶部是一本书最脏的部分，所以清洁时应先清洁顶部再清洁其他部分。所使用的抹布需要随时更换，且与清洁书架的抹布分开。

开展书库清洁工作时，以两位工作人员一组为宜，每组配备一个书车、一块抹布和一台吸尘器。清洁步骤如下：①每次清洁一个书架，按由上至下的顺序操作；②把文献按顺序从书架上移放到书车上，用书立将其固定；③开始清洁书架；④移除书籍中原本夹带的酸性插件，如书签、纸屑、干花等；⑤如果文献具有历史价值或其他潜在价值，最好注明每册文献在书架上的位置；⑥清洁工作完成后，再把文献按顺序逐一放回书架上。

---

**知识点链接 4 - 8**

## 华盛顿大学图书馆有关书库清洁项目的指南
## Stacks Cleaning Procedures

When might you want to clean?

Whenever dust, dirt, or soot are accumulating on your collections. Construction will often require that collections be cleaned afterwards. Collection moves, shelf reading, and other collection maintenance tasks are also good opportunities for cleaning. A stacks cleaning project can benefit collections, staff, and patrons in several ways:

- Reduce dust and dirt which can sustain or attract mold, insects, and other pests in the collections
- Keep dust and dirt out of the interior of books, photos, tapes, and CDs where it can be abrasive and cause damage over time
- Create a pleasant working environment for both staff and patrons which also promotes respect and care for our collections and facilities

General

The following procedures are adapted from those at UC-San Diego and several other libraries. Their goal is to minimize both disturbance to users and damage to the collections. Vacuuming with a HEPA vacuum (available from Preservation) that effectively captures dust rather than redistributing it into the air is preferred over dusting or general vacuuming.

While stacks cleaning is very important for the collections it can be dirty and tedious work. Schedule breaks, rotate tasks, and let someone know if you are having difficulties doing the work or encountering problems with the collection. Make sure dust masks and ear plugs are easily available for people cleaning. Four hours should probably be the maximum time per day any one person spends cleaning. Stacks cleaning should always be done by a team of two people if possible—the work goes faster, easier and is less tedious if done together. By cooperating, two people should be able to vacuum three sections of books and shelving in an hour.

To reduce the need for stacks cleaning, floors should be vacuumed and/or washed regularly. Sweeping should be discouraged since it tends to scatter dust and dirt and precautions should be taken to prevent books on low shelves from being splashed by cleaning fluids. Coordinate stacks cleaning with custodial staff-stacks cleaning will be more effective if coordinated with floor cleaning.

Some things to consider before beginning stacks cleaning:

- Be on the lookout for problems. Droppings might signal the presence of rodents or insects and mold or dampness could indicate a humidity problem or leaky pipe. If you suspect a problem, stop working and alert preservation or the mendery immediately. Do not move the items.
- Damaged materials needing repair should not be pulled from the stacks at this time, unless there is a serious problem that needs immediate attention. Instead, record the call number (s) on a separate sheet of paper with a brief note indicating the problem.
- Books that do not fit on the shelf should be set aside. The call number (s) of books that fit but are foreedged could be recorded on a separate sheet of paper for possible relocation in oversize.
- Carefully remove things that have been left by patrons in books such as bookmarks, scraps of paper, paper clips, and post-it notes.

Dusting

Vacuuming is preferable to dusting but if you have no choice but to dust, static dust cloths are best for gently dusting without redistributing dust. 3M MMM - 2011CC5B or Dust Bunny® cloths can be ordered through Library Supplies. Chemically-treated dust cloths and dusting products like Endust, should not be used directly on books.

It is especially important when dusting that books are picked up one at a time and held firmly closed. Dust the top of the pages by dusting away from the spine toward the fore edge. Otherwise dust and dirt will enter the textblock and defeat the purpose of cleaning.

Vacuuming

Vacuuming with a HEPA vacuum (available from Preservation) is the most effective way to clean collections. The HEPA vacuum prevents the recirculation of dust back into the air. It also has adjustable suction and a soft brush for cleaning especially fragile materials.

Step by step instructions for stacks cleaning with the Nilfisk HEPA vacuum cleaner:

1. Equip a team of two with a step stool, book truck, a few book ends, sufficient clean cotton rags or dust cloths, a vacuum, dust masks, and earplugs.

2. On a clipboard, log the date, time and your name. Begin at the call number finished during the last shift.

3. Working from the top shelf of a range down, remove a few books at a time. Hand to your partner to place the books, in order, on the book truck. Be sure to support the remaining books on the shelf with a hand or bookend so they don't fall to the floor.

4. Vacuum the shelf (including empty shelves). Shelves that are exceptionally dirty (either dusty/dirty lower shelves or something that has been spilled like coffee) can be washed, preferably with a damp cotton rag. Be sure the shelf completely dries before reshelving the books.

5. Leave the vacuum on while cleaning-turning it on and off frequently will burn out the motor. The Nilfisk HEPA vacuum cleaner has adjustable suction. Adjust the knob at the front according to the condition of the books you are vacuuming. In most cases, you will want to use a medium speed for books in good condition. If using a speed in the low to medium range, make sure the switch is set to "VAR." If using a speed in the high range (for vacuuming empty shelves for example), make sure the switch is set to "FULL" and allow the vacuum to run at full speed. DO NOT leave the switch in the "VAR" position if the vacuum is going to be run at full speed—this could cause the the speed control to burn out.

6. While one person wipes the shelf, the other person can gently vacuum the top of the books while holding the volume tightly closed and brushing away from the spine. *If materials are flaking or fragile, adjust the suction and/or rubberband a piece of cheesecloth over the brush and very gently vacuum.* This will prevent pieces of the book from being vacuumed up.

7. Replace the books, in order, back on the shelf with a bookend. Make sure books are not scraping the next shelf up and that spines are flush with or within the front edge of the shelf.

8. Move down to the next shelf. Change to a clean rag as necessary. Switch positions with the other person when you finish the bottom shelf to share the workload and to reduce the risk of repetitive motion injury. Whenever possible, handle books using the palms of your hands instead of gripping with thumb and finger. Handle a few books at a time if they are small; one at a time if they are heavy/large. Sit on the floor or stool rather than bending over to move books off the lowest shelves.

9. At the end of a shift, record the last call number, total sections cleaned, and length of time on the clipboard. This record will aid the supervisor in compiling statistics at the end of the project and aid Preservation in estimating the time/costs needed for cleaning the collections.

10. Lock equipment up at night. When done, return equipment and supplies to Preservation.

Important instructions for the HEPA vacuum cleaner

This is an expensive piece of equipment—please follow the instructions carefully!

Leave the vacuum on while cleaning. Turning the motor on for only a few minutes at a time (e. g. after every shelf) can cause serious damage.

If using a speed in the low to medium range, make sure the switch is set to "VAR." If using a speed in the high range, make sure the switch is set to "FULL" and allow the vacuum to run at full speed. DO NOT leave the switch in the "VAR" position if the vacuum is going to be run at full speed—this could cause the the speed control to burn out.

Changing filters:

The HEPA has 3 different filters in addition to the vacuum bags. It is important to check the bags frequently to minimize the replacement of the other filters.

- Check the paper bag in the bottom compartment every few days or after vacuuming any significant amount of material. Change the paper bags (cost about $2 each) before they are completely full.
- The middle compartment contains the main filter and microfilter.
- The main filter is the large white cotton bag; it should not need to be replaced anytime soon.
- The microfilter is the yellow felt sock that fits over the motor bottom. The microfilter (costs around $40) should be changed as soon as discoloration is noticeable.

The HEPA exhaust filter is mounted on top of the motor, outside the container beneath the handle. If properly maintained it should last about a year. Normally four microfilter changes equal one change of the HEPA filter (costs $130)

资料来源：University of Washington Libraries. "Stacks Cleaning Procedures." [2012-01-03] http://www.lib.washington.edu/Preservation/clean.html.

知识点链接4－9

# Managing a Stacks Cleaning Project

If cleanliness is next to godliness, I have seen some pretty unholy books in our stacks! When the dust mice gathering on the volumes are plump enough to wink back at you, it may be time to consider a systematic cleaning program.

A stacks cleaning project can benefit the collections in several ways:

- reducing dust levels to make for a more pleasant working atmosphere for both patrons and staff,
- creating a clean environment so that mold, insects, rodents, and other pests are not as readily attracted,
- reducing dust on the outer surfaces of books, tapes, or CDs so that it cannot work into the interior, causing irreversible soiling or scratching.

Finally, and perhaps most importantly, people take their cues from the environment they find: a collection that is clean and well kept promotes general respect and care for the materials.

The Project

At the University of Michigan Library, we accomplish stacks cleaning as rotating special projects targeting specific collections or parts of collections. This projects approach, versus a year-round ongoing program, fits our patterns of staff and funding; defining specific goals and time limits also helps give staff a clear sense of accomplishment. Projects scheduled early in the University's summer term can draw on a ready supply of student assistants and are less disruptive to the library patrons than those done during the regular school year.

Our stacks cleaning projects typically use two to six teams of two workers. From the experience of many such projects, we have calculated average progress of about 11 linear feet of book shelving per worker per hour or 22 linear feet for a team of two workers.

Staff

Stacks cleaning is a job that can be adapted well to make use of temporary employees, student assistants, or volunteers. But remember, staff executing a cleaning project will handle every item in the targeted collection. It takes much more time and resources to correct problems created by poorly trained, insufficiently supported, or badly rewarded workers than it does to invest in their well-being from the first.

Stacks cleaning is physically strenuous, dirty, and often boring. When interviewing prospective members of a cleaning crew, it is important to describe the job accurately and make sure each worker is comfortable in meeting its demands. Because of the physical demands of lifting books on and off the shelves, we normally limit each worker to a maximum of four hours per day on this task. Workers are grouped in teams and instructed to rotate jobs frequently to reduce the stress of repetitive motion.

Some people have allergies to dust or to various matter carried in dust. We ask applicants during the interview if they have conditions that would interfere with their ability to carry out this job assignment. Allergic sensitivity to substances can develop suddenly. The manager of a cleaning project must be ready to listen carefully to staff complaints, take them seriously, and work with the staff to identify and correct problems promptly.

The project manager must also take responsibility to make sure the workers know how their work is respected and appreciated. In addition to pay checks, appreciation should take many forms, such as an article in the library newsletter, a lunch or an ice cream break to celebrate mini-goals, and relaying words of appreciation expressed by library staff and patrons.

Procedure

Each team of two cleaners shares a book truck and other supplies (see list at the end of this article). One team member transfers a shelf of books, a few volumes at a time, to a book truck or hands them to a second team member to place on the truck. Care is taken to keep the books in order.

One worker then wipes down the shelf, first with a dry rag or vacuum cleaner and then with a damp (not wet) rag rung out in a dilute solution of Lysol® or other disinfectant. The team works through the shelves from top to bottom, so any dust falling lands on the next shelf to be cleaned. After a damp wipe, the shelf is carefully dried since it must be dry when books are returned to it. Because wooden shelves absorb moisture, allow them a longer drying time or dispense with the damp wipe.

Meanwhile, the second team member treats each book individually, dusting the head of the book first where the most dirt accumulates. The closed book is cradled securely under one arm with a hand supporting the fore edge. The head of the book is tilted forward with the spine uppermost. A soft cloth or brush is used to push the dust away from the spine. Dust that falls down the spine or between the pages of the book is there forever! Finally, a soft cloth is used to wipe down the sides and other edges of the book. Great care must be exercised so that the cloth does not snag on torn or loose parts of the binding.

At this point the crew can also perform other quick maintenance activities, such as placing unbound pamphlets into envelopes or tying up damaged bound volumes with cotton tape. Take care, however, not to hinder the purpose of the cleaning crew by burdening them with too many add-on tasks.

Finally, one team member hands the dusted books, one or two at a time and in order, to the other who positions them on the clean dry shelf. Each worker needs a hand free to support the other books in the row during transfer. The worker placing the books on the shelf insures that the books are all upright, adequately supported, and flush with or an inch or two in from the front edge of the shelf.

Either the project manager or a team leader can be assigned additional tasks of monitoring the use of supplies, monitoring the progress of the project (an outline diagram of the stacks can be colored in as each range is completed), and overseeing set-up and clean-up at the beginning and end of each work session.

Signs posted in the area not only ask patrons for their patience with the noise and inconvenience, but also inform the public of the action the library is taking to care for the collection.

Supplies and Equipment

Liquid Lysol® (active ingredient o-phenylphenol) or a similar disinfectant may be diluted in the water used to wring out damp cloths for wiping down shelves. The disinfectant should never be used directly on the books themselves. In some stack areas where ventilation is poor, workers find the fumes of the disinfectant obnoxious; in this case plain water is used.

Soft cloths or brushes are easier to handle than vacuum cleaners for the fine work of dusting individual volumes. Each team will want a vacuum cleaner at hand, however, to pick up gross dust from the floor or behind where the books sat on the shelves. The nozzle of a vacuum cleaner can be propped upright to receive dust as it is brushed off the books.

Well-washed cotton flannel, knits, or diaper cloth make excellent rags. The cotton is absorbent and easy to wash. Chemically treated dusting cloths should not be used around library material; even if the chemical does not transfer directly onto the books, it does build up as an oily residue on the workers' hands. Dust Bunny® cloths, which rely on physical structure rather than chemicals to attract and hold dust, are useful but tend to lose efficiency with repeated washing.

Staff will need a generous supply of clean rags for this work. Our estimates for laundry are about six to ten rags per four-hour day or about a pound of dry laundry per team. Arrangements must be made to contract the work to a local laundry or, if a staff member is to handle the laundry at home, expectations and compensation must be negotiated in advance. If wet rags must sit more than a day before washing, hang them up to dry before packing them into the laundry bag.

The best vacuum cleaners for stacks cleaning are equipped with HEPA (high efficiency particulate air) filters. HEPA filters screen out particulate matter down to . 3 microns; many standard household vacuums simply redistribute the finer dust through the exhaust. A canister vacuum fitted with an extra long hose (15 – 20 ft.) may be easier to manipulate and less wearing on staff than backpack models.

Nilfisk and Miele also manufacture HEPA filter vacuum cleaners that are excellent, but expensive. Vacuums designed for cleaning photocopy machines also have fine particulate filtration.

Checklist of supplies for each stacks cleaning team

- 1 step stool or library ladder, as needed
- 1 book truck
- box or tote for supplies, fits on lower book truck shelf
- 1 vacuum cleaner and spare bags
- 1 or 2 sturdy bookends
- soft cotton rags (several dozen)
- 2 soft brushes (cheap shaving brush or similar)
- 2 aprons
- 2 pairs rubber and/or cotton gloves
- face mask for dust
- 1 bucket
- liquid Lysol or other disinfectant
- extension cord (25 ft.)
- laundry bag
- alkaline envelopes for pamphlets, various sizes
- cotton tape and scissors
- notebook or notepad and clipboard
- pencils

资料来源：Zachary, Shannon. "Managing a Stacks Cleaning Project," Abbey Newsletter 22, 3 (1998). [2012 – 01 – 03] http://palimpsest.stanford.edu/byorg/abbey/an/an22/an22 – 3/an22 – 305.html.

---

## 二、书籍的表面除尘

### （一）表面除尘的基本方法

我们通常认为把文献锁在书柜里可以有效防止空气中的灰尘覆盖在藏品表面，但是书页折皱、封面脱落或其他各种因素，会使灰尘沿着书页未装订的边缘堆积，从而导致大片的污垢积聚装订线处。除了灰尘，胶带残留物、昆虫排泄物、锈斑和霉斑也是常见的文献污迹，对于这些灰尘和污迹均可采用表面除尘的方式清除。

表面除尘可以改善文献的外观。但这项工作不必将书页上的所有灰尘或污迹全部清除，而只是要求清除对纸张有损害的物质，或是在翻阅过程中可能转移到其他书页上的物质。

一般来说，手稿、地图、书页等文献都适合采用表面除尘，但是报纸、照片或艺术作品等则会因不恰当的表面除尘而受到损害。例如，对于使用彩色蜡笔、铅笔或炭笔等书写的文献，因为其书写媒介与纸张表面结合方式松散，所以字迹和线条很容易在表面除尘过程中被抹去或变模糊，因此应避免对此类作品进行表面除尘。此外，某些艺术作品在显微镜下观察其颜料和墨迹，可能会发现肉眼看不到的片状脱落；手绘作品尤其容易受光线变化的侵害，或者出现褪色。因此，此类藏品的除尘工作必须交由专业的修复专家完成。

表面除尘的方法之一是干洗法，一般用于清理胶带残留的黏性沉积物和表面顽渍。胶带残留物通常有两种情况：①粘结剂残留，残留的粘结剂会破坏纸张，造成胶纸与纸张相粘部分以及周边区域的物理性损坏；②胶质残留物，由老旧的胶带自然脱落后遗留，性状厚而硬，虽然不会对纸张造成直接的损害，但会影响美观。对于上述胶带残留物的清理，必须交由专业修复人员处理。但是如果胶带黏着文字或图片，则建议不要采取清除措施。此外，昆虫的排泄物和锈斑也会影响藏品的外观，同时引起纸张的进一步破坏，在可行的条件下，采用干洗的方法清除昆虫排泄物和锈斑也不失为一个好办法。

在所有需要或必须进行表面除尘的情况中，霉斑尤其需要进行表面除尘。要使活性霉菌稳定下来，先要让那些容易发霉的载体长期处于一个相对湿度较低的环境中，通常相对湿度低于50%能够抑制霉菌的生长。清除霉菌是一项棘手的工作，需要认真地做好卫生工作，以尽可能避免污染物的扩散。由于霉菌会影响人体健康，在清除霉菌的时候应该使用口罩、手套和通风设备等防护措施。对于霉斑的表面除尘也应该交由专业的修复人员处理，若是大量的办公文档、档案或非珍贵书籍发霉，最好交由提供灾难恢复服务的商业机构来处理。

无论是检查书籍是否需要表面除尘，还是在实际的表面除尘操作过程中，翻动书页时都必须使用合适的支架或泡沫书托（foam book wedges）支撑书籍，以免过度挤压书籍的装订处。此外，在进行书籍表面除尘时还要注意，颗粒剂不适用于书籍，因为在使用完毕后即使努力进行清理，仍会有颗粒残留在装订线处。清理装订线处的积尘最好使用软刷，而清理书页边缘的污垢则最好使用硫化橡胶海绵。

### （二）修复用具与设备

市场上常见的几种除尘剂主要是供绘图设计师和建筑师使用的。此类除尘剂呈颗粒状，可装入容器中，喷洒在受污染的图案上，或装入布袋中，在与纸面摩擦时渗漏出颗粒状的清洁剂，这些颗粒具有腐蚀性，且化学性质不稳定，存在潜在的破坏性。以往的处理方法是使用过清洁剂后对纸张上的颗粒进行彻底清理，但是研究者通过显微镜观察清理后的测试纸，发现仍有大量的残留颗粒深嵌纸张的纤维结构里。因此，目前修复专家建议使用粉末状的清洁粉，其成分一般以研磨成粉末状的乙烯基橡皮为主，在使用过程中可以降低磨耗，减少损害，并降低残留物存在的可能性。

硫化橡胶干洗海绵（vulcanized rubber dry-cleaning sponges）也可作为表面除尘用品。最初硫化橡胶干洗海绵只用于清除火烧后留下的烟灰，后来因为修复人员发现含有溶解剂或清洁剂的海绵不适合对文献进行表面除尘，这种“非化学性海绵”被推荐用于清洁纸张。硫化橡胶干洗海绵不会在纸上留下有害的残留物，其本身也不会引起磨损。但是，这种海绵会因光照和时间而降解，因此应保存于密封容器中，置于暗处。

生胶粘结剂清理擦（creped rubber adhesive pickups）可用于清理压敏胶带的残留物及其他黏性残渍。而手术刀锋利的刀尖适用于清理昆虫斑点、锈垢及其他表面附着的小面积污垢。

如果采用干洗的方式进行表面除尘，刷子是必备工具。可用于表面除尘的刷子要求刷毛柔软，且不可用于湿洗类的程序。所有用于清理发霉材料的刷子都应该用标签标示，并单独存放，以避免霉菌污染其他纸张。

### （三）如何除尘

在进行除尘步骤之前，比较明智的选择是先在试验品上进行操作，以测试方法的可行性和适合程度。如果对某项技术不确定，则切不可使用于珍贵藏品的表面除尘。

表面除尘工作开始之前，要先清理出一张宽敞、干净、光滑的工作台，台面上铺一大张干净的普通纸。开始除尘时，应用软毛刷轻轻刷除物体表面的浮尘。操作时应注意以下问题：①如果尘埃飞扬，需戴上防尘口罩；②对于采用如蜡笔、炭笔等粉末状媒介或油彩、墨水媒介书写的文献，除尘时尤其要小心，以防书写媒介在刷拭时脱落；③不可朝着纸张破裂的方向刷拭，否则会使裂缝撕裂得更大；④纸张两面都需要刷拭；⑤每刷几次就要用一块干净的布或吸水纸将刷子上的灰尘拂去。

对于纸张上残留的黏性胶带粘结剂，应使用生胶橡皮擦以多次极短刷幅的手法轻轻擦除。尽管这样的擦除手法需要耗费较多的时间，但只有多次轻柔的擦拭才能在不损伤纸张的情况下最终清除粘结剂。

对于昆虫斑点、锈垢等沉积物需要使用锋利的刀尖清理，再用软毛刷刷去刮下来的污垢。这项工作不可用力过度，否则可能会不小心在纸上留下破洞。一般纸张上的锈斑是因为金属物质在纸张上留下印记，随着时间氧化而形成的。所以，避免纸张上出现斑迹的最好方法是避免在书页里夹东西。

如果使用乙烯橡皮擦拭污迹，应采用轻柔、缓慢的手法反复擦拭，并且边擦拭边近距离地从侧面角度观察纸张的表面，以避免留下摩擦的痕迹，确保纸张不被磨损。无论是印刷品还是手写品，切勿擦拭媒介，如果污渍没有减轻的迹象，则不必坚持擦拭。

块状橡皮不适于清洁大幅纸张，如果要对大幅纸张进行全面有效的清理，应使用磨碎的或颗粒状的乙烯橡皮，这种性状的乙烯橡皮可用于大多数印刷品。乙烯橡皮颗粒的使用方法为：首先，在污迹上撒上少量橡皮颗粒，以尽量覆盖整个受污区域为宜；其次，以指尖画圈轻轻滚动橡皮颗粒，直到橡皮颗粒沾满脏物为止；最后，将脏物仔细清理干净。若该处理方法确实可以有效清理污渍，则可继续清理纸张表面的其他部分。但必须切记，即使对某一区域进行了有效除尘，但是在处理对象上留下了残留物，那么这种除尘效果就适得其反了。

使用性质温和的硫化橡胶海绵能够达到更彻底的除尘效果，但是仍要求操作者足够小心，并注意其通常不适用于设计领域。硫化橡胶海绵可以对文献的边缘进行除尘。事实上，物体的边缘更需要彻底除尘，成功地进行除尘通常可以取得较好的视觉效果。硫化橡胶海绵还可用于清理物体背面的灰尘，这些灰尘可能是在处理过程中另外沾上的，但是一定要小心避免清除掉物体背面的注释，这些注释通常具有历史价值。另外，如果纸张表面有图案形成的标记，则要按随机的方向轻轻擦拭。完成除尘工作后，用软毛刷清除海绵留在纸上的碎屑，而海绵表面变脏的部分应及时切除，露出干净的表面，这样可以延长海绵的使用寿命。切勿采用水洗的方式清洁硫化橡胶海绵。

## 第四节　文献的包装与运输

移动和运输等动态过程都有可能对文献造成伤害，因为即使在最好的包装条件下使用普通运输工具进行运输，文献在动态过程中仍难免经受温度和相对湿度变化的影响，以及受到震动、撞击而破碎。因此，应尽量避免文献处于动态过程。但是，移交、展览、交换文献时的移动和运输是必须的，为此，需要从包装、装具和运输等方面为动态过程中的文献创造最佳保护条件。

### 一、文献包装、运输的一般方法

#### （一）内包装

使用合适的材料仔细进行包装是保护动态文献的关键。如果包装材料不会直接与文献接触，并且只是在短时间内使用，则不需要使用无酸的包装材料；如果文献本身带有框架，且移除框架不会损伤文献，则需要把文献从框架中取出，然后按照以下步骤进行包装。

1. 第一层包装

用干净平滑的纸，如无酸的玻璃纸或者包装纸对每一件文献进行包装。对于易碎的文献，一般先在文献下面垫上一张非酸性的硬纸或纸板。

2. 第二层包装

根据尺寸的大小，将相同规格的文献包装在一起。包装时先把档案文献放在两块硬纸板之间，用护角将其固定在其中一块纸板上，然后包裹上牛皮纸等结实的材料。必要时可使用聚乙烯薄膜等防水的材料包装文献，但切勿使用不透气的材料；否则，在突然遭遇温度骤降时，包裹内的水分会发生凝结。

3. 缓冲垫层

填充物可以减少文献的震动并防止发生位移，同时起到稳定温度和湿度的作用。在包装易碎物品时必须铺垫缓冲材料。一般使用聚乙烯或聚丙烯泡沫作为缓冲材料，这种泡沫可以切割成片状或块状，既可以作为包装平面文献时的缓冲材料，又可以作为立体物品包装时的缓冲材料。某些品牌的泡沫甚至适合用于长期保存文献。气泡包装膜也可作为缓冲垫层，但是此种材料是一种不透气的薄膜，所以不可采用密封的方式包装文献。此外，气泡包装膜会造成污染，因此不可直接用其包裹文献。

#### （二）外包装

在完成对文献的内包装之后，就需要选择合适的外包装对其进行打包。如果只是少量的一捆文献，可以用两块胶合板或蜂窝板等坚硬的板状材料将文献夹起来。对于一些小型藏品，一般采用几层坚固的纸板进行打包，所使用的纸板必须坚硬、厚实，不易被刺穿或折弯。如果使用瓦楞纸板作为外包装，则相邻的两块纸板的纹路应保持垂直状态以增加其坚实性。在采用这种三明治式的外包装方式时，所使用的板材规格应比包装对象大出约10厘米（每个方向大出5厘米）。为防止出现错位，应把绳子绕过每个方向以便把打包对象固定在其中一块板材上。捆绑的方式应便于拆解，并不会使绳子磨损被打包的文献。

较之上述外包的方法，板条箱是更为常用的外包装装具，尤其是在打包书籍、立体物品、易碎物品或大批量文献时应首选板条箱作为外包装。质量可靠的板条箱可以提供良好的物理性保护，防止箱内物品出现挤压、受潮等意外状况。一般来说，防水的装具价格较为昂贵，而普通的木质板条箱不具备防水性能。但是常见的板条箱通常都是以木材或胶合板为主要材料。如果选择自制板条箱，要使用平头螺丝而不是钉子，因为钉子没有螺丝牢固，而且在拆箱时，钉子难以撬开，可能对物品造成冲击，还会损坏箱子，使其不能重复使用。大型板条箱应该装配手柄，以方便在运输过程中搬运。

### （三）运输

打包完毕的文献在进入运输环节前，应首先确认在运输单上标明承运单位负责人的名字、地址、电话以及其他特别的说明，然后放入包装箱。运输时应在运输方式、运输时间、天气条件和风险规避等几个方面注意：①选择安全的包装和可靠的运输工具，减少文献在动态过程中受到损害的可能性；②为文献购买运输保险，确保其在运输的过程中能够得到精心的处理；③选择在周一、周二等非假期时间投递，降低包裹无人受理或者处于户外时间超过一周的风险；④如果条件允许，尽量不要在非常寒冷、潮湿或者暴风雨天气进行运输。

## 二、各种类型文献的包装程序

### （一）书籍

书籍运输包装的方法和普通平板式物品运输包装的方法相似。但是书籍本身质量较重，且边角处易受到挤压导致破碎，所以应该装入结构坚固的箱子进行运输。装入箱内的书籍均需使用独立包装，第一层包装材料宜使用干净、平滑的无酸纸，如无酸包装纸或玻璃纸等。平装书籍或封面材质易碎的书籍最好先在封面和封底加衬与书籍尺寸规格一致的无酸纸板，再进行第二层包装。第二层包装为填充材料，用于避震和平衡温湿度，一般使用气泡包装膜或瓦楞纸作为填充材料，将包括书脊、书口、天头、地脚及封底封面在内的整本书进行包装。第三层包装应采用厚实的纸张，包装完毕后可以放入木箱之类结实的箱子内，四周填放泡沫、气泡缓冲膜等缓冲填充物。每个箱子可容纳的书籍数量取决于所装书籍的价值、重量和尺寸。一般来说，装箱后每个箱子的重量不应超过10千克。

### （二）媒介不稳定的文献

漫画、炭笔画等作品的记录媒介与载体之间的结合方式不紧密、不稳定，在运输过程中特别容易因震动而受损，在移动时需要特别小心。采用蜡笔、炭笔或粉笔等作为记录媒介的作品在可能的情况下应尽量使其保持悬挂状态，如果必须对其进行移动，应先咨询修复人员的专业意见，在运输时必须采取妥善的防震措施。

### （三）镶有玻璃框的文献

如果需要运输的文献镶有玻璃框，且如果从玻璃框中取出文献或导致其受损，那么尽可能不要运输此类文献。如果必须对其进行运输，务必缠绕防震胶带。防震胶带的作用是防止玻璃碎裂，而且即使在玻璃碎裂的情况下，仍可以起到固定玻璃碎片使其不散落的作用，这样可以最大限度地降低对框内文献的破坏。防震胶带应覆盖整个玻璃表面，并从纵向和横向两个方向垂直交错地缠绕。镶有玻璃框的文献在装箱时也必须采取妥善的防震措施。

### （四）卷轴装文献

一般来说，纸质载体的文献应尽可能以水平展开的状态运输，但是对于大幅作品通常都要将其卷成轴状进行运输。为避免挤压、变形和破碎，大幅作品最好沿着一个直径较大的轴卷起来，外覆缓冲材料，然后再放入一个规格匹配的画筒中。如果大幅作品在收卷过程中没有固定的卷轴，而是直接卷成空心筒状，衬上防震膜，然后装入画筒中，那么最好首先对作品进行预包装，这样就可以拉着包装物把作品从画筒中取出，而不是直接拉扯作品。可用于运输的画筒直径至少需要 10 厘米，并且要足够坚固。

## 推荐阅读书目

有关馆藏日常处理的参考文献：

1. Balloffet, Nelly & Jenny Hille, "Simple Preservation Techniques: Rehousing Library and Archive Materials," Sec. 3 in Preservation and Conservation for Libraries and Archives.
2. Boersma, Foekje. Unravelling Textiles: A Handbook for the Preservation of Textile Collections. Archetype 2007. Section 3 The Museum Environment, Section 11 Documentation and Section 12 Collection Management.
3. Greene, Mark A. & Dennis Meissner. 2005. "More Product, Less Process: Pragmatically Revamping Traditional Processing Approaches to Deal with Late 20th-Century Collection." American Archivist, 63. 2 (Fall/Winter). Pre-print Available Online at: http://ahc. uwyo. edu/documents/faculty/greene/papers/Greene-Meissner. pdf.
4. National Archives and Records Administration, Holdings Maintenance http://www. archives. gov/preservation/holdings-maintenance.
5. Museum Exhibit Lighting 2007, Classic Issues, New Light, AIC 35th Annual Meeting, Richmond, VA. April 16 – 17, 2007. Section 1, Glossary of Terms and Ideas.
6. Ritzenthaler, Mary Lynn. "Handling Archival Materials," and "Conservation Treatment", in Preserving Archives and Manuscripts. Chap. 6 & 10.

有关外装具安全性的参考文献：

1. Hatchfield, Pamela. "Choosing Materials for Museum Storage." In Storage of Natural History Collections: Basic Concepts. Carolyn L. Rose and Catharine A. Hawks, eds. Pittsburgh, PA: Society for the Preservation of Natural History Collections, 1994.
2. Hatchfield, Pamela & Jane Carpenter. Formaldehyde: How Great Is the Danger to Museum Collections? Cambridge, MA: Harvard University, 1987.
3. Miles, Catherine E. "Wood Coatings for Display and Storage Cases." Studies in Conservation 31. 3 (August 1986).
4. Raphael, T. Conservation Guidelines: Design and Fabrication of Exhibits. Harpers Ferry, WV: Division of Conservation, National Park Service, Harpers Ferry Center, 1991.

有关内装具安全性的参考文献：

1. Dianne van der Reyden. "Paper Documents", in Storage of Natural History Collections: A Preventive Conservation Approach. Carolyn Rose, Catherine A. Hawks & Hugh H. Genoways, eds. (Iowa City: Society for the Preservation of Natural History Collections, 1995).
2. "Choosing Archival-Quality Storage Enclosures for Books and Paper," in Preservation of Library and Archival Materials: A Manual, 2nd ed. Sherelyn Ogden, ed. (Washington, D. C.: American Association of Museums, 1994).
3. Nancy Carlson Schrock & Gisela Noak. Archival Storage of Paper (Syracuse, NY: Gaylord Bros., 1997).
4. Conservation Resources. Conservation Resources General Catalog 1997/1998 (Cowley, Ox-

fordshire: Conservation Resources, 1997), v. i.; Siegfried Rempel, "Zeolite Molecular Traps and Their Use in Preventive Conservation," WAAC Newsletter 18, 1 (1996).
5. Margaret Holben Ellis. The Care of Prints and Drawings (Walnut Creek, Calif: Altamira Press, 1995).
6. "Care of Photographs," NEDCC Preservation Leaflet. Andover, Mass.: Northeast Document Conservation Center, 2006.
7. Van der Reyden. "Paper Documents".
8. Schrock and Noak. "Archival Storage of Paper".

有关书库清洁的参考文献：

1. Northeast Document Conservation Center. "Cleaning Books and Shelves." http://www.nedcc.org/resources/leaflets/4Storage_and_Handling/03CleaningBooksAndShelves.php.
2. University of California at San Diego Libraries Preservation Department. "UCSD Stack Cleaning Procedures." http://orpheus.ucsd.edu/preservation/bstclean.html.
3. ____. "Cleaning Library Stacks." VHS/DVD, 2002. http://libraries.ucsd.edu/preservation/pvideo.html.

# 第五章　文献修复处理

**本章要点**

文献修复的原则：整旧如旧原则，整旧如新原则，可逆性原则，最小干预原则，适当性原则，安全性原则。

文献修复档案的制作：文献修复方案、文献修复记录与文献修复档案，文献修复档案的意义，文献修复档案的内容和种类。

纸质文献的批量脱酸：纸质文献的脱酸方法，纸质文献的批量脱酸。

纸质文献的修复技术：纸张去污技术，纸张加固技术，纸张修补技术。

其他载体文献的修复技术：机械录制唱片的修复技术，胶片文献的修复技术，磁性载体文献的修复技术，光盘文献的修复技术。

**关键术语**

文献修复；整旧如旧；整旧如新；可逆性；最小干预；无酸化；文献修复方案；文献修复记录；文献修复档案；批量脱酸；液相脱酸；气相脱酸；固体脱酸；托裱加固；涂料加固；薄膜加固；丝网加固；辐照加固；纸张揭分加固；银盐感光胶片；重氮感光胶片；微泡法胶片

## 第一节　文献修复的原则

作为文献修复人员，担负着保存与保护文献、延续文献使用寿命的历史重任，在从事文献修复的职业生涯中，必须认识到文献修复工作的重要性，树立起正确的职业观念，这要求文献修复人员对文献修复的原则有清晰而清醒的认识。传统的文献修复手艺来自行业中的师徒传承，来源于市场手工业，有其固有的传承特点，文献修复人员在长期的实践中逐步认识和总结出文献修复的原则，而中西方文献修复逐步深入的交流增加了彼此对文献修复原则的认识。虽然现在对于文献修复原则的认识仍然存在一定的分歧，但观点已经发生变化，彼此交叉、彼此渗透。文献修复应以传承后代为目的，应尽可能保证作品的物理存续期，它是一项高度专业化的工作，用意是保存并揭示文献的美学和历史价值，修复应基于尊重文物原有材料和真实记录资料的基础。因此，现代文献修复的原则主要包括整旧如旧原则、整旧如新原则、可逆性原则、最小干预原则、适当性原则、安全性原则。

## 一、整旧如旧原则

整旧如旧是指在修复的过程中，所采用的工序、技术和材料，尽量采用与原文献相同或相近的工序、技术和材料，使之在修复后也能保有原件的风貌、特色及版本价值，并注意保存与原书文物价值、文献价值有关的信息。文献作为知识的载体，实际上是文献价值、历史价值、艺术价值的统一体。北魏贾思勰的《齐民要术·杂说第三十》里有记载："书有毁裂，郦方纸而补者，率皆挛拳，瘢疮硬厚。瘢疮于书有损。裂薄纸如薤叶以补织，微相入，殆无际会，自非向明举而看之，略不觉补。裂若屈曲者，还须于正纸上，逐屈曲形式裂取而补之。若不先正元理，随宜裂斜纸者，则令书拳缩。"这段话说的是，书若有损坏，出现裂口裂缝，将纸简单地剪成方块去补，书页会出现拳缩现象，补过的地方如同瘢疮般又硬又厚，对书籍有损害。如果将纸张撕成薤叶大小的薄片来修补，只在裂缝边缘微搭一点，如同没有重合的地方，除非向着光举起来看，不然不会觉得补过。如果书页破口是屈曲不直的，就要先按照书籍的纹理将纸摆正，然后按照屈曲的形状来取纸修补。如果不先将纸张按照书籍纹理摆正，补好的书页也会出现拳缩现象。

根据这段记载，可以看到"自非向明举而看之，略不觉补"，说的是书页如果不向着光仔细看，是看不出补过的痕迹的，这就是"整旧如旧"。事实上，文献修复原则最根本的一条，就是"整旧如旧，保护原貌"。在这里，还需要说明的一点是，文献修复人员对"旧"这个字的理解也有分歧，有人认为"整旧如旧"是"整旧如初"，是修复后将文献恢复到文献形成时的原始面貌；有人认为"整旧如旧"是"整旧如现"，是修复后将文献恢复到目前在保存和利用中的现状。这两种观点都不太全面。从文献保存的角度来看，文献修复作为保护文献和利用文献不可或缺的重要手段，是进一步认识文献、研究文献的必要途径。文献修复事实上也是一个对文献进行研究，最后达到理解认识，对其意义作出全面解释，并尽可能保存它的过程。文献作为一个实际的物体，涉及材料问题、自然影响和人为影响问题，必须进行文物保存状况研究：对文物材料的研究、保存环境的研究等，有助于得出文献劣化的原因及如何使文献长期保存的方法。要完全做到"整旧如初"很多时候不可能，例如，修复实践中无法获取与原文献同样的原材料，只能采用一些替代性材料，这时就要选择最接近的材料进行修复，对文献原貌也有一定影响。修复人员为了达到长期保存文献的目的，会利用一定的实用技术（包括传统技术、现代科学技术）、工具进行文献修复介入，尽管这种介入经常要给文献的"价值"带来某种损失，但是为了把文献保护到将来，介入是正确的。保护涉及各种不同规模和水平强度的介入，取决于被处理文献的物质情况、劣化原因及将来可能的保存环境，必须单个地和全面地考虑每一种情况，同时应把各种因素考虑进去。因此，无论是"整旧如初"，还是"整旧如现"，都必须以原始材料和确凿文献为依据，一旦出现臆想，必须予以停止，而且必须根据文献价值、当前保存的情况、将来保存的环境以及修复可能获取的材料、使用的技术与工具等进行多方面的综合衡量，才能真正遵循整旧如旧原则，保持文献的原貌。事实上，如何做到"整旧如旧，保护原貌"，一直是文献保护工作中研究的难点。

## 二、整旧如新原则

与“整旧如旧”相对，部分文献修复还可以“整旧如新”，即在修复的过程中采用新的工序、技法和材料来修复，在修理后也保有原件的风貌、特色，更利于文献的保存和利用。整旧如新的文献从外观上看同新书一样，平整、美观，如古籍修复中的“衬纸”技术。衬纸指的是在修好的书页背面，衬一张纸后重新装订。这种方法一般适用于书页较薄、破损程度严重的书籍，如美观的“金镶玉”，就是在衬纸的基础上创造出来的新的书籍装帧手段，它丰富了中国古籍修复技术的内容。

由于整旧如新的过程中采用了新的工序、技法或者材料，就存在一些不可避免的添加。这时，必须以附有照片和插图的分析和评估报告的形式作出准确的修复档案记录，包括所使用的全部材料和技术的每一个工作阶段，以便将来的文献保护与修复人员了解这次修复过程中所做的工作，以确保文献的历史真实性。

在实际修复工作中，“整旧如新”原则一般用于技术上无法实现“整旧如旧”原则时使用，或者因特殊需求而使用。

## 三、可逆性原则

可逆性原则指的是修复时所应用的材料，在未来需要使原件恢复到原状态（如再度修复）时，可以去除并使之恢复到原状态。一般而言，修复工作应在尽可能保持原文献原貌的前提下尽可能采用耐久性材料，修复所使用的各种材料（纸张、粘结剂、脱酸药剂、防虫物品等）不应对原文献造成损害，在有需要的时候可以去除修复材料并使原文献恢复到初始状态。[①] 文献修复之所以要求具有可逆性，是因为文献修复要求尽量有利于文献的长期保存，但实际上还没有任何一种修复方法可以一劳永逸，实现文献的永久保存，而只能是保证一定年限的保存和使用。当修复方法难以达到文献永久保存的要求时，为了避免在修复过程中因为采用不当的修复材料、方法、工序，对文献造成无法挽回的损失，例如，以前为了装订或者美观的原因，会对修复后的文献进行裁切，裁切时若不小心，将文献中的部分内容裁切掉，对文献今后的利用和保存就会造成无法挽回的损失，这时，修复方法要努力遵循的可逆性原则就显得非常必要。

首先，如果修复方法具有可逆性，就为以后的修复留下了空间和余地，使后人可以消除目前的修复状态从而恢复文献原状并进行再处理。其次，随着新技术的飞速发展，不断出现新的文献修复方法和文献保护方法，虽然仍然有待实践检验和时间考验，但毕竟提供了发现更好的修复保护文献的可能性。因此，修复人员对于现在修复文献所采取的一切修复行为都应该留有余地，更应该遵循可逆性原则，针对实际情况给予灵活处理。

但是，在遵循可逆性原则的同时，要有一个度的把握。因为文献的寿命有限，有时文献已经处于濒危状态，例如，文献酸化严重，纸张边缘开始脆化成粉末状，亟待修复人员抢救，否则可能会湮灭在历史长河中，再也无法供人们使用。这时修复人员可能迫不得已要采用一些手段抢救文献，以继续保存文献的寿命。这种情况下所做的修复处理，更需要

---

① 如果在修复过程中，发现难以达到可逆性原则，为延缓文献的老化速度，延长文献的寿命，也有使用“可再处理原则”替代的，即修复文献的材料和方法虽无法去除，但不能对原文献有损害，不能影响再次修复。

遵循“抢救为主，治病为辅”的原则，根据文献纸张保存的现状，分轻、重、缓、急进行重点修复，采用的方法可能不是完全可逆性的，甚至没有可逆性，但是它的修复手段和修复效果又能够解决一些修复难度超出传统修复范围的文献的修复问题，仍然可以尝试用在抢救文献上，否则一些濒危历史文献将由于保存寿命的原因而不复存在。例如，一些纸张内部加固的技术方法，选用了高分子化合物黏合或附加在文献上，或者在真空条件下使高分子化合物气化并与纸张发生聚合，使纸质文献纸张强度增加、字迹得到保护。当这些高分子化合物渗透到纸张纤维中后，再要想把它们百分之百地分离出来几乎不可能。但这些技术恰恰对修复濒危纸质文献很有效，特别是对那些几乎粉碎、不能再触动的纸质文献，可以做到在基本不加重现有损害的情况下整册、整卷地加固。因此，不可僵硬地照搬可逆性原则，文献修复时要求根据文献的具体情况，选择一个最好的修复方案，必要时可以牺牲一定的可逆性对文献进行抢救性修复，以达到有效修复文献、抢救文献、最大限度地延长文献寿命的目的。

## 四、最小干预原则

最低程度干预是修复的基本原则之一，目的是为了最大限度地保持文献的原貌，整旧如旧。它是指在选择修复材料、修复方法等方面要更多地考虑不影响文献的原貌。

修复文献时，并非仅有一种技术可以达到修复效果，也并非仅有一种材料可应用于修复，因而需要进行充分的调查研究和科学试验，以保护文献原貌为前提，这是围绕“整旧如旧，保存原貌”原则为核心产生的原则。因此，修复人员在制订修复方案时，应选择出风险最小、效果最佳的方法和最耐久的材料。例如，在传统的中国古籍修复实践中，对糨糊用量要求“宁少勿多，宁稀勿稠”；对古籍图书有“宁补勿裱，宁补勿托”；对补、配材料要求“帘纹宁窄勿宽，绢纹宁细勿粗，质地宁薄勿厚，颜色宁浅勿深”；对修裱质量要求“宁薄勿厚，宁软勿硬”。这些都是最小干预原则在修复细节上的体现。

最小干预原则与可逆性原则是相辅相成的，在修复过程中对文献干预越多，将来去除这次修复的影响时花费的时间和工夫将越多；在修复过程中对文献干预越少，文献修复的可逆性可能越大。

## 五、适当性原则

适当性原则是指修复时采用的工序、技法及材料，均须符合原件的物理、化学特性。不同载体的文献有不同的物理、化学特性，外部环境如库房温湿度、光、空气、昆虫、有害微生物以及库房建筑设计与设备等影响文献的老化速度，文献制成材料不同，所处外部环境不同，损坏情况各不相同，因此，采用的修复材料和修复方法也有区别。修复的时候采用的修复方法应经过试验，并在被证实安全的前提下才可使用在被修复文献上。如果采用的修复方法不事先进行试验，有可能会造成损坏文献的事故。例如，古籍上不同时代的钤印，档案手稿上的字迹，遇水均有可能出现洇化，在修复前需要先确认并进行试验才可开始。对待珍贵的文献和文物修复时，尤其要注意先进行试验，否则会造成无法挽回的损失。例如，故宫 2011 年就发生过因人为操作失误而损坏文物的事故，其主要原因是实验操作人员未经测试，加上操作失误，导致样品台上升距离过大，致使国家一级文物青釉葵瓣口盘受到挤压损坏。

## 六、安全性原则

文献修复的安全性原则包括修复措施的安全、修复材料的安全，以及文献信息的安全。修复措施的安全是指在修复过程中采用的修复技术或修复方法对文献来说要绝对安全，绝对不能使用不当的修复措施。修复材料的安全是指选用的修复材料对文献来说应该是安全无害的，不应含有对文献不利或有害的成分。例如，所采用的材料应不含任何酸性物质，pH 酸碱度应以中性为原则，以避免文献因酸性而导致文献纸质老化。文献信息的安全则要求在修复过程中，自始至终都要注意保证文献所承载的各种文献信息的安全。包括在修复过程中不能改变文献用纸的长度、宽度、厚度等数值，不能使文字受到损伤和墨迹、颜色洇染，等等。

综上所述，在文献修复工作过程中，必须遵循上述文献修复原则，才能真正做到文献修复工作的核心——整旧如旧、保存文献原貌，才能增长文献的寿命，达到最大限度保存和保护文献的知识价值、历史价值、艺术价值的目的。为了保证文献修复的工作质量，文献修复人员必须认真对待修复工作，在关注本行业最新发展的同时，采用新材料、新技术时必须十分谨慎，关注新材料、新技术在长期保存方面的优缺点，并且要灵活采用不同的修复方法，修复方法既要快速、方便，又要符合环境保护和对修复人员安全的要求。

# 第二节　文献修复档案的制作

## 一、文献修复方案、文献修复记录、文献修复档案

在正式进行文献修复操作之前，修复人员要根据文献的破损情况制订修复方案。文献修复方案有利于明确修复的目的、选择最佳的修复方法，体现了保护文献的高度责任感，从而保证文献能得到更有效的修复处理，从而达到保证修复质量的最终目标。

修复方案包括：分析文献制成材料的性质、老化损坏状况及原因，拟订修复方法与步骤，选择使用的修复材料以及处理过程中的要求等主要内容，一般由修复人员集体制订，形成书面方案，对其中难以确定的问题要听取相关专家的建议。修复方案的制订可根据不同情况区别对待。一般文献的修复方案可以简明扼要；批量处理的文献或者珍贵文献则必须制订详细的修复方案以及经过充分的讨论决定；珍稀文献的修复方案的制订，还应经专家论证和主管领导审批，并进行相关的先行试验以取得科学的根据。

修复方案要确定最佳的修复方法和选择最合适的修复材料，并且应待修复文献进行拍照后修复。先拍照后修复的原因有两个。一是留下文献原貌的资料，便于修复中对比参照，如果以后有需要进行再次修复，可以较轻松地找到文献原貌的资料以进行可逆性恢复。二是与修复后的情况相对比，才能明确损坏发生的时间、地点、原因及其责任归属。所以文献修复记录制作得越详细越好，这便于检查文献信息保护的情况和检验修复质量。

一旦修复方案确定，在整个修复过程中，应做好详细的文献修复记录，与文献修复方案一起形成文献修复档案。文献修复档案制作的内容包括了记录修复材料的来源、配方和制作方法；记录破损文献的修复原则、方针、技术手段和修复部位；使用照相技术对修复前后的古籍和修复过程中的独特技术处理进行拍照。修复档案的建立对保存、传播科学的修复原则方法，保存珍贵的修复史料有着重要意义；同时，文献修复人员建立起科学的档案制作及管理意识，掌握相关规范，并能独立完成修复档案的制作，进而借助修复档案的各项功能，将能更好地开展文献修复工作与文献修复交流。

## 二、文献修复档案的意义

“文献修复档案”对于我国文献修复行业而言是一个比较新的名词，近十年来才提出建立修复档案的问题。随着文献修复工作，尤其是古籍修复工作得到国家以及文献保存部门的重视，文献修复工作逐渐走向规范化、科学化的道路，文献修复档案的意义被越来越多同行所认识。同时，计算机及网络技术的快速发展，又为文献修复档案的有效建立和利用提供了便利条件。

首先，文献修复档案的建立，可以积累大量修复工作数据，为文献修复人员提供研究的借鉴和吸取经验教训。国外尤其是欧洲一些文献修复工作比较成熟的国家很早就开始建立文献修复档案，到目前累积了大量数据，在修复工作中逐渐显示出其意义和重要性，其总结出来的经验教训可供所有修复工作人员进行研究和参考。

其次，文献修复档案的建立，可以推动文献修复的技术发展。我国虽然有上千年的文献修复历史，但少有成文的论述和记录，技术发展缓慢，发展历史也难以考证。迄今为止，很多地方的文献修复技术仍靠口传身授、师傅带学徒的方式进行，致使知识和经验的传播速度缓慢。不过，随着文献修复观念的变革，在国家古籍保护中心的积极推动下，我国各文献修复机构也逐步开始建立文献修复档案，在这方面，博物馆系统走在国内前列。

再次，文献修复档案的建立，可以为文献的修复和保护提供重要依据。建立详细的文献修复档案，对修复方案、修复材料、修复历史等进行详尽的描述，并记录修复前的文献原貌以及修复以后的文献状态，对以后修复同一文献能提供完备的参考，对于修复其他文献对象，也有第一手资料作为参考。

最后，文献修复档案的建立，可以明确文献递传历史、保存情况，以及明确修复责任。文献修复档案记录了修复前后情况的对比，可以明确损坏发生的时间、地点、原因及其责任归属，便于检查文献信息保护的情况和检验修复质量。

## 三、文献修复档案的内容和种类

### （一）文献修复档案的内容

国家图书馆出版社出版的《图书资料业务人员·文献修复师》规定，古籍修复档案一般包括修复前书籍自然状况、修复方案、修复过程说明、修复后书籍状况等。事实上，一般文献修复档案的内容同样包括这些内容，但是可以根据文献的具体情况以及修复工作人员的时间安排适当进行详略不同的安排。

1. 修复前书籍自然状况

书目信息：书名、责任者、版本、开本、页数等。

纸墨信息：纸张纤维、组分、酸碱度、年代、产地、墨色成分、墨色状态等。

破损情况及原因：破损部位、形状、面积大小、破损原因、破损定级等。

其他之前的修复情况以及保存状态、文献递传情况，以及其他特殊需要说明的情况。

2. 修复方案

修复原则：根据不同的文献修复对象和修复目的，选择主要的修复原则，按重要性递减，以便选择修复材料和确定修复方法、修复工序。

修复方法：讨论确定应用的修复方法。

修复材料：根据修复原则、修复方法，准备修复使用所需的材料。对于所使用的材料，记录得越详细越好。

修复工作步骤：规定修复工作环节和先后顺序，提出各环节的工作要求，最好有验收标准。

修复投入：记录修复投入的人力、物力、工作时间安排，为将来修复工作提供依据。

3. 修复过程情况说明

制订了修复方案之后，在修复过程中仍然可能发生一些不可预计的情况，例如，有的文献出现了新情况，如用于加固封皮的纸张可能是新发现的文献；有的修复材料难以制作；有的修复材料在试验后发现效果不好，需要重新评估；有的工序设计不合理，有时是投入的人力比预想情况多。上述情况就应该在修复过程情况中说明，并且修改相应的修复方案。

4. 修复后书籍状况

文献修复后应用文字、图像记录修复后的书籍情况，以便为将来可能的修复工作提供书籍原貌的情况。

5. 修复前、中、后过程中的图像和影像

使用图像和影像记录文献修复前、中、后过程中的文献状况以及纸张纤维的显微镜影像等是最简便直观的方法，能使档案记录更加完备、准确。

### （二）文献修复档案的种类

修复档案包括文献在修复前的原状描述以及损坏症状的分析、修复时所采用的工序、技法和材料的选择等，亦包括修复后的文献物理形式以及化学特性检测等，任何与原文献有关的记载均包括在内。

（1）照片档案：以照片方式陈述记录。

（2）图示档案：以图示方式陈述记录，也称“书影式记录”。

（3）表单档案：以表单及文字叙述方式陈述记录。

（4）录像档案：以录影及音频方式记录修复过程。

很多修复单位会根据需修复文献的具体情况以及自身修复条件采用上述四种不同的档案方式的组合来记录修复过程，力求可向后人再现原书情况以及修复结果。

## 第三节　纸质文献的批量脱酸

### 一、纸质文献的脱酸方法

人们发现，随着时间的流逝，用手工纸书写、印刷的图书、档案历经几百年乃至上千年仍然可以保存完好、流传于世。用机制纸书写、印刷的图书、报纸在经历了不到一个世纪的时间，就变黄脆化，一触就“灰飞烟灭”。1957 年，美国人巴罗对 20 世纪上半叶每十年出版的文献的纸张老化程度进行了检验，并指出纸张酸化是纸张降解变质的最重要原因。由于机械造纸过程中使用的硫酸铝水解后呈酸性，是机械造纸走向劣化的根本原因。[①] 事实上，纸张中的酸来源于多种途径，造纸原料、造纸工艺、保存环境、外界微生物、霉菌均可能引起纸张的酸化[②]。因此，目前纸张酸化成为图书馆、档案馆、博物馆所面临的普遍问题，也是难以完全解决的问题。因为许多藏书由于酸化的问题，即便无人翻动，也会在书架上静静碎掉，成为粉末。例如，如果按照我国民国时期文献的现有速度继续老化而不采取任何措施，可能 50～100 年内民国时期文献纸张的 pH 值将降至 5.0 以下。若干年后，我们的后人也许能看到流传千百年的甲骨文、唐宋古籍，却无法再看到民国时期书刊的实物了。

针对纸张酸化的问题，美国、德国、英国、加拿大、意大利等一些国家的脱酸工作研究已经进行了三四十年，目前纸张酸化的处理方法主要是脱酸，包括液相脱酸法（水溶液脱酸法和有机溶液脱酸法）、气相脱酸法、固体脱酸法。这些方法的基本原理是使用碱性物质中和纸张中的酸性物质，将弱碱渗入纸页内部，中和掉已经产生的游离酸，并在脱酸后的纸页中保留一定的弱碱性，抑制纤维进一步水解，防止或延缓保存环境中可能的酸性气体对纸张的侵蚀，尽可能恢复纸张一定的柔软度和耐折度，对阻止纸张老化大有帮助。

#### （一）液相脱酸法

纸质文献的纸张呈酸性，主要是因为含有较多的氢离子，因此，去酸的实质是去除氢离子。液相脱酸法一般采用碱性水溶液或碱性有机溶液，如碳酸氢镁溶液、碳酸氢钙溶液、氢氧化钡－甲醇溶液、醋酸镁－甲醇溶液、甲氧基甲基碳酸镁溶液等，使之同氢离子中和而达到去酸目的。

1. 水溶液脱酸法

由于碳酸氢镁、碳酸氢钙在空气中不易保存，所以一般使用氢氧化钙－碳酸氢钙溶液以及碳酸镁溶液通入二氧化碳制备水溶液后再去酸。

使用氢氧化钙－碳酸氢钙溶液去酸时，一般要先将图书拆成单页放入 0.15% 的氢氧化钙溶液中 10～20 分钟，然后用清水冲洗以除去纸张上大部分氢氧化钙残液，再放置入

① 郭莉珠. 关于巴罗研究酸对纸张的破坏及其修复方法的情况［J］. 档案学通讯，1986，(4)：52.

② 田周玲. 文献用纸脱酸方法之分析［J］. 图书馆工作与研究，2009，(9)：72－74.

0.15%～0.2%碳酸氢钙溶液中（pH值约为6.5）10～15分钟，碳酸氢钙与氢氧化钙反应生成较为稳定的碳酸钙，最后将去酸后的纸张放入吸水纸晾干压平。使用这种去酸方法会在纸张纤维上残留少量的碳酸钙颗粒，可能增加纸张的白度，有观点认为它具有缓冲剂作用，能防止纸张酸度增高，是较为安全可靠的方法之一。

碳酸镁是微溶于水的白色粉末或白色晶体，一般实验室里将10克碳酸镁放入6升水中，然后通入二氧化碳，直至溶液从乳白色变为纯白色，制成碳酸氢镁溶液，然后将溶液静置约1小时，使多余的二氧化碳充分挥发后，将待去酸的纸张浸入溶液中浸泡20～30分钟，去酸后的纸张放入吸水纸中晾干压平。但由于去酸后碳酸氢镁残留物的安全性和稳定性受到质疑①，因而一般不建议采用碳酸氢镁和碳酸镁溶液进行脱酸。

上述两种碱性水溶液去酸方法一般用于实验室，优点是对环境对人都比较安全，去酸后纸张纤维上有碳酸钙、碳酸镁等碱性残留物，能起到一定的抗酸缓冲效果，进一步防止纸张酸化，而且成本低，便于小规模操作。但水溶液去酸一般要先将图书拆成单页，处理完成后再重新装订，周期长，人力花费大，去酸效率较低，不利于规模化处理。而且去酸溶液不能用于水溶性字迹的纸质文献去酸，不能用于严重酸化而过于破碎的纸张，不能用于湿润后容易膨胀变形的纸张，纸张最后晾干后也容易产生变形、皱缩、粘连、脱色。南京博物院的郑冬青等②曾对采用水溶液法对整本图书进行脱酸实验，应用的真空微波干燥技术较传统水溶液法大大缩短了处理周期，处理后图书纸张表面平滑、不皱缩、不粘连、尺寸无变化。纸张的物理化学性能在pH值、柔软度、耐老化性能方面有较大提升，但抗张强度、耐折度和分子结构等并无明显变化。目前用水溶液大规模对图书进行脱酸处理仍然在不断探索更有效便捷的途径中。

2. 有机溶剂脱酸法

有机溶剂脱酸法一般是用氢氧化钡－甲醇溶液、醋酸镁－甲醇溶液、甲氧基甲基碳酸镁溶液等去酸剂和有机溶剂混合而成的碱性溶液对纸质文献进行去酸处理，由于选用的有机溶剂不含水，能克服部分水溶液去酸的缺点。例如，有机溶剂脱酸法中，纸质文献的纸张干燥迅速、相对不易起皱。但是有机溶剂去酸也存在缺点，例如，一般溶剂易燃，有的对人体、环境均有毒性，从而在操作中存在较水溶液去酸更大的危险性，同时，可能与纸张上的印墨、字迹起反应，造成字迹洇化。

英国博物馆实验室的贝恩斯·科普提出用1%的氢氧化钡－甲醇溶液对水溶性字迹的酸化文献进行去酸处理，根据纸张强度的情况，可以使用浸泡法或者喷雾法（选用的有机溶剂在空气中迅速挥发时）对纸张进行去酸处理。去酸后，部分氢氧化钡残留在纸张纤维上，与空气中的二氧化碳结合生成性质稳定的白色碱性化合物碳酸钡，从而起到缓冲剂的作用。但是，氢氧化钡以及甲醇都具有毒性，修复人员在操作过程中需要尤其注意通风和安全。

醋酸镁易溶于甲醇或乙醇，成为醋酸镁－甲醇或醋酸镁－乙醇溶液，同样可以使用浸泡法或喷洒法进行去酸处理，镁离子最后也残留在纸张纤维上起抗酸缓冲作用。

甲氧基甲基碳酸镁溶液也被用于纸质文献的脱酸。美国、加拿大一些档案馆和图书馆

① 张元凤. 纸质档案之保存修复——材料与技法［J］. 档案季刊，1998，(4)：22.

② 郑冬青，等. 整本图书水溶液法脱酸研究［J］. 中国造纸，2009，(10)：34－37.

采用这种方法进行纸质文献大规模脱酸处理，在本节的“纸质文献的批量脱酸”部分进行介绍。

### （二）气相脱酸法

气相脱酸法一般使用碱性物质，如环已胺碳酸盐、吗啡啉、二乙基锌等。自从氨蒸汽脱酸技术[①]被采用以来，各国专家学者对气相脱酸法越来越重视，专家们开始试验与完善多种气相脱酸技术。兰韦尔等的碳酸环已胺脱酸法，库斯特的六甲撑四胺和氧氮六环脱酸法，史密斯的甲醇镁－乙醇溶液处理纸张后再用环氧乙烷气相处理法，美国国会图书馆的凯利和威廉斯利用二乙基锌在真空容器中处理书籍更是取得了显著的成绩。

使用氨蒸汽去酸是利用呈弱碱性的氨气气体能与纸张中的氢离子作用，生成氨离子的特点，氨气去酸时间为 24～36 小时，去酸后 pH 值为 6.8～7.2。氨气是一种容易购置且价格便宜的化学物质，去酸操作也较为简单。实验证明，这是一种价格低廉的大规模处理纸质文献的方法，对文献上的字迹影响甚小。但是，由于去酸后的纸张上没有残留物，又容易恢复酸性。

使用吗啡啉（化学名称为 1，4－氧氮杂环已烷，一种无色、有氨气味的油状碱性液体）去酸时，先将纸质文献放在密闭容器中，再抽走容器中空气至压强为 66.6645～133.329 Pa，然后通入吗啡啉蒸气约 10 分钟，使之与纸张的氢离子作用去酸。抽走残余的吗啡啉蒸气，通入空气至恢复常压常温，再取出已去酸的纸质文献。使用吗啡啉去酸的优点是去酸速度快，处理速度仅十几分钟，可进行大批量处理，去酸后纸张寿命明显延长，对纸张、字迹基本无影响。但也存在使皮制封面变黑，某些纸张如磨木纸变黄等缺点。

二乙基锌法去酸是目前较好的一种气相去酸法，在本节的“纸质文献的批量脱酸”部分进行介绍。

气相脱酸法的特点是可对纸质文献进行大批量处理，处理过程中纸张保持干燥，不会出现皱缩现象，也对水溶性字迹不产生影响，同时蒸气或气体能充分渗入纸张纤维中，无需拆装文献，从而能大幅提高去酸效率。但是气相脱酸法的工艺条件要求高，对仪器设备及操作人员的技术水平要求较高，投资大，且一般反应物有毒性，存在安全隐患。

### （三）固体脱酸法

固体脱酸法是指在书页中夹入脱酸纸、碳酸钙、碳酸镁、白垩粉等固态碱性物质，中和纸张酸性的方法。由于一般固态物质难以充分均匀地接触纸张表面，难以渗透纸张纤维，中和纸张酸性的效果较差，一般较少采用，只作为延缓纸张继续酸化的临时性措施。

## 二、纸质文献的批量脱酸[②]

### （一）韦驮法（Wei T'O）非水溶性有机溶剂去酸

韦驮法实质上是甲氧基甲基碳酸镁溶液去酸法，1972 年由美国芝加哥大学教授史密

---

① （印度）雅帕·凯思帕利亚．档案材料的保护和修复［J］．黄坤坊，译．档案学通讯，1981.

② 杨业蓁，周萌．国外大批量纸张脱酸技术概况［J］．档案学研究，2005（3）：60－62.

斯发明。其使用5%甲氧基碳酸镁、5%～10%甲醇和90%氟利昂配置而成的混合溶液，后来由凯利等进行配方改进，即用5%甲氧基甲基碳酸镁、10%甲醇和85%氟利昂混合，1982年在加拿大国家档案馆和国家图书馆应用。去酸时，先将纸质文献放入金属丝筐，置于真空干燥箱内干燥24小时，降低纸张含水量至0.5%。然后将金属筐放入处理罐中，用泵打入去酸溶液，可加压以加快溶液渗透纸张的速度。待反应进行1小时左右抽走去酸溶液，进行真空干燥。最后待处理罐恢复压力并使纸质文献的温湿度与环境温湿度一致后，将文献取出入库。

韦驮法的去酸效果明显，去酸后纸张pH值可达8.5～9.5（冷水抽提法），碱残留量为0.7%～0.8%（以碳酸钙计），还残留有其他碱性化合物如碳酸镁、氢氧化镁、氧化镁，能起抗酸缓冲作用。老化试验表明，经此法处理后的纸张稳定性提高。由于干燥迅速，减少了纸张变形和皱缩的情况。与水溶液去酸相比效率高、处理量大，周期缩短，全天候运转可处理26万册/年，实际4万册/年。去酸处理成本约8.33美元/本，成本较低。

韦驮法的缺点是去酸不均匀，纸张耐久性增强了，但有褪色现象，还出现了气味、白斑、起皱变色和粘结剂渗出等现象，约有35%的图书没有完全去酸。此法还会导致某些字迹褪色，同时生成的甲醇有毒性，使用的反应物中有氟利昂12和氟利昂13，[①] 对环境有较大影响，1997年以后已经停用。

### （二）巴特尔法（Battelle）

1987年，德国国家图书馆及德国国家技术研究部委托德国法兰克福的Battelle工程技术公司，研发制造一套图书脱酸系统，初期实验以韦驮法为参考，因此，巴特尔法是对韦驮法的改进。Battelle公司除了改良了干燥法以及应用了自动化控制系统外，还研发出新的溶质与溶剂，克服了韦驮法所使用的溶剂会危及环境安全的缺点。1994年，首先由德国莱比锡国家图书馆正式投入使用，瑞士国家图书馆、瑞士联邦档案馆及中国台湾地区的“国立中央图书馆”台湾分馆都在使用巴特尔去酸设备进行对图书档案的脱酸。其中，以瑞士国家图书馆所拥有的脱酸设备最大，是目前世界上使用这种方法最大的脱酸工厂，年处理量达120吨。

巴特尔去酸法是以10%乙氧化镁、14%乙氧化钛、6%4－异丙基钛酸酯等溶于70%的6－甲基矽烷作为脱酸溶液，对酸性纸质文献进行脱酸处理。巴特尔法可以防止空气中酸性气体的侵蚀，有助于提高纸张耐久性，可以延缓纸张老化。纸张pH值可提高到8～9，碱残留量可达1%～2%。年处理量预计为40万册/年，实际初始应用阶段4万册/年。费用为15～20马克/本。但实验表明，应用巴特尔法脱酸后，40%的图书和2/3的档案材料的纸张强度有所降低，老化试验表明，有16%的图书和近1/3的档案材料去酸效果不明显；去酸后部分文献出现了纸张变色、白色沉淀物、牛顿环、字迹褪色和扩散、有一些难闻的气味，纸张处理后的手感不同及去酸效果不均匀等现象。

---

① 氟利昂12与氟利昂13均为氟利昂制冷剂中的氯氟烃类，由于对臭氧层破坏作用极大，被《蒙特利尔公约》列为一类受控物质。

## （三）氧化镁脱酸法（Book Keeper）

氧化镁脱酸法由美国科波思（Koppers）公司首先研制成功，1987年以后由理查德·斯潘兹（Richard Spatz）与科波思公司合作研究，所设的中型试验厂能进行连续批量操作。在美国国会图书馆、荷兰国家图书馆及多所大学图书馆得到应用。氧化镁脱酸法主要用液体中的氧化镁微粒作脱酸处理，目前较为有名的是使用美国保存技术公司（Preservation Technologies）1994年研发的Book Keeper液态去酸剂。Book Keeper既可以在真空环境中对图书进行大规模脱酸处理，目前也提供喷剂作为简易的脱酸处理剂。

氧化镁脱酸法能使80%的图书的使用寿命明显提高，寿命提高约300%。pH值从处理前的4.3～7.5达到处理后的7.6～9.0，碱残留量大于1.5%。2005年，波兰国家档案馆、国家图书馆、雅盖隆大学、托伦哥白尼大学等多所机构联合实施的"酸化纸张：濒危的波兰语书籍档案大批量保护"（简称WPR项目）开始正式使用Book Keeper III系统处理整本图书的大规模脱酸。2台Book Keeper脱酸设备每年处理大约40吨纸张。操作简便，费用低廉，占地面积小，处理时间短，由于不会引起色素的褪色或溶解，因此能安全地处理钢笔、圆珠笔、毡尖笔书写的手稿。尚未发现对人体健康有害。但是，去酸后有的纸张产生了白色斑点残留物，这些白色碱性残留物难以均匀地分布在纸张纤维中，有些字迹出现褪色变色等现象①，对于较厚的图书，去酸后碱残留量不足。

## （四）二乙基锌法（DEZ）

美国国会图书馆的合作者——凯利和威廉斯利用二乙基锌在真空容器中处理书籍的方法在美国国会图书馆及一些大学的图书馆有较广泛的应用。二乙基锌是一种液态的金属有机化合物，化学性质活泼，能迅速夺取酸和水中的氢离子，生成锌盐、氧化锌和乙烷。去酸时将真空干燥后的纸质文献放入处理罐，在真空条件下，汽化后的二乙基锌迅速渗透到纸张纤维与氢离子反应，与纤维内微量水生成氧化锌和乙烷。反应结束后，抽风机抽出乙烷气体，加入少量甲醇消除残余的二乙基锌，通入二氧化碳，将具有光氧化催化作用的氧化锌转换为有抗酸缓冲作用的碳酸锌，同时恢复处理罐内的压力，取出纸质文献。

我国由来自南京博物院、南京化工研究所、中国第二历史档案馆、省档案局等联合组成的"旧纸气相中和法课题组"曾尝试采用二乙基锌对酸化旧纸进行气相中和试验。实验表明，不论纸张种类、装订材料种类、受酸侵蚀种类，二乙基锌法去酸效果均一完全，脱酸后纸张呈中性，纸张耐折度有所提高，纸张的老化得到了延缓。90%的图书去酸完全，碱残留量（ZnO）可达1.5%～2.0%（相当于$CaCO_3$1.8%～2.5%）。用冷水抽提法测试去酸后pH值可达7.55～9.50（平均值7.98），碱残留量可达1.0%～11.0%（以$CaCO_3$计），但研究结果表明，高的pH值和碱残留量是因为脱酸图书在处理前就已呈碱性。老化实验表明，除去碱性纸，去酸后纸张的机械强度都增加了。二乙基锌法以180平方米的处理中心为例计算，年处理量至少可达25万册，处理后图书使用寿命可达25～30年，处理成本约为15美元/本。比利时曾对七种大型脱酸设备进行比较研究，认为二乙基

---

① Sarah D. Stauderman etc. Observations on the Use of Bookkeeper® Deacidification Spray for the Treatment of Individual Objects. http://cool.conservation-us.org/coolaic/sg/bpg/annual/v15/bp15-17.html [2012-02-01].

锌法是最有前途的，适合大规模脱酸处理图书。同时，荷兰阿姆斯特丹的艺术科学研究中心实验室也得出了相同的研究结果。

二乙基锌法的缺点是生成了有气味的白色残留物，纸张起皱不平整，出现了褪色及粘结剂流失等现象。脱酸后产生的氧化锌会加速纸张纤维素的光氧化作用，氧化锌和硫化氢反应生成的硫化锌会对空气造成污染，氧化锌转化成碳酸锌，会使脱酸后纸张的敏感度降低。因此，在处理过程中通入二氧化碳可以避免光氧化作用。

### （五）FMC 法

FMC 法最初由美国 FMC 公司于 1988 年研制成功，最初选用的去酸剂为溶解在氟利昂 113[①] 中的碳酸镁醇盐（mg－3），后经加工改进用溶解在庚烷中的二丁氧基代二乙氧基碳酸镁（mbg）。

经实验，FMC 法去酸后的图书 pH 值达 8.3～9.1（冷水抽提法），碳酸镁残留量可达 0.7%～2.9%（相当于 0.8%～33.4% 的碳酸钙）。对于很脆的纸张而言，处理后纸张的耐折度有了很大提高，从小于 4 上升到大于 20，其他的指标如撕裂度、亮度和抗张强度等也都有明显改善。FMC 法去酸不含醇，在去酸的同时又能对纸张进行加固，使纸张去酸和加固相结合，此外，去酸的同时还能保证对文献内容保密，适用于各种纸张、字迹。动物毒理实验表明，去酸后的纸张对皮肤、器官、组织、神经系统均无毒性反应，因此可以说该法是一种安全有效的脱酸方法，有着非常好的应用前景。年处理量约为 30 万/册年，成本为 14～30 美元/千克。但 FMC 法对图书有不同程度的损害，被处理的图书可能会加速吸收水分，有明显的变色，同时出现黄色和半透明的污点。对蜡迹、铅笔字迹、彩色激光打印文件、羊皮纸和聚苯乙烯等物质影响明显，有气味和褪色现象。

### （六）甲氧－乙氧甲基镁水溶液去酸法

1989 年，甲氧－乙氧甲基镁水溶液去酸法在法国国家图书馆萨布莱技术中心正式投入使用。这种去酸方法去酸后纸张 pH 值由 3.5～4.3 升高到 7.2～8.1，反应所使用的去酸液可重复使用 4 次，去酸效果相同。一年的图书处理量为 5 万～6 万册，成本控制在 25～40法郎/册。该系统可靠性较好，运转以来未出现大问题，去酸的处理量也可以满足一般图书档案部门的需求。

该法的缺点是，图书去酸前的干燥除湿会使册装图书的硬皮封面有收缩弯曲的现象（平装书不存在这个问题），字迹几乎没有扩散，只在一些红色或橘色封皮的平装书中偶尔出现扩散，水性墨水尤其是蓝墨水有轻微的扩散。处理后，有些图书的书页间产生了白色沉淀物，同时会有乙醇的气味出现。氟利昂 12 对环境有污染，需要研制可以替代的产品，同时，该法的费用较高，也是需要解决的问题。

此外，还有其他的大规模纸质文献脱酸方法的尝试，例如，法国国立科学研究中心研制的与韦驮法类似的 Sable 去酸法，自 1989 年起每年处理 3 万册藏书，目前法国国家图书馆 Sable 保存中心尚在使用；日本东京农工大学农业部 1990 年研发，1997 年由日本 Filing 株式会社使用的干式氨气环氧乙烷法（DAE 法），日本国会图书馆曾应用此法每年处理

---

① 氟利昂 113 也是《蒙特利尔公约》中被列为一类受控物质的氯氟烃类。

30 万册藏书；维也纳图书馆使用氢氧化钙脱酸法，将氢氧化钙溶液与甲基纤维素在真空环境下浸泡脱酸的同时施胶加固纸张，再移入低温环境中汽化蒸发水分，完成脱酸。

自动化的大规模或者手工式的单张纸质文献脱酸处理，基本上都是中和纸张中的氢离子，将碱性化合物残留在纸张纤维中。因此，纸张脱酸大致都会经历以下过程：①化合物充分接触纸面，并充分渗入纸张纤维；②中和纸张中的游离氢离子；③碱性残留物作为缓冲剂残留在纸张纤维中；④去除残留的化合物或者化学反应副产品，清洁并恢复原状。

在去酸过程中，去酸化合物需要充分接触纸张表面，均匀分布在酸化的纸张中，去酸后一般纸张的 pH 值应该在 7.0 ～ 8.5 之间。去酸化合物与纸张充分接触以及反应的时间应当尽可能短，从而能提高去酸的处理效率。去酸后，纸张上应当不含有化学反应物或者生成的产物的气味或颜色，字迹应当不受或者尽可能少受溶剂、参加反应的化学物质或者产物的影响；如反应后存在碱性化合物，最好能占纸张重量的 2% 以上，[①] 才能更好地发挥缓冲剂的作用，同时这些碱性化合物最好是性质较为稳定，不易于与保存环境中空气含有的化学物质发生反应生成其他影响纸张保存效果的物质。脱酸前后需要检测纸张的几个常用指标，包括纸张的化学性能、物理性能和光学性能。整个处理过程中，对环境和修复人员应当采取适当的保护防范措施，不能危及修复人员和环境安全。在上述前提下，尽可能采用合理成本的脱酸处理方式。

对纸质文献进行去酸处理，虽然无法改善或者恢复纸张的机械强度，却是阻止纸张继续酸化以及延长纸张使用寿命的唯一方式。[②] 目前，图书馆和档案馆等文献主要保存机构已经发现，纸质文献的酸化问题严重，大家都希望能找到一种完美的脱酸技术，但事实上，每种脱酸技术都有其瑕疵及副作用，因此要根据自身的经济条件以及纸质文献的特点小心选用脱酸方法，对濒危的酸化文献进行酸性抑制管理，抢救性脱酸以及研究纸张加固等处理，同时，文献保藏机构也应积极敦促出版商尽可能使用无酸纸印制馆藏图书，以能更长时间保存纸质文献。

## 第四节　纸质文献的修复技术

纸质文献的保存与利用过程中，随着时间的流逝，受到温度、相对湿度、光照、空气质量等环境的影响；保存过程中可能会遭遇霉菌、害虫等有害生物的侵害，战争、地震、水灾、火灾等意外灾害的破坏；再加上纸质文献本身的制成材料以及书写材料的物理化学性质的不同，都会对纸张和字迹造成不同程度的影响和损害。为了延长纸质文献的寿命，必须对破损的纸质文献进行修复，尽可能去除纸质文献中对纸张以及字迹耐久性不利的因素，恢复破损纸质文献的原貌。

对于纸质文献中纸张的修复技术，主要分为纸张去污技术、纸张加固技术、纸张修补技术；对于纸质文献中字迹的修复，主要包括字迹的恢复与显示技术。本节主要讨论的是

---

① 见中国台湾 CNS 13776 Z7276《图书馆与档案室典藏出版品与文件之纸质保存性标准》2.10 节和 3.3 节。

② 杨时荣．图书文献保存性修复［M］．台北：南天书局，2008：176.

针对纸张的修复技术。

## 一、纸张去污技术

纸质文献在保存和利用过程中，由于环境因素和人为因素，纸张上可能积聚灰尘，或者留存有存储过程中发生的霉斑、墨渍、泥污、水渍、食物残迹等各种污渍斑点，不仅可能影响字迹的清晰程度，还可能影响纸张以及字迹的耐久性，因而应尽量去除这些污渍斑点，以延长纸质文献的寿命。去污办法很多，应该尽可能分析形成污渍的原因，并结合纸质文献中纸张、字迹的情况确定去污方案，在真正进行去污之前，应选择一些对使用影响不大的、处于较为边缘的区域进行试验，确认方案的安全性和有效性。如果无法确定修复方案的安全性，一般不要在珍贵的文献上使用。

### （一）机械去污

机械去污主要用于纸张强度较好、灰尘或污斑较厚且易于清除的纸质文献，也可结合溶剂去污一并使用。机械除尘主要借助橡皮擦、毛刷、口腔器、手术刀等工具，依靠机械力量将灰尘和污斑除去。需要注意的是，有些纤维较长的手工纸，在使用机械去污方法时，容易起毛，要尤其小心。

1. 除尘

除尘是修复的一项基础工作，无论选择何种修复方案，最好对文献先行进行除尘处理，既避免修复或使用文献时灰尘再次污染纸质文献，又避免修复人员受到不明组成成分的灰尘与细菌的侵害。纸质文献保存过程中，书口书脊可能积聚大量灰尘和细菌，此时可以用羊毛软刷或者排笔等工具将灰尘轻轻刷去，为了修复人员的健康，建议修复人员戴上防尘口罩、手套等防护用具，最好能用通风橱将刷出的灰尘排出室外，或者尽量选择在通风良好的地点进行。西方图书修复人员也使用乙烯基成分的橡皮擦研磨成粉末状的清洁粉或者硫化橡胶干洗海绵进行除尘清洁，尽可能减少在纸张上留下清洁剂的残留物，同时避免破坏纸质文献的耐久性。需要注意的是：

（1）并非所有的纸质文献都可以进行除尘，易碎的报纸、照片或艺术印刷品则会因为不当的表面除尘而受到损害。

（2）除尘时应避免朝着纸张破裂处的方向刷拭而使裂缝扯得更大，对纸张造成更大的破坏。

（3）用于除尘的刷子应当干湿分离，所有用于清理发霉材料的刷子都应用标签标示并分开存放，以避免霉菌污染其他纸张。

（4）使用乙烯基橡皮反复缓慢擦拭纸质文献时，需要边擦拭边近距离地从侧面角度观察纸的表面，避免留下摩擦痕迹，确保纸张不被磨损。

（5）一般不使用磨成粉末状或者颗粒状的清洁粉清洁整本书籍，避免颗粒残留在装订线处，无法清理干净。

2. 去除黏性胶带的痕迹

黏性胶带的粘结剂会损害纸张，造成胶纸与纸张相粘部分以及周边区域的物理性破坏。有些黏性胶带使用日久将会变质脱落，在纸张上留下厚而硬的胶质残留物。清除黏性胶带相当困难，如果不得法，将引起纸张的进一步破坏。如果胶带粘在文字或图片上面，尤其是铜版纸上，将更难清除。修复人员可以根据黏性胶带的种类、粘贴的区域以及纸张的情况选定使用物理还是化学方法去除，由于黏性胶带使用的粘结剂通常难以确定，通常要进行几次尝试才能选择出最合适的办法清除胶带。

现在修复人员普遍使用生胶粘结剂清理擦清理压敏胶带的残留物及其他黏性残渍。使用生胶橡皮擦以多次极短刷幅的手法来轻轻擦除黏性胶带的粘结剂，虽然费时费力，但多次轻柔的擦拭才能不损伤纸张，最大可能地清除粘结剂。

在去除书背的植物性或动物性胶时，由于这两种胶均具有水溶性的特点，可以先用蒸气软化书背上的胶，然后再小心刮除。

3. 去斑

如果纸质文献上有蜡斑、食物残渣、锈斑等较厚的污斑，也可选用口腔器、手术刀等工具去除污渍。由于不同纸质文献的纸张制成材料的不同，选择这种方式需要小心谨慎，操作时也需要控制好力度和方法，否则可能对纸质文献造成损害。一般使用口腔器和手术刀等较为锐利的工具除去污斑时，应该注意以下三点：

（1）用干净白纸盖住无需清洁去斑的区域，以防在去斑过程中被污斑微粒污染。

（2）刀刃应紧贴纸张表面，从纸张中心往边缘运刀；如遇有纸张原本有裂痕，则应从纸张坚固部分往裂痕边缘运刀；应尽量使运刀方向与纸张的纵向方向一致。

（3）随时用毛刷或者棉球、橡皮擦清除已被清除下来的污斑微粒。

### （二）溶剂去污

溶剂去污即利用溶剂与污渍、污斑互相扩散的混合过程淡化斑渍。根据极性相似原则，极性物质易溶于极性溶剂中，非极性物质易溶于非极性溶剂中，利用这个原则，采用合适的溶剂，可以使污斑溶解在溶剂中，从而达到淡化斑渍的目的。使用溶剂去污，均需对纸质文献的纸张进行分析，避免纸张晾干后出现褶皱、不平、粘连等现象；也需对纸质文献的字迹进行分析与试验，避免出现字迹洇化甚至消失的现象。

1. 水洗

水是一种常用的溶剂，属于极性溶剂，具有较强的溶解力，能溶解泥斑、水渍等。对淡化霉斑也有一定作用，并且残留物对纸质文献影响小，不易于损害纸质文献的耐久性。水洗一般应先将纸质文献用无纺布分离，避免粘连，放入装有 70 ～ 80 ℃温水的容器内，用软毛刷轻刷污斑至污斑淡化，如有必要则需多次换水直至纸质文献表面清洁。水洗后，将纸张放入吸水纸中压干。水洗需要注意：

（1）水洗一般应对纸张全体进行湿润，避免仅水洗污斑部分，否则纸张将发生不均匀膨胀，产生皱纹。

（2）对于纸张强度已经很差，或者纸张破损严重的纸质文献，要谨慎采用水洗方式，避免对纸质文献产生进一步破坏。

2. 有机溶剂去污

对于某些不溶于水的污斑，如油斑、蜡斑、漆斑、黏性胶带残留物等，可以用汽油、无水乙醇、丙酮、苯、甲苯、四氯化碳等有机溶剂去除。使用有机溶剂去斑前应对纸张以及字迹做试验，以防损害纸基或者溶解字迹。由于有机溶剂一般含有一定的毒性，修复人员需要使用口罩、手套等防具在通风条件良好的地方进行。

去除油斑时，一般应将纸张反扣在一张吸水纸或者滤纸上，用镊子夹蘸上溶剂的棉花球在污斑背面轻轻擦拭，溶解后的油斑被吸水纸或者滤纸吸收，根据情况换吸水纸、滤纸或棉球。

去除蜡斑时，应先用手术刀或小刀小心刮除尽可能多的蜡层，然后在纸张上下方各放一张吸水纸，用专用熨斗在污斑处小心加热，蜡遇热熔解后被滤纸吸收，根据情况换吸水纸。当吸水纸再无法吸取熔解后的蜡时，可采用去除油斑的方法清除尚未除尽的油斑。

去除黏性胶带时，主要采用亚克力洗涤剂、去渍油、苯清、无水乙醇或甲苯等有机溶剂，注意选择对胶带粘结剂溶解度不要过高的溶剂进行去除处理，以胶带基材（胶带的底面材料，一般为聚丙烯薄膜、聚酯膜或玻璃纸）和粘结剂在溶解后两者尚能有一定黏着度为标准，这样能将基材和粘结剂一并取下，如果溶解度过高，粘结剂将和基材分离并残留在纸张上，后续处理相对更困难。

3. 氧化去污

由于霉斑中的色素用水以及有机溶剂难以去除，氧化去污成为去除霉菌生长过程中分泌出的不同颜色的色素的有效方法，但由于氧化剂对纸张中的木质素以及字迹均可能造成影响，损害纸张的强度和耐久性，使字迹变色或者褪色，残留物从长期保存来看也对纸质文献造成一定影响，因而在选择氧化剂、调制氧化剂的浓度时，都需要审慎进行，最好能先做局部试验证实对纸质文献中纸张以及字迹的影响后再行实施。

氧化去污主要采用氯胺 T、过氧化氢、二氧化氯、次氯酸盐、高锰酸钾等氧化剂溶液，淡化污斑或者使污斑中的色素氧化后变为无色，从而达到去污目的，氧化剂的氧化能力强弱依次为：高锰酸钾 > 次氯酸盐 > 二氧化氯 > 过氧化氢 > 氯胺 T。常见氧化剂及去污方法见表 5 - 1。

**表 5 - 1　常见氧化剂及去污方法**

| 氧化剂 | 性　状 | 去污方法 | 优　劣 |
| --- | --- | --- | --- |
| 氯胺 T | 白色结晶粉末、溶于水、乙醚等溶剂 | 使用 2% ～ 3% 氯胺 T 溶液，加酸调整至该溶液的 pH 值为 7，将纸质文献放置溶液中，保持溶液温度为 20 ～ 30 ℃，浸泡 15 ～ 30 分钟后取出用清水漂洗 | 氯胺 T 属于较温和的漂白剂，对纸张损伤较少，留在纸张上的化学反应残留物对纸张损害较小 |
| 过氧化氢 | 无色液体，易溶于水、乙醚 | 1. 制备体积 1:1 的过氧化氢 - 乙醚溶液，按照有机溶剂去污的方法去斑<br>2. 配置约 3% 的过氧化氢溶液，滴加氢氧化钠溶液至溶液 pH 值为 8 左右，将湿润后的纸质文献放入溶液中直至污斑清除，然后清水洗净后放入吸水纸晾干压平 | 乙醚溶液属于有机溶剂，在发生氧化还原反应的同时可溶解部分污斑。过氧化氢在化学反应后氧化产物是 $H_2O$，不产生其他杂质，对纸张强度影响较小 |

续上表

| 氧化剂 | 性　　状 | 去污方法 | 优　　劣 |
|---|---|---|---|
| 二氧化氯 | 黄绿色至橘红色有臭味气体，易溶于水。水溶液较为稳定 | 将2%亚氯酸钠溶液加入40%的甲醛溶液，用以制备去污的二氧化氯气体。将纸质文献润湿后放置在密闭容器中，通入二氧化氯气体。最后用软毛刷将化学作用后积存在污斑原处的反应物去除 | 二氧化氯气体和挥发的甲醛均有剧毒，使用时需要注意安全。但该方法为气相去污，对纸张中纤维素损伤较小，氧化效率也比溶液稍高 |
| 次氯酸盐 | 主要起氧化还原反应的成分为次氯酸，浓溶液呈黄绿色，稀溶液无色，不稳定弱酸 | 将纸质档案放入5%次氯酸钠与浓盐酸（浓盐酸占溶液的0.5%～3.0%）的混合溶液约5分钟，然后取出放入0.5 mL浓盐酸溶于2700 mL水的稀盐酸溶液中5分钟，以去除残留的次氯酸。最后可将纸质档案放入稀氨水溶液中以中和纸质文献上残留的酸 | 次氯酸溶液不稳定，在有光照、催化剂存在时反应更易进行，但酸也容易残留在纸张上，要进一步清除。在氧化还原反应中，对纸张纤维素产生一定损伤，需要谨慎使用 |
| 高锰酸钾 | 深紫色晶体，水溶液呈紫红色，强氧化剂 | 将上有污斑的纸张放置在0.5%的高锰酸钾溶液中静置5～15分钟，待污斑变成棕色（生成二氧化锰颗粒）被氧化而破坏。然后用0.5%～1.0%的亚硫酸氢钠溶液或者2.0%草酸溶液进行还原处理。最后水洗至溶液为中性。如果污斑一次去不净，可重复多次进行 | 高锰酸钾具有强氧化性，可能氧化纸张中的木质素，使之变成棕黑色，无法复原，对纸质文献造成进一步的损害 |

## 二、纸张加固技术

在保存使用纸质文献的过程中，随着时间的流逝，加上环境因素的影响，纸张的强度会下降，而文献上的字迹也可能因磨损而逐渐消失。因此，修复人员开始考虑采用加固技术提高纸张以及字迹的耐久性。目前主要采用的有托裱加固技术、涂料加固技术、薄膜加固技术、丝网加固技术、辐照加固技术、纸张揭分加固技术。

### （一）托裱加固技术

托裱加固技术是于纸张背面粘贴一张完整补纸的步骤和方式。适合修补单面印字的纸质文献，因而尤其适合对中国古籍图书、画作的纸张进行加固处理。根据字迹的水溶性情况，托裱可分为湿托和干托两种。

1. 湿托

湿托适用于非水溶性字迹，是常见的中国书画的加固方法。湿托是托裱过程中，使用稀糨糊刷抹在补纸上，而等待修补的书页，则尽量少接触潮湿，维持干燥。湿托的基本步骤是：

（1）将待托裱的纸质文献单页有字一面朝桌子平铺放好，如果纸张损毁较为严重，可先在桌上铺好一张柔软透明塑料薄膜，对纸张起支撑作用。

（2）润湿待托裱的纸张背面，展开褶皱并小心用镊子去除杂质。

（3）根据修复方案对残缺或有孔洞的纸张进行修补。

（4）在待托裱纸张背面用排笔轻刷一层稀糨糊。

（5）将托纸（托纸一般比待托裱的纸张四周略大出 2 ～ 3 厘米）覆在纸背，用棕刷刷平。

（6）使用吸水纸覆盖在托纸上，用棕刷排实，使托纸和纸张黏结更加牢固，在两张纸的接口处可用棕刷用力砸实，以防开裂。

（7）在托纸四周（一般在纸缘的 1.0 ～ 1.5 厘米）刷糨糊，在右侧下半部贴一小纸条，作为下墙时揭起以及吹入空气使纸张更平整用。将托裱好的纸张正面朝上、托纸朝下贴在墙上，用棕刷将四周压紧，待其干燥。

（8）揭下干燥的托裱纸张，修整边缘。

2. 干托

干托适用于字迹遇水易扩散、洇化、褪色和破损比较严重的纸质文献。干托的操作步骤大致和湿托一致，只是干托法是指将糨糊刷在托纸上而不是待托裱的纸张上，然后使用吸水纸吸去一定水分，再将待托裱的纸张和托纸粘贴在一起的方法。为了防止字迹洇染，根据纸质文献纸张状况和字迹情况，干托又分为搭托和飞托两种。

（1）搭托。是指在上好糨糊的托纸背后再增加一张吸水纸，然后将托纸正面平铺在展开的纸质文献单页背面，用棕刷轻轻刷平并排实。

（2）飞托。是指将托纸正面的糨糊在工作台上刷平，在待托裱的纸张正面放置一张吸水纸，正面朝上覆盖在托纸上，隔着吸水纸轻轻刷平，有需要的话可换吸水纸重新进行。

上面介绍的托裱技术主要针对单面字迹的纸质文献，实际上，也有针对双面有字纸质文献的双面托裱技术。双面托裱技术与单面托裱技术的操作过程基本一致，不同的是采用的托纸多为纤维较长、透明度较好的纸张，这样既不影响阅读和利用，又能加固纸张，增加纸张的强度。

传统的托裱技术多为手工操作，托裱加固的效率与质量与托裱人员的技术息息相关。我国安徽省档案局研制成了档案修裱机后，修裱技术迅速从传统手工技术转到机械化托裱。机械化托裱有速度快、成本低、效率高、适用范围广等特点，对不同纸质、不同大小的纸张均能操作，对纸质霉变、破碎、酸化酥脆的纸质文献均能进行修裱，克服了手工修复速度过慢、效率较低的缺点。但是，由于机械化修裱的质量仍然难以达到熟练的修复人员的手工托裱技术水平，修裱后能保存的年限也不如优秀的手工托裱产品，因而应根据纸质文献的具体情况来选择进行机械托裱或是手工托裱方式。

### （二）涂料加固技术

涂料加固技术是指在纸质文献表面增加一层液态涂料，待涂料中的溶剂挥发后形成一层薄膜，这层薄膜能减少纸质文献的纸张、字迹受到如水汽、光线、化学腐蚀等外部环境的影响或者能保护纸质文献免受机械磨损，从而达到巩固字迹、提高纸张强度的目的。

涂料应该是无色、透明度好的液态物质，能均匀附着在纸张表面，成分对纸张、字迹没有损害，本身化学性质比较稳定，不易氧化、变色、老化。另外，涂料必须遵循修复的可逆性原则，必要时，加固纸张所使用的涂料可以从纸质文献上去除。涂料是一种涂在纸张表面并能形成牢固附着的薄膜的黏稠液体，主要成分是成膜物、溶剂和助剂。涂料的性能主要取决于成膜物的性质与结构，成膜物通常是分子间作用力较大的高分子化合物，如树脂、明胶、甲基纤维素、羧甲基纤维素、乙基纤维素、聚甲基丙烯酸甲酯、氟树脂、聚丙烯酸甲酯等。作为涂刷或喷涂在纸张表面的液态化合物，有的涂料适合巩固油性字迹，有的适合巩固水性字迹，有的适合于加固纸张强度，有的兼而有之，根据纸质文献的纸张特性和字迹来选择合适的涂料非常重要。下面介绍几种常用的涂料。

1. 明胶－甘油溶液

使用明胶施胶加固是一种比较传统的纸张加固方法。明胶由动物的皮、骨熬制而成，主要成分是蛋白质，涂刷在纸张表面可均匀渗入纤维内部，能增强纸张纤维之间的结合，增强纸张的强度。在实验室里，可先用1500毫升水浸泡100克明胶8～12小时，使之溶胀，然后加热至40～50℃，加热时注意不断搅拌，使明胶充分溶解成透明溶液。另外取1300毫升水，在水中逐渐加入中和皂4克、乙醇200毫升和甘油60毫升，配制成乙醇甘油溶液。将制好的乙醇甘油溶液倒入明胶溶液充分混合，在保持40～50℃的温度下过滤出均匀溶液，最后加入溶于10%酒精的乙萘酚溶液（用于防腐）25毫升，配制成明胶－甘油溶液。使用时，用柔软的排笔或者羊毛刷将明胶－甘油溶液轻柔地、均匀地刷在纸张表面，一般先刷无字的一面，再刷有字的一面，待纸张快干时放入吸水纸内晾干压平。明胶是水溶性涂料，所以一般用于处理不溶于水的字迹。

2. 乙基纤维素溶液

乙基纤维素是一种白色粉末状的纤维素醚，易溶于苯、醋酸等有机溶剂中，它形成的薄膜较柔软、耐水、耐光、耐热、耐酸碱。

使用乙基纤维素的配方很多，下面简单介绍3种常用的配方。

配方1：乙基纤维素5克，苯和无水酒精混合液170毫升，邻苯二甲酸二丁酯0.25克，依次加入锥形瓶搅拌溶解至全部均匀混合。

配方2：乙基纤维素5克，苯170毫升，汽油15毫升，邻苯二甲酸二丁酯0.25克，依次加入带玻璃塞的干燥锥形瓶，搅拌溶解至全部均匀混合。

配方3：乙酸乙酯86%，无水乙醇10%，乙基纤维素2%，中药防虫剂[①]2%，紫外线吸收剂0.01%（防止光损害），依次放入烧杯中静置24小时后过滤装瓶，制成涂料。

乙基纤维素是一种较为广泛应用的加固字迹的涂料，如使用苯作为溶剂，则不能处理油溶性字迹。实验表明，乙基纤维素在纸张表面形成的薄膜在一段时间后用手触摸，手感有轻微胶硬变化。因此，有部分修复人员对使用涂料加固纸质文献的保护效益以及危害存保留意见，[②]认为仍需要更长时间的观察。

3. 氟树脂溶液

氟树脂的化学性质很稳定，成膜后耐光、耐酸碱、不易老化、具有可逆性，一般用于

---

① 中药防虫剂可预防虫害及纸张纤维素水解。配方为黄柏20克＋白芍10克＋细辛10克＋烟叶20克＋百部10克，以纱布包好置于无水乙醇1000毫升中48小时，取出后加入氯菊酯4毫升，24小时后过滤成防虫剂。

② 杨时荣．图书文献保存性修复［M］．台北：南天书局，2008：30－31．

巩固水溶性字迹和加固纸张。

配方1：氟树脂15克，丁酮100毫升放入锥形瓶中，置于85 ℃水浴锅中加热。

配方2：氟树脂5克，有机溶剂（丙酮、甲基丙烯酸甲酯、丁酮等）120毫升放入锥形瓶，搅拌均匀后用木塞塞紧瓶口静置1～2日至完全溶解。

如果使用甲基丙烯酸甲酯作为溶剂，要在瓶上装一个回流装置。丙酮、丁酮等有机溶剂易燃烧，不能直接火上加热，要放在水浴锅中加热。

4. 聚甲基丙烯酸甲酯溶液（有机玻璃溶液）

聚甲基丙烯酸甲酯（俗称有机玻璃）涂料成膜后耐水、耐光、耐酸碱，有较好的机械强度，可用于巩固水溶性字迹和加固纸张。将聚甲基丙烯酸甲酯、苯、三氯甲烷放在带冷凝管的锥形瓶中，然后置于水浴锅中加热沸腾24小时，使聚甲基丙烯酸甲酯全部溶解后加入少量苯二酸二辛酯0.5～1.0克。

5. 羧甲基纤维素

羧甲基纤维素（CMC）是纤维素醚类中产量最大的、用途最广、使用最为方便的产品，俗称为“工业味精”，是国外修复人员使用较多的施胶涂料。CMC是一种由树浆中提炼出来的纤维素衍生物，为白色或微黄色粉末、粒状或纤维状固体，无臭、无味、无毒、耐光、耐酸碱，易溶于水。将CMC放入装水的烧杯，颗粒将立刻溶胀并溶解，使用50～60 ℃的温水溶解得更快。用排笔或羊毛刷将制成的胶体溶液均匀刷在纸张两面，一般也是从无字一面开始刷，最后放入吸水纸晾干压平。

6. 聚丙烯酸甲酯溶液

聚丙烯酸甲酯溶液主要用于加固纸张，使用方便，在6%聚丙烯酸甲酯溶液中加入约为溶液量1/4的甘油即可使用。

### （三）薄膜加固技术

薄膜加固是指在单张纸质文献的正反两面或者一面加上一层透明的塑料薄膜，以保护字迹和纸张、方便利用的方法。一些破损比较严重或者暂时难以处理的单页文献，可以采用这种方法进行加固。薄膜加固技术主要有热压加膜和溶剂加膜两种。

1. 热压加膜

热压加膜是使用热加膜机在纸张的一面或者两面热压上一层棉纸和热塑性树脂薄膜（如醋酸纤维素薄膜、聚乙烯薄膜或聚酯薄膜），加膜的顺序是棉纸—薄膜—待加固纸张—薄膜—棉纸，在热和压力的作用下，薄膜变软并渗入纸张和棉纸内，使三者形成一个整体。

2. 溶剂加膜

溶剂加膜法亦称印度加膜法，是指使用有机溶剂，将透明薄膜黏合在纸张上的方法。将棉纸、醋酸纤维素、待加固纸张平放在摊平的玻璃板上，用脱脂棉球蘸丙酮，从棉纸中心开始，缓慢、均匀地向边缘涂抹。当丙酮通过棉纸浸透醋酸纤维素薄膜时，用拧干的丙酮棉球迅速地在棉纸表面用力擦一遍，使棉纸、薄膜和纸张黏合在一起。然后对纸张另一面进行同样操作。处理完毕后，干燥5秒钟，然后放入吸水纸晾干压平。由于丙酮是有毒易燃有机物，需要注意保护修复人员的操作安全，并且应该在通风橱内进行操作，严防明火。

但是，以前修复人员用的热压加膜法和溶剂加膜法虽然增加了纸张的强度，但也存在可逆性较差的缺点，现在多使用无酸透明薄膜夹存放这些单张，既保护字迹、方便使用，达到保存文献的目的，又可以根据技术发展采用新方法对这些纸质文献进行加固保护。

### （四）丝网加固技术

丝网加固技术能解决两面有文字且不能用传统托裱修补的脆弱纸质文献加固问题。使用的丝网由单根蚕丝织成，丝网上喷涂热熔胶（如聚乙烯醇缩丁醛胶黏剂），在一定温度和压力下，使丝网与纸张结合在一起的方法。使用时可按照丝网—待加固纸张—丝网的次序排列，放入两张氟塑料薄膜之间，用电熨斗熨烫，使三者粘连，然后取出摊凉并揭下氟塑料薄膜即可。蚕丝的主要成分是蛋白质，由纤维状丝素蛋白组成，耐热、耐酸，对酶的分解有一定稳定性。聚乙烯醇缩丁醛是聚乙烯醇与丁醛作用形成的高分子化合物，系白色或浅黄色粉末，软化温度为 60 ～ 65 ℃，能溶于乙醇、醋酸乙酯等，不溶于油，耐光、氧，具有一定的抗磨性。此技术操作简便、材料耐老化，纸张加固后手感较好，可逆性也好，用酒精水溶液浸涂后可以揭下来，应用于一般价值的纸质文物保护具有一定的效果。

丝网加固技术应用也有一定局限性：以英国国家图书馆应用于敦煌遗书保护为例，当时专家在比较了各种方法以后，认为丝网加固最为合适，这种方法虽然使 5 残经破卷得到护持，增强了纸质文物的耐用度，但丝网仍然有一定的遮蔽性，对文字的识别造成了阻碍。这种情况在照相图版上显得尤为明显。尤其有些墨迹已经较淡的文字图案，本需要在阳光下识别，但此时会因丝网反光而干扰识别。随着时间的流逝，丝网加固还有老化变硬的弊病，有的卷子很难舒展，边角变脆后更容易损坏。由于种种原因，英国国家图书馆废弃了丝网加固法。

### （五）辐照加固技术①

纸张辐照技术是英国图书馆研究成功的一种纸质文献保护技术，原理是通过辐照（如使用一定剂量的 $\gamma$ 射线）纸张中纤维素分子与加固剂分子（均为高分子化合物），使其聚合交联，达到加固纸张的目的。

辐照加固的主要工艺流程如下：

（1）将需要处理的纸质文献置于真空处理容器内。

（2）用充惰性气体（如氮）的方法除去容器内的氧气和空气。

（3）将加固剂（如英国图书馆选用了 1:5 的丙烯酸乙酯和甲基丙烯酸甲酯的混合液）充入容器内。

（4）保持温度 85 ℃，压力 0. 18 $kg/cm^2$，密闭容器数小时，使加固剂均匀分散在纸质文献中。

（5）使用 $\gamma$ 射线辐照装有加固剂和纸质文献的容器。

（6）辐照结束后，向容器内通入空气，清除残余的加固剂，恢复到外部环境的温度和压力后可取出档案。

如果选用碱性加固剂（如甲基丙烯酸胺），可在加固纸张的同时中和纸张酸度，达到

① 李景仁. 介绍一种现代图书档案纸张保护技术——辐照加固［J］. 档案学通讯，1987（3）.

去酸目的。经实验证明，经过辐照加固的档案纸张，耐折度增加 5 ～ 10 倍，具有一定的防霉性能，纸张寿命可提高 3 ～ 5 倍，但纸张厚度也将增加。我国国家档案局档案科学技术研究所与天津市技术物理研究所专家合作，利用适当剂量的射线进行辐照聚合处理，对整本纸质图书进行一次性处理完成，通过辐射加固后的纸张强度比原纸强度增加 5 倍以上，且对古籍书字迹及外观无任何影响，既保证了纸张寿命的延长，又不影响其艺术效果的观瞻。同时，由于辐照射线具有消毒杀菌的特点，可有效“杀死”文献中的各种腐蚀菌等，大大减少了书籍日后被蛀蚀、腐蚀的可能，更加安全卫生。

### （六）纸张揭分加固技术

纸张揭分加固技术是将纸质文献原件揭分成两页，在两页原件之间裱入一层优质薄纸的技术方法。早在 1848 年，伦敦修复员 Baldwin 首次报道了这种技术方法。近二三十年，德国莱比锡图书馆一直致力于研究这一古老的操作方法，使其由手工操作发展到半机械化，1994 年夏天，纸张揭分机问世，从而实现了揭分技术的全机械化。纸张揭分加固的操作步骤大致是：准备两张比档案原件稍大的滤纸，用胶辊在滤纸上均匀涂布一薄层动物胶，将原件夹在两张滤纸之间，待动物胶干燥后，用手或机器将两张滤纸揭开，档案原件即随滤纸而分成两页，粘在了滤纸上。然后在两页纸上分别涂布按不同要求配制的粘结剂，再裱入一张优质薄纸，随后合并为含有两张滤纸、两页档案原件、一张薄纸的五层纸页。待粘结剂完全干燥后，将这五层纸页浸入 0.02% 的蛋白水解酶溶液，以水解滤纸和原件之间涂布的动物胶。浸泡约 15 分钟，移走滤纸后留下的是中间被加入薄纸的档案原件。

## 三、纸张修补技术

纸张修补技术指的是使用手工的或者机械的方法，将选定的纸张材料与残缺、撕裂的文献纸张黏合在一起，达到加固纸张强度、恢复文献原貌、延长文献保存与使用寿命的目的。

### （一）修补用纸选择

修补用纸的质量将直接影响修复工作的质量以及修复后纸质文献的寿命，因此，选择合适的修补用纸非常重要。一般而言，修复人员公认的修补用纸的要求是：无酸化、有害杂质少，对文献无损；纸张纤维交织均匀，有较好的耐久性；纸张柔软并有一定的强度；帘纹宁窄勿宽，绢纹宁细勿粗，质地宁薄勿厚，颜色宁浅勿深；纸张颜色、纹理、厚度、制成材料、制成时间与原文献一致或尽量接近。对修裱质量要求“宁薄勿厚，宁软勿硬”。

根据上述要求，修复人员更推崇手工纸而非机制纸，因为手工纸的主要原料是麻、树皮、竹子，纤维较长，木质素含量低，生产过程中使用流动水，不使用强酸、强碱以及强氧化剂，因而纸张一般不呈酸性，有的甚至呈弱碱性。同时，手工纸的生产工具一般很少接触金属材料，因而制成的纸张中也很少有金属离子，纸张使用的寿命更长。

手工纸的种类很多，《古籍修复技术规范与质量标准》里的修复材料用纸（按制纸原料分）主要包括五种纸。

麻纸：以麻类纤维为主要原料制成的手工纸。

皮纸：以楮皮和桑皮纤维为主要原料制成的手工纸。

竹纸：以竹类茎秆纤维为主要原料制成的手工纸。

草纸：以草类植物纤维为主要原料制成的手工纸。

混料纸：以几种植物纤维按不同比例混合在一起制成的手工纸。

在众多的手工纸中，较为常见的修补用纸有：

1. 宣纸

宣纸产于安徽泾县，是中国古代用于书写和绘画的纸。宣纸主要的原料是青檀树皮，因而纤维长而柔软，拉力大，一般呈弱碱性，有易于保存、经久不脆、不会褪色等特点，故有“纸寿千年”之誉。按照原料含量分为棉料、净皮、特净三大类：一般来说，棉料是指原材料檀皮含量在40%左右的纸，较薄、较轻；净皮是指檀皮含量达到60%以上的；特净是指原材料檀皮的含量达到80%以上。皮料成分越重，纸张更能经受拉力。宣纸按厚薄分类可分为扎花、绵连、单宣、重单、夹宣、二层、多层等。宣纸大多用于修复中国古籍图书，选用时应根据文献纸张的厚薄、颜色、修补目的来确定。

2. 棉纸

棉纸也叫皮纸，最早以棉为材料，后因棉主要用于纺织而改用桑皮为原料。棉纸纤维长而柔韧，有拉力，耐折，纸张可以抄得很薄，几乎可以透纸见物。棉纸除了用于修补棉纸制作的文献，还可以用于溜口、制作纸捻、修补裂缝。棉纸中比较著名的有河南棉、贵州棉和上海棉。

3. 和纸

和纸又称日本纸，造纸原料主要以雁皮、搢、楮、三桠（黄瑞香）的树皮为主，有名的和纸产地有美浓、伊势、三河等。和纸洁白、结实、细腻、致密，纤维长而坚韧，外国修复专家十分推崇使用和纸作为文献修复的纸张原料。

4. 高丽纸

高丽纸又称韩纸、桑皮纸，主要以桑皮为原料，质地坚韧、光洁，纤维较长，生产中常杂有棉短绒和稻草浆，迎光经常可看到明显的纤维束。手工抄制的高丽纸一般较厚，难以用于修补普通图书，多用于托裱和修补高丽纸印制的文献。

由于大部分有待修复的文献纸张在长期保存的过程中，或多或少都会出现颜色的变化，纸张颜色难以维持洁白无瑕，因而在修复工作的实践中，应当尽量选用与原文献纸张颜色一致的纸张进行修补。如果无法找到一模一样的纸张，可以用厚度、纹理、原料一致的纸张，通过使用天然颜料、茶、徽墨、药材等将待用的补纸染色后再使用。

### （二）粘结剂的选择和制作

粘结剂分为天然粘结剂和合成粘结剂，天然粘结剂原料又分为植物性原料和动物性原料。天然粘结剂具有不均匀及易分散、分解等特点，一般成分为多聚糖（如淀粉）或蛋白质（如酪朊），化学处理后可以使天然粘结剂增加一定的流变性质、黏合能力和化学稳定性。然而，天然粘结剂分子较短导致其抗分解能力弱于纤维素纤维，较易受到外部环境的影响以及更易遭受微生物的侵袭，修复后对纸质文献的保存造成额外的威胁。合成粘结剂是由不同单体组成的共聚物，其中聚乙烯醇因其具有均匀、易用、稳定性高等优点而成为最常用的合成粘结剂，但因其不溶于水而不适合用于修复。

一般而言，用于纸质文献修复的粘结剂应当具有以下特性：①具有适当黏性，修补后的文献纸张要柔软不硬挺；②无色透明无光泽，不损害纸质文献的纸张、字迹；③化学性质稳定，不易变色、变质；④不易于生虫、长霉、吸湿；⑤中性无酸或者呈弱碱性；⑥具有可逆性。

下面介绍常用的粘结剂及其制作方法。

1. 小麦淀粉糨糊

小麦淀粉是一种白色无甜味的粉末，不溶于冷水、乙醇、乙醚等溶剂，由于淀粉的结构与纤维素结构相似，所以两者彼此具有较好的附着力。使用浓度合适的小麦淀粉修补过的纸张平整、柔软，因而广泛应用在文献修复部门。

市面上有直接出售的小麦淀粉，也可使用小麦面粉水洗去筋制成。制备糨糊有冲制法、熬制法两种。

冲制法：100 克小麦淀粉加入冷水 40 ～ 120 毫升混合均匀，至无颗粒存在，然后冲入沸水 250 ～ 280 毫升，一边冲入沸水，一边搅拌，使其充分混合将淀粉冲熟。

熬制法：将淀粉和水大约按照 1:5 的比例（比例可以因应需要而略有变化，一般控制在1%～5%之间）放入容器，将淀粉溶解至无颗粒状，再将容器至于水浴锅中加热，一边加热一边搅拌，使其受热均匀直至淀粉熟。

无论是冲制法还是熬制法制成的糨糊，都应冷却后使用，一时无法用完的糨糊可以使用冷水保存，避免表面干结起皮，但变质后的糨糊不能用于修复。使用糨糊时，应根据纸张的厚薄和受损部位选择使用浓度不一的糨糊。一般而言，纸张薄的使用稀浆，纸张厚的使用厚浆。如果糨糊中起了颗粒，需要使用纱布或者箩将糨糊过滤后再使用。有时文献修复人员也会根据待修复文献的具体情况，在糨糊中添加中药成分（如百部、花椒、丁香等）、碱性物质（如碳酸氢镁、氢氧化钙、碳酸钙等）、有机物（乙萘酚、甘油等），目的是防霉防蛀或者增加糨糊的碱性，使其应用在有一定酸性的纸张上。

除了小麦淀粉糨糊，还可以使用土豆淀粉、谷物淀粉、玉米淀粉等，土豆淀粉可以提升纤维内部结合力，但是它过于黏稠；谷物淀粉不稳定并且不能改善纸张性质；而玉米淀粉的光学稳定性又较差，不耐光。因而，在修复实践中，大多使用小麦淀粉糨糊作为纸张粘结剂。

2. 羧甲基纤维素（CMC）

羧甲基纤维素是白色粒状晶体或白色粉末，易溶于水，无味无腐蚀性，无臭、无味、无毒、耐光、耐酸碱，易溶于水，工业上称之为“化学糨糊”。羧甲基纤维素水溶液呈中性或弱碱性，具有一定的热稳定性、黏性和柔韧性。作为高分子电解质，它不易生虫、长霉，可长期保存不变质，吸水性较强，防霉性能也高于淀粉糨糊。一般使用低浓度（5%以下）的羧甲基纤维素水溶液为宜，低浓度的羧甲基纤维素水溶液才具有可逆性。为了防止羧甲基纤维素干得太快，可以在羧甲基纤维素溶液中加入 1% ～ 2% 的甘油，搅拌均匀。在使用羧甲基纤维素作为粘结剂时，需要等待黏合的纸张完全干燥后再揭起压平，否则容易剥离。由于羧甲基纤维素同时具有较高的吸湿性，修复好的纸质文献不宜存放在相对湿度大于 90% 的环境中。

实验①证明，CMC 糨糊的防霉能力比含有葡萄糖的小麦淀粉糨糊优越；当环境湿度大于 90% 时，CMC 糨糊有较强的吸湿性，其吸湿能力比小麦淀粉糨糊大，但在条件较好的纸质文献保藏库房中，都有去湿机、空调等设备，库房湿度能控制在 70% 以下，而相对湿度为 70% 以下时，CMC 糨糊与小麦淀粉糨糊的吸湿性大体相当；CMC 糨糊的粘力比小麦淀粉糨糊高 10% 左右；涂 CMC 糨糊的纸页强度一般高于涂淀粉糨糊的纸页，两者耐老化的性能大致相当；浓度高（5% 以上）的 CMC 糨糊不具可逆性，低浓度（5% 以下）的 CMC 糨糊的可逆性优于小麦淀粉糨糊；圆珠笔、碳素墨水字迹在 CMC 糨糊中的扩散程度比小麦淀粉略高，蓝黑墨水、印刷油墨和复写纸的字迹扩散均低于小麦淀粉糨糊。文献修复人员可以根据纸质文献的纸张以及字迹的具体情况选择使用羧甲基纤维素或是小麦淀粉糨糊。

过去也有文献修复部门使用二醋酸纤维素－丙酮溶液、乙萘酚、苯酚等作为粘结剂，但因为对人体有一定的毒性，现在已经慢慢转而多用淀粉糨糊和羧甲基纤维素。

### （三）纸张修补技术简介

纸张修补技术包括纸张揭分技术、纸张补缺技术、纸浆补书技术、纸张托补技术、纸张的修整与装订技术等。

1. 纸张揭分技术

纸质文献保存多年以后，由于受潮、虫害、霉变、自然灾害等环境、生物、人为的各种因素相互作用，部分文献的纸张发生粘连，严重的黏结成块，形成像砖块一样的粘连体，难以分离，人们常称之为“书砖”。纸质文献黏结的主要原因有：

第一，造纸过程中的施胶以及字迹材料可能含有的胶体在温度、湿度适宜的情况下使纸张黏结。例如，含胶料较多的照片纸、铜版纸在潮湿环境下很容易发生粘连。

第二，如果纸质文献上存在灰尘、霉菌、微生物等对纸张有害的生物，它们在生长过程中，一方面从空气中吸收水分，聚集在纸张上；另一方面，在其自身新陈代谢过程中产生各种有黏性的分泌物，如蛋白质、果胶、果糖、脂肪、胶类等，使纸张黏结。

第三，纸张及其在装订、修复中使用过的淀粉糨糊、胶黏剂，都是害虫、鼠类、霉菌生长所需，因而害虫、鼠类、霉菌在纸质文献中会留下它们的排泄物、分泌物，造成纸张粘连。

第四，人类在使用过程中因不慎可能将食物残渣（粮食、茶、油）等留在纸质文献上，未及时清洁处理造成纸张黏结。

根据纸质文献黏结的不同成因，可形成不同类型的黏结物：淀粉类黏结物、蛋白类黏结物；微生物及害虫分泌物类黏结物；淀粉、灰尘、微生物分泌物的混合类黏结物。在开始着手揭开“书砖”之前，应当先分析黏结物的成因和黏结情况。由于纸张纤维都具有湿胀干缩的现象，所以干燥后纸层之间会产生缝隙，受到重力影响时上层缝隙较大、中层缝隙较小，下层黏结最牢。然后要分析“书砖”的纸张强度以及字迹的水溶性情况，依此采用不同的揭粘技术，制定有针对性的揭粘方案。一般常用的揭粘方法有两种。

（1）干揭。对于黏结不太严重，纸张之间有一定间隙，字迹遇水易于扩散的“书

① 麻新纯．档案修裱中 CMC 浆糊与小麦淀粉浆糊的比较［J］．广西民族学院学报，1996（1）：80－83．

砖”，一般采用干揭法。我国传统上使用扁平竹签插入纸张之间的空隙，紧贴纸页向四周轻轻移动，使之慢慢分开的方法。有时甚至可以用双手将黏结不太厉害的纸张慢慢搓开，但是注意用力要均匀，并且随时关注黏结情况，避免揭粘时损坏纸质文献，进而影响其使用。

（2）湿揭。对于纸张黏结比较严重，字迹遇水不易于扩散的“书砖”，用干揭难以揭开的，可以利用大多数黏结物能溶于水以及高温下易熔化的特点，采用湿揭。主要方法如下：

1）水冲法。将“书砖”用无纺布包好，将其斜放在一块平板上，然后放到水池中，使用开水冲洗，直至整本纸质文献完全润湿。开水会带走“书砖”表面的泥土、灰尘等杂质，同时溶解部分黏结物，从而方便揭开“书砖”。在使用开水冲洗时，尤其需要注意水速和水量，水速水量过快，对于受损较为严重的纸质文献，可能会将本来已经破碎的纸张冲毁；水速水量太小，渗透“书砖”的时间又太长。

2）水泡法。将“书砖”用无纺布包好，浸泡在温水以至开水中，使水慢慢渗透进纸张之间的细小缝隙中，其间可以用软刷轻按，帮助水进入纸张。

3）蒸汽渗透法。先将“书砖”放入清水浸泡，使纸张纤维吸水膨胀，使纸张变疏松而便于让水蒸气进入，然后用无纺布将其包好放入蒸笼，隔水蒸 1 ～ 2 小时。高温水蒸气能更易于熔解黏结物，使厚度大、板结硬度大的“书砖”变软脱胶而被揭开。这种方法的难点是掌握锅内水的高度、火候以及时间。水位太高，沸腾时容易损坏文献；水位太低，又容易烧干锅。蒸汽蒸的时间太长，容易损毁文献；蒸的时间太短，又不能软化“书砖”，使其容易揭开。

4）酶分解法。酶是一种生物催化剂，可以迅速地将不溶于水的某些高分子化合物催化分解成易溶于水的小分子化合物，如将蛋白质催化分解成氨基酸、将淀粉催化分解成葡萄糖。酶分解法可以将“书砖”中的因淀粉、蛋白质、脂肪、果胶形成的黏结物迅速催化分解成易溶于水的物质，使之失去黏性而易于被揭开。酶的催化作用具有特定性、选择性，因此需要根据黏结物的性质选择不同的酶，而酶的活性由于与温度、浓度以及反应环境的 pH 值息息相关，所以要格外注意反应进行的条件。具体方法见表 5 – 2。

**表 5 – 2　常用酶分解法**

| 黏结物性质 | 酶 | 使用方法 |
| --- | --- | --- |
| 淀粉黏结物 | α – 淀粉酶 | 37 ～ 39 ℃，pH 值为 7，将“书砖”完全浸入浓度 0.1%（重量/体积）的 α – 淀粉酶溶液 10 ～ 60 分钟（视文献大小以及板结强度而定），使其充分湿润，淀粉在酶的作用下发生水解，最后生成葡萄糖，失去黏性 |
| 蛋白质黏结物 | 朊酶 | 40 ℃，pH 值为 7，将包好的“书砖”放入浓度为 0.01%（重量/体积）的朊酶溶液浸泡。但此法不适宜用于有含有蛋白质的羊皮、牛皮封面的纸质文献。待蛋白质黏结物水解后，用清水清洗掉残余在文献上的蛋白酶 |

5）加纸揭分法。遇上书页太薄而无法揭开的，可以先取两张与书页大小相仿的毛边纸，在这两张毛边纸的反面刷上托裱用的浆水，将重页的书页夹在中间，半干后，将毛边

纸一起揭。这样，重页的书页就会粘贴在各自一方的毛边纸上，再分别揭去毛边纸，重页即变成两张单页。

6）综合法。当“书砖”黏结的原因有多种时，可以选用上述方法中的两种甚至更多来揭开书砖。

无论采用哪种揭粘方法，当“书砖”的纸张仍然处于非常潮湿的状态时，由于纸张纤维之间距离较大，纸张强度比干燥时大为降低，容易揭烂，损坏文献，一般会将其晾至半干再进行揭粘。揭粘时应特别注意保护字迹，有字的地方要小心一点一点进行，揭下来的纸张碎片都要放回原处或做好记录，以便以后修复使用。

2. 纸张补缺技术

对于虫蛀孔洞、残缺、撕裂、磨损的纸质文献，需要采用针对纸张的补缺技术，以加固纸张强度，延长纸质文献寿命。一般而言，选择的纸张尽可能与原件纸张质地、厚薄、颜色一致。纸张补缺应以不损害原文献，并且补缺后应快速、美观，与原文献融合为好。使用手工对残缺纸张进行修补时，一般将纸张有字的一面朝下，用糨糊将补纸粘贴在无字的一面，补纸的形状应和残缺部分形状一致，两张纸的搭边一般不应超过0.2毫米。如果纸质文献两面均有字，则应选择透明度好，纤维长，拉力比较大的纸张来修补撕裂处，尽量做到在不影响使用的前提下能加固纸张。遇到如中国古籍纸张书口（折叠处）断裂，一般使用“溜口”的修复方法，即用裁成长条、厚度为0.02～0.04毫米的薄皮纸修补破损、断裂的书口。

在修补完成后，为了避免书页上出现水渍，可以在书页上喷洒少许清水，按顺序排列在铺平的吸水纸上，再盖上吸水纸和纸板，用重物压平。

3. 纸浆补书技术

对于虫蛀孔洞、残缺、磨损的纸质文献，也可采用纸浆补书技术。先将需要修补的纸张平放在真空吸附台或网状隔板上，然后在残缺、蛀洞的地方，通过手工或机械手段注入制好的呈悬浮状的纤维素纸浆、棉纤维、树脂溶液，当溶液往下渗透时，利用自然重力或者真空吸附台形成的负压，溶液中的纤维素堵住残缺部分，将纸修复。机械修复的核心是特制纸浆、特制筛网以及带活动臂的压纸网架，纸浆补书机很多国家都在使用，但是技术细节不完全相同，技术细节的不同会带来不同的修复效果。

与传统的手工修复方法相比，纸浆补书技术具有快速、美观及与原纸质同质融合性好等优点，纸浆补洞材质的选择，对于修复后文献的美观、稳定、保存有着至关重要的影响，修复用胶黏剂常作为纸浆补孔材质使用。美国、日本、德国、比利时、意大利等国都已广泛采用纸浆渗透修补技术，为纸质文物修复与保护发挥了重要作用，推进传统手工艺向现代机械方法迈开新的一步，给传统修补方法开辟了一条新的道路。

4. 纸张托补技术

（1）托。用与书页质地、厚薄及颜色相近的纸粘贴在整张书页的背面。

（2）裱。在已经托好的书页背面再用纸粘贴加固。

（3）衬。在书页的背面垫纸加固。

1）单叶衬。使用的衬纸面积为书页的一半，单张衬在折好的书页中间。

2）双叶衬。使用的衬纸面积与书页相同，对折以后，衬在折好的书页中间，折口紧贴在书页背面中缝处。

3）接书脑。使用的衬纸面积比书页大些，余出部分对折后接在书脑外面。

4）错口衬。用于版心部分经过修补溜口、书页对折以后书口较厚的书籍。衬纸宽度同书页，长度为书页横长减去0.5厘米，按书页的尺寸对折，衬在对折后的书页中间。衬纸折口处与书背齐，纸边错开的一端紧贴在书页中缝背面。

5）“惜古衬”。俗称“穿袍套”、“金镶玉”。以白色衬纸衬入对折后的书页中间，超出书页天、地及书背部分折回与书页平，以使厚薄均匀，再用纸捻将衬纸与书页订在一起。

6）镶衬。在书页四周黏结宽度为3～5厘米的宣纸条，将书页加长加宽，然后再在书页的背面衬纸。

7）挖衬。用于规格不一的小幅拓片或信札类文献的装订。先用宣纸制作书页，书页的规格要大于面积最大的拓片或信札。将拓片或信札展平贴在书页适当的位置，然后衬纸。衬纸的薄厚要和粘在书页上的文献薄厚一致，然后挖去文献下面的衬纸，使整张书页保持平整。

5. 纸张的修整与装订技术

在修补过程中，现在通行的方法大多是要先将整本纸质文献拆成单张，修补完以后对书页进行修整并重新装订成原貌的方法。因此，要先去除掉修补过程中纸张上多余的补纸、托纸，进行平整、折页等一系列过程，这个过程称为修整。

经过修整的纸质文献要重新装订成册，一般会按照“整旧如旧”的原则，将纸质文献重新订线，装订成拆装之前的原貌。对于西方文献，有时会为了加固和长期保存的目的，对原来是上胶的文献进行订线加工，加上封皮做成精装图书，以供使用。

## 第五节　其他载体文献的修复技术

### 一、机械录制唱片的修复技术

1. 受潮

发现虫胶夹心唱片受潮后，应及时使用绒布或者棉花小心擦拭干净，并放在通风处风干，但不宜使用吹风机或者其他设备烘干，以防温度过高将唱片烘变形。

2. 除尘

使用专用的唱片刷或脱脂纱布顺声槽方向轻轻擦拭，将尘埃扫去。如果能蘸上抗静电液使用，效果更好。或使用唱片防护涂膜（可形成固体润滑型薄膜的喷雾剂），增加唱针和声槽间润滑，减少静电产生和灰尘的吸附。

3. 表面污渍

唱片表面出现指纹、水渍、油渍、其他污渍时，可使用唱片黏膜（一种涂在唱片上的专用清洁液体）涂抹在唱片表面，待干透后将薄膜撕下，即可带走尘埃和污渍。

4. 锈迹、斑点和氧化层

金属模版唱片出现锈迹、斑点和氧化膜后，可及时用软刷蘸汽油洗涤，清洗完毕后晾干，重新涂油包装；取拿模版时戴上手套，不能用手触摸版面的声槽，以防手上汗渍污染腐蚀模版。

5. 唱片翘曲

唱片翘曲度大于1.5毫米后将无法使用。当发现唱片翘曲后，应立即停止使用，用两块厚玻璃夹住唱片，用夹子固定放置一段时间，使唱片恢复平整。但注意玻璃不能太重或夹得太紧，以防压力过大压裂唱片，同时由于唱片对热敏感，不能加温，否则虽然形状恢复，但是对长久保存不利。

6. 表面残损

如果唱片表面声槽出现杂质、鱼眼，声槽明显发白、发亮，唱片表面有线状拉毛现象，都会影响音质。可选用清除器（一种特殊的电路装置）以补偿划伤部分的信号损失，滤去杂音。

## 二、胶片文献的修复技术

胶片文献是由透明软片为支持体（片基）的感光材料制成的，是记录声像信息的重要文献。现存的胶片文献主要包括银盐感光材料形成的视像胶片、缩微胶片和照相负片、幻灯片，非银盐感光胶片有重氮胶片和微泡胶片。

胶片文献在保管和利用过程中因自身制作材料和工艺的原因、因为使用和保存的因素，可能会出现扭曲、变形、表面擦伤、撕裂、孔洞、乳剂层脱落等机械损伤，灰尘、油污、霉斑等污损，胶片上也可能出现影像密度下降、色彩变暗、胶片粘连等。根据不同的受损原因和损害程度，采用不同的修复方法。

1. 除尘

（1）用软毛刷扫下尘土。

（2）用棉花球蘸酒精轻擦，注意不能用棉花干擦，以免尘土划伤胶片的乳剂层。

（3）用流动清水将胶片冲洗干净后晾干。

2. 去油脂

（1）新印油脂。用棉花球蘸20%～25%汽油与75%～80%甲苯的混合液，轻轻擦除。

（2）积年油脂。流水漂洗15分钟后，用冰醋酸漂洗1分钟，用棉花球轻轻擦除油斑，或流水漂洗后用5%亚硫酸钠溶液中漂洗30～40分钟，然后清水再洗10分钟后晾干。

3. 去霉斑

（1）擦除法。用脱脂棉蘸除霉液（1%的五氯酚钠溶于85%乙醚和15%酒精的混合液）轻轻擦除霉斑。

（2）冲洗法。适用于霉斑较严重的情况。将5克五氯酚钠，0.5克硼砂加入1000毫升水中溶解，制成冲洗药液。然后将胶片放在清水中冲洗5分钟，然后将胶片放入18～24 ℃的冲洗药液中冲洗5～8分钟，最后用清水冲洗8～12分钟。在冲洗过程中，需要监控冲洗药液，使其pH值控制在9左右，否则应加入少量硼砂调整其pH值。

（3）超声波清洗。可利用超声波机器对放置其中的胶片进行非接触性清洗，是比较安全有效的清洗方式，能较好地避免机械划伤。

4. 去红蓝墨水

胶片上沾染的红蓝墨水影响了胶片上影像的清洗程度。消除红蓝墨水可以将胶片放在清水内漂洗 5～15 分钟，再放入 D－72 配方显影液中浸泡 5 分钟（温度控制在 20 ℃以下），同时不断翻动胶片，使其均匀接触药液。然后将胶片放在 5% 冰醋酸溶液内浸泡，最后在流动清水中清洗 15 分钟后取出晾干。

5. 去黑斑

将铁氰化钾 10 克溶于 50 ℃温水 200 毫升中，然后加水至 500 毫升，制成比例减薄液。将胶片放入 20 ℃的比例减薄液中 30 秒至 2 分钟，然后放入清水冲洗，再放入定影液内定影 5 分钟，最后清水中冲洗 15 分钟后晾干。

6. 消除划伤

（1）清水洗。将胶片放入清水中浸透，再放入流动清水中水洗 5 分钟后取出晾干，使乳剂层经过水润膨胀、干燥收缩的过程减弱划伤对影像的影响。

（2）干酪素乳液洗。将干酪素 25 克、硼砂 25 克、甲醛 7.5 毫升溶于 200 毫升水中（水温控制在 25～30 ℃），然后加水至 500 毫升，制成干酪素乳液。将胶片在清水中浸透，再放入乳液中约 1 分钟，取出晾干后胶片表面划伤明显变浅，并且表面形成一层无色透明的保护膜。

7. 消除折痕

将胶片放入流动清水中水洗 5 分钟，使乳剂层松软后放入 D－72 显影液中浸泡 5 分钟，浸泡过程中用脱脂棉球轻擦折痕处，将折痕处积聚的灰尘和污物轻轻擦去。取出胶片放入 5% 冰醋酸中浸泡一下，中和显影液带来的碱性物质，然后用流动清水冲洗 15 分钟，如果折痕很明显，则将胶片向折痕反向轻折几下，最后取出晾干。

8. 恢复胶片弹性

对于因失水较多而变脆、变硬的胶片，可以通过以下方法来恢复胶片弹性：

（1）逐步调节保存的温湿度，使其缓慢吸湿，恢复弹性。

（2）将异丙醇 13 克、甘油 10 克、蒸馏水 47 克制成湿润剂放入胶片保存的装具中，让其挥发使空气保持一定的湿度，从而使胶片吸湿恢复弹性。

（3）将胶片放入醋酸 0.5 毫升、甘油 1.5 毫升、40% 甲醛 0.5 毫升，蒸馏水 1000 毫升配置的溶液中浸泡，待其弹性恢复后取出晾干。

9. 恢复黑白褪色影像

（1）卤化再显影法。原理是先将影像中的卤化银及化学变化中产生的银化合物氧化成卤化银，然后再还原成金属银，重新显影影像。先使用碱性甲醛坚膜液对胶片进行预坚膜处理，防止乳剂层在修复中过度膨胀而受损；然后将经过处理的胶片放置在漂白液（重铬酸钾 9.5 克、氯化钠 140 克、硫酸 13 毫升加水至 1000 毫升）中浸泡 1.5～2 分钟，使影像中的银全部变成乳黄色的卤化银；将漂白后的胶片经过清水冲洗后放入 10% 亚硫酸钠或 5% 亚硫酸氢钠的清洁液中清洗，除去残存的重铬酸钾；最后将胶片放入正片显影液（D－72 或者柯达 D－15）中显影。

（2）硫脲自射线照相法。原理是用含有放射性同位素硫－35 的有机化合物硫脲把已经褪色的胶片上残存的银转化为放射性硫化银，而放射性硫化银释放出 β 射线能代替普通光源对新胶片进行曝光处理，使褪色的影像重新显影。先将胶片放入显影罐中，依次用定影液、50% 甲醇溶液、蒸馏水漂洗，以清洁胶片；往显影罐中加入硫脲 - S35 的碱性溶液（用氨水或者氢氧化钠调节 pH 值），然后摇动 30 分钟，再用甲醇和水进行漂洗，使胶片上的银转化为放射性硫化银，然后将胶片取出晾干；将带有放射性硫化银的胶片放入暗箱内，与未曝光的胶片接触，使用 β 射线曝光数小时，然后进行显影、定影和水洗，褪色的影像就得以恢复。这种方法需要注意的是修复人员和环境安全，使用化学药剂要在通风橱内进行，处理完毕的旧片应当按照安全规范处置，避免造成放射性污染。

10. 恢复色彩衰退影像

彩色影像衰退后的恢复方法还在探讨与研究当中，目前的一般处理方法是：

（1）利用摄影法对褪色的彩色胶片进行修整。

（2）利用数字照相法对褪色区进行局部修饰润色，并且再造全密度、中和色彩平衡，从而提供接近原件的复印件。

（3）使用彩色摄影技术，以黑白胶片作彩色摄影，在相机快门处加一片三色光栅，从而使底片置于彩色图像解码仪上后，屏幕或照片上能复现出景物本身的色彩，而非用彩色染料显影的方式记录彩色信息，从而使色彩信息得以长期保存。

11. 胶片粘连

（1）底片与底片袋粘连。将胶片与底片袋一同放入清水中浸泡，待黏结处松软分离后，将胶片放入清水中浸泡 5 分钟，使用脱脂棉轻轻擦除附在胶片表面的粘印，冲洗干净，过润湿液（将皂角素 5 克、丙三醇 5 毫升、95% 酒精 20 毫升溶于 750 毫升温水中，然后加 30 ～ 40 ℃水至 1000 毫升制成），取出晾干。

（2）底片之间粘连。放入清水中浸泡使其自然脱落分离。

（3）霉菌粘连底片。放入清水中漂洗 15 分钟，使乳剂层膨胀，再放入 5% 碳酸钠溶液（或使用 D - 72 显影液）中浸泡 5 分钟，去掉底片上的霉菌和杂质。

12. 乳剂层移置

对于胶片上乳剂层或防光晕层出现起皱、龟裂或者气泡等现象，可以采用以下方法处理：将轻微龟裂的胶片放入含水 10%、甲醇 40%、丙酮 50% 的混合液中浸泡 15 ～ 60 分钟，使乳剂层从片基上松脱下来；如遇严重皱裂的胶片，先将胶片放入 25 ～ 28 ℃温水中浸泡 3 ～ 5 分钟，然后使其迅速移至由 45% 甲醇和 55% 丙酮组成的无水溶液中浸泡 3 ～ 5 分钟，使乳剂层与片基完全分离。然后将分离后的乳剂层迅速移到事先已经用水湿润好的聚酯薄膜上，将胶片完全舒展。在保持湿润的前提下，另取一张聚酯薄膜覆盖在乳剂层上，形成聚酯薄膜—乳剂层—聚酯薄膜的三层结构，用橡皮棒滚压使乳剂层平展无气泡。最后使用修复后的三层夹层进行翻底操作，得到翻底片。

13. 反银底片的修复

由于冲洗加工过程中定影不足、水洗不彻底以及空气污染造成在底片上生成硫化银以及硫酸银物质形成的黄褐色斑点的现象，称为底片反银现象。此时可以将胶片放入清水中浸泡 3 分钟清洁底片；然后泡在反银松散液（硫代硫酸钠 350 克、无水亚硫酸钠 25 克、醋酸钠 15 克、硫酸氢钠 5 克、铬钒 2 克溶于 500 毫升蒸馏水，在 20 ℃时加蒸馏水至 1000 毫升制成）中 10 分钟，并不断进行搅拌，使析出的银变得疏松，取出胶片水洗，使用脱脂棉擦去水滴干燥；最后，用脱脂棉蘸酒精对反银区域进行擦抹，可以去除松散多余的银。

## 三、磁性载体文献的修复技术

磁载体文献在保管和使用过程中会发生物理化学变化，引起盘基老化、脆化、形变、断裂，磁记录剩磁消失、复印效应增大、信号失真、噪声变大、磁粉脱落，磁性层和带基剥落等现象。常见的受损和处理方式如下：

1. 除尘

（1）磁带。可用无毛的布蘸四氯化碳、氟利昂等有机溶剂去除。

（2）录像带。使用专门的清洗机器采用真空吸滤法除尘。

2. 受高温高湿损害磁带的修复

（1）高温。磁带经受高温后，应在室温下稳定几天再放入磁带机上慢速运转，并翻录后两者同时保存。

（2）高湿。用无纤维毛巾将磁带擦干，在 50 ℃烘箱内悬挂 3 天，正常室温下放置 2 小时，用磁带机缠绕 2 次后方可使用，并翻录后两者同时保存。

3. 褶皱磁带的修复

将磁带的无磁层面朝上放在铺有四氟乙烯薄膜的光滑工作面上，轻轻展平拉直，将电熨斗调至 30 ℃快速压熨 1～2 次，使其恢复平整。

4. 剪接

长期使用过程中，磁带会受到一定损伤，如磁带断裂、磁粉脱落等。此时需要剪去损伤部分的磁带，以免在使用中出现轧带现象。

（1）手工剪接。使用防磁剪刀顺带基 45°角的方向剪开，剪去变形部分，用透明胶纸或薄涤纶胶纸按照磁带的正反面准确地把磁带边对齐密接，将磁带两侧多余的胶纸剪去，按压黏结处至无气泡。

（2）机械剪接。使用磁带切割器剪切断面，然后进行黏结。磁带剪接可以使用胶纸或者接带液，目前我国大多使用的接带液有 CTC 驳接胶和丙酮溶液。

5. 磁带粘结剂老化

使用物理重整工艺，可将原来被分割的粘结剂大分子重新恢复长链网状大分子结构，使老化的磁带可以临时性地重新播放并制作翻录磁带。有人采用一种特殊的磁带润滑剂来减少磁带与磁头间的摩擦，以减少老化的粘结剂对磁头的黏结。但这种磁带润滑剂不仅很贵，而且有可能产生化学反应而永久性地损坏磁带，因此应用也不太广泛。[①]

6. 减弱、消除磁带的复印效应

磁带一旦产生复印效应，可通过以下措施加以减弱和消除：

（1）将磁带在一根磁性很弱的磁棒上通过，可使复印效应减弱。

（2）将磁带在记录器上运转，但要断开抹音头，并在记录器上通以很低的偏磁电流（确切的偏磁电流量需经试验测得）。

（3）将磁带经常倒带，可打断复印效应。

（4）将磁带放在低温处，可减弱复印效应。

---

① 陶光远，封欢. 磁带修复技术——德国专业磁带拯救企业见闻. http://zsdh.library.sh.cn:8080/FCKeditor/filemanager/upload/jsp/UserImages/1132628183531.pdf.

## 四、光盘文献的修复技术

光盘载体文献一方面具有便于检索、海量存储、信息保真度高等优点，另一方面又有不易储存、保存时间 10 ～ 200 年不等、损坏以后几乎无法修复等缺点。因此，光盘载体文献一般要注意及时复制保管，并且发现损伤要及时处理。其中一些可尝试的修复方法有：

1. 除尘、除油污

用柔软的羊毛刷将灰尘轻轻掸掉，取脱脂棉用蒸馏水或者光盘清洁液从光盘中心向外擦抹，轻轻擦除油渍。不可使用苯、酒精、汽油、稀释剂、磁头清洗剂、塑料用防静电喷雾剂或其他有机溶剂，因为这些有机溶剂会与光盘的保护层发生化学反应，使光盘出现不可逆转的损害。

2. 有极轻微扭曲的光盘

将变形光盘放入一光滑的塑料或纸套内，并置于一块平整的玻璃板上，上面再覆盖一块同样平整的玻璃板，24 ～ 48 小时后，使盘片恢复平整。如果难以恢复平整，也可尝试将被玻璃板夹住的光盘放入温水中浸泡一段时间，使其恢复平整。

**推荐阅读书目**

1. Northeast Document Conservation Center (NEDCC) Preservation Leaflets, http://nedcc.org/resources/leaflets.list.php

   7.1 Ogden, Sherelyn. Guidelines for Library Binding

   7.7 Paris, Jan. Choosing and Working with a Conservator.

2. American Institute for Conservation of Historic and Artistic Works. Code of Ethics and Guidelines for Practice. http://aic.stanford.edu/about/coredocs/coe/index.html.

3. Banks, Paul N. & Pilette, Roberta. Preservation: Issues and Planning. Chicago: ALA 2000. Chapter 13: Conservation of General Collections.

4. Harris, Kenneth E. "Saving the Written Word: Mass Deacidification at the Library of Congress," Preservation Doctorate, Library of Congress, Washington, D. C., 2000.

5. Buchanan, Sally A. "We All Do It, Why Not Do It Right?" Wilson Library Bulletin 68. April 1994.

6. Grandinette, Maria & Randy Silverman. "The Library Collections Conservation Discussion Group: Taking a Comprehensive Look at Book Repair." Library Resources and Technical Services, July 1994.

7. 杨时荣. 图书文献保存性修复［M］. 台北：南天书局，2008.

8. 杜伟生. 中国古籍修复与装裱技术图解［M］. 北京：北京图书馆出版社，2003.

# 第六章　文献载录格式转换

**本章要点**

文献载录格式转换与风险管理：载录格式转换，各类载体文献载录格式转换的方法，载录格式转换的风险与管理。

缩微技术：缩微技术的特色，缩微复制品的保存介质，缩微复制品的类型，缩微复制品制作与保存。

数字化技术：数字化技术的概念，数字化的方法，数字化技术的标准，原件与数字化复制品的关系。

**关键术语**

文献载录格式转换；更新；迁移；仿真；静电复印技术；缩微技术；数字化技术；影印出版；片基；银盐感光胶片；重氮感光胶片；微泡法胶片；模数转换

## 第一节　文献载录格式转换与风险管理

文献保护是一项系统性的工程，需要综合使用预防性保护措施和补救性保护措施，以达到文献原件和内容永久保存的最终目的。然而即使是在理想的保存环境和保存条件下，文献载体的老化和损坏仍然是一种不可抗拒的客观规律，而外界因素所带来的加速文献载体老化和损坏的风险也是难免的。因此，对于需要长期保存的文献，可以采用载录格式转换的方案保存文献的内容信息，并通过提供复制品利用的方式达到保护文献原件的效果。

### 一、载录格式转换

文献保护的载录格式转换以保存文献的信息内容为主要目的，利用专门的设备将文献的信息内容和外观从现有载体转移到其他载体上，从而实现文献的同质备份或异质备份的技术方法和过程。载录格式转换能够对文献信息内容进行全文真迹的存储，具有转移速度快、转移准确、便于文献原件的保护等特点。当文献原件已不适宜继续使用，或者文献使用率高而原件不足以满足使用需求时，可以考虑采用更新（refreshing）、迁移（migration）或仿真（emulation）三种技术解决方案来实现文献的载录格式转换。

更新是防止文献因载体的劣变而丢失信息的一种保护手段，通常是指把文献的内容信息从原有载体上转移到其他更为稳定的同类载体上的过程，即在同一技术平台内，执行文献内容信息的拷贝行为。在更新过程中不会发生信息格式和运行环境的改变，所以其只能达到保护文献内容的目的，可以避免因载体失效或损坏而带来的信息丢失的问题，但不能应对因记录技术更新换代而导致的非直读文献内容信息的读出问题。

迁移是将文献内容转移到不同存储载体上，或以不同的格式复制文献内容信息，既包括载体的迁移或更新，又包括记录方式的改变，也就是说，迁移可以使原有的文献信息适应新的技术平台（操作系统）、文件格式或软硬件的变化。因此，迁移可以解决不断发展的技术环境为文献的永久保存带来的挑战。尽管迁移后的文献可能无法保持原有的外观，但是文献的内容信息与功能不会发生本质上的变化，所以迁移比更新在文献的长期获取方面具有更深且广的意义。

仿真是利用软件和硬件技术，用一个系统模拟另一个系统，以便能接受相同的数据、执行相同的程序并产生相同的结果。维护电子文献的永久保存和利用可采用仿真技术，即制作一个仿真器模拟电子文献生成时的软硬件环境，使技术过时的数据可以在模仿的环境中以最初的状态重现。为了使数据在仿真器上顺利运行并正确解释，仿真策略将数据以及产生和解释该数据的实用软件和所需系统软件、硬件环境的描述（如仿真器的说明书）一起封装，并将注释元数据（注释元数据是关于怎样打开一个封装对象等信息的元数据）与封装对象一起保存。仿真技术能使过时系统上形成的数字文件以原始面貌显示出来，同时保持原有功能。对于依赖特定硬件和软件，而又无法在新旧技术平台间进行迁移的文档，在其技术被淘汰后就可以利用仿真技术读取信息。然而在已进行的试验中，仿真技术可以成功解决某些技术淘汰后的数据读出问题，但是对于解决复杂数字对象读出问题，却有不少失败的案例。此外，在很多具体实践中，仿真器的兼容性和可靠性也有待改进，仿真系统的研制也需要花费大量的人力物力。所以，仿真技术作为文献载录格式转换的技术解决方案，是否能够广泛的推广仍有待实践的检验和验证。①

## 二、各类载体文献载录格式转换的方法

目前常用的文献载录格式转换的技术主要有三种：

（1）静电复印技术，利用光敏半导体的光导特性和静电作用复制成品，特点是速度快、质量高、适用范围广，是纸质文献最常用的一种载体更新技术。

（2）缩微技术，是利用光电子技术、摄影技术、化学和计算机技术等现代科学技术手段发展起来的一门综合技术，其利用摄影的方法，把经过编排和整理的原始文献缩小，记录在感光胶片上，经过冲洗加工、制成拷贝，然后提供检索、显示、复印等利用。

（3）数字化技术，是一种利用计算机存储技术、检索技术、文字识别技术等将文献的信息转换成计算机可识别的数字信息，并经过加工处理提供阅读检索的技术。

针对不同类型的文献载体，可以根据文献收藏的具体情况、收藏机构的目标和能力，以及文献永久保存和利用的需要决定选用何种转录格式转换的技术。

---

① 刘家真. 文献遗产保护［M］. 北京：高等教育出版社，2005：260－261.

### （一）纸质文献的载录格式转换

纸质文献有多种载录格式转换方法，可以采用载体更新的方法，即利用静电复印技术将原有纸质载体上的内容信息转移到其他纸张上；也可采用迁移的方法，利用缩微技术将原有的纸质文献变成缩微胶片文献，或利用数字化技术变为数字文献。

大多数纸质文献都可以采用静电复印的方式复制内容信息，在具体操作过程中应注意维护文献作为历史记录和凭证的严肃性，对复印、核实等环节进行严格的质量控制，保证复制件的真实性和成像质量。对静电复印品的成像质量进行评价时，主要应考虑下述标准：①字符的光密度或相对黑度。②大块实心图像区的显影、黑度是否均匀或密度有无变化。③背景区的颜色和清洁度。④定影或干燥速度。⑤有无黑白条纹。⑥图文是否均匀一致。⑦与原稿相比，尺寸有无放大或缩小。⑧复印光密度（黑度）有变化的原稿，复印品与原稿相对比，其再现性如何；如果复印机能复印彩色，对原稿中颜色的复印效果如何。⑨复印品边沿部分的图纹是否清楚。⑩字符图形有无变形失真。⑪对图片的复印效果。⑫对颜色线条或字符的复印效果。

但是，静电复印会破坏纸张的成分，降低纸张寿命。复印出的复制品可能存在分辨率不高、与原件反差大、一致性差、不能复制出原件上的水印等特殊符号、随着复制代数提高而复制件信息损失增大等问题。

利用缩微摄影技术可以将纸质文献的内容信息迁移到缩微胶片上，这种方法特别适用于对以下类型的文献进行载录格式的转换：①流传少、价值高、篇幅长、利用率低、濒于破损的文献；②有价值的报纸、期刊、档案、统计表等大开本文献；③纸张严重脆化的文献。

纸质文献还可以通过模数转换的数字化技术将内容信息转换为数字格式，以数字方式保存文献的信息内容，将数字化拷贝提供利用，而原件则以保存为主，放置在适宜的环境中。数字化技术可以作为大量挽救纸质文献内容信息的重要方法，因为其不仅可以保护原件，还可以通过因特网提供更为广泛的利用服务，并方便文献的检索和编辑。但是数字化载体和技术存在着寿命短暂的缺陷，在进行模数转换时，如果选择不当还会造成原件的损坏。因此，纸质文献数字化过程中应遵循保护原件、满足利用、高度保真、标准化以及有利于数字文献归档与长期保存的原则。

### （二）古籍影印出版[①]

2002 年 7 月，文化部、财政部联合启动中华再造善本工程，选择珍贵、稀缺的古籍善本，采取缩微复制、扫描复制、照相影印等现代印刷技术复制出版，造出与原书一模一样的再造善本，以确保珍贵文献的传承安全。近十年来，影印出版已经成为古籍再生性保护的一种重要手段。

古籍影印发轫于覆刻，也叫影刻，出现颇早，最有影响者当属清末黎庶昌编刻的《古逸丛书》。在铅印出现之前，石印最为风行，这种印刷工艺除了极少数是重写付印，

---

① 影印出版：保护利用古籍的最佳选择［N/OL］. 光明日报，2011－01－12［2012－02－17］http://www.wenming.cn/cb_pd/201101/t20110112_50994_2.shtml.

绝大多数采用的是摄影之后付印，与影印相类。随着后来铅印的流行，石印开始慢慢退出了印刷的舞台。然而，稍晚于石印出现的照相影印，不但没有消失，反而逐渐兴起。实际上，影印就是用摄影制版的方法来继承前人覆刻旧本书籍的事业。影印分原大影印和缩小影印。一些特别珍贵的孤本秘籍比较适合原大影印，因为影印这类书不但为了使其广为流传，而且还要为它们做出一些精美的复制品，使人们可以通过影印本窥见原书风貌。

由于古籍具有文物价值与文献价值的双重属性，目前在古籍的保护上分别采取了原生性保护与再生性保护两种方式。所谓原生性保护，是对古籍原件的保存与养护，主要是针对古籍的文物属性而言的。但这种保护，客观上会限制古籍的利用，使古籍的文献价值发挥不出来，因此针对古籍文献价值的再生性保护应运而生。

严格地说，古籍再生性保护的意义要远远大于原生性保护，这是由图书所具有的传播知识、传承文化的特性所决定的。例如，现存宋元本古籍虽已是凤毛麟角，唐代以前的文字遗存更是难得一见，但唐宋以前古籍的精华，却通过历朝历代经久不息的传抄与翻印，比较完整地保存下来，并且服务于后世，为弘扬中华文明起到了巨大的作用。

再生性保护的措施，统一对古籍进行缩微复制的方式可谓其一。20 世纪 80 年代中期，文化部先在国家图书馆组织成立了“全国图书馆文献缩微复制中心”，随后，各地古籍收藏馆普遍开设了缩微胶片阅览室，基本上取代了古籍善本原书的对外借阅。这一做法事实上只在一定程度上缓解了古籍保护与使用之间的矛盾，并未从根本上解决问题。一方面，通过阅读器看胶片，是一种既费事又易使人疲劳的阅览方式；另一方面，古籍缩微胶片的收藏馆，仍局限于参加了缩微复制工作的古籍收藏馆，古籍收藏与使用的范围依旧没有扩大。

综合比较，最好的方式就是利用古籍影印技术，将古籍影印出版，以满足学术界对古籍的需求。影印本古籍是最接近古籍原貌的载体，而且阅读起来较原书更为便利，完全可以取代古籍原书的阅读使用功能。这对古籍原书的保护当然也非常有利。

### （三）磁性载体文献的载录格式转换

磁性载体文献可以采用转录的方式将信息更新到新的磁带上，常见的转录方式有带带复制法和磁接触复制法两种。带带复制法又称“放—录复制法”，即采用一台设备播放，多台设备记录的方式复制。这种复制方法简单易行，无需专门的设备，但是复制时间长、效率低，子带复制的数量取决于记录设备的数量，所以只适用于小批量复制。采用带带复制法，为了保证转录质量，不宜转录过多的代数。

磁接触式复制则直接利用磁记录的原理进行复制，适用于录像磁带的复制。将两卷磁带各自从卷带盘上拉出，顺着导柱贴合在一起；再使用压带轮把两条磁带紧紧贴在一起，彻底排除两者间的空气，然后将贴在一起的磁带卷好，施加几秒钟的转印磁场，母带上的磁迹就转印到了子带上。最后再将磁带匀速卷回各自的卷带轴上。但是，采用这种方法要求母带必须是实现使用特殊录像机录制的特殊磁带，要有较高的矫顽力，磁迹与正常磁带上的磁迹成镜像对称。

为了确保磁带转录的质量，应注意选用优质磁带作为母带，采用与母带长度相同的磁带作为子带。对已损坏的磁带进行转录时，应先对其进行修复处理，然后再复制。

除了上述载体更新的技术方案以外，还可以采取数字化迁移的方式对磁带进行载录格式转换，具体操作方法参见本章第三节。

### （四）胶片文献载录格式的转换

通过拷贝的方法，胶片文献上的信息内容可以更新到新的胶片载体上。由于胶片的存储对温度和相对湿度有严格的要求，所以在日常维护与使用中应对保存拷贝和工作拷贝加以区分，只将工作拷贝（或称使用拷贝）用于提供阅览流通服务。由于工作拷贝经常被使用，所以很容易被弄脏、磨损，印上指痕或受异物污染，并且受到过量的光照、经受过高的温度以及受潮，所以工作拷贝是不适合于长期保存的。

凡是需要永久保存的胶片记录都应该制作出复印保存拷贝，且将这些拷贝集中保存，与工作拷贝保存的环境相隔离。保存拷贝应符合所使用的摄影材料的相关国际标准，且按照 ISO 推荐的条件保存和管理（详见本章第二节“缩微技术”）。

此外，胶片文献还可以利用模数转换技术生成数字化图像，实现胶片文献内容信息的迁移。2009 年，国家档案局发布了行业标准 DA/T 43—2009《缩微胶片数字化技术规范》，指导缩微胶片文献内容数字化迁移的过程与质量管理。

### （五）数字化文献载录格式的转换①

数字化文献可以通过更新、迁移和仿真等技术解决方案实现载录格式的转换。数字化文献的更新就是将内容信息从原有存储载体上向同类型的另一存储载体上转移，避免因原有载体的失效或损坏而导致数据的丢失。但是数字化文献与其存储载体、软件和硬件是紧密相关的，所以当计算机系统的软件和硬件升级以后，载体更新的方法也无法保持数字化文献的可获取能力。

迁移则可随着技术的升级，定期地转换数据，使其从某一硬件/软件环境向另一硬件/软件环境转换，或者从旧一代的计算机技术向新一代的计算机技术转移。对于将信息内容的保留作为首要要求，而信息的外观、检索与计算机特性无特别要求的保护对象，迁移是开支较少、较现实的维护数字化文献长期获取的解决方案。一般迁移的策略主要有三种：

（1）将数据从稳定性低的载体上迁移到稳定性更高的载体上，通常是把数字化文献复制到非数字存储载体上，如打印输出到纸张上，或迁移到胶片载体上。数字化图像迁移到胶片载体上只需要借助专门的胶片打印机和胶片冲洗机即可实现。近年来，围绕数字信息缩微胶片输出工作，国家档案局研究所开展了大量研究工作，并于 2010 年 1 月 1 日起正式发布实施档案工作行业标准《数字档案信息输出到缩微胶片上的技术规范》。

（2）从对软件依赖程度高的格式迁移到对软件依赖程度低的格式上。此类迁移过程的复杂程度及难度取决于被迁移的数字化文献的技术支持状况。如果数字化文献是以与软件无关的格式形成的，或者是具有简单、通用结构的平面文件，或者是由单一的记录类型构成的文献，无论是改变存储载体还是文档格式，数据迁移后的逻辑结构都是不会有任何重要改变的。但是对于迁移结构比较复杂的文档，由于需要先排去或平直原文档的结构，

① 刘家真. 文献遗产保护［M］. 北京：高等教育出版社，2005：260－264.

所以迁移后原文档的计算能力、图形显示、索引等功能和特性可能会丢失。

（3）将数字化文献从非标准格式迁移为标准格式。图书馆、档案馆等文献收藏机构比较适用于采用这种方法，将馆藏的大量载体和格式多样化的数字化文献迁移成标准化格式，以提高数据的独立性和互操作性。

---

**知识点链接6－1**

### Technical Strategles

Enduring Care should be seen as an ongoing strategy for monitoring the wellbeing of digital resources. Vigilant management of the collection includes housing images and accompanying files in secure, reliable media and locations; storing and handling media according to industry guidelines to optimize their life expectancy; and implementing periodic and systematic integrity checks and backups.

Refreshing involves copying content from one storage medium to another. As such it targets only media obsolescence and is not a full-service preservation strategy. An example of refreshing is copying a group of files from CD-ROMs to DVDs. Refreshing should be seen as an integral part of an enduring care policy.

Migration is the process of transferring digital information from one hardware and software setting to another or from one computer generation to subsequent generations. For example, moving files from an HP-based system to a SUN-based system involves accommodating the difference in the two operating environments. Migration can also be format-based, to move image files from an obsolete file format or to increase their functionality.

Emulation involves the re-creation of the technical environment required to view and use a digital collection. This is achieved by maintaining information about the hardware and software requirements so that the system can be reengineered.

Technology Preservation is based on preserving the technical environment that runs the system, including software and hardware such as operating systems, original application software, media drives, and the like.

Digital Archeology includes methods and procedures to rescue content from damaged media or from obsolete or damaged hardware and software environments.

资料来源：[2012－02－18] http://www.library.cornell.edu/preservation/tutorial/preservation/preservation－03.html.

---

## 三、载录格式转换的风险与管理

美国学者保罗·班克斯（Paul Banks）在其提出的“文献保护十法则（Ten Laws of Conservation）”中指出：“任何复制品都无法包涵原件的全部信息（No reproduction can contain all the information contained in the original）。”其中所包含的一层意思就是说，无论采用多么先进的技术对原件进行载录格式的转换，无论转换过程中采用多么严格的质量控制，都不可能100%地再现文献的原始面貌，都必然会有一定程度的信息丢失。

无论是传统载体文献还是数字化文献，在同类载体之间的更新转换会出现质量一代不如一代的问题，还会在某种程度上丧失原文件除信息内容以外的其他信息和特征。例如，纸质文献的载体更新后，虽然内容信息可以通过复制的方式全面地显示出来，但是原件某些重要的特征却难以精确地复制，如纸张的质量和材质、字迹特点、装帧形式等信息就会丢失。

如果是在不同类型载体之间进行迁移，信息损失的风险则会更大，因为不同的载体对信息量和信息类型具有不同的承受能力，从而使得信息的功能在信息迁移过程中会受到载体的约束。例如，缩微复制品一般不能逼真地显示出扉页特征和水印；而磁性文献随着转录代数的增加，在文献质量方面也会受到严重影响；数字信息在不同的技术平台间转换，转换后的信息并不一定会与原始信息完全一致，甚至会丧失部分原有的功能和特性。

一般来说，载录格式转换可能会带来如下风险：①影响文献的真实性与完整性；②丢失文献的背景信息和内在联系，文献的来源信息缺失会削弱文献的证据能力，而数字化文献更可能因此而丧失与其他文件之间的交互作用、关系或与数字环境相关联的其他成分；③丢失功能，即新的技术平台不支持原有文献的某些功能和特征；④数字化文献可能会丢失元数据；⑤破坏文献原有的安全性。

有鉴于在文献载录格式转换过程中会出现上述风险，所以必须采取适当的风险管理策略来避免或减少文献信息转换过程中的信息丢失。载录格式转换的风险管理方案包括风险评估和风险应对策略两个方面。

在风险评估环节需要分析文献载录格式转换过程中可能存在的风险，评价风险发生的可能性、风险发生后果的严重程度以及损失的可接受程度，进而评判文献是否可以采取载录格式转换的方法实现永久保存和利用。

风险应对策略则是根据风险评估的结论，分析解决和应对风险的方案，针对评估得出的风险级别，决定是谨慎的采取格式变换，还是暂不实施格式变换，再或者是不可进行格式转换。如果决定实施格式变换的项目，那么风险应对策略中还应提供关于选择格式转换软件、目标格式等方面的建议。

---

**知识点链接6-2**

美国国会图书馆与信息资源委员会（CLIR）出版了一份有关数字化信息风险管理的文献，其中附录B提供了数字化文献格式迁移中风险评估的工具，将潜在的风险划分为灾难级、非常严重级、严重级、重大级和较小级5个级别，并界定了每个级别的含义，并针对不同的风险级别给出了建议的应对方案。

Workbook Risk Scales

For this workbook, we generated two migration risk-assessment scales: one to measure the probability that a hazard would occur; and another to measure the impact of that hazard, should it occur. These scales were prepared for a risk-assessment case study of a collection of numeric files, the test bed for much of our project. The scales are provided here and used throughout the workbook to illustrate how one measurement system was applied and evaluated. Admittedly, the proper use of any measurement process requires an understanding of the material under analysis. Also, the measurements lack scientific precision. At the end, you do not sum the results and decide to migrate on the basis of a single number. However, using assessment scales requires you to think in terms of probability and impact, and this can help you set priorities in identifying the steps for a migration project.

The risk probability scale has three related pieces of information: a label, a ranking value, and a description. The scale is not linear in that benchmarks for risk are skewed toward lower probabilities.

**Risk Probability Scale**

| Label | Value | Description |
|---|---|---|
| Very high | 5 | A probability estimated between 26%～99% |
| High | 4 | A probability estimated between 11%～25% |
| Moderate | 3 | A probability estimated between 6%～10% |
| Low | 2 | A probability estimated between 1%～5% |
| Very Low | 1 | A probability estimated below 1% |

The impact scale, shown below, also has three related information items: a label, a ranking value, and a description. Since we are focused on the migration of digital information, our impact focus is loss of data. Other impact scales for digital information could be generated. Benchmarks for this scale are the difficulties associated with recreating corrupted or lost digital information. "Catastrophic loss" refers to a total loss of information that cannot be recreated from any other source—digital, print, or artifact. An example of a catastrophic loss would be the total loss of the sole archival TIFF image of a painting destroyed in a fire. "Serious loss" is the total loss of a digital file that could be recreated from other sources. In this situation, we are thinking of composite documents, not just the conversion of a single artifact. The least impact value would be applied to lost files that can be reconstructed from other digital documents.

**Risk Impact Scale**

| Label | Value | Description |
|---|---|---|
| Catastrophic | E | Complete, irreversible loss of data. Data cannot be drawn from other sources—print, artifact, or digital |
| Very Serious | D | Partial, irreversible loss of data. Data cannot be drawn from other sources |
| Serious | C | Complete loss of data. Data can be fully reconstructed from other sources |
| Significant | B | Partial loss of data. Data can be fully reconstructed from other sources |
| Minor | A | Complete or partial loss of data. Data can be copied from other data files |

Recording Risk Assessments

In our prototype scale, we recorded the risk probability value with the impact value as a single value. For example:

5E = Very high probability of occurrence with a catastrophic impact

3D = Moderate probability of occurrence with a very serious impact

2C = Low probability of occurrence with a serious impact

1B = Very low probability of occurrence with a significant impact

1A = Very low probability of occurrence with a minor impact

The combined values are easy to map in a two-dimensional decision matrix, using the probability and impact scales for the x and y axis, respectively. The grid provides a visual display of the overall state of risk that is described in the workbook.

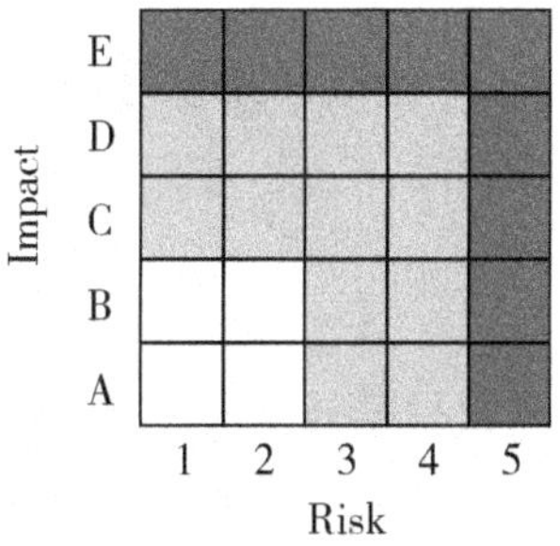


The decision table yields the following outcomes：

1. If all assessment question responses fall within the white grid cells (1A – B, 2 A – B), the migration process is likely to pose low risk. With due caution, the migration can be carried out.

2. If assessment question responses fall within the gray shaded grid cells (1C – D, 2C – D, 3A – D, 4A – D), the migration process is likely to have high risk. Migration activity should be postponed until the risk probability of these items can be reduced.

3. If any assessment question responses fall within the dark gray grid cells (1E, 2 E, 3E, 4E, 5 A – E), migration of files is ruled out.

资料来源：Lawrence, G. W. Risk Management of Digital Information. CLIR, 2000. 6：24 –26.

---

## 第二节　缩 微 技 术

利用缩微技术将文献内容记录在缩微胶卷或缩微胶片上，是一种较为安全、可靠且有相关国际和国家标准支持的文献载录格式转换方案。即使是在数字革命席卷全球的背景下，作为保存格式变换策略的缩微胶卷和缩微胶片，仍旧以其技术的规范性、制作成本的廉价性和保存寿命的长久性，而受到高度评价并被广泛应用。

所谓缩微技术，是一种利用摄影的方法，把经过编排和整理的原始文献缩小并记录在感光胶片上，经过冲洗加工、制成拷贝，然后提供检索、显示、复印等利用的技术。从1839年英国光学技师约翰·本杰明·丹塞制作出世界上第一件缩微制品至今，缩微技术已经发展成为利用光电子技术、摄影技术、化学和计算机技术等现代科学技术手段的一门综合技术，并开发了永久性和法律凭证性一体化的档案文献管理系统。

### 一、缩微技术的特色

在数字革命的众多衍生事物中，保存性缩微复制是一种受到高度评价并被广泛运用的保存格式变换策略，其历久不衰的原因在于其实用性。缩微技术的特色主要表现在以下五个方面。

#### （一）存储密度大

利用摄影的方法将原件的缩小影像记录在缩微胶片上，普通缩小比率范围为 1/48 ～

1/7，超高缩小比率范围可达 1/250 ～ 1/90。按面积计算，普通缩小比率的缩小影像是原件面积的 1/2304 ～ 1/49，超高缩小比率的缩小影像是原件面积的 1/62500 ～ 1/8100。将以纸张为载体的档案文献拍摄成缩微品，会节省 85%～98% 的保存空间。

### （二）记录效果好

与数字化保存手段不同，缩微胶卷是一项几乎静态的、经过测试的并且有国家标准监管的技术性产品，根据这些标准进行制造和存储的缩微胶卷，其平均寿命可以达到 500 年以上。即使在使用中损伤胶片如划痕、断裂等，也只是损失有限的画幅，大部分信息不受影响。用缩微摄影技术拍摄档案文献、图书和资料时，可将原件的形状、内容、格式、字体以及图形等的原貌忠实地记录在缩微胶片上，形成与原件完全相同的缩小影像。

### （三）适用范围广

缩微品是利用摄影的方法将原件上的信息记录在缩微胶片上的信息载体。由于缩微摄影机镜头和缩微胶片都具有良好的成像和记录性能，因而在可见光线下，对于可读的各种原件（文字、照片和图表等）均可记录在缩微胶片上。此外，缩微技术有完整的国际或国内标准，可使各种不同幅面和质量的原件记录在规格统一的缩微胶片上，不仅能保证制作的质量，也给广泛应用带来方便。

### （四）易于还原拷贝和多功能使用

缩微胶片上的影像可方便地进行拷贝、放大阅读和复印。利用高效能的拷贝机，拷贝一盘胶片只需十几秒，利用阅读复印机放大复印一张复印件，也只需几秒钟，并且可以进行多份连续放大复印；也可将胶片经扫描加工成光盘，与现代技术相结合，兼容并存，介质互换，具有存取、保存、联网、阅读、检索、利用和传输的功能。此外，缩微复制品（即缩微胶卷和缩微胶片）只需借助光和放大工具，便能进行肉眼阅读。

### （五）法律凭证作用

缩微模拟影像保真度高，更改困难，因此许多国家规定，按一定标准拍摄的缩微胶片具有法律凭证作用。《中华人民共和国档案法实施办法》第 21 条规定："各级种类档案馆、图书馆等提供利用的档案文献，应当逐步实现以缩微品代替原件，具有与档案文献原件同等的效力。"这就为档案文献原件的再生性保护提供了法律依据。

正是因为缩微复制品无可替代的优点，近年来，某些档案馆已经开始着手进行数—模转化，将数字化的档案转移到缩微胶片上存储。

## 二、缩微复制品的类型

缩微复制品根据其规格形式的不同，可分为卷式缩微复制品和片式缩微复制品两大类。

### （一）卷式缩微复制品

卷式缩微复制品是卷绕在片盘或片盒内管理和使用的缩微品。卷式缩微品是缩微品出现最早、应用最广的一种形式。以保存为主要目的的缩微品，大部分都采用卷式片。按尺寸规格，卷式缩微复制品可分为16毫米、35毫米、70毫米和105毫米四种，其中最为常见的是前两种尺寸规格；按装片方式，卷式缩微复制品可分为片盘式、单轴盒式、双轴盒式、片夹式四种。

片盘式缩微品是将卷式缩微胶片缠绕在片盘上，并以盘为单位进行管理和使用的缩微品，片盘是中间有轴两边有凸缘的胶片支承体，可分为生片用片盘（也叫防光片盘）和贮存用片盘两种类型。生片用片盘的凸缘直径为91.5±0.5毫米，贮存用片盘的凸缘直径为92±2.0毫米。单轴盒式缩微品是将16毫米卷式缩微胶片缠绕在密闭的单轴片盘中进行管理和使用的缩微品。双轴盒式缩微品则是将16毫米卷式缩微胶片缠绕在具有两个轴的密闭片盒中进行管理和使用的缩微品。两者在使用时，只要将片盒插入与之配套的微影像终端机内，便可进行检索、阅读和放大复印。片夹式缩微品是将16毫米片盘式缩微品装在特制的片夹内组成的。

### （二）片式缩微复制品

片式缩微品是指以单张胶片为单位进行管理和使用的散页式缩微品。16毫米和35毫米的缩微卷片均可切割成短条状，放置在清晰标识的护封内，成为片式缩微复制品。由于使用的目的和要求不同，常用的片式缩微品可以分为条片、封套片、开窗缩微卡片和缩微平片四种。

条片是条形缩微胶片的简称，一般是由16毫米或35毫米卷式片裁切而成，长度一般不超过228毫米。由于条片承载的信息量不大且不便于快速检索，因此逐渐被封套片所代替。

封套片是封套缩微胶片的简称，是把条片摄影机拍摄的条片或由16毫米、35毫米卷式片裁切成的条片装入封套中制成的。封套片有各种尺寸，其中105毫米×148毫米是最常用的一种封套片。封套片主要用于经常需要增删或修改的档案文献。

开窗缩微卡片是将带有缩微影像的一个或几个画幅的胶片固定在开窗卡片窗口处而制成的缩微品。根据开窗缩微卡片的尺寸，可分为82.55毫米×187.32毫米标准开窗缩微卡片和105毫米×148毫米开窗缩微卡片。开窗缩微卡片主要用于技术图纸、地图等档案文献的管理和存储。

缩微平片是由一个或多个画幅组成的矩形单页胶片。常用的缩微平片的画幅按网格形式排列，因此缩微平片中的画幅也称为陈格；平片上端有标题区，记录可供直接阅读的标题和其他检索内容。缩微平片多用于拍摄专题性或经常需要补充、修改的档案文献。由于缩微平片拷贝方便，成本低，特别适用于需要大量发行的文献的拍摄。

### （三）其他类型缩微复制品

近年来，国外文献保护界研制了一种彩色透明胶片——Ilfochome，被认为有希望运用于文献的长期保存。不同于其他彩色胶片，它可以直接在感光乳剂层上生成彩色涂层，而一般的彩色胶片则只能在加工过程中通过染料产生图像。经美国影像长期保存研究会（the Image Permanence Institute）的测试表明，这种胶片不暴露在光照下时，它的预期寿命可能达到300～500年。同时这项调查还表明，这种胶片的聚酯片基抵抗损坏的能力可能比其他类型的聚酯片基要弱。尽管如此，这种片基的预期寿命仍可以达到200年甚至更长。但是这种胶片还未进行光稳定性的测试，这对于测试胶片的耐久性十分重要。

---

**知识点链接6－3**

**连续色调缩微胶卷（Continuous-Tone Microfilms）**

近年来，文献保存领域对色调值呈连续渐变的缩微复制品越来越感兴趣。下文为美国东北文献保护中心编写的《文献保护手册》（*Preservation Leaflets*）中有关连续色调缩微胶卷研究进展的报道。

Quality black-and-white microfilming yields a high-contrast negative with excellent text resolution. Unfortunately, high-contrast microfilm cannot ordinarily capture a broad spectrum of gray tones; thus, what is gained in text resolution is lost in reproducing halftone photographic images and illustrations. Continuous-tone microfilming attempts to maximize gray scale reproduction without sacrificing textual resolution. A variety of methods can be used to create continuous-tone microfilm. For example, one preservation microfilming vendor uses Kodak 2470 direct duplicating silver gelatin microfilm in the camera and exposes the film for a prolonged time (exposure time can vary) under halogen lamps. Another, uses Fuji SuperHR20 film at normal shutter speed and achieves continuous-tone results primarily through processing in a low-contrast developer at a slower than normal processing speed. In either case, a wide range of gray tones can be effectively captured.

资料来源：［2012－01－07］http://www.nedcc.org/resources/leaflets/6Reformatting/01Microfilm and-Microfiche.php.

---

## 三、缩微复制品制作与保存

### （一）缩微复制品的制作

缩微技术主要由缩微拍摄、冲洗、拷贝、阅读、检索、复印等步骤组成。缩微拍摄是将胶片放入缩微摄影机内，对已编排、整理完毕的档案文献逐一进行拍摄，摄制出的胶片经过冲洗机的冲洗加工后形成可见的影像，胶片经过显影、定影、水洗和干燥后输出的可见影像称为“原底片”。原底片一般作为被摄原件的缩微品副本加以妥善保存，以利于原件信息的长期保存；再采用拷贝的方法制出原底片的复制件，以复制件提供利用。缩微品的拷贝实际上就是利用拷贝机将缩微品上的影像转印到另外的感光胶片上，制成缩微品副本的过程。

在缩微复制品制作的全过程中，缩微拍摄是其中的关键环节。在拍摄过程中需要充分考虑原文件幅面的大小、特性及要求等问题，并需要注意以下问题：①缩率的选择。在拍摄过程中，为了保证缩微品的质量，拍摄尽量选择最小缩率，使拍摄在胶片上的每一影像尽量充满画面。②原稿的放置。按曝光键之前要将原件铺平、放正，并处于静止状态，手和其他任何物体均要离开曝光范围，然后才能按曝光键进行拍摄。

由于缩微复制品是用于长期保存的资料，因此制作时需要遵守相应的国家标准，目前很多国家都制定了关于缩微胶片拍摄的国家标准。按照我国国家标准的相关规定，采用普通片基的卷式缩微品一盘胶片的标准长度为30.5米，采用薄片基胶片每盘长度约为65.5米。

16毫米卷式缩微品上的标准画幅全幅为15毫米×21毫米，半幅为15毫米×10.5毫米，画幅间隔为1毫米。16毫米卷式片主要用于拍摄A3或A4以下幅面的档案文献原件。如果利用缩微品的半幅记录一页A4幅面的原件，则一盘缩微品就能记录2400～2600页原件的缩微影像。

35毫米卷式缩微品上的标准画幅全幅为32毫米×45毫米，半幅为32毫米×22.5毫米，画幅间隔为2毫米。一盘缩微品至少能记录560张原件的缩微影像。35毫米卷式缩微品主要记录的是技术图样、地图和报纸等大幅面的原件以及对影像质量要求较高的各种珍贵的历史文献。

70毫米卷式缩微品上的标准画幅全幅为66.7毫米×94毫米，半幅为66.7毫米×47毫米，主要用于拍摄大幅面、质量要求高的技术图纸等。随着摄影机和感光材料性能的不断提高，目前70毫米卷式缩微品多已被35毫米卷式缩微品所代替。

105毫米卷式缩微品上的标准画幅全幅为100毫米×140毫米，主要用于拍摄精度要求较高的技术图样、地形图等大幅面原件。该缩微品目前也被35毫米卷式缩微品所取代。但是，在卷式缩微平片拍摄机和康姆（COM）系统中还常使用105毫米卷式片，它拍摄后可制取105毫米×148毫米缩微平片。

国内有关缩微制品的国家标准可查阅由全国文献影像技术标准化技术委员会编写的《文献影像技术国家标准汇编》，汇集了截至2007年6月发布的现行国家标准、国家标准指导性技术文件共计63项，共分为两卷：《文献影像技术国家标准汇编方法卷》收集国家标准26项、国家标准指导性技术文件7项；《文献影像技术国家标准汇编基础、质量、设备卷》收集的均为国家标准，其中基础标准11项、质量标准15项、设备标准4项。

受国际文化遗产保护大环境的影响，以及我国文献保护行业理论和实践的深入，规范保护技术操作程序的重要性和必要性逐渐凸现出来，图书馆、档案馆和博物馆等文献保藏机构开始加快标准化建设的步伐，力图通过标准和规范，使各种文献保护技术、质量和安全有章可循并得到保障。在缩微复制品的制作方面，除了文献影像技术国家标准之外，还颁布了行业标准《DA/T 4—1992 缩微摄影技术在16毫米卷片上拍摄档案的规定》和《DA/T 5—1992 缩微摄影技术在A6平片上拍摄档案的规定》加以规范。2002年11月29日，国家档案局发布了行业标准《DA/T 29—2002 档案缩微品制作记录格式和要求》，对档案缩微品制作过程中记录的种类、基本内容及其构成和填写方法加以规范。所谓档案缩微品制作记录（production process record of archival microform），是指在档案缩微品制作过程中产生的，记录各道制作工序实际工作状况的原始文字、表格等，其记录内容包括工序种类、使用设备型号及其参数、出现的问题及处理、缩微品质量检测、各工序负责人等。《DA/T 29—2002 档案缩微品制作记录格式和要求》包括11个资料性附录，规定了《缩微拍摄前档案整理编排记录》、《缩微拍摄档案制作记录》、《缩微胶片冲洗制作记录》、《档案缩微品质量检测记录》、《档案缩微品拷贝制作记录》、《档案缩微品剪接加工制作记录》、《档案缩微品拍摄任务批准书》、《缩微拍摄档案原件证明书》、《缩微拍摄档案说明》、《缩微拍摄档案更正补拍说明》、《档案缩微品移交清单》等制作记录表格的格式。

**知识点链接6－4**

## DA/T 4—1992 缩微摄影技术在16毫米卷片上拍摄档案的规定（节选）

3　原件准备

3.1　对送拍的原件，必须逐卷、逐份验收、检查。全宗档案必须完整、排序正确，并有相应目录。

3.2　对破损、卷曲等影响拍摄质量的原件应预先修整。

3.3　装订成卷的原件一般应拆开。

3.4　按照胶片的长度和原件数量，计算好画幅数并作好编排工作。在编排中，根据需要在相应的位置放置图形符号标板或图形符号。

3.5　制定拍摄计划，填写作业单。

4　缩率

4.1　拍摄档案一般应使用中缩率。

4.2　每盘胶片应根据原件及拷贝代数确定一个缩率，拍摄中一般不再改变。

4.3　同一盘卷片中，在必须改变缩率的画幅前，应拍摄缩率标板。标板上包括所变缩率和缩率测试尺。

5　拍摄

5.1　胶片上各个区段的设置

每盘胶片分片头、正文前标识区、正文区、正文后标识区、片尾五个区段，其排列和拍摄次序如下：

5.1.1　片头

每盘胶片片头应留不少于700 mm的空白片作护片和引片。

5.1.2　正文前标识区

a. 拍摄“卷片开始”图形符号标板；

b. 如本盘胶片拍摄的案卷内容是续接前一盘胶片的，则须拍摄“接上盘”图形符号标板；

c. 拍摄本盘胶片片盘号（可直读）；

d. 拍摄测试标板；

e. 拍摄凭证标板，包括拍摄本档案的正式批文、批准人签字及其他有关内容；

f. 拍摄识别标板，包括档案收藏单位（代码）、立档单位、版权、拍摄缩率、拍摄时间、拍摄单位、拍摄人员和其他需要识别的内容；

g. 拍摄著录标板，包括本盘胶片所含档案的全宗号、全宗名称、案卷目录号、案卷起止号和其他需要著录的内容；

h. 在每个全宗的每一盘胶片中，拍摄全宗介绍、本全宗的案卷目录及摄制目录。

5.1.3　正文区

a. 每一案卷前拍摄案卷号（可直读）；

b. 拍摄案卷封面；

c. 拍摄卷内目录；

d. 依次拍摄卷内文件；

e. 拍摄备考表。

5.1.4 正文后标识区

a. 拍摄著录标板；

b. 拍摄识别标板；

c. 拍摄凭证标板；

d. 拍摄测试标板；

e. 拍摄本盘胶片片盘号（可直读）；

f. 如本盘胶片拍摄的案卷内容要续接到下一盘胶片上，则须拍摄“续下盘”图形符号标板；

g. 拍摄“卷片结束”图形符号标板。

5.1.5 片尾

每盘胶片片尾应留不少于700 mm的空白片作护片和引片。

5.2 画幅影像排列

5.2.1 影像的排列顺序和走向要符合原件的排列顺序和阅读方向。

5.2.2 影像的排列应优先采用B种方式。

5.3 原件缺陷及重拍符号的应用

5.3.1 原件缺页，在缺页处拍摄“原件短缺”图形符号标板，并注明缺页的编号或说明事项。

5.3.2 拍摄模糊不清、难以阅读或受污染的原件，应在原件前拍摄“原件难辨认”图形符号标板或与原件一起拍摄“原件难辨认”图形符号。

5.3.3 拍摄有损信息完整的残缺原件，应在原件前拍摄“原件损坏”图形符号标板或与原件一起拍摄“原件损坏”图形符号。

5.3.4 拍摄编号错误的原件，应在原件前拍摄“编号错误”图形符号标板或与原件一起拍摄“编号错误”图形符号。

5.3.5 拍摄过程中，在已拍画幅后要随即重拍时，应在重拍画幅前拍摄“影像重复”图形符号标板。

5.3.6 在原件上连续出现上述某种缺陷时，可拍摄一个图形符号标板，上面注明缺陷的起止编号。

5.4 说明事项的处理

所拍原件有需要说明的事项，在被说明画幅前将文字说明单独拍摄一个画幅。

5.5 特殊原件的拍摄

5.5.1 大于A3幅面的原件，须按阅读顺序先后分幅拍摄，分幅处应至少重叠25 mm。

5.5.2 小于A3幅面的原件也可合幅拍摄。

5.5.3 原件上如有遮挡内容的标签、批条，应先将原件连同标签、批条一起拍摄，然后翻起标签、批条单独拍摄原件。如有多张标签、批条同时叠贴在一页原件上时，应依次翻起标签、批条拍摄。

6 接续

全宗档案在一盘卷片内拍摄不完，需要在两盘或两盘以上卷片中接续时，一般应在档案的卷与卷之间作为结束和开始。以保证档案的完整性和真实性。

7 补拍

7.1 补拍胶片应留有片头。

7.2 拍摄“卷片开始”图形符号标板。

7.3 拍摄补拍文字说明，包括补拍原件的案卷号、页（张）号等内容。

7.4 按原件顺序补拍。

7.5 补拍影像与原拍影像的缩率必须一致。

7.6 在本盘胶片的“卷片开始”符号之前接片。

7.7 每盘原底片除补拍的一处接头外，不应有其他接头。

8 检索

8.1 属于同一个全宗的各盘胶片，应采用相同的检索方式，尽可能把机器和手工方式结合起来，以利于在多种条件下检索。

8.2 在每盘胶片正文区和标识区之间，每个案卷之间应空拍三个画幅。

9 质量

9.1 缩微品记录的影像应保持档案形成的历史原貌。除按本规定设置的标板、符号和必要的说明外，不得丢失和增加任何信息。

9.2 原底片的背景密度见 GB 6160。

9.3 ISO2 号测试图中的可读出数据应视为检测缩微摄影系统综合解像力的最低指标。其指标如下：

ISO2 号测试图可读出数据

| 缩率 | 第一代缩微品 | 第二代缩微品 | 发行复制品 |
|---|---|---|---|
| 1/30 | 4.5 | 4.0 | 3.6 |
| 1/25 | 5.0 | 4.5 | 4.0 |
| 1/21.2 | 5.6 | 5.0 | 4.5 |
| 1/18 | 6.3 | 5.6 | 5.0 |
| 1/15 | 7.1 | 6.3 | 5.6 |

9.4 原底片上的硫代硫酸盐残留量见 GB 7519。

9.5 原底片上不应有划伤及指印、水渍、油渍、药液等污染痕迹。

---

**知识点链接 6－5**

## DA/T 5—1992 缩微摄影技术在 A6 平片上拍摄档案的规定（节选）

3 原件准备

3.1 对送拍的原件，必须逐卷、逐份验收、检查。全宗档案必须完整、排序正确，并有相应目录。

3.2 对破损、卷曲等影响拍摄质量的原件应预先修整。

3.3　装订成卷的原件一般应拆开。

3.4　按照平片的画幅数和原件数量作好编排工作。在编排中，根据需要在相应的位置放置图形符号标板或图形符号。

3.5　制定拍摄计划，填写作业单。

4　缩率

4.1　拍摄档案一般应使用中缩率。

4.2　每张平片应根据原件及拷贝代数确定一个缩率，拍摄中一般不再改变。

4.3　同一张平片中，在必须改变缩率的画幅前，应拍摄缩率标板。标板上包括所变缩率和缩率测试尺。

5　标头区

5.1　标头区由左区、中区、右区三部分组成（见示意图）。

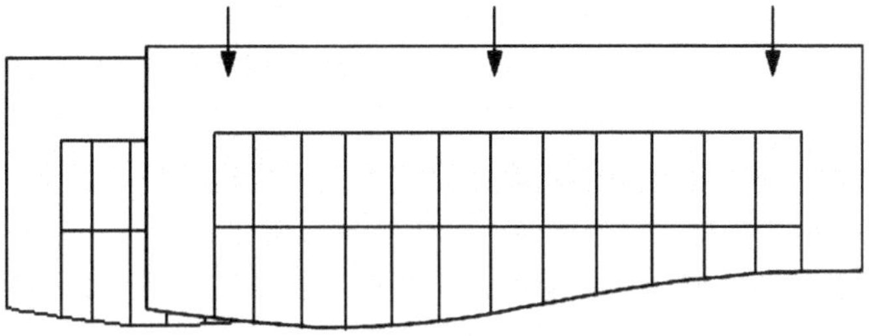

5.1.1　左区著录为所拍文件的档号、该案卷的平片序号及其他需要标识的内容。序号用分数表示。分子为该张平片的顺序号，分母为该案卷平片的总数。如分母不能确定时，用短线“－”代替。

如：1/5，2/5，…，5/5

或：1/－，2/－，…，5/－

5.1.2　中区著录为所拍案卷的题名。

5.1.3　右区著录为平片序号、拍摄单位、拍摄时间等。平片序号用大流水编号。

5.2　标头区中字符影像高度应不低于3 mm，以便直读。

5.3　标头区中的汉字应为印刷体或工整的书写体。编号、数字应用黑体阿拉伯数字表示。

5.4　标头区内的影像可以是正像，也可以是负像。

6　画幅影像的排列

标头区以下，画幅影像的次序由左上角开始，从左向右、自上而下排列。

7　拍摄

7.1　拍摄应以案卷为单位进行。每个案卷可拍摄一张或数张平片。一张平片上只许拍摄一个案卷。

7.2　每个全宗的第一张平片第一个画幅应拍摄测试标板；第二个画幅拍摄凭证标板，包括拍摄本档案的正式批文、批准人签字及其他有关内容；从第三个画幅开始，应依次拍摄全宗介绍、案卷目录。

7.3　每个案卷从第一张平片开始，依次拍摄测试标板、案卷封面、卷内目录和卷内文件。

7.4　每个案卷拍摄完毕，应拍摄卷内备考表。

7.5　原件的排列走向采用横向方式，即横排文件的印刷行、书写行平行于胶片的长边，竖排文件的印刷行和书写行垂直于胶片的长边；不能采用横向排列方式时，将原件逆时针方向旋转90°。

7.6　大于A3幅面的原件，须按阅读顺序分幅拍摄，分幅处应至少重叠25 mm。

7.7　小于A3幅面的原件也可合幅拍摄。

7.8　原件上如有遮挡内容的标签、批条，应先将原件连同标签、批条一起拍摄，然后翻起标签、批条单独拍摄原件。如有多张标签、批条同时叠贴在一页原件上时，应依次翻起标签、批条拍摄。

7.9　每张平片的最后一个或几个画幅为索引区，包括本平片的文件目录及其坐标。索引区内的影像从右向左排列。

8　原件缺陷及重拍符号的应用

8.1　原件缺页，在缺页处拍摄一幅“原件短缺”图形符号标板，并注明缺页的编号或说明事项。

8.2　拍摄模糊不清、难以阅读或受污染的原件，应在原件前拍摄“原件难辨认”图形符号标板或与原件一起拍摄“原件难以辨认”图形符号。

8.3　拍摄有损信息完整的残缺原件，应在原件前拍摄“原件损坏”图形符号标板或与原件一起拍摄“原件损坏”图形符号。

8.4　拍摄编号错误的原件，应在原件前拍摄“编号错误”图形符号标板或与原件一起拍摄“编号错误”图形符号。

8.5　拍摄过程中，在已拍画幅后要随即重拍时，应在重拍画幅前拍摄“影像重复”图形符号标板。

8.6　在原件上连续出现上述某种缺陷时，可拍摄一个图形符号标板，上面注明缺陷的起止编号。

9　质量（参见DA/T 4—1992的第9项，此处略）

---

**知识点链接6－6**

## DA/T 29—2002 档案缩微品制作记录格式和要求（节选）

4　制作记录的基本要求

4.1　应是各道制作工序的原始记录材料；制作记录中的文字、数据书写应规范、准确，书写的字迹、材料应符合档案书写字迹、材料的要求。

4.2　应记录以下内容：

a）制作缩微品的设备名称、种类、型号以及技术状况、参数选择、调节设定等情况；

b）制作缩微品的胶片种类、乳剂号等；

c）制作缩微品的人员技术状况（职称、上岗等级等）、各工序的责任人；缩微品制作过程中需要说明的问题；制作的时间等；制作记录中应有各工序制作人员的签字；

d）档案的原始状况；缩微品中信息与原件信息的差异；缩微品管理代号、检索方式和对应地址；

e）制作缩微品的依据和技术标准；应达到和实际达到的体现档案缩微品可读性、完整性、保存性和凭证性的技术要求或状况。

5 制作记录的类型

5.1 制作记录一般按照档案缩微品制作的流程建立。前后工序不便于分开记录的，也可将几道制作工序合并记录。

5.2 主要的制作记录类型如下：

a）缩微拍摄前档案整理编排记录；

b）缩微拍摄档案制作记录；

c）缩微胶片冲洗制作记录；

d）档案缩微品质量检测记录；

e）档案缩微品拷贝制作记录；

f）档案缩微品剪接加工制作记录；

g）档案缩微品拍摄任务批准书；

h）缩微拍摄档案原件证明书；

i）缩微拍摄档案说明；

j）缩微拍摄档案更正补拍说明；

k）档案缩微品移交清单。

……

7 制作记录的存档

合格的档案缩微品应有该缩微品制作过程中形成的各种制作记录。制作记录一般依据缩微品制作流程顺序先后排列，其保存时间应与档案缩微品保存期限一致（见 DA/T21）。

---

### （二）缩微复制品的保存

缩微复制品的长期保存取决三方面的因素：①摄影材料的适用性；②满意的摄影加工条件；③推荐的保存条件。其中前两项因素是在缩微复制品制作环节中加以质量控制，如国际标准 ISO 4331—1986、ISO 8225—1995、ISO 9718—1995 分别规定了银－明胶胶片、重氮胶片和微泡胶片的材料要求和加工条件。在缩微胶片的保存环节中则需要考虑包装结构和包装材料、存放方式、保存环境以及保存制度的问题，国际标准 ISO 10214—1991 和 ISO 5466—1996 对于上述问题进行了具体的质量规范。缩微复制品的保存应选择合适的包装，并保存于适宜的温湿度环境中，在储藏和使用过程中建立严格、规范的操作程序，以便降低其遭受破坏的可能性，并及时发现破损的情况。

1. 包装结构和包装材料

缩微复制品的包装结构可分为密封式、密闭式和开放式，常见的包装物包括片盘、片盒、口袋、文件夹、文件套、封套、封袋、开窗衬、开窗卡和纸板箱等。当缩微胶片保存于符合标准的片库中时，可采用开放式包装存放在密闭的柜橱内，或以密闭式包装保存。如果胶片的保存环境不能达到标准的温湿度和空气质量时，或保存于低温环境下时，则必须以密封式包装保存。

包装物的尺寸取决于缩微胶片的尺寸、厚度与数量，合适的包装物尺寸，不会使胶片在放入或取出时因过紧而造成磨伤，也不会因过松而使胶片在包装内随意移动。

包装物结构中有黏合接头的区域称为接合部，接合部的处理要注意所选用的粘结剂、接头区域的位置和面积两个问题。接合部所选用的粘结剂应对影像无有害影响，纸质包装物通常适合使用具有摄影质量的明胶、聚乙酸乙烯酯和纤维素酯粘结剂，如果可能的话最好使用热焊封袋和机械封袋。避免选用含有硫、铁、铜或其他可能具有破坏性杂质的粘结剂，压敏型、乙醚耦联型以及橡胶基粘结剂也应避免使用。而接合部位于包装物底部时，装于其内的胶片较容易因滑到底部而造成压力变形、污染或其他损害。所以接合部最好位于包装物的侧边，且折边尽可能的窄，并使黏结区域小于折边区域，这样就可以有效防止粘结剂溢出折边外，并减少或避免胶片因接合部厚度问题而出现压痕或永久性压力变形。

包装材料不应含有且不会释放或分解出酸性、氧化剂或还原剂等有害成分，其本身的化学性质应稳定。否则分解的生成物不仅会使影像不稳定或胶片化学分解，还有可能生成污物或灰尘，造成划伤或嵌入影像表面。同时，包装材料的物理表面也很重要，非常光滑且有光泽的表面会使影像表面黏附或上光，所以建议使用稍微粗糙或无光泽表面的材料，但是非常粗糙的表面也会造成磨伤问题。

可选用纸张、塑料、金属材料的器具保存缩微胶片，但是具体质量要求应符合国际标准 ISO 10214—1991《摄影术　已加工摄影材料 - 保存用存档包装物》（*Photography. Processed Photographic Materials. Filing Enclosures for Storage*）的规定。而木制品由于会不断释放出有机酸，从而对胶片的感光层和片基造成损伤，因此应避免使用木质装具存放胶片。包装材料的内层不应出现印刷油墨，因为其与银盐片接触会使影像中的银变质而出现污斑；包装材料外侧应使用不会渗色、扩散或转印的油墨印刷文字，同时也不应生成能够破坏影像或包装物本身的物质。除塑料和金属材料以外，与缩微胶片接触的材料以及油墨都应通过照相活性试验。但是，照相活性试验是为银摄影影像设计的，对于非银（即彩色、重氮、微泡）影像，尚未找到满意的试验方法。

---

**知识点链接 6 - 7**

## ISO 10214—1991 摄影术　已加工摄影材料 - 保存用存档包装物（节选）

4.2　纸

不与摄影材料直接接触的瓦楞纸板箱、盒子或容器，应具有 7.1 ～ 9.5 的 pH 值，按 ISO 6588 规定的方法测定。碱储量应至少为摩尔当量 2%（质量/质量）碳酸钙（$CaCO_3$），按 6.2 所描述的碱储量试验法测定。这一碱储量应通过掺入碱土金属的碳酸盐或与之相当的化合物来实现。[碳酸镁（$MgCO_3$）和氧化锌（ZnO）也在使用，按它们相应的摩尔量计，碱储量约为 1.6%（质量/质量）这种效果与摩尔当量 2%（质量/质量）的 $CaCO_3$ 相同。]

与黑白摄影材料直接接触的纸应由破布、漂白亚硫酸纸浆或漂白硫酸盐纸浆制成，按 ISO 699 规定的方法测定，以 R18 值表示的耐碱性应大于 87%（质量/质量）。用显微镜分析和间苯三酚斑点试验测定，应不含碎木类的高木质素化纤维。按 ISO 6588 规定的方法测定，pH 值应为 7.2～9.5，按 6.2 所描述的碱储量测试法测定，碱储量应至少为摩尔当量2%（质量/质量）的 $CaCO_3$。该碱储量应通过掺入碱土金属的碳酸盐或与之相当的化合物来实现。[$MgCO_3$ 和 ZnO 也在使用，按它们相应的摩尔量计，储量约为 1.6%（质量/质量）。] 上胶化学品应尽可能少用，具体用量由最终用途（包装物、外包裹纸、夹页等）的要求来定。应使用中性或碱性的上胶化学品。

材料一定不能含有金属颗粒。表面不应存在有可能落到照相涂层上的纤维。纸不应含有蜡、增塑剂或其他在保存期间会转移到摄影材料上的成分。不应使用玻璃纸封袋。纸应能通过特定用途所要求的物理试验。

与已加工彩色摄影材料不直接接触的纸，应具有与用于黑白材料的纸相类似的成分，但 pH 为 7.0～7.5 以及碱储量为 2%（质量/质量）这两条要求可以不满足。

4.3 塑料

适宜的塑料包装材料是未涂层的聚酯（聚对苯二甲酸乙二醇酯）、聚乙烯和聚丙烯，因为它们一般来说是惰性的、未增塑的，化学稳定性好。别的塑料也可能是满意的，但对这样的材料尚无广泛的经验。不可使用氯化或硝化的薄膜，尤其不可使硝酸纤维素。

不可使用高度增塑的薄膜或涂层，因为那样会使影像表面黏附或上光。含有残留溶剂或增塑剂、性质不明确的塑料不宜使用，因为它们会对摄影影像产生有害影响。

塑料应能通过特定用途所要求的物理测试。

塑料不必进行照相活性试验，因为这些材料不适合进行该试验。

4.4 金属

片芯、片盘和容器所用金属应为不锈蚀的金属，例如阳极氧化铝或不锈钢。也可使用钢，但必须涂漆、搪瓷、镀锡、电镀或经过其他防腐蚀处理。保存期间会释放出易反应的烟雾，过氧化物或渗出物的漆不可使用。

照相活性试验不适合金属。

资料来源：李忱译. ISO 10214—1991 摄影术　已加工摄影材料－保存用存档包装物［J］. 缩微技术，1994（4）：40－43，47.

---

**知识点链接 6－8**

## ISO 10214—1991 规定的照相活性试验

照相活性试验要将包装材料或印有油墨的表面与两片敏感指示材料相贴地进行加热保温。粘结剂不应贴着指示材料的表面，而应涂在滤纸上，且其相对的表面应与指示材料相接触。

6.1.1 指示材料

本试验中使用两种指示材料，一种用于褪色试验（与银影像反应），一种用于污染试验（使明胶变色的反应）。待用的退色指标片为涂在聚酯片基上的明胶内的未加工的胶态银（即卡雷·李银）。

污染指示材料是一张加工到 Dmin 的非涂塑普通黑白相纸。

两种指示材料均应截成至少 100 mm × 20 mm 的片条。

6.1.2 程序

在保温前和保温后均应对指示片条的A状态蓝漫射密度进行测量，每个片条至少测4处，不可在片条的边缘处进行测量。测量使用的密度计应符合ISO 5－2和ISO 5－4所规定的几何条件，以及ISO 5－3所规定的光谱条件。对胶态银指示材料，应测定其透射密度；对相纸污染指示材料，应测定其反射密度。

应制作4种叠层结构：一种褪色试验叠层结构、一种污染试验叠层结构，以及两种对照叠层结构。对照叠层结构应使用沃特曼1号滤纸制成。欲试验的包装材料和滤纸均应裁成与指示材料相同的尺寸。

褪色试验叠层结构应用两个褪色指示片条、两条包装材料（或滤纸条）、一个未涂层聚对苯二甲酸乙二醇酯片条和两片玻璃制成。叠层的结构应使用每个指示片条的乳剂面贴着一片包装材料。叠层顺序应为：玻璃、褪色指示材料、包装材料、褪色指示材料、包装材料、未涂层聚对苯二甲酸乙二醇酯、玻璃。

污染试验叠层结构应用两个污染指示片条、两条包装材料（或滤纸条）、三个未涂层聚对苯二甲酸乙二醇酯片条和两片玻璃制成。叠层的结构应使用每个指示片条的乳剂面贴着一条包装材料。叠层顺序应为：玻璃、未涂层聚对苯二甲酸乙二醇酯、污染指示材料、包装材料、未涂层聚对苯二甲酸乙二醇酯、污染指示材料、包装材料、未涂层聚对苯二甲酸乙二醇酯、玻璃。

叠层结构中的包装材料和指示材料应处500 Pa的压强之下。通过叠层表面上添加砝码，即可调节压强。这些叠层结构应接受为期15天、70±2 ℃、86%相对湿度的加速老化试验。将叠层结构放入干燥罐，并将罐放在70 ℃的强制空气循环烘箱中，即很容易获得这些温湿度条件。在罐底存放氯化钡的饱和水溶液，可获得86%的相对湿度。

注意应使饱和溶液在70 ℃时仍会有未溶解的晶体，且溶液表面积应尽可能地大。

另一种方法是使用可以提供70±2 ℃和（8±2）%相对湿度的空调柜，使叠层结构暴露于这样的温湿度条件下。

叠层结构从干燥罐中取出后，应立即将各层彼此分开。如不这样做，会使包装材料和指示材料彼此粘在一起。如果指示材料已经粘上了纸包装材料，可用水稍泡一泡，再用手指轻轻擦拭，即可将纸除掉。

6.1.3　评价

经过保温的样品应以三种方式进行评价：

（1）目视观察；

（2）测量污染情况；

（3）测量褪色情况。

评价中，对包装材料或滤纸对照试样的任何纤维脱落现象，均应忽略不计。

对胶态银褪色指示材料试样，首先应目视评价是否存在花斑。应使用照明台或透明看片器，利用透射光来进行目视评价。

胶态银指示材料褪色的计算方法是，用初始蓝密度减去最后蓝密度（在两个褪色指示材料片条上每个片条各测4处）。从这8个密度的变化计算出平均褪色值和标准偏差。滤纸对照试样所产生的平均褪色值和标准偏差也应计算出来。

污染的计算方法是，用初始蓝密度减去最后蓝密度（在两个污染指示材料片条上每个片条各测4处）。从这8个密度的变化计算出平均污染值。滤纸对照试样的平均污染值也应计算出来。

6.1.4 合格的判据

包装材料应不在胶态银指示材料表面生成易于看出的花斑。

包装材料在胶态银指示材料表面产生的平均褪色值应不大于对照褪色值。后者的构成方法是：滤纸对照试样的平均值加上4个标准偏差减去6个标准偏差。

包装材料在相纸污染指示材料上生成的平均污染不应大于对照污染值。后者的构成方法是：滤纸对照相材料产生的平均污染加上0.08密度单位。

资料来源：李忱译. ISO 10214—1991 摄影术　已加工摄影材料 - 保存用存档包装物（续）[J]. 缩微技术，1995（1）：31 - 33.

---

2. 放置方式

不同规格、不同形式的胶片应采取不同的放置方式，以防其在存储和运输过程中受到损伤。一般来说，卷式胶片以卷绕在片盘或片芯上的形式成卷地保存，卷绕时不可过紧。对于长度大于150米的卷片，采取水平放置方式，即片卷半径处于水平状态；对于长度小于150米的卷片，可采用垂直放置方式，即片卷半径处于垂直状态。垂直放置的卷片，如果胶片不是卷绕在片盘上，则应将一根水平轴插入片芯以支撑片卷的重量，防止片卷下部受到挤压。

如果卷式胶片外没有覆以包装物，则最好将其存储在不透光、不透气、具有防污损作用的装具中。适合保存卷式胶片的装具包括密封效果良好的嵌盖式、套盖式或旋盖式容器，制作容器的材料应符合 ISO 10214 的相关规定，且不应使用橡胶垫圈。

如果希望长期保存卷式胶片，除上述要求外，还应注意不可使用橡皮筋将胶片固定在片盘或片芯上，而应使用无酸纸带，或将胶片端头折起插入片卷与片盘的缝隙中。如果外包装需要使用压敏胶带，则应使用无过氧化物的压敏胶带，且胶带不可与胶片直接接触。此外，不同种类的胶片（如重氮片与银 - 明胶型胶片）之间会产生相互作用，所以不可将不同种类的胶片缠绕在同一片盘上，或置于同一装具中。

散页胶片应保存于纸质或塑料材质的装具中，如封袋、折叠式文件盒、文件箱、文件夹、开窗式卡套或条片封套等。如果胶片本身的材料可能会释放酸性物质，则不应保存于塑料封袋中。彩色胶片、重氮片和热显影处理的银盐片应避光保存。胶片不应堆积放置，否则会使下面的胶片受到过大的压力。如果需要维持胶片保存环境的湿度，防止受空气中气态杂质的影响，或者胶片处于湿度不加控制的低温保存状态时，应采用保护性包装物封装胶片后再保存。散页胶片装入包装物时应注意避免与包装物的接合部接触。与卷式胶片一样，不同种类的散页胶片也不应混编存档于同一包装物中。

---

**知识点链接 6 - 9**

## ISO 5466—1996 摄影术 - 已显影处理安全摄影胶片 - 存储实践（节选）
## （ISO 5466—1996 Photography-Processed Safety Photographic Films-Storage Practices）

4 胶片包装物

4.1 卷式胶片

4.1.1　中期存储包装物

……

对于卷式摄影胶片，除非胶片受到存储装具的保护（见第5章），否则最好应存储在防脏污和防物理损伤的密闭容器中。彩色胶片、重氮胶片和热显影处理银盐胶片应存储在不透光的密闭容器中，或者采取其他方式避免受到光的照射。适宜的包装物有带嵌盖、套盖或旋盖的容器，所用材料应符合ISO 10214中为片芯和片盘所规定的要求。密闭容器未必是不透气，它可以允许和外界的空气有少量的流通。因此，如果使用这样的容器，周围的空气湿度便不应超过推荐的限度。

如果需要维持胶片的湿度限制（见第7章），防止大气中的杂质进入，或者使用无湿度控制的低温存储，应使用不透气材料制成的保护性包装物。适宜的容器为带摩擦型盖子或旋盖且带密封结构的密闭式容器。不应使用橡胶垫圈。密封箔袋中的片盒也进一步增加了对高湿度的防护作用。金属容器对环境中的气体具有最好的防护作用。然而，除非用保护层将其保护起来，否则容器有可能受容器内部酸气的影响而生锈。替代的材料为聚苯乙烯、聚乙烯和聚丙烯。

4.1.2　超长期存储包装物

对于超长期存储，应符合4.1.1的要求。片盘、片芯和容器所用的材料，应符合ISO 10214的要求。不应使用橡皮筋来将胶片紧箍在片盘上或片芯上。如果使用纸带，纸应符合ISO 10214给出的技术规范，这是起码的要求。卷绕在片盘上的胶片，可以将其端头折起，塞到片卷与法兰盘的缝隙中，从而将其固定住。如果包装物有必要使用压敏胶带，胶带应无过氧化物，而且能够通过ISO 10214给出的照相活性试验。使用的压敏胶带不应与胶片接触。

胶片不仅有可能与磁带和光盘发生相互作用，而且有可能与不同类属的其他胶片（例如重氮片与银－明胶型胶片）发生相互作用。不同类属的胶片不应缠在同一卷胶片里，或者存储在同一包装物中。除非摄影胶片受到存储装具的保护（见第5章），不会受到脏污或损伤，否则需要使用密闭容器。

4.2　散页片与幻灯片

4.2.1　中期存储包装物

散页片应存储在纸的或塑料的封袋中、折叠式硬纸板盒内、箱盒内、文件夹内、开窗卡内或者条片封套内。幻灯片应存储在纸板箱、金属箱或塑料箱内。彩色片重氮片和热显影处理的银盐片，应存储在不透明的封袋或文件夹中，或者用其他方法防止受到光照。胶片不应堆积放置，否则会使下面的胶片受到过大的压力。当与摄影胶片的表面直接接触时，封袋、文件套、文件夹箱盒或纸板盒所使用的纸或塑料应符合ISO 10214给出的技术规范，这是起码的要求。适宜的塑料包装材料有无涂层聚酯（聚乙烯对苯二甲酸酯）、高密度聚乙烯和聚丙烯。应避免使用玻璃纸封袋和氯化、硝化或高增塑的片材。

当需要将湿度维持在胶片的限度内（见第7章），防止受大气中的气态杂质的影响，或者使用对湿度不加控制的低温存储时，应使用保护性包装物。有一种可以热封的封袋是由铝箔制成的，它的里面涂布了一层透明的聚乙烯，外面复合了一层适宜的纸。这种封袋已成功地用做密封包装物。使用这些封袋时宜留心，不要将封袋扎破。为了更好地防止针孔的影响，建议使用双层袋装技术。

接缝和接口使用的粘结剂应符合 ISO 10214 的要求。存档包装物的接缝或接口应位于包装物的边缘，且不与影像层接触。

在本质上有可能释放酸的任何胶片，都不应存储在塑料封袋中。

4.2.2　超长期存储包装物

对于超长期存储，应符合4.2.1 的要求。

照相级明胶和许多聚醋酸乙烯酯与纤维素酯粘结剂适合和纸一起使用。压敏（永久黏性）粘结剂应符合 ISO 10214 的技术规范。

胶片不仅有可能与磁带和光盘发生相互作用，而且有可能与不同类属的其他胶片（例如重氮片与银－明胶型胶片）发生相互作用。不同类属的胶片不应混编存档，或相互接触。

5　存储装具

摄影胶片应存储在密闭的装具中，例如存储在抽屉中，或存储在搁架或支架上并关好柜门，以免灰尘和污物的污染。如果胶片是放在密闭的容器中，也可以使用开放式的搁架或支架。存储装具的材料应不会生锈，如 ISO 10214 所述。它们同时也应该是不可燃的。应当避免使用木材、压合板、硬质纤维板、木屑黏合板或其他天然材料，因为它们易燃，而且随时间的推移，有可能产生活性褪色剂。

装具的涂层材料应当耐用，而且不应对存储的胶片产生不利影响。含有氯化树脂或高增塑树脂的涂料，或者新的油漆涂层，都会产生不利影响。新涂油漆的柜橱，三个月内不应使用，因为它们会释放过氧化物和污染物。

当使用独立的空调系统时，应将存储装具排列好，以使空气通过内部循环，流通到所在存放胶片容器的搁架和抽屉中，并使湿度调整均匀。当存储装具放置在依照7.1 进行空调的存储室中时，装具应留有通风口，以使空气能够进入到里面。这样的通风口不应干扰防火存储或防水的要求。释放酸气的胶片及其他材料、磁带和光盘，不应与其他照相制品存储在同一存储装具中。

资料来源：郭予践译. ISO 5466—1996 摄影术－已显影处理安全摄影胶片－存储实践. 缩微技术，2001（2）：43－44.

---

3. 保存环境

缩微胶片保存环境的基本要求可以概括为低温干燥、空气清洁、避光隔氧。国际标准 ISO 5466—1966 对胶片保存的存储室、温湿度水平、湿度调整时间、升温时间、环境控制要求、空气净化和防火存储方面均做了严格的规定。

---

**知识点链接 6－10**

## ISO 5466—1996 摄影术－已显影处理安全摄影胶片－存储实践（节选）

6　存储室

6.1　中期存储室

存储胶片的房间和场所应辅以阅读和检查胶片的条件。良好的管理是必不可少的。在空调范围内，应能防止湿气在包装物和墙壁的内表面及墙内冷凝，尤其是在低温季节，那时墙壁的温度可能降至空气露点以下。应当采取一定的措施，防止在发生水灾、漏水、喷水等情况下，因水对胶片造成危害，或者在发生水灾时，因砖石墙壁释放的水汽而对胶片造成危害。可能的话，存储室或库房宜设在地下室之上。只要实现了 7.1.1 建议的条件，中期存储的胶片档案通常不需要在工作区之外另设专门的存储室。

在本质上有可能释放酸气的胶片，诸如某些微泡片，应存放在另外的存储室内。有化学降解迹象的胶片，应存储在单独的空气循环系统的另外的存储室内。

6.2　超长期存储室

为了长期的目的而保存的摄影胶片具有宝贵的价值，因而其存储室或库房有必要与临时的存储设施、办公室或工作区分隔开来。在本质上有可能释放酸的胶片，其存储室应有单独的空气循环系统。

经验证明，如果环境条件（见 7.1）和空气纯度（见 7.3）能满足公认的要求，将存储室建筑在岩洞中或矿井中，是非常令人满意的。

7　环境条件

7.1　湿度与温度限制

7.1.1　中期存储环境

中期存储环境的平均相对湿度不应超过 50%。在理想上，长时间的最高温度不应超过 25 ℃。最好低于 21 ℃（见表 1）。短期峰值温度不应超过 32 ℃。

应当避免出现短周期的温度波动。24 小时内的相对湿度循环不应大于 ±10%。将胶片存储在低温和低相对湿度下，可以提高保护程度。

**表 1　存储的最高温度和最高相对湿度范围**

| 胶片类型 | 中期存储 | | 超长期存储 | |
|---|---|---|---|---|
| | 最高温度（℃） | 相对湿度范围（%） | 最高温度（℃） | 相对湿度范围（%） |
| 银 - 明胶<br>热显影处理银<br>微泡<br>电照相<br>光塑<br>重氮 | 25 | 20 ～ 50 | 21<br>15<br>10 | 20 ～ 30<br>20 ～ 40<br>20 ～ 50 |
| 彩色 | 25 | 20 ～ 50 | 2<br>-3<br>-10 | 20 ～ 30<br>20 ～ 40<br>20 ～ 50 |

7.1.2　超长期存储环境

7.1.2.1　为黑白片推荐的环境

大多数化学反应，诸如片基的降解和染料的褪色，其速度都会随温度的降低和相对湿度的降低而降低。因此，降低存储温度或降低存储相对湿度，都会使概率寿命得以延长。此外，可以用较低的存储温度来补偿较高的湿度，以获得同样的概率寿命。出于这一理由，可以用相对湿度和温度的几种组合，来实现超长期存储环境，如表1所规定的那样。如果平均温度降低了，可以使用较高的相对湿度范围，但最高相对湿度不应超过50%。24小时内相对湿度的周期性波动，不应大于±5%。

对于任何设施来说，都不可能准确地规定出宜采取怎样的相对湿度和温度，因为这要取决于胶片的价值、过去的存储史、胶片准备保存的时间长度、库房的大小、各种方案的成本以及设施来确定。另一个非常重要的因素是收藏品组成的确切情况，即是否包括了照片和干板，以及资料是新还是旧。相对湿度低会使乳剂层的应变过大，并造成薄纸相片高度卷曲。湿度低还会使旧的历史档案出现严重的问题。选定的环境条件应在表1给定的准则范围内。推荐的温湿度条件可以是在各存储装具内保持，也可以是在放有这类装具的存储间内保持。湿度非常低的条件会使明胶乳剂脱水，因而会使具有明胶乳剂层的胶片变脆或卷曲。在这种情况下，好的做法是先将胶片重新调整到较高的温度，然后再使用。

7.1.2.2　为彩色片推荐的环境

彩色片的存储温度应为2 ℃或2 ℃以下。将存储室控制在理想的温度和推荐的相对湿度下，便可以提供这样的条件。

另一种方法是先在室温下将胶片调整到推荐的相对湿度，并将其放在容器中，用胶带粘封或用其他办法密封好，然后冷藏。盒装卷片以及散页片如装在热封的双层箔袋中，理应会很好地防潮。双层袋技术降低了漏气的可能性。使用这类袋子改善了防潮的效果，但不能确保防潮效果。这种方法的优点是能够保持良好的条件，并有可能使用价格公道的冷藏设备。根本的是要尽可能地限制密封的胶片容器中自由空间的大小。

用户宜权衡采用冷藏库房还是采用冷藏设备连同胶片装袋人工与材料费用在内的投资与运行成本。

7.1.2.3　湿度调整时间

人们必须认识到，尽管温度平衡很容易实现，湿度平衡却需要花长得多的时间，包装的胶片达到与其环境湿度平衡所需的时间，取决于好几个因素：

——存储容器的水分渗透性；

——胶片在容器中的体积与包装密度；

——胶片与包装材料的类型；

——进行湿度调整时的温度；

——初始含湿量与最终含湿量的差值。

这些因素会使调整持续很长时间，而如果准备在存储区进行调整，则会影响存储库房的效能。

例如，自由散开的散页片在室温下将在若干小时内平衡好，而零度以下的胶片将需要大幅度地延长调整时间。在某些情况下，胶片在存储前可能需要先进行调整。对散页片，其做法可以是让空气在胶片表面自由流通24小时。如果散页片在存储环境下是叠放的，则需要延长调整时间，但最终会达到湿度平衡。卷片的湿度平衡则需要长得多的调整时间。如果卷片能够接触空气，或者是放在湿气可以渗透的包装物中，则可以缩短调整时间。然而，密闭金属片盒中的卷片在室温下要经过好几个月，才会达到湿度平衡。卷片放在胶带密封的容器中，如果使用适当数量的活化硅胶、分子筛或其他的惰性湿度调节物质，可以在2~3周内被干燥。

如果存储环境选择的相对湿度要求与使用环境选择的相对湿度要求是相称的，则可以缩短或免去湿度调整过程。使用与存储的相对湿度水平相称还有一个好处，那就是减轻了因存储与使用之间的相对湿度循环而在胶片上造成的物理应力。湿度水平不相称将对达到相对湿度平衡所需要的时间，产生强烈的影响。

7.1.24　升温时间

存储温度如显著低于室温，则需要经过一定的升温时间后，胶片才能使用，以免水汽被吸收冷凝在冷的胶片表面上。升温期间，需要在胶片外面包裹一层适当的水汽阻挡层。必须留出足够的时间，让整个体积的胶片都达到室温。升温的时间可以在1小时至1天之间，这取决于包装的尺寸、隔绝的程度以及温度的差异。

7.2　环境控制要求

为了将湿度和温度保持在规定的限度内，有必要对环境进行适当的控制，尤其是超长期存储，其要求比中期存储更严格。在存储室或库房内，应维持空气的轻微正压力。应安装环境控制设备，并在将空气导入或导出存储库房的通风管道中设置自动灭火器，同时依据相应的国家标准和法规所推荐的方法，对其进行维护。这些设施还应符合相应的国家标准和法规对防火档案室的要求。砖石墙壁或混凝土墙壁在受到火灾烘烤时，会由内部结合的水释放出水蒸气。这类库房需要有水汽阻挡层，或者应使用密封的容器。

建议使用自动控制系统，而且对其进行经常的检查，以确定没有超过表1所规定的湿度范围。为此，可使用可靠的湿度计，例如手摇干湿表。在没有使用空调的地方，可使用恒湿器控制的电制冷型去湿机，来使高的湿度降下来。倘若去湿机上装备了可以去除0.3 mm以下尘粒的过滤器，并能保持7.1中所规定的相对湿度，便可以使用惰性干燥剂，例如化学纯的硅胶。

在地下室和岩洞之类的存储区，可能需要去湿，因为那里固有低温，而且湿度常常超出上限。

如果相对湿度常常低于7.1中所规定的值，或者常用档案遇到变脆或卷曲之类的问题，就有必要加湿。如果加湿，应使用可控式加湿机。不应使用水盘或饱和化学溶液，因为那样有导致湿度过高的严重危险。

7.3　空气的净化

空气中的固体颗粒会磨伤胶片，或与影像起反应，故应使用机械过滤器，将固体颗粒从供送给存储用装具或房间的空气中除去。这些机械过滤器最好是干介质性的，且按照相应的国家标准和规范所包含的测试方法测定，其捕捉率不应低于85%。过滤器应为不可燃型，且符合相应国家标准和法规的结构要求。

为获得最长的存储寿命，摄影胶片应处于清洁的状态后，再予以存储。

二氧化硫、硫化氢、过氧化物、臭氧、酸气、氨和氧化氮之类的气态杂质，会造成片基的变质，或者某些胶片的影像变质。使用适当的滤清器或吸收器可以除掉它们。超长期胶片存储库房应尽可能远离市区或工业区，因为那些地区的污染物能达到有害的浓度。依第4章将胶片存储在密封的容器中，将会提供对外界污染物的足够防护。

由于油漆的挥发物是一种氧化污染源，所以当超长期存储区或中期存储区新刷漆时，应将胶片从存储区中取出达3个月。

硝酸片基胶片分解释放的气体将损害或毁坏存储在同一区域内的安全片档案的影响。

因此，胶片与硝酸片基胶片既不应该存储在同一房间内，也不应存储在通风管道相通的房间内。

7.4 光

胶片通常是在黑暗的条件下保存。这是推荐的做法，因为光对某些影像会是有害的。

8 防火存储

在拟存储的包装中以 150 ℃的温度加热 4 小时后，耐火存储用的包装材料不应燃烧，也不应比胶片本身释放更多的反应性烟气。许多包装材料在该温度下将熔化或严重变形。

这种熔化或变形不应造成胶片的损坏或使胶片无法从包装物中取出。制造片盘或片芯所用的材料应比绕在上面的胶片更不易燃烧和更难分解。

为了抵御火灾及其引起的危害，胶片无论是在防火库房中，还是在隔热档案容器中，都应置于密闭的容器中。如果使用防火库房，其建筑应符合相应的国家标准和法规所包含的要求，尤其应当注意对水汽的防护。

当胶片的数量不太大时，可以使用符合相应国家标准和法规的隔热档案容器。根据档案容器不同级别的要求，在进行 1～4 小时的火烤试验时，隔热档案容器的内部温度不应超过 65 ℃，内部相对湿度不应超过 85%。如果建筑物是不耐火的，隔热档案容器应置于地面支撑的地板上。

最好的防火措施应是将胶片的复制拷贝存放在另外的存储区。

资料来源：郭予践译. ISO 5466—1996 摄影术－已显影处理安全摄影胶片－存储实践. 缩微技术，2001（2）：44－47.

---

4. 保管制度

缩微胶片的长期保存亦需要科学、健全的保管制度，主要体现为对胶片标记、使用和检查过程中的操作规范与制度。

首先，在胶片入库前应仔细检查胶片上是否有指纹、油污以及是否受潮发霉，如果发现问题，必须做好检查记录，并对问题胶片进行隔离和修复，然后方可入库。为了预防火灾，入库前还必须检查胶片中是否夹带易燃物品（如火柴、打火机等），存储室内和室外严格遵守消防条例的管理规定。

其次，如果需要对已显影处理的胶片进行非摄影手段的标记，可以采用墨水、蜡笔、毡头标记笔或压敏标签，但是所使用的标记材料应能够通过 ISO 10214 中所规定的照相活性试验。而流通过程中，正确地使用胶片也相当重要。有些类型的胶片如果使用频繁，容易造成损伤，所以需要在借阅制度中规定严格的使用要求和存档要求，坚持提供复制片的利用制度，禁止直接利用原底片提供流通服务。此外，在使用过程中还应该严格遵守操作技术规程，使用者必须戴薄棉手套或尼龙手套进行操作，且只可接触胶片的边缘部分，避免在胶片上留下指印或划伤。取拿胶片时不能抓得过紧，更不可手握胶卷的一端向外抽拉，否则会导致乳剂层互相摩擦而造成机械损伤。

再次，建立入库后定期抽样检查的制度，以便及时发现胶片的变质情况，并针对问题采取应急处理措施。定期检查还可以为改善保存环境提供依据。根据 ISO 5466—1996 的规定，每隔两年就应选取一定数量具有不同代表性的胶片进行抽样检查。如果发现温度和相对湿度偏离推荐值范围，则需要进行更频繁的检查。应使用事先制订的抽样方案，每次抽检不同组别的胶片。通常抽检的内容包括：①胶片的物理变化，如卷曲、变形、变脆或脱模等；②胶片的光学变化，如褪色、微斑或变色等；③包装材料的变化，如纸盒是否脆化和变色，金属盒是否生锈等。对于抽查的情况和问题胶片的处理情况应详细记录，以便根据记录采取措施、积累保护胶片的经验。

如果胶片原来存储的温度低于开展检查工作的场所的大气露点，则应先将包装物内的胶片升温至与检查室室温相宜的温度，然后再开启。升温所需的时间取决于胶片的体积和温差情况。

## 第三节　数字化技术

数字化技术是一种利用计算机存储技术、检索技术、文字识别技术等将文献的信息转换成计算机可识别的数字信息，经过加工处理提供阅读检索的技术。文献信息数字化后不仅利于文献保护，而且可以通过计算机网络提供利用，扩大利用范围。数字化技术用于文献保护的特点是占用存储空间小、提供利用范围广、检索效率高等。

### 一、数字化技术的概念

文献载录格式转换的主要目的是延长档案文献的寿命，并充分开发其价值。数字化技术的应用不仅可以更好地防御档案文献遭受破坏，实现档案文献的长期存取和使用，而且可以在原始档案文献损坏时及时恢复，并提供超越档案原件的服务。

在数字化技术中，一个位图的图像是由在格子中一行行比特组成的数字图片。在数字图像中，一个比特一般被当成一个像素，即“图像元素”。数字图像根据图像分辨率、动态范围、像素以及色调四个特征来进行描述。

所谓图像分辨率，是组成一张图片的像素总数（高度和宽度像素之和），每英寸面积中的像素越多，图像分辨率越高。数字图像的真实性取决于扫描的性能。动态范围是指组成一张特定图像色彩的总数或者灰度变化，也叫做“灰度”，一般用每像素的比特来表示。动态范围可以表达出两个占主导地位的颜色系统，即显示器的红/绿/蓝颜色系统和数字印刷的青/红/黄颜色系统。像素是可以用扫描器识别和编码的像素格子的比率。色调是指一张图像表现原件的明亮程度，是影响图像质量最重要的因素之一。色调再现是对有关原始文件色调的输出色调的匹配、修正和加强。由于图像系统的各种变化都对色调再现有影响，所以色调很难控制。

分辨率、动态范围、像素与色调的结合保证了图像的质量。当这些专业名词能够被严谨地界定时，它们能够用来描述一张数字图像的特点，以及用来对比两份或更多的图像集合，并将数字化图像与它的原件进行比较。

### 二、数字化的方法

以文献保护与长期保存为目的的文献信息数字化技术，是利用多媒体技术、数据库技术、数据压缩技术、光盘存储技术、网络技术等技术手段，将馆藏纸质载体文献、缩微文献、音像文献等传统介质的文献转化为数字化的文献或网络信息。由于载体的多元性以及对文献需求的多样性，在进行文献数字化时需要考虑各方面的因素，对于不同载体的文献采用不同的、适当的数字化方法。

### （一）纸质文献数字化的方法

纸质文献数字化方法通常有四种：①键盘输入。这种方法仅能转移文献的信息内容，无法反映文献原件的其他方面，且转换速度慢，容易出错，校对工作量大，对于大量文献的数字化转换工作不够经济。②扫描转换。先转换成图像文件后再通过 OCR 文字识别软件将其变为文本格式，进行编辑加工。③数码翻拍。翻拍后也可以通过识别软件转为文本格式。④全息数字化技术。即利用某些光学晶体的光折效应记录全息图形图像，由于全息图像对空间位置的敏感性，这种方法可以得到极高的存储容量，其特点是完整保留原媒体的全部信息，包括全部文字版面信息，支持多种检索方式。

### （二）缩微胶片数字化的方法

缩微胶片的数字化主要采用扫描的方法，用缩微影像扫描器等设备将缩微胶片上的影像转换为存储在磁盘、磁带、光盘等载体上并能被计算机识别的数字图像或数字文本。在扫描方式上，可根据缩微胶片扫描设备的型号和图像质量，选择自动扫描或手动扫描。一般来说，如果一盘（张）缩微胶片里影像的密度、解像力、幅面尺寸基本一致时，可选择自动扫描方式；否则就应该选用手动扫描的模式，在扫描过程中对对比度、曝光亮度、画幅大小进行调整，力图使扫描生成的数字化图像达到最佳效果。所以，为了达到良好的数字化效果，在扫描过程中应根据具体情况考虑选用合适的倍率、扫描方式、对比度、曝光亮度、色彩模式和分辨率。

### （三）录音、录像磁带数字化的方法

录音、录像磁带也可以通过数字化技术将模拟信号转化为数字信号，通常有两种模数转换的方式，即硬件对硬件的模数转换和硬件对软硬件结合体的转换。

硬件对硬件的模数转换采用的是两种硬件设备之间的直接连接，通过使用专业的模数转换器将任何连续变化的输入转化为一串分离的单元，在计算机中用 0 和 1 表示。模数转换（ADC）即模拟—数字转换，就是将连续的模拟量（如象元的灰阶、电压、电流等）通过取样转换成离散的数字量。录音带在进行硬件对硬件的模数转换时，音源一般是磁带录放机，其输出的模拟音源信号被输入数模转换器，通过一定的采样频率获取离散的声音频率数据，再将这些数据经过编码保存下来，从而转换得到数字化的音频文件。而录像带的硬件对硬件模数转换，是由模数转换器对输出的图像扫描后，形成象元列阵，把每个象元的亮度（灰阶）转换成相应的数字表示，即经模—数转换后，构成数字图像。通常有电子式的模—数转换和机电式模—数转换两种。

模数转换包括采样、保持、量化和编码四个过程。在某些特定的时刻对这种模拟信号进行测量叫做采样，量化噪声及接收机噪声等因素的影响，采样速率一般取 $fS = 2.5f_{max}$。通常采样脉冲的宽度 tw（脉冲所能达到最大值所持续的周期）是很短的，故采样输出是

断续的窄脉冲。要把一个采样输出信号数字化，需要将采样输出所得的瞬时模拟信号保持一段时间，这就是保持过程。量化是将连续幅度的抽样信号转换成离散时间、离散幅度的数字信号，量化的主要问题就是量化误差。假设噪声信号在量化电平中是均匀分布的，则量化噪声均方值与量化间隔和模数转换器的输入阻抗值有关。编码是将量化后的信号编码成二进制代码输出。这些过程有些是合并进行的，例如，采样和保持就利用一个电路连续完成，量化和编码也是在转换过程中同时实现的，且所用时间又是保持时间的一部分。

硬件对硬件的模数转换方法速度快、质量好、可靠性高，但价格昂贵，且对新的音频、视频格式和压缩算法支持的更新不够灵活。基于上述特点，这种方法一般被专业用户或对生成文件要求较高的用户选用。

硬件对软件硬件结合体的模数转换需要磁带录放机、多媒体计算机、声卡/视频采集卡以及相关软件完成转换。录音带在这种转换方式下，是利用磁带录放机输出的音源信号通过连接线输入声卡的输入端口，再通过特定的软件采集模拟信号生成数字化的音频文件。目前常见的中高端声卡工具软件都提供录音以及声音编辑的功能，用户可以根据具体的需要通过软件选择采样的频率与生成文件的格式。这种音频转换的方法价格低、功能多、软件更新快、编辑方便，但是质量较硬件对硬件的模数转换生成文件差、速度慢，适合对生成文件要求不高且经费有限的用户。而录像带一般采用视频采集卡和相关软件来实现模数转换，从录像机输出的视频信号通过模拟视频端口输入视频采集卡的视频输入端口，音频信号按左右声道连接到采集卡的音频输入口，进而将模拟信号转换为数字信号，形成视频文件。由于采集的视频文件处理的数据量很大，所以需要 CPU 和视频子系统等相关配置较高的计算机。同时，生成的视频文件也很大，所以需要根据不同的需求，使用视频压缩编码解码器压缩视频数据，并保存为不同格式。

## 三、数字化技术的标准

在信息时代的环境下，数字化技术在其各个应用领域中都显示出了不可比拟的优越性。在记录和传播信息方面，数字化技术使信息资源这种本身就具有高度共享性的物品更加凸显出其独有的特征。但是作为一种新兴的技术，数字化技术在稳定性和规范性方面并不完美，其症结并不只是存在于技术层面，还存在于管理制度层面。在以文献的长久保存为目的的载录格式转换中，数字化技术的应用也需要像缩微技术一样，建立国际通用的标准化技术规范和相应的实践规范。

ISO 档案/文件管理标准化委员会已制定了一系列与电子文件和数字化技术相关的标准文件，如 1994 年颁布的 ISO/IEC 10918—1：1994《信息技术——连续色调静态图像的数字压缩及编码 第 1 部分：要求和指南》（*Information Technology—Digital Compression and Coding of Continuous-tone still Images：Requirements and Guidelines*），1995 年颁布的 ISO/IEC 10918 -2：1995《信息技术——连续色调静态图像的数字压缩及编码　第 2 部分：一致性测试》（*Information Technology—Digital Compression and Coding of Continuous-tone still Images：Compliance Testing*），2003 年颁布的 ISO 11799《信息与文献——档案馆与图书馆材料存储要求》（*Information and Documentation—Document Storage Requirements for Archive and Library Material*），2004 年颁布的 ISO/TR 15801《电子图像信息电子化存储的真实性和可靠性建议技术报告》（*Electronic Imaging-Information Stored Electronically—Recommendations for Trustworthiness and Reliability*)，2005 年颁布的 ISO/PDTR 12033《电子图像：扫描文件的图像压缩方法选择指南》（*Electronic Imaging—Guidance for Selection of Document Image Compression Methods*）。这些标准的制定目的在于形成公认、通用且互操作性强的技术规范和操作指南，构建数字化信息保存的框架，力图使数字化技术在稳定性和规范性方面达到理想的程度，以便实现数字信息的长久保存。

在国际上积极开展数字化技术标准化建设的背景下，我国也开始着手数字化技术的标准化建设，一般会在国际标准颁布后，在主体等同于国际标准的基础上，少数内容根据国内具体情况进行编辑性修改或格式修改，进而形成国家或行业标准。2005 年 4 月，国家档案局依据 ISO/IEC 10918—1：1994、ISO/IEC 10918—2：1995 以及 GB/T 17235.1—1998、GB/T 17235.2—1998 有关连续色调静态图像的数字压缩及编码的标准，发布了行业标准 DA/T 31—2005《纸质档案数字化技术规范》，规定了纸质档案数字化的主要技术要求，以及采用各种设备对纸质档案的数字化加工处理及数字化成果的管理。该标准将纸质档案文献数字化的基本环节划分为：档案整理、档案扫描、图像处理、图像存储、目录建库、数据挂接、数据验收、数据备份和成果管理九个环节，提出应成立纸质档案文献数字化小组，由分管领导任组长，统一管理数字化工作（见图 6－1）。这样的工作方式不仅有利于纸质档案文献数字化的组织，也通过流程管理的思想，有利于保障纸质档案文献数字化的质量。

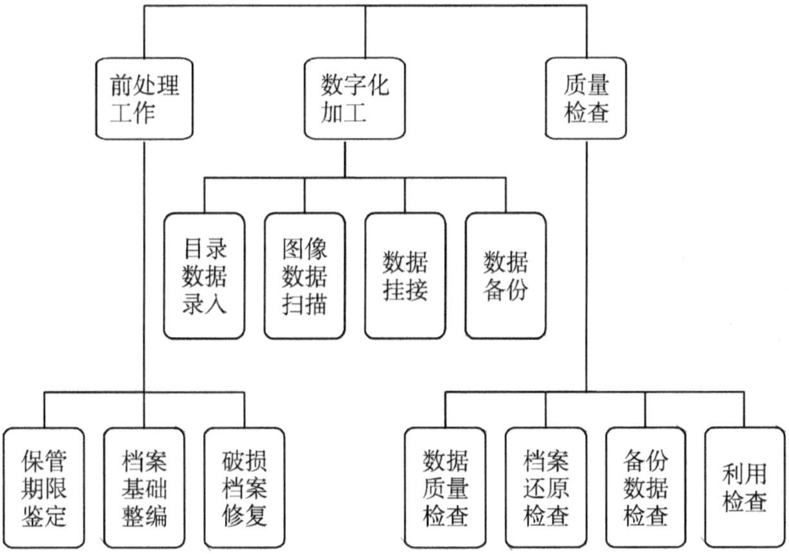


图 6－1　纸质档案文献数字化流程

**知识点链接 6－11**

## DA/T 31—2005 纸质档案数字化技术规范（节选）

4　纸质档案数字化基本要求

4.1　基本原则

纸质档案数字化的基本原则是使档案信息资源准确、方便、快捷地提供利用，使可以公开的档案信息资源得到共享，以满足社会对档案利用的需求。

4.2 数字化对象的确定原则

应当对所要进行数字化的对象按照一定的原则和方法进行确认，只有符合一定要求的纸质档案文献才能进行数字化。

4.2.1 符合国家法律法规的原则

纸质档案的数字化，必须符合国家档案开放规定以及有关规定。

4.2.2 价值性原则

属于归档范围且应永久或长期保存的、社会利用价值高的档案可列入数字化加工的范围。

4.3 基本环节

纸质档案数字化的基本环节主要包括：档案整理、档案扫描、图像处理、图像存储、目录建库、数据挂接、数据验收、数据备份、成果管理等。

4.4 过程管理

4.4.1 应加强纸质档案数字化各环节的安全保密管理机制，确保档案原件和数字化档案信息的安全。

4.4.2 纸质档案数字化的各个环节均应进行详细的登记，并及时整理、汇总，装订成册，在数字化工作完成的同时建立起完整、规范的记录。

5 档案整理

在扫描之前，根据档案管理情况，按下述步骤对档案进行适当整理，并视需要作出标识，确保档案数字化质量。

5.1 目录数据准备

按照《档案著录规则》（DA/T 18）等的要求，规范档案中的目录内容。包括确定档案目录的著录项、字段长度和内容要求。如有错误或不规范的案卷题名、文件名、责任者、起止页号和页数等，应进行修改。

5.2 拆除装订

在不去除装订物情况下，影响扫描工作进行的档案，应拆除装订物。拆除装订物时应注意保护档案不受损害。

5.3 区分扫描件和非扫描件

按要求把同一案卷中的扫描件和非扫描件区分开。普发性文件区分的原则是：无关和重份的文件要剔除，有正式件的文件可以不扫描原稿。

5.4 页面修整

破损严重、无法直接进行扫描的档案，应先进行技术修复，折皱不平影响扫描质量的原件应先进行相应处理（压平或熨平等）后再进行扫描。

5.5 档案整理登记

制作并填写纸质档案数字化加工过程交接登记表单，详细记录档案整理后每份文件的起始页号和页数。

5.6 装订

扫描工作完成后，拆除过装订物的档案应按档案保管的要求重新装订。恢复装订时，应注意保持档案的排列顺序不变，做到安全、准确、无遗漏。

6　档案整理

6.1　扫描方式

6.1.1　根据档案幅面的大小（A4、A3、A0 等）选择相应规格的扫描仪或专业扫描仪（如工程图纸可采用 0 号图纸扫描仪）进行扫描。大幅面档案可采用大幅面数码平台，或者缩微拍摄后的胶片数字化转换设备等进行扫描，也可以采用小幅面扫描后的图像拼接方式处理。

6.1.2　纸张状况较差，以及过薄、过软或超厚的档案，应案，以及页面为多色文字的档案，可采用灰度模式扫描。方式以提高工作效率。

6.2　扫描色彩模式

6.2.1　扫描色彩模式一般有黑白二值、灰度、彩色等。通常采用黑白二值。

6.2.2　页面为黑白两色，并且字迹清晰、不带插图的档案，可采用黑白二值模式进行扫描。

6.2.3　页面为黑白两色，但字迹清晰度差或带有插图的档案，以及页面为多色文字的档案，可以采用灰度模式扫描。

6.2.4　页面中有红头、印章或插有黑白照片、彩色照片、彩色插图的档案，可视需要采用彩色模式进行扫描。

6.3　扫描分辨率

6.3.1　扫描分辨率参数大小的选择，原则上以扫描后的图像清晰、完整、不影响图像的利用效果为准。

6.3.2　采用黑白二值、灰度、彩色几种模式对档案进行扫描时，其分辨率一般均建议选择大于或等于 100 dpi。特殊情况下，如文字偏小、密集、清晰度较差等，可适当提高分辨率。

6.3.3　需要进行 OCR 汉字识别的档案，扫描分辨率建议选择大于或等于 200 dpi。

6.4　扫描登记

认真填写纸质档案数字化转换过程交接登记表单，登记扫描的页数，核对每份文件的实际扫描页数与档案整理时填写的文件页数是否一致，不一致时应注明具体原因和处理方法。

7　图像处理

7.1　图像数据质量检查

7.1.1　对图像偏斜度、清晰度、失真度等进行检查。发现不符合图像质量要求时，应重新进行图像处理。

7.1.2　由于操作不当，造成扫描的图像文件不完整或无法清晰识别时，应重新扫描。

7.1.3　发现文件漏扫时，应及时补扫并正确插入图像。

7.1.4　发现扫描图像的排列顺序与档案原件不一致时，应及时进行调整。

7.1.5　认真填写相关表单，记录质检结果和处理意见。

7.2　纠偏

对出现偏斜的图像应进行纠偏处理，以达到视觉上基本不感觉偏斜为准。对方向不正确的图像应进行旋转还原，以符合阅读习惯。

7.3　去污

对图像页面中出现的影响图像质量的杂质，如黑点、黑线、黑框、黑边等应进行去污处理。处理过程中应遵循在不影响可懂度的前提下展现档案原貌的原则。

7.4　图像拼接

对大幅面档案进行分区扫描形成的多幅图像，应进行拼接处理，合并为一个完整的图像，以保证档案数字化图像的整体性。

7.5　裁边处理

采用彩色模式扫描的图像应进行裁边处理，去除多余的白边，以有效缩小图像文件的容量，节省存储空间。

8　图像存储

8.1　存储格式

8.1.1　采用黑白二值模式扫描的图像文件，一般采用 TIFF（G4）格式存储。采用灰度模式和彩色模式扫描的文件，一般采用 JPEG 格式存储。存储时的压缩率的选择，应以保证扫描的图像清晰可读的前提下，尽量减小存储容量为准则。

8.1.2　提供网络查询的扫描图像，也可存储为 CEB、PDF 或其他格式。

8.2　图像文件的命名

8.2.1　纸质档案目录数据库中的每一份文件，都有一个与之相对应的唯一档号，以该档号为这份文件扫描后的图像文件命名。

8.2.2　多页文件可采用该档号建立相应文件夹，按页码顺序对图像文件命名。

9　目录建库

9.1　数据格式选择

目录建库应选择通用的数据格式。所选定的数据格式应能直接或间接通过 XML 文档进行数据交换。

9.2　档案著录

按照《档案著录规则》（DA/T 18）的要求进行著录，建立档案目录数据库。

9.3　目录数据质量检查

采用人工校对或软件自动校对的方式，对目录数据库的建库质量进行检查。核对著录项目是否完整、著录内容是否规范、准确，发现不合格的数据应要求进行修改或重录。

10　数据挂接

10.1　汇总挂接

档案数字化转换过程中形成的目录数据库与图像数据库，通过质检环节确认为“合格”后，通过网络及时加载到数据服务器端汇总。通过编制程序或借助相应软件，可实现目录数据对相关联的数字图像的自动搜索、加入对应的电子地址信息等，实现批量、快速挂接。

10.2　数据关联

以纸质档案目录数据库为依据，将每一份纸质档案文件扫描所得的一个或多个图像存储为一份图像文件。将图像文件存储到相应文件夹时，要认真核查每一份图像文件的名称与档案目录数据库中该份文件的档号是否相同，图像文件的页数与档案目录数据库中该份文件的页数是否一致，图像文件的总数与目录数据库中文件的总数是否相同等。通过每一份图像文件的文件名与档案目录数据库中该份文件的档号的一致性和唯一性，建立起一一对应的关联关系，为实现档案目录数据库与图像文件的批量挂接提供条件。

10.3　交接登记

认真填写纸质档案数字化转换过程交接登记表单，记录数据关联后的页数，核对每一份文件关联后的页数与档案整理、扫描时填写的页数是否一致，不一致时应注明具体原因和处理办法。

11　数据验收

11.1　数据抽检

11.1.1　以抽检的方式检查已完成数字化转换的所有数据，包括目录数据库、图像文件及数据挂接的总体质量。

11.1.2　一个全宗的档案，数据验收时抽检的比率不得低于5%。

11.2　验收指标

11.2.1　目录数据库与图像文件挂接错误，或目录数据库、图像文件之一出现不完整、不清晰、有错误等质量问题时，抽检标记为“不合格”。

11.2.2　一个全宗的档案，数字化转换质量抽检的合格率达到95%以上（含95%）时，予以验收“通过”。

合格率 = 抽检合格的文件数/抽检文件总数 ×100%

11.3　验收审核

验收“通过”的结论，必须经分管领导审核、签字后方有效。

11.4　验收登记

认真填写纸质档案数字化验收登记表单。

12　数据备份

12.1　备份范围

经验收合格的完整数据应及时进行备份。

12.2　备份方式

为保证数据安全，备份载体的选择应多样化，可采用在线、离线相结合的方式实现多套备份，并注意异地保存。

12.3　数据检验

备份数据也应进行检验。备份数据的检验内容主要包括备份数据能否打开、数据信息是否完整、文件数量是否准确等。

12.4　备份标签

数据备份后应在相应的备份介质上做好标签，以便查找和管理。

12.5　备份登记

填写纸质档案数字化备份管理登记表单。

13　数字化成果管理

13.1　应加强对纸质档案数字化成果的管理，确保其安全、完整和长期可用。

13.2　纸质档案数字化成果提供网上检索利用时，应有制作单位的电子标识，并根据具体情况分别采用可下载或不可下载的数据格式。

2009年，国家档案局又发布了行业标准DA/T 43—2009《缩微胶片数字化技术规范》，规定缩微胶片数字化的主要技术要求，以及对缩微胶片进行数字化及数字化成果的管理规范。该技术规范将缩微胶片数字化的基本环节划分为缩微胶片检查、缩微胶片档案整理、缩微胶片档案扫描、图像处理、图像存储、目录建库、数据挂接、数据验收、数据备份、成果管理十个环节。

---

**知识点链接6－12**

## DA/T 43—2009缩微胶片数字化技术规范（节选）

4　基本要求

4.1　基本原则

a）缩微胶片数字化的基本原则是使档案信息资源方便快捷地提供利用，以满足社会对档案利用的需求；

b）已被拍摄成缩微胶片的档案不宜再对纸质档案原件进行数字化；

c）应确认缩微胶片影像质量符合本规范5的规定；

d）宜选择第二代或第三代缩微胶片进行数字化。

4.2　基本环节

缩微胶片档案数字化的基本环节主要包括：缩微胶片检查、缩微胶片档案整理、缩微胶片档案扫描、图像处理、图像存储、目录建库、数据挂接、数据验收、数据备份、成果管理等。

4.3　过程管理

a）应加强对缩微胶片档案数字化各环节的安全保密管理，确保档案的安全；

b）应对档案的缩微胶片数字化各个环节的工作状况进行记录，并及时将记录的文字、表格等整理、汇总、装订成册。在档案的缩微胶片数字化的同时将相关信息一并数字化，便于查询、数据管理和数据移交。

5　缩微胶片检查

在扫描之前，对缩微胶片进行检查，应满足下列要求：

a）缩微胶片物理形态无卷曲、变形、脆裂、粘连、乳剂层脱落等情况；

b）缩微胶片无可见性微斑、变色、生霉等情况；

c）缩微胶片密度、解像力等技术指标无明显变化；

d）无影响缩微胶片影像可读性的其他情况。

如不满足上述要求，可先对缩微胶片进行处理，必要时调用档案原件进行扫描，以确保数字化质量。

6　缩微胶片档案内容的检查

在档案的缩微胶片数字化之前，需对缩微胶片档案内容进行检查，并做下列工作：

a）检查档案的完整性，对存在的问题加以记录和说明；

b）检查档案有无漏拍、补拍、分幅、合幅、双幅、重复拍照等情况并进行记录，以便提醒工作人员在扫描时按要求进行处理；

c）检查档案的页号顺序和页数，对照档案目录逐条记录页号、页数。

7　缩微胶片扫描

7.1　缩微胶片的调用

a）从库房调用缩微胶片时应按有关规定进行温、湿度平衡调整；

b）扫描过程中，应对缩微胶片进行妥善的保管和保护；

c）扫描过程中，工作人员应戴洁净的棉质薄手套，轻拿缩微胶片的边缘。

7.2　倍率选择

根据缩微影像扫描器显示屏标定的幅面（一般为A3、A4）或缩微胶片的拍摄缩率选择相应的倍率进行扫描。

本标准推荐35 mm缩微胶片为12倍率，平片或16 mm缩微胶片为24倍率。

7.3　扫描方式选择

根据缩微胶片扫描设备的型号和图像质量，选择自动扫描和手动扫描。

当使用的缩微影像扫描器具有自动扫描功能时，且在一盘（张）缩微胶片里影像的密度、解像力、幅面尺寸基本一致时，可选择自动扫描方式。

当使用的缩微影像扫描器不具有自动扫描功能时，或在一盘（张）缩微胶片里影像的密度、解像力、幅面尺寸不一致时，在扫描过程中需要对对比度、曝光亮度、画幅大小进行调整，应选择手动扫描方式。

7.4　对比度选择

a）在扫描过程中，应根据缩微胶片影像的密度、解像力进行调整和设定，以最大程度获取影像信息为宜；

b）当缩微胶片符合相关质量要求时，本标准推荐的对比度为60～70。

7.5　曝光亮度选择

a）在扫描过程中，应根据缩微胶片影像的密度、解像力进行调整和设定，以最大程度获取影像信息为宜；

b）当缩微胶片符合相关质量要求时，本标准推荐的对比度为50～60。

7.6　色彩模式选择

字迹清晰的影像采用黑白二值模式进行扫描；字迹清晰度差或带有插图的影像，可采用灰度模式扫描。

7.7　分辨率选择

a）分辨率的选择以扫描后的图像清晰、完整、不影响利用效果为准；

b）扫描分辨率应不低于200 dpi。特殊情况下，如文字偏小、密集等，可适当提高扫描分辨率；

c）需要进行OCR识别的图像，扫描分辨率应不低于300 dpi。

7.8　图像文件命名

a）宜用档案目录中的档号作为文件夹名，或用其他方法命名；

b）文件夹内的图像文件，按缩微胶片的盒（片）号及页码顺序命名。

7.9　扫描情况登记

a）按照档案目录逐条核对实际扫描的页号、页数与档案整理时的页号、页数是否一致，不一致时应注明原因和处理办法；

b）填写扫描登记表单，记录工作种类、缩微胶片盘（张）号、胶片种类（银盐、重氮）、代数、扫描时间、设备型号、技术参数、出现的问题、处理情况以及责任人等。

7.10　缩微胶片的整理

扫描工作完成后，再次整理缩微胶片，应保持原排列顺序不变，做到齐全、准确、无遗漏。

8　图像处理

8.1　补扫

扫描后对图像完整性、清晰度、失真度等进行检查，对漏扫的文件和不符合质量要求的应进行补扫，并插入正确位置。

8.2　纠偏

对偏斜的图像应进行纠偏处理，以达到视觉上基本不感觉偏斜为准。对方向不正确的图像进行旋转处理，以符合阅读习惯。

8.3　去污

在去污处理过程中，应保持档案原貌，维护档案的真实性。对扫描中产生的影响图像质量的黑点、黑线、黑框、黑边等进行去污处理。

8.4　拼接

为保证图像内容的完整性，应对分幅图像进行拼接。

8.5　记录图像处理情况

填写相关图像处理登记表单，记录工作种类、图像出现的问题、处理情况以及责任人等。

9　图像存储

9.1　存储格式

a）采用黑白二值模式扫描的图像文件，一般采用 TIFF（G4）格式存储；采用灰度模式扫描的文件，一般采用 JPEG 格式存储；

b）提供网上检索利用的图像文件，也可存储为 CEB、SEP、PDF 或其他格式。

9.2　存储压缩率的选择

应以图像清晰、可读、完整为前提。

10　目录建库

10.1　目录数据准备

按照《档案著录规则》（DA/T 18）的要求，规范档案中的目录内容，确定档案目录的著录项目、字段长度和内容要求。

10.2　目录输入

将按本规范 10.1 准备的目录输入计算机，建立目录数据库。

10.3　质量检查

采用人工校对或软件自动校对的方式，对目录数据的质量进行检查。检查著录项目是否完整、著录内容是否规范、准确，对不符合要求的数据进行修改。

10.4　目录格式

应选择通用的数据格式，所选定的数据格式应能通过 XML 文档进行数据交换。

11　数据整合

11.1　数据汇总

档案的缩微胶片数字化形成的目录数据与图像数据，经过质检合格后，应及时加载到数据服务器端汇总。

11.2　数据关联

每一份图像文件的名称、页数与目录数据中的档号、页数应一致，图像文件的名称与目录数据建立起一一对应的关联关系，为实现目录数据与图像数据的批量挂接提供条件。

11.3　数据挂接

a）在计算机上通过编制程序或借助相关软件，实现目录数据与图像数据的挂接；

b）对挂接后的数据要进行严格的检查，经检查挂接有误的，要重新进行挂接，确保数据挂接准确无误。

12　数据验收

12.1　数据抽检

a）以抽检方式检查目录数据、图像数据的质量；

b）一个批次数据抽检的比率不得低于5%。

12.2　验收指标

a）目录数据、图像数据有不完整、不清晰等质量问题时，抽检标记为“不合格”，不合格的应予以改正；

b）一个批次数据质量抽检的合格率达到95%以上（含95%）时，验收予以“通过”。

12.3　合格率计算方法

统计抽检标记为“不合格”的文件数。

$$\text{抽检合格的文件数} = \text{抽检文件总数} - \text{抽检不合格的文件数}$$

$$\text{合格率} = \text{抽检合格的文件数} / \text{抽检文件总数} \times 100\%$$

12.4　验收登记

填写数据验收登记表单，记录验收结果。

12.5　验收审核

验收结论必须经有关领导审核、签字后方有效。

13　数据备份

13.1　备份范围

经验收合格的完整数据应及时进行备份。

13.2　备份方式

为保证数据安全，备份载体应选择多样化，可采用在线、离线相结合的方式实现多套备份，并注意异地保存。

13.3　数据管理

应妥善管理和保护备份介质，使它们免遭损坏、丢失和未经授权的访问。

13.4　数据检验

备份数据也应进行检验。检验内容主要包括数据能否完整读取、文件数量是否准确等。

13.5　备份标记

数据备份后应在相应的备份载体上做好封面标记，以便查找和管理。

13.6　备份登记

填写数据备份登记表单，记录数据备份情况。

14　成果管理

a）应加强对档案的缩微胶片数字化成果的管理，确保其安全、完整和长期可用。

b）档案的缩微胶片数字化成果提供网上检索利用时，应有制作单位的电子标识，并根据具体情况分别采用可下载或不可下载的数据格式。

---

## 四、原件与数字化复制品的关系

目前，数字化技术发展水平的先进程度，以及数字化项目的标准化管理与质量监控，使得传统载体的文献在经过数字化后所得的数字化复制品，不仅能够精确地再现原件的面貌和细节，还可以增加检索、编辑等附加功能，在信息的传播和获取方面也会变得更加便利和迅速。数字化信息的各种优势得到越来越多的信息收藏与服务机构以及信息用户的青睐。

但是，作为信息收藏机构的从业人员必须深刻地认识到文献原件的重要价值和不可替代性，这应作为基本的职业理念和共识。而数字化复制品之于原件的关系，可以表述为：保护原件、表达原件和超越原件。

1. 保护原件

很多图书馆、档案馆等文献收藏机构都在利用数字化技术生产高质量的数字化复制品，并利用其开展服务，即由数字化复制品取代对原始资料的查阅，客观上实现了对原始文献利用的控制，从而达到了文献保护的目标。

2. 表达原件

数字化系统建立后，必须能详细地表达原始资料的信息内容，实现全文获取，满足大部分甚至全部的利用原始文献内容开展研究与学习的需求。

3. 超越原件

在少数实践中，数字化技术生成的复制品能够具备原件本身所没有的功能和特性。数字化复制品可以利用特殊的技术显现出原件因老化或破坏而变得模糊不清的细节成像，可以利用专门的摄影媒介成像，还可以生成具有高分辨率的图像，并使得对非自然特征的研究成为可能。

综上所述，在数字化环境下，原始资料的处置问题（包括转变前后的文献保护处理）与开展对原件数字化的项目是截然分开的。馆藏数字化项目开展的根本目的不是为了利用数字化复制品淘汰原件，而是因为数字化复制品具有上述所说的保护原件、表达原件和超越原件的功能特性，而原始文献的保护则是由原始资源是否具有被保护的需要而决定的。

## 推荐阅读书目

有关载录格式转换的参考文献：


1. ARL Preservation of Research Library Materials Committee. "Recognizing Digitization as a Preservation Reformatting Method," May 2004. http://www.arl.org/preserv/digitization/index.shtml.
2. Balloffet, Nelly & Jenny Hille, Preservation and Conservation for Libraries and Archives. Sec. 1 "The Basics of Preservation", Work Flow Charts, pp. 29 – 31.
3. Hazen, Dan, Jeffrey Horrell, & Jan Merrill-Oldham. Selecting Research Collections for Digitization. Washington, D. C.: Council on Library and Information Resources, August 1998. http://www.clir.org/pubs/reports/hazen/pub74.html.
4. Smith, Abby. Why Digitize? Washington, D. C.: Council on Library and Information Resources, February 1999. http://www.clir.org/pubs/reports/pub80 – smith/pub80.html.
5. Weissman Preservation Center, Harvard University Library. Principles for Reformatting Collections, September 2002. http://preserve.harvard.edu/guidelines/reformattingprinciples.html.


有关缩微胶卷与缩微胶片的参考文献：

美国东北文献保护中心（Northeast Document Conservation Center）网站上提供的资源 Preservation Leaflets 中，有关缩微胶卷与缩微胶片方面的推荐阅读文献如下（http://www.nedcc.org/resources/leaflets/6Reformatting/01MicrofilmAndMicrofiche.php）：


1. American National Standard for Imaging Materials—Ammonia Processed Diazo Film—Specifications for Stability, ANSI/NAPM IT 9.5—1996.
2. American National Standard for Imaging Materials—Processed Silver Gelatin Type Black and White Film—Specifications for Stability, ANSI/NAPM IT 9.1—1996.
3. American National Standard for Imaging Media—Photographic Processed Films, Plates, and Papers—Filing Enclosures and Storage Containers, ANSI/PIMA IT 9.2—1998.
4. American National Standard for Imaging Media—Processed Safety Photographic Films—Storage, ANSI/NAPM IT 9.11—1993. 2.
5. Association for Information and Image Management. Practice for Operational Procedures/Inspection and Quality Control of First-Generation, Silver Gelatin Microfilm of Documents, ANSI/AIIM MS 23—1998 Revised. 3.
6. Association for Information and Image Management. Recommended Practice for the Inspection of Stored Silver Gelatin Microforms for Evidence of Deterioration, ANSI/AIIM MS 45—1990.
7. Borck, Helga. "Preparing Material for Microfilming: A Bibliography." Microform Review 14 (Fall 1985).
8. Chace, Myron B. "Preservation Microfiche: A Matter of Standards." Library Resources & Technical Services 35.2 (April 1991).
9. Child, Margaret S. "The Future of Cooperative Preservation Microfilming." Library Resources & Technical Services 29.1 (Jan. – Mar. 1985).

10. Cox, Richard J. "Selecting Historical Records for Microfilming: Some Suggested Procedures for Repositories." Library and Archival Security 9. 2 (1989).
11. Diaz, A. J., ed. Microforms in Libraries: A Reader. Westport, CT: Microform Review, 1975.
12. Elkington, Nancy E., ed. RLG Archives Microfilming Manual. Mountain View, CA: Research Libraries Group, 1994.
13. Elkington, Nancy E., ed. RLG Preservation Microfilming Handbook. Mountain View, CA: Research Libraries Group, 1992.
14. Fox, Lisa L., ed. Preservation Microfilming: A Guide for Librarians and Archivists, 2nd ed. Chicago: American Library Association, 1996.
15. Johnson, A. K. A Guide for the Selection and Development of Local Government Records Storage Facilities. New York: NAGARA, 1989.
16. Library of Congress. Specifications for the Microfilming of Manuscripts. Washington, D. C.: Library of Congress, 1980, p. 21.
17. McKern, Debra, and Sherry Byrne. ALA Target Packet for Use in Preservation Microfilming. Chicago: American Library Association, 1991.
18. Preservation Microfilming: Planning & Production. Papers from the RTSD Preservation Microfilming Institute, New Haven, Conn., April 21 - 23, 1988. Chicago: Association for Library Collections & Technical Services, ALA, 1989.
19. RLIN Preservation Masterfile. A CD-ROM Listing of Microfilmed Books and Journals. Compiled from the RLIN Database and Others. Available from Chadwick-Healey, Inc. for $750 a Year; Updated Twice Annually.
20. Recommended Practice for Operational Procedures/Inspection and Quality Control of Duplicate Microforms of Documents and from COM, ANSI/AIIM MS 43—1998.
21. Recordak. Storage and Preservation of Microfilms. Kodak Pamphlet no. P - 108. Rochester, NY: Eastman Kodak Company, 1985.
22. Reilly, James, et al. "Stability of Black-and-White Photographic Images, with Special Reference to Microfilm." Abbey Newsletter 12. 5 (July 1988): 83 - 87.
23. Saffady, William. Micrographic Systems. Silver Spring, MD: Association for Information and Image Management, 1990.
24. Spreitzer, Francis, ed. Microforms in Libraries: A Manual for Evaluation and Management. Chicago: American Library Association, 1985.
25. Spreitzer, Francis, ed. Selecting Microform Readers and Reader-Printers. Silver Spring, MD: AIIM, 1983.

有关数字化技术的参考文献：

1. Jim Taylor and Watts Wacker, The 500 Year Delta: What Happens after What Comes Next (New York: Harper Business, 1997).
2. Steinberg, S. H. Five Hundred Years of Printing, new ed., rev. by John Trevitt (London:

British Library, 1996).
3. Geofroy Tory, Champ Fleury, Translated into English and Annotated by George B. Ives (New York: The Grolier Club, 1927).
4. George B. Dyson, Darwin Among the Machines: The Evolution of Global Intelligence (Reading, MA: Addison-Wesley, 1997), 37.
5. Margaret Hedstrom, "Understanding Electronic Incunabula: A Framework for Research on Electronic Records," in American Archivist 54 (Summer 1991).
6. From Semaphore to Satellite (Geneva: International Telecommunication Union, 1965).
7. Michael K. Buckland, "Information as Thing," in Journal of the American Society for Information Science 42 (June 1991).
8. An Excellent Glossary is Included in: Howard Besser and Jennifer Trant, Introduction to Imaging: Issues in Constructing an Image Database (Santa Monica: Getty Art History Information Program, 1995), http://www.getty.edu/research/institute/standards/introimages/.
9. Don R. Williams, "Data Conversion: A Tutorial on Electronic Document Imaging," in Preserving Digital Information: Report of the Task Force on Archiving of Digital Information (Washington, D.C.: Commission on Preservation and Access and Research Libraries Group, May 1996).
10. James M. Reilly & Franziska A. Frey, Recommendations for the Evaluation of Digital Images Produced from Photographic, Microphotographic, and Various Paper Formats, Report to the Library of Congress National Digital Library Project. Rochester, NY: Image Permanence Institute, May 1996. http://memory.loc.gov/ammem/ipirpt.html.
11. Michael Ester, Digital Image Collections: Issues and Practice, (Washington, D.C.: Commission on Preservation and Access, December 1996).
12. For Three Examples of This Trend, See: Franziska Frey, "Digital Imaging for Photographic Collections: Foundations for Technical Standards," in RLG DigiNews 1 (December 15, 1997), http://www.rlg.org/preserv/diginews/diginews3.html#com/; Picture Elements, Inc. [Louis Sharpe], Guidelines for Electronic Preservation of Visual Materials, Part 1, 2 March 1995; Kenney, Anne R. and Stephen Chapman, Digital Imaging for Libraries and Archives (Ithaca: Cornell University Library, 1996).
13. Paul Conway, Preservation in the Digital World (Washington, D.C.: Commission on Preservation and Access, March 1996), http://www.clir.org/cpa/reports/conway2/.
14. Don Waters & John Garrett, Preserving Digital Information: Report of the Task Force on Archiving of Digital Information (Washington, D.C.: Commission on Preservation and Access and Research Libraries Group, 1996), http://www.rlg.org/ArchTF/.

# 第七章　数字资源的长期保存

**本章要点**

数字化时代的文献保护：数字化时代的信息类型，数字资源长期保存，数字化时代文献保护的转变。

数字资源的保护：数字资源的脆弱性，数字资源保存的方法，数字资源保存的相关问题。

数字化长期保存项目管理：数字化对象的选择标准，数字化项目的可行性，存储载体与格式的选择。

**关键术语**

数字再造资源；天生数字资源；数字化保存；长期保存；藏用关系；迁移；规范化；仿真；封装；技术保存；数据恢复；元数据

## 第一节　数字化时代的文献保护

1995年，美国麻省理工学院教授及媒体试验室的创办人尼葛洛庞帝（Nicholas Negroponte）在《数字化生存》（*Being Digital*）一书的前言中写道，“计算不再只和计算机有关，它决定我们的生存”，书中为人们展示了一种崭新的生活方式，一个数字化和网络化的未来。

十几年后的今天，《数字化生存》中对未来的预测很多已经成为现实，例如，模拟技术彻底让位于数字技术，家用电器的电脑控制化，大众传媒将演变成个人化的双向交流，等等。在今天的中国，人们对于数字科技的追捧依旧狂热。从大的方面来说，整个社会正在朝着数字化方向建设和发展；从小的方面来说，人们生活的方方面面，从日常起居到教育、工作、休闲娱乐，也都正在走向数字化。人们的工作正在走向无纸化办公，家电都在朝着数字化操控方向发展，有线电视变为数字电视，或者是收看网络电视，听的音乐、看的电影也是从网络上下载，阅读也正在走向数字化的在线阅读，教育则有网络课程。电脑、手机、Mp3、数码相机等数码产品成为生活必不可少的必需品，无论何时何地，在人们的手头几乎都会有一两样数字化产品随身携带。

在这样的大环境下，信息资源这种本身就具有高度共享性的物品，其共享性越发凸显，数字化技术让信息的复制、传播和利用更为迅速、廉价和便利。因此，现代信息使用者以及信息从业人员对数字化技术情有独钟，十分青睐。越来越多的图书馆、档案馆等信息保藏机构也开始尝试进行数字化、实现数字化或者向数字化努力，似乎不进行数字化，档案馆、图书馆等信息保藏机构就会降格为收藏纸质文献的大型仓库。信息保藏机构希望正式采用数字化技术，以转变与用户之间现有的服务模式。

事实上，数字化技术创造了一个全新的信息形式。它并非简单的是保存工具栏中另一种格式化选项，也不只简单的是在另一种存储介质上创建书籍、文档、图片或地图等文献的忠实副本。数字化技术转变了“格式”这一重要概念，使结构化的索引成为可能，与此同时，压缩与通信的算法也共同改变了数字环境下文献保护的概念和内涵。

## 一、数字化时代的信息类型

在数字化时代，信息数量呈指数状态增长的同时，在类型上也日益多样化，从传统的纸质文献、胶片文献、磁性载体文献发展到数字化文献。从目前的趋势来看，数字化信息的增长速度远远超过传统载体文献的增长速度，而数字化信息内容的重要性也不亚于传统载体文献，越来越多的研究资料、学习资料、统计数据等关乎社会经济、科学、教育、文化事业发展的文献信息以数字化的状态存在。这些以数字化状态存在的信息资源根据其形成过程可以分为数字再造资源（digital reproduction）和天生数字资源（born-digital）两大类。

所谓数字再造资源，是指文献的原始状态是保存于传统存储载体上，通过使用数字化技术进行再造后形成的信息资源，也被称为“数字拷贝（digital double）”。数字再造资源不一定与原始文献完全一致，它只是原始文献的一种表现形式，但是却可以利用数字化技术的优势将原文献更好地展现和利用。我们通常所使用的书籍的电子扫描版本、绘画作品的电子图片、雕塑作品的三维立体图形等都属于数字再造资源。

---

**知识点链接 7－1**

### 数字化米开朗琪罗项目

“数字化米开朗琪罗项目（Digital Michelangelo Project）”由美国斯坦福大学承担，其目标是建立足够逼真的计算机模型，供研究艺术的学者以及偶尔的参观者观摩，为一些重要的文化遗产建立有长期保存价值的数字化档案，并最终能够使用数字化信息“以虚拟手段修复”被损坏的艺术品，例如雕塑《米开朗琪罗的摩西》上的胡须。

该项目利用一种特别设计的激光扫描仪从每一个角度对米开朗琪罗的雕塑原作进行三维拍摄，以获取计算机图像。这种激光扫描仪能捕捉到雕像表面每一处最细微的雕凿痕迹，制作的这些图像表现雕塑作品细节的精细程度，将会与核磁共振仪对人体进行检查的精细程度一样。

在对米开朗琪罗的代表作《大卫》雕塑进行扫描时，启用了 480 个专门定位的扫描，形成 2 亿个多边形建模，拍摄了 7000 张彩色图像，产生 32 千兆字节的数据。大卫雕塑的扫描从 1998 年 9 月启动，直到 1999 年 6 月才完成，共有 22 位老师和学生参与工作，仅扫描工作就经历了30个通宵。

更多有关"数字化米开朗琪罗项目"的信息可从该项目的网站获取：http://graphics.stanford.edu/projects/mich/。

---

天生数字资源是指其原始状态就是以数字化方式生产、以数字形式存在的数据，如万维网网站上的信息、电子出版物、多媒体产品、文化或科技数据库等。《ICABS数字保存指南报告》中将天生数字资源类型划分成12类，即：①综合，包括各种材料；②档案材料，包括电子邮件；③视听资料；④数字艺术品和电子文学作品；⑤电子游戏、虚拟现实和软件电子手稿；⑥图像；⑦其他各种电子资料；⑧联机信息和网络资源；⑨数字资料的物理格式；⑩科学、统计、研究数据；⑪太空、地理和类似数据集；⑫文献通报资源。可见天生数字资源种类之庞杂，数量之巨大。曾有学者研究过，假如把美国国会图书馆的全部馆藏数字化，将产生10－136 TB数据（因分辨率的不同而不同）[①]，然而互联网上所产生的数字资源，一年就比美国国会馆的百年收藏多几倍到几十倍（见表7－1）[②]。

**表7－1　互联网信息总量（2002年）**

| 媒介 | 浅层网 | 深层网 | 电子邮件 | 即时信息 | 合计 |
|---|---|---|---|---|---|
| 兆兆字节 | 167 | 91850 | 440606 | 274 | 532897 |

越来越多重要的数据都在以天生数字资源的形式出现，如美国国家航空航天局（NASA）每日从卫星收回的航天数据都以兆兆字节计算。由美国、英国、日本、法国、德国、中国等国家的科学家历时13年（1990—2003年）共同完成的"人类基因组计划（The Human Genome Project）"，其所支持的数据库内包含阐明人类基因组30亿个碱基对（chemical base pairs）的序列、所有人类的基因（20000～25000）和基因在染色体上的位置等信息，并包含改善数据分析的各种工具，为30亿个碱基对构成的人类基因组精确测序，从而最终弄清楚每种基因制造的蛋白质及其作用，所有的这些信息存放于数据库中且不断更新。[③] 此外，当今的制造业也更多地依赖于软件系统从事设计、生产和维护产品，电子政府、电子银行等一系列新事物不断产生，与之相关所产生的信息均为天生数字资源。可以说越来越多的有价值的信息都在以"天生数字资源"的形式产生，且只能以数字形式管理、保存和使用。

然而，从整个社会信息资源的整序和保护来看，数字信息资源与传统媒介信息资源相比较，其整序程度低，并直接导致大量的数字信息资源在获取和利用方面效率低下（见图7－1）。与此相应，数字信息资源也很少被纳入文献保护管理的范畴，加之其本身在生

---

① Source：UC Berkeley SIMS "How much Information"（2000，2002）. [2012－02－19]. http：//www2.sims.berkeley.edu/research/projects/how-much-info/how-much-info/.

② Source：UC Berkeley SIMS "How much Information 2003". [2012－02－19]. http：//www2.sims.berkeley.edu/research/projects/how-much-info-2003/.

③ 什么是基因和人类基因组计划［EB/OL］. 2003－8－10［2012－02－19］. http：//www.bjkp.gov.cn/bjkpzc/kjqy/smkx/7108.shtml.

产、传播方面的特点以及载体有效期的短暂性，导致大量重要的数字信息资源不断消失。

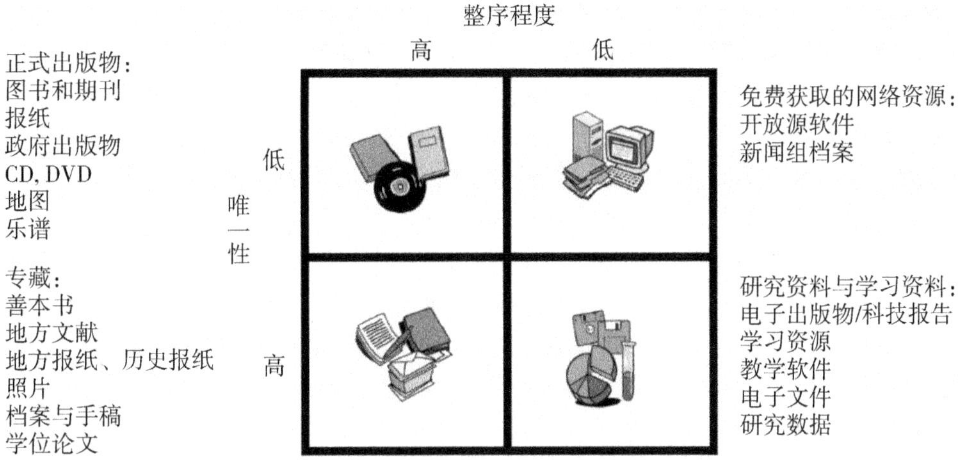


图 7-1　各种类型信息资源比较①

## 二、数字资源长期保存

所谓数字化保存，就是能够使各种数字资源在未来仍保持生命力的各种方法。也就是说，数字资源长期保存是指如何及时、有效地对数字信息资源进行永久性保存，以保证未来用户可以检索、获取各种数据和记录。在《电子文件管理细则：第二部分 电子文件长期保存格式需求》中，对“长期（long-term）”的定义是：“当电子文件保存在某一处所时，虑及技术变化（包括支持新载体、新数据格式）和用户群体变化影响的足够长的时段。这个时段延长到未来不确定的时间点。”而对“长期保存（long-term preservation）”的定义为：“用一种可靠的、能够被独立理解的方式长期维护电子文件真实、完整、有效的行为。”而这种长期维护的根本目的在于使用户能够实现对信息资源的数字化存取。

数字资源长期保存的目标是：

（1）真实性、完整性。指信息内容的真实和完整，即尽最大可能保持信息的原始状态，以期达到高质量地“虚拟现实”的效果。

（2）永久性。指信息保存的时间，“永久保存”仅是一个相对的时间概念，在现条件下利用各种技术再现原始数字资源，使其尽可能长久存在。

（3）可获得性。指信息在使用时的可获取，即是否能够“永久读取”，因为保存不是最终的目的，保存的目的是便于利用。

（4）安全性。指信息内容、用户使用和技术维护等多方面的安全性，包括现在和未来较长时间内信息的可获得性、准确性。

（5）通用性。指数字遗产在保存过程中，要尽量用标准化的格式存储，必须考虑保存格式被相关行业的认同度和现有软件的支持力度，应得到商业使用者和开放资源使用者

---

① Lorcan Dempsey. Terms and Conditions ... Libraries, Subject Terminologies and the Web [PPT/OL]. 2004-03-16 [2012-02-20]. http://www.oclc.org/research/presentations/dempsey/dewey_20040316.ppt.

的广泛支持，保证其在不同环境中都能顺利读取使用。①

数字存取主要聚焦于：临时存储介质的选择，数字成像系统的平均寿命，在保持原数字系统的全部功能及其完整性的同时，将数字文件迁移到未来系统上的预期。事实上，面对数字化资源保存和存取的问题，社会需要思考一系列的问题，包括是否以及由谁担当起保存数字资源的责任，如何制订数字资源保存的计划，如何生产具有长期保存价值的数字资源，如何收藏数字资源并决定是否需要长期保存，评估现有的数字典藏管理的长期保存计划是否有效，如何进一步完善现有的计划项目。

国立澳大利亚图书馆（National Library of Australia）在一份提交国际图联书目标准联盟（ICABS）的报告中认为，一项数字化资源长期保存项目应涉及如下方面：①负责存档和保存；②管理数字保存项目；③与数字化信息生产者一起生产/制造可保存的数字信息；④决定什么需要保存；⑤将数字信息转化为档案；⑥为存档的数字信息命名、描述和控制管理等；⑦处理影响到数字资源长期保存的法律问题；⑧保护和存储有关数字信息资源的数据；⑨保存数字化再造资源的可解读性，以便实现对其的获取。②

## 三、数字化时代文献保护的转变

数字环境下的文献保护是当今时代最具影响力的议题之一。一些图书馆员和档案馆员认为，技术方面的影响力是通过对应用标准和程序准则的控制表现出来的；而另一些人则认为，快速的技术变革和庞大复杂的技术使得图书馆员和档案馆员在影响技术发展方面束手无策。事实上这两种观点都是片面和极端的，在某种程度上会导致对数字化资源保护的忽视，甚至推卸相关机构在保护数字化资源方面的责任。

数字环境下的文献保护应成为信息保藏和服务机构从业人员以及相关领域研究人员共同探索的目标。在过去的二十余年里，研究人员在有关文献保护基本原则上达成了一致。这些基本原则在成熟的文献保护项目中主导着可用资源的管理。数字环境下文献保护的基本原则与模拟环境下文献保护的基本原则是大同小异的，其本质都以延长信息资源的使用寿命作为首要目标，但是在对具体概念的认识方面却产生了巨大的转变。

### （一）文献寿命的转变

在传统文献保护实践中，信息存储的载体是被重点关注的因素，一般会优先考虑通过稳定纸张、胶片和磁带的结构以及限制引起破坏的内外部因素来延长文献的寿命。对外部因素的控制主要体现为适宜环境、保护和处理的准则以及灾难恢复程序等；而在减缓载体内部因素所引起的衰变方面，主要采用控制纸张酸度、使用符合档案保护级别的缩微胶卷以及批量脱酸等方法。也就是说，在传统环境下，文献的寿命取决于载体的平均寿命。

数字化资源的寿命除了取决于其本身存储介质的寿命以外，更多地依赖于获取系统的平均寿命。事实上，光学介质的寿命大多数时候比能够检索并读取存储于其中的数据的系统的寿命更长久。光学介质的寿命可以通过技术改良、内在因素和外在因素的控制而延

---

① 张美芳，张松道. 文献遗产保护技术管理理论与实践［M］. 长春：吉林文史出版社，2009：224 – 225.

② National Library of Australia. Report to ICABS on Guidance for Digital Preservation［R/OL］. 2005. 6：3. ［2012 – 02 – 20］. http://www.nla.gov.au/openpublish/index.php/nlasp/article/view/1214/1499.

长，也可以通过严谨的测试获取其平均寿命的数据。但是，数字化资源所依赖的存取系统则无法确知供应商何时不再维护或者支持这个系统了。因此，信息保藏机构必须事先准备好将有价值的图像资料、索引、软件迁移至未来一代的技术平台上去。

### （二）选择的转变

文献保护通过选择来增值。选择涉及文献价值的界定、识别以及为维护其价值提供最适宜的保护方法。几十年来，文献保护的行为已经从使资料免遭湮没而将它们收藏在安全的建筑物中，演化到置以更复杂的环境控制，并且对已收集的文献进行价值鉴定。文献保藏机构在进行文献保护的选择时，很大程度上考虑的是如何尽可能将有限的资源以最有效的形式加以利用。

数字环境下的选择并非是在接近文献生命周期末期时一劳永逸的选择，而是一个不断持续的与数字文献的现行利用密切相关的过程。如果将纸质或胶片文献转换成数字化图片的决策在原系统条件下是有效的，那么就可以对载录格式转换的价值进行评估。事实上，只有少数数字文献值得运用全面迁移策略。在进行文献保护决策时，必须首先考虑数字资源迁移的知识产权问题以及其在教学过程中的应用问题。

虽然文献保护的决策不能凭空制定，但是信息保藏机构仍可以选择对何种文献进行数字化迁移。数字化资源的长期有效性有赖于正确的决策，以及各个利益方面的密切协调。但是我们无法控制这种价值判断对于用户查找和利用信息行为的影响。

### （三）质量的转变

质量控制在文献保护领域非常重要，工作过程中对文献的选择、处理操作过程、摘录格式转换过程以及防护措施等都有赖于一系列国际或国家标准的规范。质量承诺贯穿于文献保护活动的始终。传统环境下，对易损的纸质文献采取缩微化保存是摘录格式转换的重要策略，其中，针对胶片介质的质量和可视图像的质量都制定了大量的国际标准。在实际进行缩微化的过程中，如何在视觉真实性和档案稳定性中找到一个折中的选择，仅仅是由所要保存的文献的特质决定的。

在数字化环境下，由于获取技术与表达技术的局限性，使得文献保护的质量控制变得更为复杂。数字化迁移质量控制的重点不只是在于获取一个可靠的、忠实于原件的复制品，更重要的还在于选择一种最佳的表示原件的数字化格式。此外，文献保护质量的主要目标是在技术上实现能够获取尽可能多的具有知识性和可视性的内容，然后以最能满足读者需要的方式将内容呈现给读者。

随着时间的变化，成像市场已将尽可能保持最优质图像质量的原则，改变为寻求用户所能接受的最低质量水平的原则。所以，图像质量不再是衡量数字化资源质量的唯一标准，这意味着在进行数字化过程中的数据捕捉、记录图像增强技术以及预防传输过程中数据丢失的指定文件压缩技术都必须达到最佳效果。信息保藏机构可以像缩微胶卷标准化一样控制数字化的质量，影响数据压缩、数据传输、数据显示和数据输出的标准化发展，但是图像数字化转换硬件和软件技术性能的发展却不在掌控之中。因此，过早地对数字化技术进行严格的标准化控制，会带来加速被淘汰的风险。

### （四）完整性的转变

在传统文献保护背景下，完整性有两层含义，即物理上的完整与知识上的完整，这两种内涵都与文献作为凭证的性质密切相关。物理上的完整性很大程度上与文献作为人工制品有关，并且通常在修复室中直接进行修复，修复人员通过使用可逆的修复方法对文献进行保护性处理以保持其历史凭证作用。而文献知识上的完整性则是关乎文献内容历史凭证性的另一个方面。文献信息内容的权威性和真实性是文献知识完整性的核心，主要通过文献的源流和保护处理两个方面来保持其完整性。在传统文献保护实践中，质量与完整性两个概念相辅相成。

在数字环境里，数字化资源的物理完整性不仅有赖于其存储的介质，而且更有赖于文献经过数据压缩后通过网络进行传播时信息丢失的情况。在思想完整性方面，结构化索引和数据描述一般都是作为内容的表格随着文献的发布，或者作为独立的检索工具或书目记录进行编写，它们与数字图像文件本身密不可分，并随着文件本身的保存而被保存。文献保护的知识完整性还包含验证程序以确保文件不会被有意或无意的更改。归根结底，数字环境使得传统文献保护原则由确保文献的物理完整性变为以知识完整性为主要特征。

信息保藏机构可以通过证明获取程序的真实性以及记录已生成数字文件的连续变化情况来控制数字化文件的完整性，还可以通过使用通用的数据库标准来创建和维护结构化索引和目录链接。信息保藏机构可以影响元数据交换标准的发展，促进有关数据文件和数据库中结构化、文档化和标准化的信息在国际范围内的技术平台和操作系统之间实现共享。从这个角度来说，图书馆员和档案馆员等信息保藏机构从业人员绝不是网络协议、宽带和数据安全技术快速发展的旁观者。

### （五）获取方式的转变

国外文献保护界有一派观点认为，文献利用服务的增长在很大程度上是传统文献保护实践中产生的一个极其巧合的副产品，而非其核心目标。实际上，无论在档案馆还是图书馆，文献的保存与获取职责在长时间内都处于一种此消彼长、张力极大的状态。[①] 专业领域内的基础教程对此总结道：“当文献的保护被视为基本目标或是职责时，另外一个同等的必须履行的使命——文献的利用——就会与其产生一个由来已久的冲突，而这一冲突只能由文献的管理者进行裁决。”[②] 对于受保护的文件或是馆藏，为保证其获取而采取的机制就是编写书目，并能够通过在线的书目数据库检索到书目信息。而在传统的文献保护中，诸如目录等获取机制只是简单地提供文献获取的相关信息，而不是作为文献整体不可缺少的组成部分。

20 世纪 50 年代，文献保护已经成为图书馆学及档案学的一个专业研究方向。文献保护与文献获取概念之间的紧密关系也发生了一系列的转变，这些变化反映在文化制度层面

---

① Paul Conway. The Relevance of Preservation in a Digital World [M/OL] // Sherelyn Ogden. Preservation of Library and Archival Materials: A Manual. [2012 - 02 - 25]. http://www.nedcc.org/resources/leaflets/6Reformatting/04Relevance of Preservation.php.

② Mary Lynn Ritzenthaler. Preserving Archives and Manuscripts (Chicago: Society of American Archivists, 1993), 1.

和技术环境层面。在数字环境下，文献获取从文献保护的副产品转变成为文献保护过程中的一个核心内容。

对数字化保存获取需求的控制，尤其是将数字影像文件转移到新生代介质上的能力，一部分可以通过审慎地购买非私有的硬件及软件组件来实现。在当前环境下，真正的“即插即用”设备正得到越来越广泛的应用。事实上，有限的经费只能使供应商提供这样的服务：采用开放式数控系统体系结构，或者至少提供有关系统内部运行的比较全面的说明。此外，图书及档案管理人员还可以要求供应商或厂商提供能够与相对落后的现存系统兼容的新设备。与落后软件兼容的能力能够帮助影像文件进行系统迁移，就如同2010版的word处理程序仍旧可以处理旧版本的word文档。虽然信息保藏机构可能有更多的需求，但是对于特定的数字影像系统的平均寿命及对此系统的淘汰要求等诸如此类的关键问题，信息保藏机构能做的却少之又少，而供应商对于支持和维护旧系统的承诺，与其推销新系统的能力恰恰成反比。

### （六）藏用关系的转变

1. 保存或利用

在现代档案机构成立初期，即第二次世界大战以前，文献保护仅仅意味着收集。只要将一批手稿从仓库、地下室或是停车场完整无缺地搬运到一个干燥的、上了锁的建筑物里，就算是圆满地完成了基本的保存使命。就这一点而言，文献保存与利用是相互矛盾的两种活动。要么利用收藏品，那就得冒着实物被盗、被损坏的危险，要么不利用实物或其内容。保证一本书能够长时间保存的最安全的方法就是把它锁起来，或者制作一本可供利用的副本。

2. 保存和利用

现代文献保护管理策略假定文献保存与利用是相辅相成的，保存一种文献是为了能够被利用。这一观点认为，如果制造一本即将损毁的书的缩微胶卷副本却不加以利用，那就是一种金钱的浪费。但是，从理论上来讲，“保存”与“利用”这一观念却允许在没有解决文献利用问题的情况下只满足文献保存的需要。相对地，对于学术资料的利用可以在相当长的一段时间内建立在没有对文献采取任何保护措施的条件下。

3. 保存即利用

关注数字化文献保护的图书及档案管理者有时会将“保存”与“利用”这两个概念视为可互换的名词，即文献保存使得文献利用成为可能。但是，将保护与利用相提并论，便意味着文献保存的概念是由其可用性来界定的。实际上，这种结构很有可能是一种倒退，“保存即利用”变成了“利用就是保护”。将文献保护简单地重新聚焦于其利用性，会造成文献利用是文献保存的动力的印象，从而忽略所保存的文献实体的自然属性，导致文献保存这一主题被过度地简单化。

4. 为利用而保存

在数字化的环境下，文献保护是行为，而文献利用是“保存”这一行为的对象。对这种结构可以更为精准简单地表述为“保存利用”。两者的关系转变至此，一系列全新的、更为复杂的事物便产生了。保存对什么的利用？其答案是保存一个高质量、高价值、没有受损的完整版本的原文档。不管是信息实体的内容、结构还是完整性，都被设定是文献保护的中心，而传播与利用信息实体的机制被视为文献保护行动的最终结果而非其原本目的。

## 第二节　数字资源的保护

现代社会中越来越多的信息是以数字化的形式存在的，数字化资源在获取和利用方面拥有其他传统类型信息不可比拟的巨大潜力，但是同时，就目前来看它在长期保存以及安全性等方面也存在着巨大的隐患。如何才能真实、完整地长期保存数字资源，是当今世界文献保护的前沿研究领域。联合国教科文组织（UNESCO）颁布的《数字遗产保护指导方针》（*Guidelines for the Preservation of Digital Heritage*）明确表示未来最明显的威胁就是在数字的长链中失去获取的途径，如果失去了获取途径或者不可能获取，那么数字资源不能被称为被保存了，数字资源保存的目的是维持其可获取性，即获取其原始的信息或目的的能力。①

### 一、数字资源的脆弱性

数字资源是将计算机技术、通信技术及多媒体技术相互融合而形成的以数字形式发布、存取、利用的信息资源，其以数据作为信息符号，并以剩磁或载体的局部变化来表示。较之传统载体的文献，数字资源非常脆弱，在保存过程中很容易发生数据丢失。导致数字资源数据丢失的主要因素包括存储介质实体劣变、存储介质过时和迁移失败，此外，某些人为因素也会导致数字资源的丢失。

#### （一）存储介质实体劣变

回顾存储介质的发展历程，可以发现其物理寿命几乎是随着发明年代的远近而呈不断下降的趋势，例如，甲骨、金石等介质的寿命可长达几千年，而低木质素纸张的寿命一般在50～300年间，档案型缩微胶片的寿命一般可长达200年左右，而数字存储介质的平均寿命只有几十年，甚至不如一般酸性纸张的寿命。

然而，大部分数字化资源都存储于个人电脑的硬盘驱动器或服务器，或者在此之后转换为诸如光盘或数据磁带之类的存储介质，此类介质都采用不同的方法将数据附着于记录层，但是介质的实体却很容易遭受破坏而衰退。数据错误或媒介失效通常由不恰当的操作过程引起，如记录层的划伤，或因相对湿度和温度的变化引起的带基弯曲变形，再或者是使用黏性标签或尖硬的书写工具。此外，数据错误还经常发生在数据记录过程中。

此外，数字存储介质对于外界环境也极为敏感，对保存环境的温度、相对湿度和空气质量等都有较高的要求，震动或磁场等外在因素也会引起存储介质的损坏。

#### （二）存储介质过时

存储介质的制造商不断追求增加存储容量和缩小产品的尺寸。介质的大小有时会对容

---

① National Library of Australia. Guidelines for the Preservation of Digital Heritage [M/OL]. UNESCO, 2003. [2012-02-26]. http://unesdoc.unesco.org/images/0013/001300/130071e.pdf.

量的增加产生约束，因此，新的数据记录技术的开发追求同样大小甚至是更小的介质具备更高的存储密度，这就为数字资源的保存带来了两个问题：① 载体存储密度越高，微小的缺陷带来的数据损失越大，所以高容量的存储载体丢失数据的几率增大；② 记录技术和存储介质不断更新换代，导致存储介质过时，承载于其上的数据无法读出。例如，美国 1960 年的人口调查统计数据存储在只有 UNIVAC type Ⅱ - A tape drive 才能读取的磁带上，而目前全世界只有两台机器可以读取，一台在日本，一台在美国的史密森博物馆。

据 2002 年的一本科技杂志报道，一个数字记录设备的产品生命大约是 10 年，在产品停产以后，制造商提供 5 ～ 7 年的产品支持和设备零件，即产品的全部寿命约为 15 年。而过去几年新的专有介质存储格式的加速生产大大缩减了介质阅读器和录音录像机的支持寿命，所以越来越多的存储介质因过时而使承载于上的数据无法读出。新的介质格式的迅速发展对数字化保存提出了挑战，因为数字材料的保存者必须监测新技术的发展和当前的进展，考虑存储格式是否成熟，是否适合迁移传统数据。

### （三）迁移失败

无论是存储于服务器磁盘阵列还是个人电脑的硬盘上，实际上所有的数字资源都要求软件可以使信息以一种用户可以理解的方式呈现在电脑屏幕上。操作系统和软件给出操作指南，告诉计算机如何显示或呈现数字格式的文字、图像、声频或视频。数字化环境下的数据具有“软件依赖性”，即数据格式化的方式需要一个特定的操作系统和软件包方能被准确读取。

迁移是将一个软件程序创建的文件移动到同一程序的最新版本，或者采用完全不同的技术平台（操作系统）、文件格式或软硬件，因此在迁移过程中存在着迁移失败的风险。尽管在迁移诸如文本等简单数字对象时很少会出现完全失败的情况，但是在迁移诸如数字音频、视频等复杂数字对象时，完全失败缺是一个较常见的问题。

正因为迁移往往造成某种程度的损坏或格式的损失，数字资源保存成为一个更加复杂的任务。简单的“比特流”保存是指软件和操作系统环境以外的文件保存，它依赖于校验测试，以确保没有比特丢失；但是这种方法既不能确保数据被准确地读取，也不能长久地保存。当要求准确读取数据时，数字保存策略通常需要保存特定的软件，并确定可接受的错误率和偏差程度的指标。数字文件格式登记（file format registries）正逐渐成为确保软件依赖性文件准确性的工具，并记录文件迁移过程中的变化。

另一种保存软件依赖性内容的方法是仿真。仿真包括编写软件和/或硬件建设，这可使计算机模拟过时软件的外观和功能。这种技术已经产生了数十年（特别是用于模仿诸如过时的计算机键盘等硬件设备），但最近的研究表明，仿真还没有达到能够完全准确复制简单的电子游戏的原始外观和功能的水平。仿真技术还有待进一步研究和测试。

软件依赖性数字信息的保存是数字资源保存中最困难的挑战。目前没有解决方案能够完全准确地再现外观和功能，但有时某种程度的数据丢失是可以接受的。在少量生产的情况下，数据错误或格式问题可以通过人工检测的方式被发现，可以通过编写简单的搜索与替换程序纠正错误。然而，随着数字化信息数量的迅猛增长，手工干预变得不切实际，必须采用自动错误检测和校正的解决方案。

### （四）人为因素

数字化保存的最后边界不涉及技术本身，而是人类与它的相互作用。技术的优劣取决于其发明者、维护者和操作者，而人类总是难免会犯错误。质量控制和质量保证是数字化保存工作非常重要的部分，甚至在数字保存程序自动化的情况下也是如此。

很多时候数字资源的丢失源于人为的窃取或破坏，如各种病毒的不断出现均是来自人类刻意的编写。所以，为了防止数字资源遭受人为攻击，服务器管理和数据安全需要不断地升级软件和操作系统，以修补不安全的系统和防止病毒感染；采用系统防火墙来保护数据免受外部入侵，并监测服务器未经许可的侵入。病毒检测软件的维护，防火墙的使用和冗余存储是现在数字化保存工作非常重要的组成部分。

保存意识也是关乎数字资源长期保存的重要人为因素。许多数字保存专家一致认为，数字资源的生产者所采用的技术、工作流程和数据管理实践对产品的寿命有着重大影响。常常忙于数字资源生产的生产者意识不到其所创造的资源的长远意义，因此也不会耗费精力和成本保证数字资源的长期保存。最为典型的就是各种网络资源，其存储于所谓的虚拟载体上，但事实上网络资源是一种与载体相分离的数字资源。由于网络资源的创造者缺乏保存意识，所以据预测，网络上有 1 亿多的网页寿命仅有 44 天到 2 年。① OCLC 开展的一项关于 IP 地址波动的研究，计算在 A 年测到的网站的 IP 地址在 B 年仍然存在的百分比，其研究结果如表 7 - 2 所示。

**表 7 - 2　网站 IP 地址波动统计②**

A. 所有网站

| 年份 | 1998 | 1999 | 2000 | 2001 | 2001 |
|---|---|---|---|---|---|
| 1998 | 100% | 52% | 28% | 15% | 8% |
| 1999 | NA | 100% | 50% | 27% | 14% |
| 2000 | NA | NA | 100% | 47% | 26% |
| 2001 | NA | NA | NA | 100% | 51% |
| 2002 | NA | NA | NA | NA | 100% |

B. 公众网站

| 年份 | 1998 | 1999 | 2000 | 2001 | 2001 |
|---|---|---|---|---|---|
| 1998 | 100% | 56% | 35% | 25% | 13% |
| 1999 | NA | 100% | 55% | 37% | 19% |
| 2000 | NA | NA | 100% | 55% | 33% |

① Abdelaziz Abid. (2004). Preserving Our Digital Heritage: A UNESCO Perspective. http://www.unesco.nl/images/preserving_our_digital_heritage.doc.

② OCLC Web Characterization, 2003. - Miscellaneous statistics. http://www.oclc.org/research/activities/wcp/stats/misc.htm.

续上表

| 年份 | 1998 | 1999 | 2000 | 2001 | 2001 |
| --- | --- | --- | --- | --- | --- |
| 2001 | NA | NA | NA | 100% | 46% |
| 2002 | NA | NA | NA | NA | 100% |

在数字化环境下，特别是对于天生的数字资源，要保留下来的是信息内容本身，然后对于已与载体相分离的数字资源，如果用数字化的形式将其“固定”，还涉及人为因素中的法律问题，即知识产权问题。数字资源的知识产权牵涉多个方面，包括知识产权的创造者、知识产权的拥有者、数字资源的管理者、公众兴趣的代言人以及知识财产的实际和潜在用户，各个利益方面的权利和义务如果无法在法律制度下得到合理的平衡，就会严重影响数字资源的长期保存。因此，为了实现对数字资源的长期保存，数字环境下的知识产权法应考虑赋予为获取数字文件所需要的软件的版权问题，以及为了保存而拷贝的权利。

## 二、数字资源保存的方法

数字技术发展之快使人类目前尚未寻找到相应的、完善的应对计划和方法实现对其的长期保存。联合国教科文组织颁布的《数字遗产保护指导方针》认为数字资源的保存主要在于对其获取途径的长期保存，为了保证其持续的可获取性，必须在四个层面上理解和管理数字资源：①作为物理存在；②作为逻辑的编码；③作为对人类有意义的概念对象；④为了使未来的用户理解客体本质而必须保存的一系列要素。与这四个层面相对应，对数字资源的保存应确保数字资源在存储媒体上的可读性，数字字符串可以被人或电脑阅读和处理，格式化的内容可以被使用者理解，数字资源与它所代表的原物必须相同。① 基于这样的思路，数字资源保存的方法可以分为对原件的处理和对原件的保持两大类。

### （一）对原件的处理方法

对数字资源原件保存处理的方法主要包括迁移、规范化、数据抽取。所谓迁移，就是将文献内容转移到不同存储载体上，或以不同的格式复制文献内容信息，既包括载体的迁移或更新，又包括记录方式的改变，也就是说，迁移可以使原有的文献信息适应新的技术平台（操作系统）、文件格式或软硬件的变化。数字资源的迁移特指将数据从某一硬件/软件环境向另一种硬件/软件环境转换，或是从旧一代的计算机技术向新一代计算机技术转移。硬件的迁移就是将数据转移到新的物理载体上，软件的迁移就是将数据转换到同种格式的最新版本或新的不同种类的格式。迁移的优点在于由软件提供转换功能，转换的结果为用户所熟悉，并有可能产生新的功能；缺点则在于可能使数据面目全非，或者发生数据错误，而且迁移必须是在使用时才能进行操作，而这有可能存在已经错过最佳迁移时机的风险。

---

① National Library of Australia. Guidelines for the Preservation of Digital Heritage [M/OL]. UNESCO, 2003: 34-35. [2012-02-26]. http://unesdoc.unesco.org/images/0013/001300/130071e.pdf.

知识点链接 7－2

## 澳大利亚国家图书馆数字资源迁移项目

**Introduction**

The National Library of Australia has been collecting Australian electronic publications in physical formats for some 15 years—the first floppy disks entered the collections in about 1983. There has been some active management of their acquisition, cataloguing, storage, and access over the years. A decision was made in the early 1990s to rationalise their storage by creating special runs for them, deferring further decisions on their long term preservation until later. Early in 1996 the Library decided to review the arrangements under which floppy disks and CD-ROMs are managed, especially with a view to long term accessibility.

Managing for long term accessibility is made up of many steps. In a complex library environment it is not simply a matter of focusing on an arbitrarily defined act called "preservation". Virtually everything that happens to this kind of material from the time it is created has a profound impact on its long term accessibility. Many of these influences affect the medium or the information directly—for example, the conditions in which it is stored, the way it is handled, the effectiveness of security arrangements. However, we also recognised that many factors having a trivial impact on carrier longevity may significantly influence our ability to manage the survival of the information. If we cannot find, operate and transfer this kind of material easily, it may in effect be useless even while remaining in a good physical condition.

The discussion paper entitled National Strategy for Provision of Access to Australian Electronic Publications (1) has confirmed the commitment of the National Library to providing long-term access to publications in electronic formats, both networked and in physical formats. It indicates that the Library will initiate and participate actively in national discussions and research in the management and preservation of these materials.

This paper will refer to two particular activities which illustrate the Library's commitment in the area of publications entering the collections as floppy disks and CD-ROMs. The first is a case study of the research undertaken at the NLA on the migration of material from floppy disks to CD-R. Secondly, the results of this research and other NLA activities formed the basis for a national meeting held on October 27 and 28, 1997 and I will be highlighting in my talk the steps taken at this meeting towards the development of a national management and preservation model for physical format electronic publications.

**The Issues**

Issues such as media instability and technological obsolescence are threatening to greatly reduce the longevity of these publications unless they are carefully managed.

Preservation includes all the actions taken to extend the useful life of these materials and particularly the information contained on them. Therefore control, storage, handling and security are involved, as well as copying and reformatting or migration. Overall this is a very complicated process and many issues must be addressed before libraries can effectively preserve this material, including:

**Management Issues**

preservation of electronic library materials requires knowledge across a range of disciplines and a great deal of cooperative work within and between institutions;

these new formats require a new approach and attitude towards their preservation—in particular their treatment must be proactive because the useable life cycle is much shorter than for most traditional library materials;

current copyright law is unclear regarding preservation roles and methods for electronic materials;

we need more detail to be recorded for effective preservation management—for example, we need to be able to identify publications in the collection based on their particular hardware, software or operating systems;

priorities for preservation must be determined on the assumption that we will be unable to preserve everything;

resource implications have not been clarified but could be significant.

**Generic Preservation Issues**

appropriate environmental conditions for storage need to be defined and provided;

special handling procedures and housing arrangements may be needed;

security issues arise in storage and when providing access.

**Media Deterioration Issues**

the dynamic nature of electronic media means the rate of deterioration is largely unpredictable;

the diversity of electronic media means managing the preservation response to the rate of deterioration is difficult.

**Technological Obsolescence Issues**

hardware or software required to operate particular publications may be unobtainable or unworkable;

some material may be effectively unusable because the necessary hardware and/or software is not available on site.

**New Preservation Pathways**

there are no standard procedures for preservation of these publications;

if migration of the information content to a new format is achievable, it will be an ongoing process that must be periodically repeated as the technology platform changes;

the integrity of information may be endangered in the migration process—it may not work the same way, and it may not look and feel the same, even if all of the data is successfully migrated;

emulation—the use of special software programs to recreate a required operating environment—is a largely unexplored avenue.

**The Research**

CD-ROMs are still a current and popular technology with relatively stable media, so the National Library of Australia has first focussed attention on the floppy disks in the collection. It has been agreed within the Library that copying and migration of information on computer disks is likely to be the most useful preservation method currently available to us. In order to examine how we might implement these strategies a series of trials will be conducted. The results of the first trial are described below.

The overall aim of this project was to migrate Australian publications that exist on floppy disks to CD-R (recordable compact disc).

It became clear that this was more an exercise in copying data from one medium to another, which is only a part of the process of migration, rather than completely addressing the problem of changing technology, such as the operating system or associated software dependencies. This has a valid purpose, considering the average life of a floppy disk is estimated at less than ten years.

**Identifying and Locating Disks**

The ILMS (Integrated Library Management System) was recognised as the most useful source of information for identifying and locating disks in the collections. Searches were made for material with:

—a GMD (General Material Designation) of "computer file" (1023 records found)

— "disk" in the collation field of items without the GMD "computer file" (363 records found)

— "disc" in the collation field of items without the GMD "computer file" (146 records found)

—a GMD of "interactive multimedia" (7 records found)

This produced a total of 1 439 records and appears to have captured a majority but not all items. The only serials located in this search were those where the primary material was a computer file. Print serials with accompanying disks were not located. Many of these records however were overseas publications which are generally outside our selection guidelines for preservation.

It has become apparent that more information than is currently available in catalogue records must be recorded for the successful preservation management of this material.

Planning has commenced on including the extra metadata and information required for these physical format electronic publications in the PANDORA database which is being created primarily for online publications. To help simplify the management of databases and metadata in the NLA it makes sense to utilise the same database for all electronic collection materials.

**Selecting a Representative Sample**

In order to determine the various complications that may be encountered in transferring publications to CD-R a representative sample of material had to be chosen for testing. A survey (2) was carried out of all Australian material located in the general collection to determine the range of material to be considered.

The survey covered 469 publications, 405 of which contained computer disks, and 64 of these were chosen as a representative sample of material containing floppy disks. The sample of publications were chosen to represent a number of variables:

—operating system (eg DOS vs Mac OS),

—hardware requirements (eg processor speed etc),

—software requirements (eg Word 1.1 vs Word 6 etc),

—disk size (5 1/4 "vs 3 1/2"),

—number of disks per title (eg 1 vs 6),

—age (up to 12 yrs old),

—proportion of publication on floppy disk (whole publication vs supplementary material vs set-up software for CD-ROM)

**Copying**

Basically the copying process devised was to transfer the data from the original floppy disks to a network drive, download the data to the hard drive of the PC containing disk writing software and then write to CD-R. The entire process (with the exception of file comparison) was carried out with hardware and software currently available in the Library.

A detailed description of the copying process is given below.

a. Select appropriate computer hardware and operating system, ie PC vs Mac, with correct size of floppy drive.

23 items could not be used at all due to a lack of the appropriate hardware or software. Another 1 item could not be used because a security tag had been stuck over the metal sliding cover on a 3 1/2″ disk. This reduced the number of materials to continue through the rest of the trial to 42.

b. Virus check of original floppy disk

All 42 items were checked for viruses using the latest version of virus scanning software in the Library. No viruses were found.

c. Physical disk scan of original floppy or similar process to check for media deterioration

Scandisk was used on PC material, and Nortons Utilities Disk Doctor was used on Mac material to examine the disks for errors and deterioration. Only 2 PC disks had problems. One disk had errors which resulted in it no longer being operational so it was taken off the list for preservation, but the other had a second copy and could still be used. This reduced the number of titles for the remainder of the trial to 41.

d. Install and run from floppy

At this stage of testing one publication was discovered to have a blank disk although it was labelled as containing the appropriate files. Therefore it was also eliminated from the rest of the trial, leaving the final 40 publications.

When trying to run the files further difficulties experienced include:

—12 publications were found to not have the appropriate software or hardware available, and

—inability to figure out how one other item was supposed to work, although the disk appears to contain information of considerable intellectual content which is worth preserving.

Twenty-seven items worked as they were supposed to when used from the original floppy disks.

e. Copy contents of floppy disk to network drive

This was successful for all 40 items.

f. Run comparison software to check for differences between original and copy

This was successful for all PC items. Mac items were not tested because appropriate software for the task could not be located.

g. Set as Read Only

This was tested for PCs only. It was not until after this part of the trials was completed that it was confirmed that "locking" a file on a Mac has the same effect as "read only" on a PC. This was mainly to test for the ability of the files to continue to function as required in a read only state as they would exist on the CD-R.

h. Install and run from network drive

Running files that had been set as read only did not cause any problems for these items.

All items continued to function after having been put on the network drive, although 4 items had to be copied back from the network to the root directory of a floppy in A: drive, and one of these required the renaming of the floppy disk, before these copies would work. This is because the expected location for the files, A: drive, has been hard-coded into the item.

The amount of time required to process material to this point in the copying procedure (ie steps a-h) was measured for 18 items, and took an average of 40 minutes per item.

i. Unset Read Only

Files that had been changed to read only status were returned to their original state so that they would still represent the original as faithfully as possible.

j. Organise titles in appropriate file structure using appropriate naming convention.

In an effort to apply widely accepted standards to promote longevity the data was arranged into a file structure that applied the ISO 9660 standard (3). This entailed using only A-Z (all capitals), 0 – 9 and the underscore in the 8 character plus 3 character extension naming convention for creating the directory structure for storage. The depth of the directories can reach a maximum of 8 levels.

The original file names for many publications however introduced illegal characters and extended names which could not be changed because their own programs would not recognise the new names and would cease to operate. Mac files in particular did not follow the basic ISO 9660 naming convention.

k. Create and include documents with appropriate details such as installation instructions for each item.

A general file was created in ASCII text to describe the contents of the CD-R, how files are arranged on it and refers the user to individual ASCII text files for instructions on how to use the individual items.

For this trial the individual ASCII text documents were created for only 4 items to test whether this is a successful method for carrying important information about each publication. In practice there would be one file each created for every item on the CD-R.

Apart from obvious details such as title, the ASCII files for the individual items include:

—hardware required

—software required

—notes to assist installation

—number of files

—storage size (Mb)

—original format and number of disks

—existence of accompanying materials

—content description (eg text, database, software)

—any copyright statement from the publisher

These in future should also include date the disk (s) was copied to a new format and what that format is. This may seem obvious now, but if this data is migrated several times it may be desirable to have the history recorded.

l. Write to CD-R

This involved copying the files from the network drive to a computer set up with the software for creating CDs and a CD writer. During the process this software checked the file structure against the ISO 9660 file naming standard with Joliet extensions to allow for larger file names, eg for Windows 95. Four file names were rejected for containing illegal characters and had to be changed before the writing could continue. The rejected file names were all from Mac files which contained illegal characters according to the standard and extensions. This would most likely render the publications unusable.

Writing the 40 items to one CD-R (approximately 1, 900 files, a total of around 164Mb) took 45 minutes.

m. Run comparison software to check for differences between original and CD-R copy.

Material for PCs compared favourably between the original and CD-R versions. Mac material could not be tested due to lack of comparison software.

n. Install and run from CD-R

When the CD-R was used to install and run the material the PC files did not appear to have any further problems, but it became apparent that the Mac files did not work.

The final result out of 40 items:

—22 items (all PC) were functional before and after copying to CD-R.

—5 items (all Mac) were functional before but not after copying to CD-R.

—12 items did not have the required software to function appropriately but were written to the CD-R, and some these items for PCs tested with other similar software to that required and tested by file comparison, still proved to have copied faithfully.

—And one item that could not be tested by installation and running showed favourable file comparison results.

Further investigation has shown that Mac files need to be written to a CD-R using the HFS file system, which will require different CD writing software.

This also suggests that copying Mac and PC files separately onto separate CD-Rs would be simplest.

**Research Conclusion**

The testing has produced useful results. Not all the material in the sample was successfully migrated, however this was expected. We now have more informed views of the issues involved, the hardware and software required by the collection for use and whether it is available in the Library, and also the copying processes.

资料来源：Deborah Woodyard，Electronic Preservation . Farewell My Floppy：A Strategy for Migration of Digital Information [EB/OL]. 1998 [2012 - 02 - 18]. http://www. nla. gov. au/openpublish/index. php/nlasp/article/view/1072/1341.

---

规范化作为保存数字资源原件的另一种重要方法，是指将数字资源转换为一种特定的格式，如 XML 或更一般的格式。标准化技术的运用可以使数字资源的维护只需维护少量的格式，并且确保被选用的格式可能有较长的生存机会，还可以通过逻辑描述增强应付未来复杂性的机会。但是，规范化会使数字资源的处理缺少灵活性，格式的转换过程中可能存在误差。目前，关于文档格式的标准化已经发展得较为成熟，ISO 档案/文件管理标准化委员会下设的电子文件长久保管项目组专门从事管理、协调与电子文件长久保存相关的参照标准，目前已颁布相关标准 11 项，包括：

（1）ISO 15489 - 1：2001，《信息与文献——文件管理　第 1 部分：原则》（*Information and Documentation—Records Management—Part1：General*）.

（2）ISO/TR 15489 - 2：2001，《信息与文献——文件管理　第 2 部分：技术指南》（*Information and Documentation—Records Management—Part 2：Guidelines*）.

（3）ISO 11799，《信息与文献——档案馆与图书馆材料存储要求》（*Information and Documentation—Document Storage Requirements for Archive and Library Material*）.

（4）ISO 14721：2003，《空间数字与信息迁移系统——开放的档案信息系统——参考模式》（*Space Data and Information Transfer Systems Open Archival Information System—Reference Model*）.

（5）ISO/TR 15801，《电子图像信息电子化存储的真实性和可靠性建议技术报告》（*Electronic Imaging-Information Stored Electronically—Recommendations for Trustworthiness and Reliability*）.

（6）ISO/PDTR 12033，《电子图像：扫描文件的图像压缩方法选择指南》（*Electronic Imaging—Guidance for Selection of Document Image Compression Methods*）.

（7）ISO/TR 18492，《电子文件信息的长期保存》（*Long-term Preservation of Electronic Document-based Information*）.

（8）ISO 19005 - 1，《文件管理——电子文档长久保存的格式标准　第 1 部分：PDF 1.4（PDF/A - 1）适用》[*Document Management—Electronic Document File Format for Long - term Preservation—Part 1：Use of PDF l. 4（PDF/A - 1）*].

（9）ISO/IEC 17799，《信息安全管理实践规范》（*Code of Practice for Information Security Management*）.

（10）ISO/DIS 23081 - 1，《信息与文献——文件管理元数据　第 1 部分：原则》（*Information and Documentation-records Management Processes—Metadata for Records—Part 1：Principles*）.

（11）ISO/WD 23081 - 2，《信息与文献——文件管理元数据 第 2 部分：概念与实施》（*Information and Documentation-records Management Processes—Metadata for Records—Part 1：Implementation Issues*）.

国外学者一致认为ISO 15489、ISO 14721、ISO/TR 18492—2005等为数字资源长期保存提供了很好的方法和策略，与数字资源管理的其他标准具有较好的补充性和连贯性，具有一定的先进性、前瞻性和持续发展性。例如，英国、美国、澳大利亚的数字资源管理战略都基于ISO 15489和ISO 14721，并吸纳了在世界范围内具有广泛影响的研究成果，如Inter PARES、文件连续体理论、文件全生命周期管理理论等。上述规范的制定有助于数字资源长期保存实现跨领域、跨系统、跨行业和跨国际的合作研究与共享。

### （二）对原件的保持方法

对数字资源原件保持处理的方法主要包括仿真、封装（encapsulation）、技术保存（technology preservation）和数据恢复（reengineering）等技术。仿真，就是在新的系统环境下重建一个兼容原始数据、设备及其管理系统的运行环境，使得原来的数据、设备和系统能运行在现行的软件和硬件系统上。仿真实际上是通过保护数字资源的获取环境来保障数字资源内容的可利用性。从技术实现手段来看，仿真的实现分为三个层次，即应用程序仿真、操作系统仿真、硬件平台仿真。具体的实现方法则是通过构造相应的仿真器，仿真器实质上也是程序，在目标平台和主机平台之间构建一个新的层，以实现期望的目标。

仿真聚焦于重现数字资源原始的生存环境，而且一次投资就可以使得大批数字资源得益。但是仿真真正实现起来则比较复杂，因为在技术上利用仿真进行数字保存还面临着各种挑战，其产生的结果可能并不是用户所预期的。

---

**知识点链接7-3**

### 基于仿真的数字资源长期保存策略（节选）

3　仿真专家会议（EEM）

2006年10月20日，荷兰国家图书馆和荷兰国家档案馆在荷兰城市海牙联合举办了第一届仿真专家会议。会议的主旨是：针对仿真策略在数字资源长期保存领域的适用性和可行性，加强交流和讨论。出席会议的包括仿真技术、数字保存以及IT界的数位专家。

会议介绍的仿真项目和系统包括：IBM的UVC（Universal Virtual Computer），印第安纳大学和美国政府印刷办公室（U.S. Government Printing Office）共同发起建设的CIC软盘仿真项目（CIC floppy disk project），德国图书馆的MMB系统（Multi-media Access System），德国弗赖堡大学（University of Freiburg）的VMware仿真项目，荷兰国家图书馆和荷兰国家档案馆联合建设的Dioscuri项目。

此外，这次会议还形成了对数字资源长期保存仿真策略的综述，综述中对仿真策略的优势进行了全面而精炼的阐述，同时讨论提出了如何让仿真策略更好地应用于长期保存的下一步措施和展望。

4　仿真策略的成功实践：Dioscuri项目

4.1　项目介绍

Dioscuri项目是由荷兰国家图书馆和荷兰国家档案馆联合组织发起的，项目持续时间从2005年4月到2007年7月。项目的名称“Dioscuri”来源于古希腊神话，是宙斯的双生子 Castor 和 Pollux 的总称。他们一个和凡人一样注定会死去，而另一个却能够永生。神话的陈述正好象征了仿真技术和长期保存之间的关系：赋予有限生命的数字资源以无限的使用活力。

项目的主旨是通过仿真技术寻求一种新的数字资源长期保存策略。而具体目标则是通过建立一个持久耐用的仿真器，取代目前普遍使用的 RWS（reference workstation）。如果成功，所有类型的数字资源，尤其是多媒体资源、数据库以及 PDF 格式文件都可以长期地得以利用。

4.2　设计原理

一个能用于数字资源长期保存的仿真器，必须具备两个条件：持久性和灵活性。要做到长期保存，持久性自然是必不可少的，而灵活性则是基于这样的考虑：尽量用最少的代价达成对不同计算机环境的模拟。基于这样的原则，荷兰国家图书馆和仿真技术专家 Jeff Rothenberg 联手，设计并开发了基于“模块仿真器”的长期保存策略模型。具体设计模型如图 1 所示。

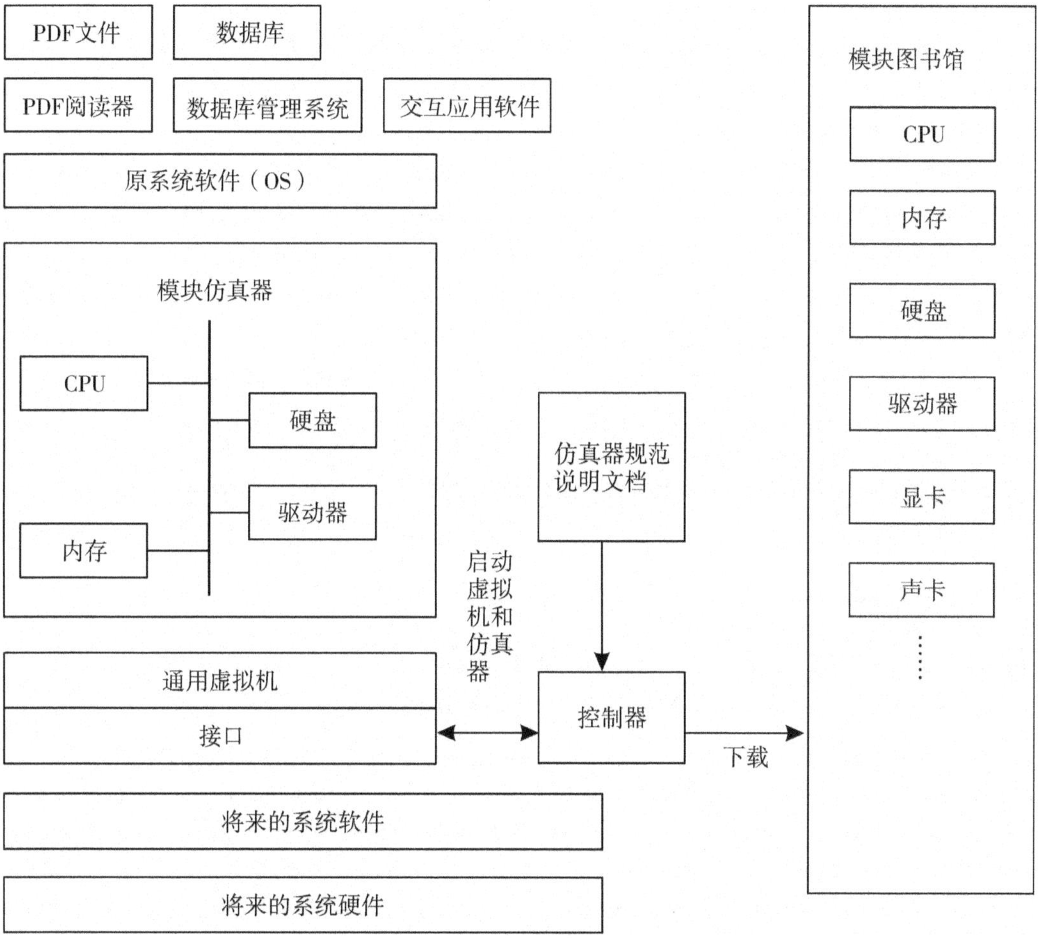


图 1　Dioscuri 项目长期保存设计模型

整个模型包括以下要素：模块仿真器，通用虚拟机，控制器，模块图书馆，仿真器规范说明文档。

* 模块仿真器：仿真器是整个设计的核心，它的任务是在当前的系统平台上重建过去的硬件平台，让原来的软件能在当前的平台上运行。因为硬件、系统软件和应用程序的多功能性，在构建特定系统平台的过程中，仿真器必须能够灵活地应对，因此设计者采用了“模块仿真器”的方式，即每一个模块负责模拟一个特定的硬件组件，如处理器、内存、键盘等等。这样，当需要重建某个特定平台时，我们只需要将必需的模块进行组合就完成了，改变平台变成了简单的改变模块的配置。当然随着技术的不断发展，我们也需要根据实际情况适时地添加新的硬件模块。

* 通用虚拟机：它是在现有平台和仿真器之间添加的中间过渡层，目的是消除仿真器和底层之间的依赖性。这样，即使底层的计算机平台出现变动，对仿真器也几乎没有影响，让仿真器的运行更加稳定有保障。在目前的具体实现中，设计者选择了移植性较强的 JAVA 语言。

* 控制器、模块图书馆和仿真器规范说明文档：控制器负责模型中所有元素之间的连接，同时配置和控制仿真模拟过程。规范说明文档则负责描述仿真特定平台所需的模块，基于文档给出的选择，控制器从模块图书馆中选择相应的模块并完成配置。目前具体的实现是通过图形化用户界面来操作的，以后会随着技术的发展进行扩展。

4.3　项目成果

经过两年多的研究，Dioscuri 项目取得了不错的成果。发布了用于长期保存的模块仿真器，最新的版本是 Dioscuri 0.2.0（Beta）。仿真器程序用 JAVA 语言编写，利于在不同平台之间的移植；基于 XML 的模块配置，可以在 Windows、PowerPC、MAC、Sun 公司的 Solaris 等操作系统平台上运行。Dioscuri 系统的所有的版本以及用户手册、参考文献甚至 JAVA 源代码都可以在其主页上直接下载。

另外，Dioscuri 项目已经在 2008 年 7 月结题，之后该项目将被划归到欧洲的另一个数字保存项目——Planets 项目中，继续其对仿真策略用于长期保存的研究。

资料来源：赵永超. 基于仿真的数字资源长期保存策略［J］. 情报探索，2009（1）：90－91.

---

**知识点链接 7－4**

## 迁移与仿真
## Migration and Emulation

The steady growth of digital information as a component of major research collections has significant implications for many libraries. Many institutions have been creating or collecting digital information produced in a wide variety of standard and proprietary formats, including ASCII, word processing, spreadsheet, and database documents. Each of these formats continues to evolve, becoming more complex as revised software versions add new features or functionality. The most pressing problems confronting managers of digital collections are data format and software obsolescence. It is also important to decide what should be preserved, in what priority, and with what techniques. Currently, there are two radically different strategies for managing the life cycle of a digital collections: Migration and Emulation.

Migration is broadly defined, as “the periodic transfer of digital materials from one hardware/software configuration to another, or from one generation of computer technology to a subsequent generation". A more specific definition would indicate that migration changes the structure of the original data file. With the exception of files that are simple data streams, most files contain two basic components: structural elements and data elements. A file format represents the arrangement of the structural and data elements in a unique and specific manner. In this context, migration is the process of rearranging the original sequence of structural and data elements (the source format) to conform to another configuration (the target format). The migration of digital information is a continuous process in many libraries as a method of dealing with technological obsolescence. Migration to new operating environments often means that the copy is not exactly the same as the original piece of information. Decisions need to be made about what aspects of the material to be migrated (eg. functionality, presentation) and to be preserved.

The complexity of the migration process will depend on the nature of the digital resource which may vary from simple text to an interactive multimedia object. At its simplest, migration may entail copying digital information to a more stable non-digital medium, such as paper or microfilm. Transfer to a more stable digital medium like CD-R from floppy disk offers a short-to medium-term strategy for preserving access, but still requires the CD-R to be migrated when the technology changes. Other factors which can influence migration are time, cost, frequency at which digital information will need to be migrated in the future as technology evolves. While adherence to standards will assist in preserving access to digital information, it must be recognised that technological standards themselves are evolving rapidly. In practice, migration is prone to generating obvious and subtle errors. An obvious error occurs when the set of structural elements in the source format does not fully match the structural elements of the target format. A subtle error might occur if the data themselves do not convert properly. In other situations, migration might preserve the content of the file but lose the internal relationships or context of the information. New media for storing digital information rapidly replace older media as reading devices for these older media become no longer available. Consequently, digital data which relies on obsolete technologies becomes inaccessible. Currently, it seems that the lifespan of digital storage media generally exceeds the technology that supports it.

An alternative preservation approach, emulation, is concerned with preserving the original software environment. Emulators are programs that mimic computer hardware. Emulation is essentially a way of preserving the functionality of and access to digital information which might otherwise be lost due to technological obsolescence. Strategies adopting this approach store copies of the initial software and descriptions of how to emulate the initial hardware to run the software along with the data files. Newer versions of software constantly render older versions obsolete and the hardware required by this software also changes over time. One of the benefits of the emulation strategy compared with migration is that the original data need not be altered in any way. It is the emulation of the computer environment that will change with time.

资料来源：Ramasamy Pillai, M. Risk Factors Associated with Migration in Digital Libraries [J/OL]. [2012-02-29]. http://ir.inflibnet.ac.in/dxml/bitstream/handle/1944/99/cali_19.pdf?sequence=1.

---

封装技术是指对数字资源所需的运行环境（软件、硬件）一并打包，从而实现在其他环境下对该程序包的运行，如在 JAVA 程序中加入 J2SDK，从而保证在新的环境下运行 JAVA 程序。封装技术可以对数字资源的内容、信息以及外包进行保护。但是它的缺陷在于要求新的环境具备读取封装数据的功能，而且封装后刷新元数据困难，装进对软件的链接也不能保证其可获取性，所以事实上这种方法还停留在理论讨论阶段，尚无在实践上获得成功的先例。

技术保存也被称为“硬件博物馆”，其基本思路是保留包括文件、硬件和软件在内的所有资源，并保持其活性。但是当需要维护的资源过多时，采用技术保存的方法几乎是不可能的。数据恢复则是保存原码，然后恢复其可读性和可用性，但是这种方法需要花费较高的时间成本，技术上也存在很大难度。

## 三、数字资源保存的相关问题

### （一）备份、爬取与快照

当信息技术专业人员被问及数字保存，他们往往提到把他们的服务器备份作为保存的解决办法。备份是任何服务器或个人电脑专业管理的一个重要组成部分，对防止万一发生操作错误、网络故障和自然灾难是必不可少的；但备份不应被视为数字保存的一个解决办法，因为他们没有解决软件依赖性内容过时的问题。除了备份在灾害或短期文件恢复上所起的日程表的作用，具有持久价值的文件应该以足够的元数据被复制到一个值得信赖的记录保存系统，从而起到管理文件的作用。可信赖记录系统的标准目前正在发展中。

爬取，也称为“网络爬虫”或“网络蜘蛛”，是指搜索互联网和查找符合某些规格的网站的技术。这些工具通常用来进行存档，把重要网站文件复制到记录保存系统达到存档的目的。复制某一特定时刻的网站会产生所谓的“快照”。由于服务器或网站上的数据不断变化，备份和快照的时间和范围是数字保存的一个重要组成部分。为了保证一个完整和有用的网站版本得到保存，确保所有相关文件都在最佳时刻被保存下来是很关键的。快照所需的时间应当根据网站更新的时间表或内容变更的频率来确定。因为网络爬虫有时无法进入“隐藏网页”，所以必须编定专门的程序访问和复制来自服务器区域的文件。有时，庞大的数字图像或视频文件使自动采集和保存成为问题，因此，选择保存文件的范围和格式成为重要的考虑因素。

### （二）元数据

元数据是指为描述一个数字信息单元或数字对象的内容和范围而建立和维持的信息。描述性元数据以一种类似图书馆目录描述一本书的方式来描述数字资源的作者、题目以及其他背景信息。管理或技术数据就像是一个病人的医疗图表，说明了哪些软件和硬件是查看文件所必需的，这个数据过去发生了什么迁移，过去的迁移导致了什么错误。结构性元数据用来描述相关数字信息组件之间的关系，以便他们可以重新组装为一个包括几份数字化文件的复杂对象。例如，结构性元数据需要呈现和保持一本书章节和页码的正确顺序。保存元数据则包括描述性、技术性等要素，而结构性元数据尤其需要被保存。一些技术标准可用于元数据，都柏林核心、元数据编码传输标准（Metadata Encoding and Transmission Standard，METS）和保存元数据——实现策略（Preservation Metadata：Implementation Strategies，PREMIS）是目前保存元数据的标准。

有些元数据是在数字信息创建时由软件和/或硬件自动创建的（如数码相机往往给图片文件添加日期），其他元数据必须由图书馆管理员或其他技术专家检查数字信息后创建。有时候，元数据是由添加描述性信息的个人给一个网站提供信息时创建的，这被认为是“作者提供”的元数据。

元数据的缺乏和丢失对数字资源保存来说是一个严峻的挑战。结构完备和标准化的元数据可以自动保存，但它通常需要创建人和作者以外的其他人具备专业知识。作者提供的元数据提供了一些数字信息的背景，但如果缺乏标准化则会使它更难以进行准确性的搜索和自动保存行为。数码相机、扫描仪和制作软件通常提供直接附带在其所产生的数字文件上的元数据，但制造商之间并不一定一致支持元数据标准，这将阻碍自动保存程序的运行。

特别值得关注的是寻址元数据或链接元数据的丢失。统一资源定位器（URL）是在互联网上常用的网站地址，但地址经常随着服务器或文件系统的改装而更改。一些 URL 的研究认为地址的大致寿命在 6 周至 9 年之间，这取决于一个文件系统层次中地址的年龄和它的位置，时间久的地址比新的更稳定，一个文件系统顶部的文件地址往往比更深层次的更稳定。近年来，可持续寻址服务或链接解析器，如 SFX 公司在网上使用 Open URL 框架来为电子资源提供基于标准的和可持续的寻址解决方案。复杂的数字对象使寻址面临另一挑战，因为要正确地显示和利用文件，文件必须经常从几个服务器中被发现和组合。重建复杂数字对象之间一贯的关系，需要文件名称和文件夹的元数据标准。

一般而言，元数据能够促成数字化信息的高效发现、准确显示、自动错误检测和纠正，并在最终得到更可靠的数字化保存。元数据的缺乏和丢失是阻碍数字化保存成功的一个严重障碍，并导致昂贵且不成功的人为干预。元数据可以简单到只是准确地在存储介质或备份磁带上贴标签，或复杂到是一个合格的都柏林核心记录，或 PREMIS 信息包裹成一个 METS 编码的复杂对象，但是为了能够有效地进行数字化保存，一些元数据量始终是必要的。

## 第三节　数字化长期保存项目管理

数字化的选择使图书馆、档案馆等文化遗产机构的收藏品得以在网上以在线的形式呈现出来。为了更好地选择数字化的内容，不论机构的规模和类型，都致力于将馆藏采用最适合的数字化方案，使技术得到最高效的利用，以满足用户的需要。

开展数字化项目既可以创建方便用户利用的在线馆藏，又可以创造有利于长期保存的数字资源。但是没有一个机构能将其所有的馆藏进行数字化保存，所以确定一个最佳的数字化选择方案在整个数字化长期保存项目中具有重要意义。

此外，再生数字资源可以起到替代原件提供利用的作用，从而对面临破碎的或珍贵的文献原件起到保护作用。当原件受损时，数字化的版本也许是原件在未来唯一的记录。但数字化不等于保存，它只是原件的一个副本。在对文献原件进行数字化时，意味着同时创建了一种需要保存的新资源。所以，一个设计良好的数字化方案不仅包括数字化的选择方案，也包括正确的保护和修复原件，以及对因数字化产生的文件进行长期保存和管理的问题。

综上所述，数字化馆藏是保存和利用机构馆藏的一种综合性的方法，机构的馆藏以简单而统一的方式呈现出来：提供修复技术以适当地保存原件、在适当的地方建立高质量的副本、保护数字化文件等。因此，开展数字化长期保存项目的管理，并制定合适的策略具有重要意义。

## 一、数字化对象的选择标准

好的选择方案要有以下标准：载体本身特点和原载体的内容、与载体相关的知识产权问题、技术性质的要求、合适的描述方式、合理的成本效率等，满足这些标准的馆藏既能满足使人们有效地查看其文献内容，又能使机构能有效地保存这些材料。数字化项目要最大限度地保证在保存优先权、数字化规模以及持续性的框架范围之内进行选择。

在进行数字化对象选择时，选择者通常会考虑怎样能从大量的原件中选择更适合数字化的部分，是否应该集中精力把高利用率的文件、在线公开的报告进行数字化，是否要为了扩展国家或地区遗产物质的影响而进行数字化？从根本上说，数字化对象的选择和保存源于机构的使命，每个机构应该有一个适当的选择方法，来评估各种特殊背景下的文献，决定哪些最适于进行数字化。有一个明确的数字化目标和细致的计划，是数字化的一个良好开端。

数字化的选择源于能更好地利用文献，也许最重要的一个考虑因素是不管是现在还是将来，利用者将怎样利用数字化版本。学者、高校学生以及大众使用在线材料的方式各不相同。那么，机构希望为哪些人群服务，文献内容怎样以最有效的方式展现，哪些展示和导航的工具是必需的，元数据怎样提供大量的描述和文件管理，支持性和说明性的信息怎样来支撑文献内容，这些问题都是在开展数字化项目时必须考虑的问题。

数字化没有一个绝对的标准指南，每个机构都有自己的数字化的理由和优先权，大到一个全国性的图书馆向市民保存和展现公众遗产，小到一个博物馆为其馆藏搜寻宣传品。选择者的职责是使地方性的解释适应于大量的选择标准和原则，并使本机构的目标和重点与馆藏的载体和媒介与匹配。

选择标准可以更好地描述材料，通过鉴定内容价值和载体特征，确定哪些更适合数字化、哪些不适合，这些标准通过逻辑和设施等指导数字化工作。决策者综合一系列相关问题，决定文献是否应该被数字化、是否有数字化的可能，以及能否被数字化。

### （一）原件的价值

关于文献是否应该被数字化取决于馆藏的重要性、用户对其的需求以及原件数字化后能否具备足够的价值，并与成本相匹配。内容价值是原件数字化的基本问题，有关价值的特殊定义和重要性，不同的机构呈现不同的情况，但主要集中在智力、历史和实体的特征方面。对内容价值的评判应考虑以下问题：①原件与组织机构的馆藏政策，以及与数字资源怎样相联系？②原件是罕见的或唯一的吗？③在专业领域内，原件是否提供了正确的信息，或者是否为研究的深入与发展作出贡献，抑或原件所涉及的领域在网上很少被记录。④为保护原件并且能够使它广泛地被获取，有立法的必要性吗？⑤原件对机构职能重要吗？⑥对原件的数字化能够支持现行的或者优先处理的工作吗？⑦原件能否很直观地被展示，或能否很好地在屏幕上显现。

但是，内容价值并不是作为原件数字化的唯一理由，用户的需求也是至关重要的方面，所以对原件的价值判断应考虑用户需求的问题，另外，还要考虑数字化过程中附加值的增加问题。

### （二）知识产权

知识产权关乎机构是否拥有知识产权，可以合法地创建和传播数字化副本。很多机构可能并不具备合法地将原件进行数字化的权利，或者不能合法地传播数字版本的资源，因此知识产权问题在开展数字化项目的初期就应该被充分地重视。如果机构是出于保存版本的目的对原件进行数字化，或者数字化版本只能通过该机构获取，那么机构是有权利将文献原件数字化的。但是，如果数字化后的版本需要在网上公开传播，则必须获得版权持有者的许可，而获得许可需要时间且价格不菲，并非总是能够成功。

确定出版著作是否有版权保护和版权持有人的权限，相对比较容易，但许多数字化的对象是独特的档案或视频、音频文件，这些资源并未公开出版过，并涉及复杂的历史所有权和多层次的著作权问题。所以，在决定是否数字化时，选择者应该考虑以下关乎知识产权的问题：①数字化的目的是否是纯粹的保存而不存在传播的问题；②如果不是，该机构是否有合法的权利创建和传播数字化版本；③如果没有，那么著作或者馆藏是否在公共领域内，且没有使用权限的限制；④如果不是，是否能从版权持有人处获得使用许可。

除了版权问题，也要关注隐私方面的问题，如数字化对象是否包含不应该或者不能合法传播的个人信息。从一个更普遍的层次考虑，公众利用这些资料是否涉及宗教、种族或社会敏感的问题。

### （三）信息的数字化

数字化项目的选择第三个要考虑的问题是组织机构是否确实掌握技术上的能力来获取信息，对信息进行描述和储存，生成可利用的数字化版本。简而言之，进行数字化，有以下四点要求：①信息的准备，包括对信息实体的组织和相应的校对，通过目录的分类和所提供的元数据对信息进行描述和定义，并且需要相应的修复和维护机制；②遵照相应的国际标准或国家标准；③生成技术上的、结构上的记录以及能够获取信息的元数据；④针对以上所述内容，尽可能的加强其操作性。

此外，数字化项目实施过程中有大量的工作需要进行归档，以便确保未来能够对新生成的数字资源进行管理，例如，运用必要的检索工具和导航系统创建用户界面，管理网络站点，以及制定长期的文献保护措施。

由于馆藏文献数字化涉及馆藏文献的价值确定，文献的形体特征，当前与今后的用户需求，转换技术的确定、格式的选择，以及如何描述、传送与归档，如何与其他数字化成果产生联系等许多方面。因此，哈佛大学学者对馆藏文献的数字化决策提出了 8 个问题，并认为这些问题中只要有一个问题的回答是否定的，就需要考虑取消馆藏文献数字化的提议。这些问题是：①该数字化文献是否具有足够的实质性价值，以保证数字化工程效益；②该文献数字化后是否可明显地提高存取率；③该数字化工程究竟达到了什么目的；④数字化拷贝是否满足了确定的需要；⑤数字化拷贝的传送是否符合版权法或得到特许；⑥当前技术产生的高质量图像是否可满足我们的要求；⑦是否有足够的经费与充分的技术力量支持；⑧当地的信息基础是否充分，能否支持数字文献的传送。可见馆藏文献数字化是一项复杂的工作，需要综合考虑各方面的因素。

## 二、数字化项目的可行性

馆藏文献的物理特性会影响信息的获取、存储、展示以及对用户的服务和操作性，以上这些环节都是基于原始文献易读性。在进行馆藏文献数字化项目时细节尤为重要，而技术方面的专业人士能够让计划变为现实，并估算出项目的预算。因此，一项数字化项目的可行性程度在某种程度上来说取决于实施的项目团队。为了成功地进行数字化项目，应成立一个由专业技术人员构成的项目组，由项目组成员对信息的描述、数字获取、网站设计、数字化管理等方面进行综合考虑，做出最初的选择。

可行性方面第二个需要考虑的因素是估计数字化过程对原始文献可能带来的破坏。对于数字化过程中潜在的伤害和数字化之后的资源，二者之间应该选择一个平衡点。数字化项目组的职责包括判断脆弱而又珍贵的文献是否具备数字化的必要性，制定数字化资源的保护方案以及选择存储载体等。

可行性方面第三个需要考虑的因素是即将被数字化的文献是否已被组织、整理和描述，是否具备满足在线用户的使用需求的性能。在线浏览一本书并且能够有序地保持其原有页码并不困难，但诸如档案文献等散页文献的在线阅读并保持原有页码的难度却非常大。数字化项目必须考虑怎样保留各个部分之间的关系以及怎样使得用户能够找到他们所需要的主题。一旦将其放入网络空间，每份文件都需要一份说明。这方面的可行性应充分考虑一份详细的说明书是以目录记录、搜索帮助还是数据库的形式存在，如何才能将数字化后的信息转化为可用的数据库等问题。如果收集过程中缺乏良好的智能控制机制，那么在为数字化做准备的过程将花费一笔不小的费用。

数字化建设所创建的新资源必须得到有效的保护和维护。最初资料的获取方式，数据的范围，以及存储介质的选择，直接影响数字化后资源的保护问题。为达到数字资源得以长期保存这一目的，数字化项目必须着眼于未来的基础设施建设。在准备开展一项数字化项目时必须考虑清楚，资源的数字化是保存数据的一时之计，还是使其具有永久价值的长久之计；机构是否应长期致力于数字资源的保护工作；机构是否愿意并且有能力发展和维护必要的基础设施。

## 三、存储载体与格式的选择

馆藏文献数字化项目涉及一系列技术与理论问题，如数字化采集设备的选择、存储载体与格式的选择、文件存储系统的建设等，而其中的核心问题就是存储载体与格式的选择，因为其选择的适宜程度决定着整个数字化项目的成功和效率。

### （一）存储载体的选择

在数字化项目实施过程中，对存储载体的选择需要优先考虑其安全性与长期保存过程中的读出问题，而载体传送速率、存取速度则是次要问题，因而载体应遵循以下基本原则：

（1）数据的不可更改性。数据的真实性、完整性对于数字资源的长期保存十分关键，所以所选用的存储载体应具备一次写入、不可追加数据的性能，这样可以防止非法变更数据。

（2）较好的数据保全能力。对外界环境敏感，很容易由于存储环境、外力等因素影响而丢失数据的存储载体不可采用。档案数字存储载体更注重载体的耐久性，有效寿命短暂的存储载体不可使用。

（3）拥有较长的技术寿命。存储载体的技术寿命是指与载体相关的技术存在的时间长短。技术寿命短暂的存储载体，在技术过时后可能会导致数据无法读出。即使可以通过数据迁移等方式来解决读出问题，但是频繁的数据迁移也会带来较高的数据丢失风险。对于存储载体技术寿命的判断可以通过存储载体是否有稳定的市场与跟踪服务来考察。

（4）使用离线存储载体。离线存储可以确保数字资源保存在安全的环境中，免受病毒等网络上的不安全因素的破坏。

根据上述原则，在选择适用于长期保存的数字资源存储载体时可以考虑选择 WORM（Write Once Read Many）光盘或磁带，因为它们具有不可更改和不可追加数据的特点。WORM 磁带容量高、技术稳定、可靠性强，且不具备系统依赖性；而 WORM 磁盘的容量相对较小。

对于只是用于数据交换的临时存储载体，由于存储时间短，存储载体的耐久性并不是主要问题，而载体的数据共享性和保护能力则十分关键，应选用通用性好、较为稳定的载体存储这类临时数据，CD－R、移动硬盘和 U 盘等都是不错的选择。

而用于备份的载体，如果数据量庞大，应考虑使用磁带作为载体；如果数据量不大，那么自动光盘机、自动光盘库、硬盘、移动硬盘等都是较为理想的载体。

### （二）存储格式的选择

用于长期保存的存储格式应尽量能够满足高保真、高质量存储信息的需求，并具有较好的数据处理能力。前者是为了数字资源能够真实、完整地再现，后者更多地考虑到使数字资源在当前技术环境中可更长久地共享与获取，以及能在技术更新后顺利地转换到新的技术平台上。因此，适用于长期保存的存储格式应具备以下特点：①保全信息能力强；②具有自身的可证明性；③具有可评价性；④标准格式；⑤被业界或用户广泛支持的格式；⑥通用与开放的文件格式；⑦系统依赖程度低；⑧可扩展性；⑨支持数据从专有格式中移出；⑩全面优良的功能特性；⑪源代码已公开的软件。

同时满足上述要求的格式并不是很多，所以在选择存储格式时应针对以上原则综合考虑。从数字资源管理的角度看，文件格式的选择应考虑数据存储的目的。对于常用文件，其数据存储格式应更多地考虑信息的共享性、易于传送性与易存储性；具有长期保存价值需要归档保存的信息，其存储格式的选择，应更多地考虑该格式对信息的保全能力与是否有利于信息长期保存。不同的国家、地区一般都有建立对于数字资源存储格式的标准，如我国《电子文件归档与管理规范》（GB/T 18894—2002）规定：文字型电子文件以 XML、RTF、TXT 为通用格式；扫描型电子文件以 JPFG、TIFF 为通用格式；视频与多媒体电子文件以 MPEG、AVI 为通用格式；音频电子文件以 WAV、MP3 为通用格式。

**推荐阅读书目**

有关数字资源长期保存的相关问题可进一步阅读下列文献：


1. Besser, Howard & Jennifer Trant. Introduction to Imaging: Issues in Constructing an Image Database. Santa Monica: Getty Art History Information Program, 1995. http://www.gii.getty.edu/intro_imaging/.
2. Coleman, James & Don Willis. SGML as a Framework for Digital Preservation and Access. Washington, D. C.: Commission on Preservation and Access, 1997.
3. Conway, Paul. "Selecting Microfilm for Digital Preservation." Library Resources & Technical Services 40 (January 1996).
4. Conway, Paul. Preservation in the Digital World. Washington, D. C.: Commission on Preservation and Access, March 1996. http://www.clir.org/cpa/reports/conway2/.
5. Digital Imaging Technology for Preservation. Proceedings from an RLG Symposium Held March 17 and 18, 1994. Edited by Nancy E. Elkington. Mountain View, CA: Research Libraries Group, 1994.
6. Dollar, Charles M. Archival Theory and Information Technologies: The Impact of Information Technologies on Archival Principles and Methods. Macerata: University of Macerata Press, 1992.
7. Ester, Michael. Digital Image Collections: Issues and Practice. Washington, D. C.: Commission on Preservation and Access, 1996.
8. Fox, Edward A., et al. "Digital Libraries: Introduction," Communications of the ACM 38 (April 1995).
9. Frey, Franziska. "Digital Imaging for Photographic Collections: Foundations for Technical Standards." RLG DigiNews 1 (3), December 15, 1997 http://www.rlg.org/preserv/diginews/diginews3.html#com.
10. Gertz, Janet. Oversize Color Images Project, 1994 – 1995: Final Report of Phase I. Washington, D. C.: Commission on Preservation and Access, 1995.
11. Graham, Peter S. "Requirements for the Digital Research Library." College & Research Libraries 56 (July 1995).
12. Hazen, Dan, Jeffrey Horrell & Jan Merrill-Oldham. Selecting Research Collections for Digitization. Washington, D. C.: Council on Library and Information Resources, 1998. http://www.clir.org/pubs/reports/hazen/pub74.html.
13. Kenney, Anne R. & Stephen Chapman. Digital Resolution Requirements for Replacing Text-Based Material: Methods for Benchmarking Image Quality. Washington, D. C.: Commission on Preservation and Access, 1995.
14. Kenney, Anne R. & Stephen Chapman. Digital Imaging for Libraries and Archives. Ithaca, NY: Dept. of Preservation and Conservation, Cornell University Library, 1996.
15. Levy, David M. & Marshall, Catherine C. "Going Digital: A Look at Assumptions Underlying Digital Libraries." Communications of the ACM 38 (April 1995).
16. Lynch, Clifford. "The Integrity of Digital Information: Mechanics and Definitional Issues."

Journal of the American Society for Information Science 45 (December 1994).
17. McClung, Patricia A. Digital Collections Inventory Report. Washington, D. C.: Commission on Preservation and Access, February 1996.
18. Mohlhenrich, Janice. Preservation of Electronic Formats: Electronic Formats for Preservation. Fort Atkinson, Wisc.: Highsmith, 1993.
19. Ostrow, Stephen E. Digitizing Historical Pictorial Collections for the Internet. Washington, D. C.: Council on Library and Information Resources, 1998. http://www. clir. org/pubs/reports/ostrow/pub71. html.
20. Reilly, James M. & Frey, Franziska A. Recommendations for the Evaluation of Digital Images Produced from Photographic, Microphotographic, and Various Paper Formats. Report to the Library of Congress National Digital Library Project. Rochester, NY: Image Permanance Institute, May 1996. http://memory. loc. gov/ammem/ipirpt. html.
21. Robinson, Peter. The Digitization of Primary Textual Sources. Office for Humanities Communication Publication, no. 4. Oxford: Oxford University Computing Services, 1993.
22. Rothenberg, Jeff. "Ensuring the Longevity of Digital Documents." Scientific American 272 (January 1995).
23. Van Bogart, John W. Magnetic Tape Storage and Handling: A Guide for Libraries and Archives. Washington, D. C.: Commission on Preservation and Access, 1995.
24. Waters, Donald & Garrett, John. Preserving Digital Information: Report of the Task Force on Archiving of Digital Information. Washington, D. C.: Research Libraries Group and Commission on Preservation and Access, May 1996. http://www. rlg. org/ArchTF/.

有关数字资源保存项目管理可进一步阅读下列文献：

1. Ayris, Paul. 1998. Guidance for Selecting Materials for Digitisation. Joint RLG and NPO Preservation Conference Guidelines for Digital Imaging. http://www. rlg. org/preserv/joint/ayris. html.
2. California Digital Library. 2004. Collection Development Process. http://www. cdlib. org/inside/collect.
3. Columbia University Library. 1998. Selection Criteria for Digital Imaging Projects. http://www. columbia. edu/cu/libraries/digital/criteria. html.
4. Cornell University Library. 2000 - 2003. "Selection." In Moving Theory into Practice Digital Imaging Tutorial. http://www. library. cornell. edu/preservation/tutorial/selection/selection - 01. html.
5. Council on Library and Information Resources, Task Force on the Artifact in Library Collections. 2001. The Evidence in Hand. http://www. clir. org/pubs/abstract/pub103abst. html.
6. Gertz, Janet. 1998. Selection Guidelines for Preservation. Joint RLG and NPO Preservation Conference Guidelines for Digital Imaging. http://www. rlg. org/preserv/joint/gertz. html.
7. Hazen, Dan, Jeffrey Horrell & Jan Merrill-Oldham. 1998. Selecting Research Collections for Digitization. Council on Library and Information Resources. http://www. clir. org/pubs/re-

ports/hazen/pub74. html.
8. Library of Congress, Preservation Reformatting Division. 2005. Selection Criteria for Preservation Digital Reformatting. http://lcweb. loc. gov/preserv/prd/presdig/presselection. html.
9. Menne-Haritz, Angelika & Nils Brübach. 2005. The Intrinsic Value of Archive and Library Material. Archivschule Marburg. http://www. archivschule. de/content/292. html.
10. National Agricultural Library. 1995. Selecting Materials for Digital Preservation. http://preserve. nal. usda. gov:8300/projects/criteria. htm.
11. National Information Standards Organization, Framework Advisory Group. 2004. A Framework of Guidance for Building Good Digital Collections. 2nd edition. http://www. niso. org/framework/framework2. html.
12. National Library of Australia. 2006. Collection Digitisation Policy. http://www. nla. gov. au/policy/digitisation. html.
13. Smith, Abby. 2001. Strategies for Building Digitized Collections. Council on Library and Information Resources. http://www. clir. org/pubs/abstract/pub101abst. html.
14. Ibid. 1999. Why Digitize? Council on Library and Information Resources. http://www. clir. org/pubs/abstract/pub80. html.
15. University of California Libraries. 1997. Selection Criteria for Digitization. http://libraries. universityofcalifornia. edu/cdc/pag/digselec. html.
16. Vogt-O'Connor, Diane. 2000. "Selection of Materials for Scanning." In Handbook for Digital Projects: A Management Tool for Preservation and Access. Maxine K. Sitts, editor. Andover, Mass.: Northeast Document Conservation Center. http://nedcc. org/oldnedccsite/digital/iv. htm.

与数字资源长期保存的元数据问题相关的文献：

1. Coyle, Karen. Rights in the PREMIS Data Model: A Report for the Library of Congress. Washington, D. C.: Library of Congress, December 2006. http://www. loc. gov/standards/premis/Rights-in-the-PREMIS-Data-Model. pdf.
2. Data Dictionary for Preservation Metadata: Final Report of the PREMIS Working Group, May 2005. http://www. oclc. org/research/projects/pmwg/premis-final. pdf.
3. Day, Michael. "Preservation Metadata," in G. E. Gorman and Daniel G. Dorner, eds., "Metadata Applications and Management." International Yearbook of Library and Information Management, 2003 – 2004. London: Facet Publishing, 2004, pp. 253 – 273. www. ukoln. ac. uk/metadata/publications/iylim – 2003/.
4. Lavoie, Brian & Gartner, Richard. Preservation Metadata. DPC Technology Watch Series Report 05 – 01, September 2005. http://www. dpconline. org/docs/reports/dpctw05 – 01. pdf.
5. Metadata Encoding and Transmission Standard (METS). http://www. loc. gov/standards/mets.
6. PREMIS Editorial Committee. PREMIS Data Dictionary for Preservation Metadata, version 2.0, March 2008. http://www. loc. gov/standards/premis/v2/premis – 2 – 0. pdf.

7. PREMIS Schemas. Washington, D. C.: Library of Congress. http://www.loc.gov/standards/premis/schemas.html.
8. PREservation Metadata: Implementation Strategies (PREMIS) Maintenance Activity. http://www.loc.gov/standards/premis.
9. Use of the Data Dictionary: PREMIS Examples. www.oclc.org/research/projects/pmwg/premis-examples.pdf.

数字资源长期保存的标准化问题:

1. Consultative Committee for Space Data Systems. Reference Model for an Open Archival Information Systems (OAIS). Washington, D. C.: National Aeronautics and Space Administration, CCSDS 650.0 - W - 5.0, April 21, 1999. http://nssdcftp.gsfc.nasa.gov/standards/nost/isoas/int08/rmwb5r.pdf.
2. Digital Repository Audit Method Based on Risk Assessment (DRAMBORA). Digital Curation Centre and Digital Preservation Europe. http://www.repositoryaudit.eu/.
3. Lawrence, Gregory W., William R. Kehoe, Oya Y. Rieger, William H. Walters & Anne R. Kenney. Risk Management of Digital Information: A File Format Investigation. Washington, D. C.: Council on Library and Information Resources, June 2000. http://www.clir.org/PUBS/reports/pub93/pub93.pdf.
4. Trusted Digital Repositories: Attributes and Repositories. Mountain View, Calif.: Research Libraries Group, May 2002. http://www.rlg.org/legacy/longterm/repositories.pdf.
5. Trustworthy Repositories Audit & Certification: Criteria and Checklist. Chicago, IL.: Center for Research Libraries, March 2007. http://www.crl.edu/content.asp?l1 = l3&l2 = 58&l3 = 162&l4 = 91.
6. UNESCO Guidelines for the Preservation of Digital Heritage. Prepared by the National Library of Australia, March 2003. http://unescdoc.unesco.org/images/0013/001300/13007E/pdf.

数字资源长期保存的版权问题:

1. Besek, June M. Copyright Issues Relevant to the Creation of a Digital Archive: A Preliminary Assessment. Commissioned for and Sponsored by the National Digital Information Infrastructure and Preservation Program, Library of Congress. Washington, D. C.: Council on Library and Information Resources, January 2003. http://www.clir.org/pubs/reports/pub112/pub112.pdf.
2. Library of Congress. Section 108 Study Group Report: an Independent Report Sponsored by the United States Copyright Office and the National Digital Information Infrastructure and Preservation Program of the Library of Congress. Washington, D. C.: Library of Congress, March 2008. http://www.section108.gov/docs/Sec108StudyGroupReport.pdf.

数字资源长期保存的计划与政策:

1. Au Yeung, Tim. Digital Preservation: Best Practice for Museums. Commissioned by the Ca-

nadian Heritage Information Network. Gatineau, Quebec, Canada: Minister of Public Works and Government Services, 2004. http://www.chin.gc.ca/English/Digital_Content/Digital_Preservation/index.html.
2. Au Yeung, Tim. Digital Preservation for Museums: Recommendations. Commissioned by the Canadian Heritage Information Network. Gatineau, Quebec, Canada: Minister of Public Works and Government Services, 2004. http://www.chin.gc.ca/English/Digital_Content/Preservation_Recommendations/index.html.
3. Columbia University Libraries. Policy for Preservation of Digital Resources, July 2000, Revised 2006. http://www.columbia.edu/cu/lweb/services/preservation/dlpolicy.html.
4. Cornell University Library Digital Preservation Policy Framework, December 2004. http://commondepository.library.cornell.edu/cul-dp-framework.pdf.
5. "Digital Preservation Policy Tool." ERPA Guidance. Electronic Resource Preservation and Access Network, September 2003. http://www.erpanet.org/guidance/docs/ERPANETPolicyTool.pdf.
6. Florida Center for Library Automation. Florida Digital Archive. http://www.fcla.edu/digitalArchive/.
7. Fyffe, Richards, Deborah Ludwig, Mary Roach, Becky Schulte & Beth Forrest Warner. Preservation Planning for Digital Information. Lawrence, Kansas: University of Kansas. November 11, 2004. https://kuscholarworks.ku.edu/dspace/bitstream/1808/166/1/Preservation%20Planning%20for%20Digital%20Information.pdf.
8. Library of Congress. National Digital Information Infrastructure and Information Preservation Program. Sustainability for Digital Formats: Planning for Library of Congress Collections. http://www.digitalpreservation.gov/formats/sustain/sustain.shtml.
9. National Library of Australia. Digital Preservation Policy, October 2007. http://www.nla.gov.au/policy/digpres.html.
10. University of Illinois at Champaign-Urbana. IDEALS Digital Preservation Policy. October 2007. https://services.ideals.uiuc.edu/wiki/bin/view/IDEALS/.
11. Yale University Library. Policy for Digital Preservation, November 2005, updated February 2007. http://www.library.yale.edu/iac/DPC/revpolicy2-19-07.pdf.

数字资源长期保存的格式选择：

1. Bradley, Kevin. Risks Associated with the Use of Recordable CDs and DVDs as Reliable Storage Media in Archival Collections: Strategies and Alternatives. Paris: UNESCO, September 2006. http://unesdoc.unesco.org/images/0014/001477/147782E.pdf.
2. Capturing Analog Sound for Digital Preservation: Report of a Roundtable Discussion of Best Practices for Transferring Analog Discs and Tapes. Commissioned for and Sponsored by the National Recording Preservation Board, Library of Congress. Washington, D.C.: Council on Library and Information Resources, March 2006. http://www.clir.org/pubs/reports/pub137/pub137.pdf.

3. Rog, Judith. PDF Guidelines: Recommendations for the Creation of PDF Files for Long-term Preservation and Access, Version 1.7. The Hague, The Netherlands: National Library of the Netherlands, May 31, 2007. http://www.kb.nl/hrd/dd/dd_links_en_publicaties/PDF_Guidelines.pdf.

# 第八章　文献保护计划

**本章要点**

应从文化遗产保护的高度以及文化遗产保藏机构合作的广度审视文献保护计划和文献保护灾难管理。

文献保护计划的制订是一个过程，这一过程的结果是形成一份书面的、长期的文献保护计划文件。

文献保护计划工具Ⅰ：文献保护需求自评估指南。

文献保护计划工具Ⅱ：CALIPR。

文献保护计划工具Ⅲ：文献保护优先行动工作表。

**关键术语**

文化遗产；文献遗产；文献保护计划；文献保护需求

在文献载体与记录方式的类型及其褪化、文献保存环境和控制、文献保存的日常处理、文献载录格式转换、数字资源的长期保存等几个文献保护与修复的技术专题学习的基础上，本章主要讲叙文献保护计划和文献保护灾难管理两个管理专题。

文献保护计划和文献保护灾难管理均属于长期的、全局的统筹性管理工作，涉及文献保护与修复的各个阶段和各个方面。因此，无论是考察或是实施这两项工作，首先必备的是具有相当高度和广度的视野。国际文献保护领域的经验表明，从文化遗产保护的高度以及文化遗产保藏机构合作的广度审视文献保护计划和文献保护灾难管理，能够产生很好的效果。

## 第一节　文化遗产及其保藏机构

### 一、文化遗产的类别及保藏机构

关于文化遗产的类别，联合国教科文组织（United Nations Educational, Scientific and Cultural Organization, UNESCO）分为：①建筑环境（built environment），包括古建筑、古城古镇古村（建筑群）、古迹遗址等。②自然环境（natural environment），包括田园风光、

海岸线、农业遗产等。③人工制品（artefacts），包括图书、档案、图画、器物等。

在这一分类中，文化遗产均为有形的、物质的，在某种程度上，与文化遗产的保藏机构相联系。

图书馆、档案馆和博物馆作为最主要的文化遗产保藏机构，应该从文化遗产保护的高度来理解文献保护工作。既要关注上述分类中的人工制品，也不能无视其他两类，人工制品保存于建筑环境中，建筑环境存在于自然环境中。而人工制品中的文献，或者称文献遗产，是文献保藏机构收藏和保护的重点所在。

## 二、文化遗产保护

为什么要从文化遗产保护的高度来理解文献保护工作?

### （一）文献遗产是世界文化遗产的重要构成

说起文化遗产，"申遗"应该是大家最为熟悉的话题。"申遗"是指国家和地区以某一地区的特殊历史遗产价值向联合国教科文组织遗产委员会申请，列入《世界遗产名录》的文化遗产项目。联合国教科文组织"世界文化遗产"项目关注的是人工和自然环境中的遗产。

联合国教科文组织同时还有另外一个国际性的项目——"世界记忆工程"，这个项目关注的是文献遗产，为之建立《世界记忆名录》。联合国教科文组织是最早认识到文献遗产应作为全人类的共同遗产而受到重视的组织，他们认为，世界记忆即文献遗产，是全人类以文献形式保存和收集的记忆，是世界文化遗产的重要构成。

### （二）促进相关机构对文献保护工作的重视

相关机构对于文献保护工作是否重视？以中国为例，对于这一问题不能说一点都不重视，至少在古籍文献的保护和修护方面，国家以及一些具备一定条件的图书馆、档案馆和博物馆等机构还是投入了不少的人力、物力和财力。但从专业教育的视角来看，文献保护工作目前所受到的关注还没有达到与其实际重要性相匹配的程度。

为了了解中国文献保护教育与国际先进水平之间的差距，研究者曾经选择美国图情档教育机构作过调查。① 调查结果显示，美国高校图情学院的文献保护与修复教育课程设置丰富，并有专门的文献保护与修复专业。

反观国内，图书馆学、档案学教育机构开设文献保护相关课程的非常少，而且目前还没有看到有增加的趋势。根据调查，目前国内高校开设相关课程的主要有：武汉大学的"文献遗产保护"；中国人民大学、安徽大学、云南大学的"档案保护技术学"和中山大学的"文献保护与修复"。这些课程，绝大部分局限于传统的档案文献保护。

如果某职业的某方面在其职业教育中没有受到重视，那么这个方面很难在职业实践中受到重视，因为职业实践者的专业意识中缺失了这一块。在这种情况下，就要想办法来促进相关机构对文献保护工作的重视，从文化遗产保护的高度来理解文献保护、宣传文献保

---

① 张靖，林明. 美国德州大学文献保护与修复课程体系分析——兼论 Preservation 与 Conservation 的中文译法［J］. 图书情报工作，2010（5）.

护工作，就是促进的方法之一。

### （三）促成图书馆、档案馆和博物馆的合作

图书馆、档案馆和博物馆作为主要的文化遗产保藏机构，虽然保藏对象各有偏重，但三者之间从来都是存在着联系的，不过这种联系在目前国内体现得并不明显。如果从文化遗产保护的高度来理解文献保护，档案馆、图书馆和博物馆作为文化遗产保藏机构，彼此之间的关系便显现出来了。

国际文献保护界大约从20世纪90年代中期开始进行图书馆、档案馆和博物馆的跨领域合作。事实证明，虽然三个领域在文献保护工作方面存在不同之处，但是彼此之间也有很多可以相互借鉴的经验，同时也有许多可以合作的机会。而合作可以使文献保护工作受到更多的重视，获得更多的资源。

以下组织在促成文献保护跨领域合作方面起到了重要作用。

联合国教科文组织。UNESCO通过各种途径支持文化遗产的保护。例如，其“世界记忆工程”分别于1996年和2002年资助编写出版了《世界记忆之逝去的记忆——20世纪被破坏的图书馆和档案馆》（*Memory of the World：Lost Memory-Libraries and Archives destroyed in the Twentieth Century*）①、《世界记忆之文献遗产保护综合指南》（*Memory of the World：General Guidelines to Safeguard Documentary Heritage*）②。而针对武装冲突，UNESCO出版了《在武装冲突事件中保护文化遗产信息工具包》（*Protect Cultural Property in the Event of Armed Conflict：Information Kit*）③。此外，还于2007年提供了“减轻灾难：遗产馆藏风险管理策略指南（Mitigating Disaster：A Strategic Guide to Risk Management in Heritage Collections）”的在线培训④。

国际图书馆协会联合会（International Federation of Library Associations and Institutions，IFLA）、国际档案理事会（International Council on Archives，ICA）和国际博物馆协会（International Council of Museums，ICOM）。作为图书馆、档案馆和博物馆三类文献遗产保藏机构的重要国际性非政府组织，它们在关注各自专门领域的文献保护的同时，也寻求相互合作。如与国际古迹遗址理事会（International Council on Monuments and Sites，ICOMOS）一道于1996年组成国际蓝盾委员会（International Committee of the Blue Shield，ICBS），致力于通过协调预防措施，解决并回应人为的和自然界的突发事件，以保护世界文化遗产免受战争和自然灾害的威胁。ICBS与UNESCO、国际红十字会（International Committee of the Red Cross，ICRC）及文化遗产保护与修复研究国际中心（International Centre for the Study of the Preservation and Restoration of Cultural Property，ICCROM）密切合作，并在世界各国设有国家蓝盾委员会。

---

① Hans van der Hoeven & Joan van Albada. Memory of the World：Lost Memory-Libraries and Archives Destroyed in the Twentieth Century [M]. Paris：UNESCO，1996.

② Ray Edmondson. Memory of the World：General Guidelines to Safeguard Documentary Heritage [M]. Paris：UNESCO，2002.

③ UNESCO. Protect Cultural Property in the Event of Armed Conflict：Information Kit [M]. Paris：UNESCO，2004.

④ Lourdes Blanco，et al. Mitigating Disaster：A Strategic Guide to Risk Management in Heritage Collections [EB/OL]. [2012-01-01]. http://webworld.unesco.org/mitigating_disaster/index.html.

ICCROM是一个致力于文化遗产保存的政府间组织，创立于1956年，正值人们反思第二次世界大战对于文化财产的破坏之时。

---

**知识点链接8-1**

**文献保护跨领域合作重要组织网址**

UNESCO：http://www.unesco.org/new/en/unesco/

IFLA：http://www.ifla.org/

ICA：http://www.ica.org/3/homepage/home.html

ICOM：http://icom.museum/

ICOMOS：http://www.icomos.org/

ICBS：http://www.ancbs.org/

ICCROM：http://www.iccrom.org/

---

基于文献遗产是世界文化遗产的重要构成这一事实，出于促进相关机构对文献保护工作的重视，以及促成图书馆、档案馆和博物馆的合作的目的，提出从文化遗产保护的高度来理解文献保护工作。这并不是一种自我拔高，而是一种对于某一事实的有意识的强调。通过这样的强调，希望外界给予文献保护更多的关注，同时也希望加强文献保护工作者的使命感和自信心。

## 第二节　文献保护计划的含义

图书馆、档案馆和博物馆的职责并不仅仅在于收集、解释和展出记载历史的重要文献资料，更在于使这些资料得以长期保护、安全存放且可以为人所用。文献保护是每个文献保藏机构的使命的重要组成部分，文献保护计划的制订应成为文化机构全面战略规划的一部分。①

### 一、作为过程的文献保护计划

文献保护计划的制订是一个过程，在这一过程当中，需要确定以下内容：

（1）决定馆藏保管的一般需求和特殊需求。

（2）确立需求优先次序。

（3）确定执行计划所需的资源。

（4）详细说明相应机构的行动过程，使其得以确定当前的和未来的文献保护日程。

---

① NEDCC. Preservation Leaflets [EB/OL]. [2012-01-01]. http://www.nedcc.org/resources/leaflets/1Planning_and_Prioritizing/01WhatIsPreservationPlanning.php.

（5）明确哪些行动是相应机构将会采取的和不会采取的，从而适当地配置资源。

## 二、形成文本的文献保护计划

制订计划这一过程的结果是形成一份书面的、长期的文献保护计划文件，这一重要文件应为所有文献保藏机构所具备。文献保护计划文本应该具备以下内容：

（1）描绘相应机构的文献保护需求，并根据需求制订行动过程。

（2）提供一个框架，以合理、经济而有效的方式实现既定目标和优先次序。

（3）是实现一定时间内既定优先次序的作业工具。

（4）协助维持文献保护项目长时间的连贯性和一致性。

（5）确定文献保护这一工作的任务和重要性，使得文献保护获得与文献收集和整理同等的地位。

（6）是确保获得实施各项保护建议所必需的资源援助的重要机制。

（7）记录相应机构以往的和目前的文献保护活动，并指明其未来的努力方向。

## 三、文献保护计划的特点①

文献保护计划必须配合相应机构的其他重要的管理工具，如收藏品管理政策。文献保护计划不应孤立起草，而应纳入用于指导所有与收藏有关的政策和计划制订的同一理论框架内。这一理论框架便是相应机构的使命声明，所有的政策和管理性文件都应以使命声明为依据，并在其适用范围内被理解和执行。

文献保护计划必须全面涵盖相应机构的所有收藏。将所有收藏纳入计划，对于达成长期保存优先次序共识至关重要。同时，这种综合性考虑可以将文献保护活动与其他战略性计划日程相联系。

一个好的文献保护计划应当是切合实际且具可操作性的，超出相应机构实施和支持能力之外的计划是不实用的。由于必须明确相应机构的全部保存需求，因此计划必须关注那些在已有资源或可获得资源（如通过拨款或是资金募集）保证下能够完成的步骤。

每一个机构的计划都是不同的。一些计划篇幅长、内容复杂且详细，另一些篇幅短、内容简单。然而不论如何，这些计划均出自或基于相应机构就文献保护需求所作的评估性调查。

## 四、制订文献保护计划的方法

文献保护计划的制订不应被视为一个需要掌握纸张化学专门技术或是文献保护实操技巧的晦涩难解的过程。相反，与其他管理决策一样，文献保护计划的制订是一个将可获得的资源分配用于各种行动和职责的过程，这些行动和职责对于实现相应机构的使命而言是重要的。

同其他机构内部计划一样，文献保护计划的目标和优先次序应坚定地以机构使命声明为依据，还应以连贯的、详细说明的收藏政策为基础。如果机构使命声明或是收藏政策均

---

① NEDCC. Preservation Leaflets [EB/OL]. [2012-01-01]. http://www.nedcc.org/resources/leaflets/1Planning_and_Prioritizing/02PreservationAssessment.php.

过于笼统，不能清晰地作为制订文献保护计划的基础，则应重新撰写，以反映文献保藏机构的真实目标并清楚地说明收藏品如何支持这些目标。

对一个机构文献馆藏的保护可以分为两类：第一类是预防性保护，通常侧重于从整体上预防所有收藏的恶化；第二类是针对物理和化学恶化的补救性保护措施。后者是一项精细的工作，通常需由经过高级培训的专业人员完成。因此，实施补救性文献保护措施的费用昂贵，一般只能局限于在整体收藏中经过选择的一部分范围内进行。任何文献保护计划的制订都必须综合考虑上述两类文献保护活动。

## 五、制订文献保护计划的工具

除了可以参考标准的战略计划制订方法论外，有许多专门工具可以帮助图书馆员、档案管理人员和博物馆保管者等文献保藏人员制订相应机构的文献保护计划。主要的工具包括：

（1）美国东北文献保护中心（Northeast Document Conservation Center，NEDCC）的《保存计划：长期计划制订指南》（Preservation Planning：Guidelines for Writing a Long-Range Plan）①。该工具旨在帮助已经完成需求评估的机构草拟长期计划方案。

（2）NEDCC 的“文献保护 101（Preservation 101）”网络课程②。该课程涉及纸质及其相关载体馆藏保护的基本知识，其中第八部分专门介绍如何制订文献保护计划。

（3）美国研究图书馆协会（Association of Research Libraries，ARL）的《文献保护计划项目：图书馆辅助自学手册》（Preservation Planning Program：An Assisted Self-Study Manual for Libraries）③。该手册面向大型的研究图书馆，要求在有经验丰富的文献保护人员作为咨询专家进行协助的情况下使用，但仍能提供任何收藏机构都应考虑的评估相关问题的有用的要点和信息。

（4）美国加州图书馆基金的 CALIPR 软件④。该软件能用于各类型文献保藏机构完成简单的文献保护需求评估。

## 六、制订文献保护计划的步骤

文献保护计划的制订工作必须得到所在机构管理层的支持，因为这一工作将耗费相当长的时间。机构所有成员的支持也同样重要，因为计划的实施将涉及整个机构。小组作业对于文献保护计划的制订工作而言最为可行，不管是计划文本的撰写、机构内外资源的整合以及计划的具体实施和维护，都需要通力合作。

文献保护计划工作小组应能全面代表机构内负责文献保藏不同职责的人员，还应包括管理层人员。需指定小组负责人负责整个文献保护计划制订工作的进度和分工。

---

① Ogden，Sherelyn. Preservation Planning：Guidelines for Writing a Long-Range Plan. Washington，D. C.：American Association of Museums and Northeast Document Conservation Center，1997.

② NEDCC. Preservation 101. http://unfacilitated. preservation101. org/loggedin. asp.

③ Darling，Pamela W. & Duane E. Webster. Preservation Planning Program：An Assisted Self-Study Manual for Libraries. Expanded ed. Washington，D. C.：Association of Research Libraries，Office of Management Studies，1987.

④ Ogden，Barclay & Jones，Maralyn. CALIPR. Sacramento，CA：The California State Library，1997. http://www. lib. berkeley. edu/preservation/CALIPR/index. html.

在组成文献保护计划工作小组后，可按以下步骤展开文献保护计划的制订：调查和评估文献保护需求—确定文献保护优先次序—撰写文献保护计划文本—实施和维护文献保护计划。

然而，在此之前，拥有一份全面的机构文献保护政策，可以在很大程度上保障机构文献计划的制订和实施。

## 第三节　机构文献保护政策

通过制订机构文献保护政策，一系列或清晰或含蓄的机构目标将得以满足。机构文献保护政策的制订及定期回顾的过程，使得图书馆、档案馆和博物馆等文献保藏机构建立和描绘出特定机构环境下的文献保护活动；这一过程，是保障文献保护计划颁布并在整个机构中获得接受的重要环节。如果没有文献保护政策为某一文献保藏机构定下文献保护的基调，那么，该机构的文献保护计划则难以成为其馆藏发展计划和馆藏利用计划的有机组成部分，反可能被视作竞争成分。文献保护政策同时也使得文献保藏机构能够将文献保护的具体职责在机构跨部门间进行委派，从而保障文献保护计划的有效实施。而文献保护政策也为文献保藏机构提供了从文献保护角度重新审视其各种已被视作理所当然的日常活动的合理性。此外，文献保护计划对于文献保藏机构中文献保护有利氛围的创建具有重要意义。[①]

不同机构的文献保护政策有其不同结构，然而，总体而言，一份完整的机构文献保护政策应包括七个组成部分：①描述机构文献保护挑战的需求声明；②文献保护概念和术语界定；③一般性文献保护原则和实践描述；④机构文献保护优先讨论；⑤文献保护措施选择策略；⑥文献保护计划框架，包括其组织、人员、设施、基金和服务等；⑦与其他文献保藏机构的联盟和协作关系讨论。

---

**知识点链接8－2**

### 澳大利亚国家图书馆文献保护政策

1. Purpose and Scope

The purpose of this document is to present high level policy statements for the National Library of Australia regarding the preservation of its collections, and regarding the Library's role in fostering preservation of documentary heritage.

The policy is intended to define the Library's preservation responsibilities, and to provide guidance to Library staff engaged in making decisions and undertaking other activities that may have an impact on collections. It is also a fundamental accountability document concerning one of the Library's core business functions, and is intended to

① Carolyn Clark Morrow. Defining the Library Preservation Program：Policies and Organization//Paul N. Banks, Roberta Pilette. Preservation：Issues and Planning［M］. Chicago：American Library Association, 2000：1－27.

serve as the basis for communication with a range of external stakeholders.

This policy has been endorsed by the Library's Corporate Management Group for implementation throughout the Library.

1.1 Related Documents

The Library's Collection Development Policy is a key document in interpreting the Preservation Policy. It includes more detailed policy information on what the Library will collect and retain.

Policy documents which operate under the Preservation Policy are:

- Collection Disaster Plan
- Digital Preservation Policy
- Policy on Participation in Co-operative Microfilming Projects with Other Institutions
- Policy on Preservation Copying of Collection Materials
- Policy on the Retention and Preservation of Australian Newspapers

Related policy documents are:

- Directions 2009 - 2011
- Collection Development Policy
- Collection Digitisation Policy
- Conditions of Loan (for exhibitions)
- Information Technology Strategic Plan
- Interlibrary Loans Policy

2. The National Library of Australia's preservation mandate and responsibilities

The Library's preservation role is mandated by the National Library Act 1960 which requires the Library (s. 6):

(*a*) *to maintain and develop a national collection of library material, including a comprehensive collection of library material relating to Australia and the Australian people*;

(*b*) *to make library material in the national collection available to such persons and institutions, and in such manner and subject to such conditions, as the Council determines with a view to the most advantageous use of that collection in the national interest*

Under this authority, the Library has a strategic objective of ensuring that a significant record of Australia and Australians is collected and safeguarded. To achieve this, the Library protects and maintains its collections to ensure their longevity, and implements relevant preservation strategies for priority areas of the collection including electronic resources. The Library also maintains a significant collection of non-Australian library materials to ensure they are available for current and future use for as long as they are needed.

In addition, the National Library Act requires the Library (s. 6):

(*d*) *to co-operate in library matters (including the advancement of library science) with authorities or persons, whether in Australia or elsewhere, concerned with library matters.*

Under this authority, the Library seeks to help others preserve the documentary heritage resources for which they are responsible, particularly those relating to Australia.

With regard to its own collections, the Library's preservation responsibilities identified in Directions 2009 - 2011 are to ensure that a representative record of Australian life is collected and preserved for the future.

3. Preservation of the National Library's collections

The Library's collections of Australian include documentary materials of all kinds-printed works (books, serials, maps, sheet music, newspapers, ephemera), online and other digital publications, unique unpublished materials such as manuscripts, pictures, oral histories and folklore recordings, and extensive collections of microform and digital copies of information resources held by other institutions. The Library also holds considerable collections of general overseas and rare book materials, as well as world class Asian and Pacific collections.

The materials that make up the Library's collections are composed primarily of organic materials which are subject to natural deterioration even in storage, and to accelerated damage from use. The collections also include a large and rapidly increasing component of digital and other electronic information resources which depend on particular technologies for access, making them vulnerable to loss of accessibility through technology obsolescence even if the original information carriers have been preserved.

3.1 Principles for preserving the Library's collections

3.1.1 Preservation of its collections is a core business function for the Library. All Library staff are responsible for taking account of potential impacts on preservation of the collections in their work and their decisions.

3.1.2 The main aims of the Library's preservation programs are to preserve collection items and to maintain access to them, consistent with their significance to the collection, usage requirements and current condition. This may require maintenance of the physical format of the items or maintenance of access to their information content, as for audio tapes, or both.

3.1.3 In addressing its preservation commitments, the Library recognises that different items and collections may need different levels and types of care, security and intervention. This may involve differences in how long materials will be maintained, and how far the Library will go in seeking to avoid or overcome either damage or loss. Most materials in the Library's collection will be maintained in their original format.

3.1.4 In supporting accessibility, the Library seeks a suitable balance between the needs and rights of current users and the access expectations of future users.

3.1.5 In managing its preservation commitments, the Library takes account of a number of factors, including:

- The nature and purpose of its collections
- The nature of the risks to their ongoing value and usefulness
- The business context in which it operates, including the resources that have been made available for allocation to preservation; the availability of specialist expertise and facilities; and opportunities for addressing preservation needs along with other business requirements.

3.1.6 To adequately account for these factors, the Library must maintain adequate knowledge of its collections in order to make informed planning decisions, and to report on the Library's performance in caring for this highly valued publicly-owned asset.

3.1.7 The Library attempts to retain and preserve at least one copy of all Australian material collected in accordance with its collection development policy, or for which it has accepted a preservation responsibility. Items will be maintained in their original format for as long as practicable, although access may be provided to the original format or to a surrogate copy as appropriate to support users needs and cost-effective preservation.

3.1.8 Australian print, electronic and special collections are given a high priority for preservation. Overseas collections are managed for access for as long as practical, and in general receive a lower preservation priority than Australian collections. However, it is recognised that some overseas materials such as rare books, and library materials relating to Asia and the Pacific, may be of particular international significance and may have special preservation needs. The Library accepts a responsibility to preserve this material.

3.1.9 Special storage, security, treatment and copying provisions are made for nationally significant materials. These treasures and other items or collections of particular significance, whether Australian or from overseas, are identified and prioritised within a Register of Nationally Significant Materials which guides the allocation of priorities for a range of preservation actions, including disaster protection and response.

3.1.10 Copies made or acquired to serve as potential replacement preservation masters for particularly ephemeral formats (including sound recordings, digital resources, newspapers and fugitive photographic materials) are given a high priority for preservation.

3.1.11 In all of its preservation approaches, the Library applies high standards of professional care and appropriate methods to maintain the significant characteristics for which the material receiving attention is valued.

3.1.12 The mandated preservation responsibilities of the National Library can only be addressed through adequately resourced programs, appropriate policies, and well managed plans for ongoing action. While the Library may choose from a range of supply options to address some aspects of its preservation commitments, it recognises the value of maintaining a preservation presence as a core business function. This requirement reflects the complex nature of the Library's preservation challenges, and its leadership role.

3.1.13 The Library also recognises the need for adequate documentation and metadata that will support effective planning, informed decision making, appropriate future action, and accountability.

4. Means used by the National Library to achieve its preservation objectives

To achieve its preservation objectives, the Library uses a range of means including:

- Planning and policy making
- Development and use of procedures across the Library to prolong the useful life of collections
- Specialised conservation treatment
- Copying to preservation standards.

These measures are aimed at:

- Recognising potential threats and preventing or minimising their impacts
- Stabilising damage that may have occurred and preventing further loss
- Repairing damage or loss that significantly interferes with use or detracts from the usability and values that give the collection material significance
- Providing suitable replacement copies if necessary and available.

Because conservation repair treatments and data recovery are relatively expensive and not always successful, the Library aims to prevent or pre-empt damage or loss where it is practical to do so.

5. Notes on specific activities

5.1 Acquisition and item creation

The Library acquires collection items either from external sources or through its own content creation activities (such as digitisation, photographic or oral history commissions).

For materials acquired for long term retention and use, the Library acquires the best available copy, and encourages the use of appropriate stable and manageable materials and formats where these exist.

The Library considers the likely costs of ongoing preservation in making decisions to acquire materials for the collections.

The Library sets and monitors standards for materials, formats and metadata for items it creates or commissions itself, aimed at minimising the later costs of preserving such material.

5.2 Safe storage

The Library provides appropriate accommodation to support preservation of the physical collections, and suitable secure systems and storage for digital data collections. This is achieved by:

- Ensuring engineering and building specifications for new buildings and for upgrades or renovations to existing buildings address preservation needs of collections to be stored in them
- Ensuring that all Library buildings are maintained to continue to meet those specifications
- Providing appropriate environmental conditions for collection storage with acceptable levels of temperature,

relative humidity, light exposure, air quality and other parameters that may be specified from time to time

- Providing and maintaining specially controlled environmental conditions for particularly vulnerable or significant collection materials
- Ensuring the Library has an effective integrated pest management program
- Providing security measures that ensure collection materials are protected from theft, vandalism, and accidental damage or loss during use or in storage.
- Using appropriate shelving and retrieval equipment
- Using best practice systems and regimes for long term data management, including secure backup and disaster recovery arrangements
- Maintaining best practice disaster preparedness plans and procedures to prevent, minimise, react to and recover from emergency situations that may damage the physical collections.

5.3 Collection processing and maintenance

The Library believes that appropriate collection processing, housing, and ongoing collections maintenance will reduce the likelihood of serious damage to its collections. These measures include:

- Timely processing of newly acquired materials to a use-ready state
- Using appropriate means of identifying items to ensure ongoing retrieval and security while minimising the risk of causing long-term damage
- Using suitable housing containers such as boxes, folders, sleeves and wrappers where required to protect collection items
- Regularly maintaining storage areas, equipment and collections in a clean condition using suitable low risk methods.

5.4 Protective use, display and handling

The Library recognises that use of its collections is a prime purpose of its existence. However, the nature of the collections, their national significance, what is required to support user access needs, and the access rights of future users are taken into account in determining what kinds of use will be allowed.

The Library encourages the use of surrogates rather than originals in cases where the original material is not suitable for regular use, such as rare or fragile items like glass plate negatives, or material in particularly vulnerable formats, such as audio tapes.

The Library takes serious account of preservation considerations in determining the selection of items and the frequency and duration of their use for exhibition purposes, or for loan for exhibition to other institutions. All items proposed for exhibition or loan are assessed for their current condition and vulnerability, and all items approved for exhibition or loan are appropriately prepared to minimise the risk of damage and to maximise the effectiveness of their display. Display and loan conditions with regard to security, light and UV exposure, temperature, relative humidity and air quality are specified in exhibition and loan agreements, and are intended to comply with current international standards or with special Library specifications for particular materials.

The Library requires staff and users to handle collection materials in ways that minimise the risk of damage. To address this need, training and advice on safe handling and transportation of collection materials are provided.

Recognising that copying is a potentially significant source of damage to collection materials, the Library applies restrictions to the copying of at risk materials by and for users. Preservation Services is responsible for providing guidance on which materials are considered to be at risk, and guidelines for safe copying.

5.5 Conservation treatment

Conservation treatments are undertaken to prolong the useful life of collection materials by stabilisation or repair when collection material is at risk or damaged.

In applying conservation techniques, the Library's policy is to use the least intrusive methods available that are consistent with preventing further damage and protecting the significance of the items in question. All treatments are undertaken to a high standard and use appropriate materials. Treatment approaches include:

- Minor repairs or stabilisation of individual items when required
- Intensive treatment of high priority or nationally significant items requiring special attention
- Intensive treatment of materials selected for National Library exhibitions when required
- Commercial binding of Australian deposit collections if required for security reasons.

5.6 Preservation copying

Preservation copying of collection items is undertaken to reduce the risks associated with the use of vulnerable or particularly significant materials, and to provide a suitably faithful backup surrogate when this is possible. Preservation copying approaches used by the Library include microfilming, digitisation, and preservation photocopying. Preservation surrogates are created to appropriate standards for preservation purposes and for access; where agreed standards are not available or not suitable, the Library determines its own specifications to ensure suitable outcomes.

Increasingly, the Library uses digitisation as a means of preservation copying, when it is able to ensure that detail can be captured at the required level, and that it will be able to manage the digital copies as enduring preservation masters.

5.7 Preservation of digital and other electronic collections (including audiovisual collections)

The Library recognises that the preservation of digital and other electronic collections requires methods principally aimed at maintaining meaningful access to information content. In addition to the risks of media deterioration and data loss or damage, the primary driver for the Library's electronic preservation programs is the risk of losing access through changes in the technologies required to access and use.

To address these risks, the Library aims to:

- Manage its digital collection building activities with preservation objectives in mind
- Monitor technological changes that may impact on the access paths for its various electronic collections
- Transfer analogue audio and video collections to well-managed digital formats while analogue replay equipment is still available
- Transfer digital materials from poorly managed storage formats to managed storage
- Monitor the data formats in its collections and the access paths required for their reliable use
- Plan and undertake interventions to maintain access, possibly including transformation of the digital objects or of the means of providing access. In order to be sustainable, the Library recognises the need for systems, tools and workflows to automate as many of these processes as possible.

6. Cooperation

The Library recognises the need to work with others in the Australian and international library and information sectors to address common challenges while minimising unnecessary duplication of effort and facilities. The Library actively participates in collaborative programs where there is a prospect of benefit in meeting its preservation objectives more cost-effectively. The PADI (Preserving Access to Digital Information) website and the Australian Newspaper Plan (ANPlan) are examples of this type of cooperation.

As the national library, the Library has a key role to play in fostering the preservation of Australia's documentary heritage beyond its own collections. The Library also accepts a role in promoting the preservation of library and information collections internationally, with a special interest in Southeast Asia and the Pacific, as a Regional Centre of the International Federation of Library Associations Preservation and Conservation Program (IFLA PAC).

6.1 Priorities

In its fostering and facilitating role, the National Library gives priority to:

- Supporting and initiating programs and activities that enable others to identify and meet their objectives and responsibilities in preserving documentary heritage
- Supporting and initiating programs and activities that address significant information formats at particular risk of loss, such as newspapers, digital formats, and unstable cellulose acetate information carriers
- Promoting wide impact preservation strategies, including disaster preparedness, preservation copying, management of digital collections, training and information sharing.

7. Responsibility for Preservation Policy

This policy is monitored and reviewed by the Library's Collection Development and Management Committee on a regular basis.

Reviewed August, 2009

资料来源：National Library of Australia. Preservation Policy [EB/OL]. [2012-02-11]. http://www.nla.gov.au/policy-and-planning/preservation-policy.

---

**知识点链接 8-3**

## 加拿大国家图书馆和档案馆文献保护政策

1. Purpose

The purpose of this policy is to state the principles that guide the preservation activities of the National Archives of Canada (NA) in fulfilling all aspects of its mandate. It gives direction to staff for carrying out their responsibilities regarding the preservation function and communicates to those outside the institution the principles which guide preservation in the NA.

2. Context

The fundamental purpose of the preservation activity, its nature and scope, and its relationship with other archival functions has evolved significantly since the previous Conservation Policy came into effect in 1987. Archival records themselves now include increasing numbers of technology-dependent records with special preservation challenges. The concept of both current and long-term accessibility as purposes for preservation, and the need to keep users informed of the effects that preservation actions may have on the meaning which archival records communicate, are ideas which need to be reflected. Further, certain legislative and other changes (e. g. management of government information) have altered the authorities for the policy. Consequently, this revised Preservation Policy has been developed in consultation with NA staff and the archival and preservation community.

3. Authorities

The authorities governing this policy are the National Archives of Canada Act, passed on December 19, 1986, which came into effect on June 11, 1987, the Copyright Act and the Access to Information Act. Article 4. (1) of the National Archives of Canada Act states:

The objects and functions of the National Archives of Canada are to conserve private and public records of national significance and facilitate access thereto, to be the permanent repository of records of government institutions and of ministerial records, to facilitate the management of records of government institutions and of ministerial records, and to encourage archival activities and the archival community.

Further relevant citations to specific articles in these Acts are provided in Appendix A. 2

4. Definitions

The terms used in this document are specific to this policy and are defined in Appendix B.

5. Roles and Responsibilities

5. 1 The National Archivist of Canada approves the preservation policy on the advice of the Senior Management Committee.

5. 2 The Director General, Preservation Branch, leads in the development and implementation of the preservation policy and reports to the National Archivist and/or the Senior Management Committee as appropriate.

5. 3 The Assistant National Archivist, the Directors General of the other NA branches, the Director of the Portrait Gallery of Canada and the Director of the Strategic Management Office implement the policy as appropriate to their areas of responsibility and provide advice to the Director General, Preservation Branch, and through Senior Management Committee, to the National Archivist concerning the impact of the preservation policy on their areas of responsibility.

5. 4 The staff and managers of all branches of the NA assist in implementing the preservation policy as appropriate to their roles and responsibilities.

6. Policy Statements

6. 1 Preservation is a fundamental responsibility through which the National Archives of Canada ensures the continuing availability and authenticity of the archival records that it holds in trust for present and future generations. The NA recognizes that preservation is a pervasive function that is integral to all archives activities from acquisition through to access; every staff member plays a part. The preservation function is also implicit in NA's responsibilities to facilitate the management of records of government institutions and ministerial records and to support the archival community.

6. 2 The NA seeks to be a centre of excellence for archival preservation nationally and internationally including in the development of expertise, the implementation and dissemination of standards and techniques, and the promotion of the value of archival preservation in Canada and of Canadian expertise in the world.

6. 3 All types of records, whether human-readable or technology-dependent, are to be valued based on their qualities and worth as archival records, rather than the nature or challenges of their media.

6. 4 Further, all preservation actions (except donor or client copying) must seek to preserve the maximum number and quality of the attributes and their interrelationships for which the archival record was acquired. The physical impact of all preservation actions or changes, including copying, must be evident to users, and any impact on meaning must be conveyed to users.

6. 5 A record, whether an archival record or a copy, always comprises both information and medium; these are interdependent in creating or affecting historical meaning through the perception of the user. The interdependence between medium and information is to be recognized equally for both archival records and copies in order to assist decisions regarding preservation and copying (e. g. in determining essential attributes of the archival or copy record or in selecting copying media for the long term).

6. 6 Human-readable records are sufficiently distinct from technology-dependent records that separate principles or paradigms apply to the management of their preservation and the determination of their priorities (see Appendix D).

7. Policy Requirements

7. 1 Preservation Planning and Strategy

7. 1. 1 An overall preservation strategy will guide plans and actions that reflect the scope of the preservation mission, identify all key results areas for development and implementation, and plan resources accordingly. Equally, all other NA functions should acknowledge the impact on their plans and resources of an inherent preserva-

tion component.

7.1.2 All preservation planning will be determined by Preservation Branch in consultation with other functions of NA; conversely, Preservation Branch will participate in planning related to NA's other functions as appropriate.

7.2 Acquisition, Selection and Disposal

7.2.1 The physical nature and condition of the records, weighed against the capacity of the NA to preserve and ensure access to them in the present and the long term, will be considered as criteria in deciding whether or not to acquire or retain records, particularly technology dependent records.

7.2.2 Where internal resources are considered inadequate to preserve records and provide access in the long term, the NA may explore options with donors and sources of records either during the acquisition process or later, such as funding support, completion of preliminary work by records creators, or provision by the source of a duplicate for access purposes.

7.2.3 The NA may also endeavour to influence records creators to incorporate preservation measures within their workplaces, particularly for technology-dependent records; in some instances (for example, in some government departments), long-term preservation may be delegated to records creators, with NA providing advisory and monitoring functions.

7.2.4 Methodologies to assess and predict preservation requirements will be designed for both current holdings and projected acquisitions.

7.2.5 The physical nature of certain archival records may require disposal after conservation copying, subject to approval. The process to determine approval must first establish the permanently inaccessible condition of the archival record and demonstrate the attributes, longevity and archival value of the copy.

7.2.6 Records that have been approved for disposal, or other records, may be selected by the Preservation Branch for use in applied research or training on approval of the appropriate archival area.

7.3 Preservation Management of Collections

7.3.1 Preservation management of collections, including custody, proceeds in a progressive sequence, from the global to the particular and from preventive preservation (such as collection assessments, proper accommodation and handling) to increasingly intrusive measures (such as copying, treatment, restoration and migration of items). Advice and training are considered to be a use of resources at the global level.

7.3.2 A preservation strategy is recognized to be risk management of the holdings overall. It outlines plans and priorities which strike a balance between the needs of records (identified through surveys) and departmental priorities (identified through consultations with all areas which use or access archival records). The balance will be arrived at through decision-making criteria, including the ownership status of the records and the availability of resources. Priorities will be indicated in plans encompassing holdings maintenance, copying, migration and treatment and in an allowance of time for applied research.

7.3.3 The NA will apply international or widely accepted standards, where available, to ensure the preservation and accessibility of its holdings. It will use appropriate accommodation standards and tested materials and equipment to store records; it will ensure appropriate standards and guidelines are set for all records-related actions (e.g., handling, processing, transport, security, loans, exhibitions, etc.).

7.3.4 Preservation management of copies (i.e., storage, handling and use) will reflect the intended use of the copy. Archival masters, particularly for technology-dependent records, may receive the same priority as archival records, with a descending scale of rigour applied to other types of copies, with reference copies intended to be used freely and replaced as needed.

7.3.5 Information about preservation activities, such as data on preventive preservation and holdings maintenance, copying, treatments, surveys, loans, exhibitions, circulation and service requests, will be retained as appropriate and managed as an investment and an asset of value.

7.4 Accommodation, Security and Environment

7.4.1 Of all preservation measures, appropriate accommodation is the single most effective and cost-efficient for the totality of the NA's holdings. The NA will seek to ensure appropriate and secure accommodation for all its holdings, wherever they are stored, processed or used.

7.4.2 Like all preservation actions, accommodation is an active, not a passive, measure, requiring daily management to maximize effectiveness. Appropriate accommodation includes environmentally controlled and monitored space, containerization that conforms to archival standards, security, pest management, disaster-readiness and cleanliness protocols.

7.4.3 The NA recognizes that the split arrangement for accommodation of its holdings in the Gatineau Preservation Centre, Ottawa and Renfrew locations, results in lengthy and frequent transport that constitutes a risk to archival records which must be actively assessed. It also affects departmental work flow, resources and records access. The work plans and procedures of all operational areas must acknowledge the risk of this transport, and implement appropriate measures, including security measures, to reduce it and its effects wherever possible.

7.5 Disaster and Emergency Preparedness

7.5.1 The NA, in partnership with the National Library of Canada (NL) will update and maintain a Disaster Contingency Plan and Disaster Contingency Organization, consisting of procedures and trained staff, to protect their holdings by responding to emergencies (e.g., fire, flood, power failure, pest infestation, growth of mould, vandalism, accident) and by leading immediate recovery actions.

7.5.2 In a disaster or an emergency, the first priority will be the safety of people, followed by immediate action to rescue or prevent further damage to records. Depending on immediate threat, emergency response and recovery actions will take precedence over all other NA activities.

7.5.3 The assistance of the Preservation Branch will be sought immediately on discovery of a situation posing potential or actual threat to the records of the NA.

7.6 Copying

7.6.1 All copies that are kept by the NA (i. e. all except client copies) have preservation value because they reduce the movement and exposure of archival records; may be designated the archival record if an archival record is lost or damaged; may constitute proof of condition and legal ownership; and may assist in insurance purposes.

7.6.2 Copying serves many additional purposes for acquisition, conservation (including treatment) and access within the NA, as defined in Appendix B; those purposes may be concurrent. However, the need for an access copy does not justify the creation of a conservation copy at the same time; a conservation copy will only be produced where required for specific conservation purposes.

7.6.3 Copying may take different forms, both traditional analog and digital (see Appendix D), and will reproduce or translate a differing number and quality of the attributes of archival records and their interrelationships. Copying may also be considered a treatment itself when the copy version has the radical impact of replacing the archival record, (e.g. migration of physical or logical formats of electronic records).

7.6.4 Conservation copying must be in media tested for longevity and cost-effectiveness; i. e., for the foreseeable future, it must be in traditional analog media such as photographic media or, for technology-dependent records, appropriate technology-dependent copy media. Nevertheless, traditional analog media are limiting and reductive for the vast range of forms which human-readable records take (see Appendix D). In contrast, technology-dependent records are more accurately copied than human-readable records because the media used to copy them are also technology-dependent and mimic the attributes of the archival records more closely (although such copies have their own provenance and metadata).

7.6.5 Consequently, for human-readable records the first priority is to ensure preservation of the archival records themselves in preference to making conservation copies. However, for technology-dependent records, conservation copying may be the first priority in order to respond to technological change and obsolescence. For the latter, the conservation copying decision represents, in effect, a continuation of the acquisition/selection decision, since materials that are not copied may gradually become inaccessible and eventually require disposal. However, such conservation copies too, are technology-dependent, and will need to be regenerated. (One prime reason for retention of all archival records as acquired remains the varied longevity, cost and usefulness of any copies.)

7.6.6 Access copying must not endanger the archival record, while it should offer clients their desired copy formats to the extent possible, including copies in the digital medium due to the broad reach and capacity for rapid delivery of digital copies. However, except for electronic records, digital access copying results in a significant reduction in both the number and quality of the attributes of the archival records and their interrelationships. The impact of digital access copying must be communicated to users.

7.6.7 Access copying in digital form will also entail—as for all electronic records preservation maintenance through repeated cycles of migration of the whole body of digitized records, together with metadata (pending new techniques for preservation of digital material).

7.6.8 For all copies kept by the NA, specific citations to the archival record must be maintained for research, access, preservation, and control purposes.

7.7 Conservation Treatment

7.7.1 The first priority of conservation treatment for most human-readable records in the NA is the current and long-term protection of the records during the provision of access for consultation, copying, loans and exhibitions and during disaster recovery. Otherwise, maintenance of these records as a whole will rely on preventive preservation (e.g., accommodation, containerization and careful handling) and on stabilization techniques for larger volumes of material.

7.7.2 The first priority of conservation treatment for certain deteriorating photographic and all audio-visual records is ensuring long-term accessibility through a planned, comprehensive conservation treatment/copying program for priority items and through specific storage techniques. The planned program will establish annual priorities that take into account predictions of needs for access, and will provide reference copies among other products.

7.7.3 Electronic records may undergo standard conservation treatments (e.g., rewinding, cleaning) and/or migration. Migration as a conservation treatment is intended to ensure the continued meaningful existence of electronic records by replacing the obsolete archival record with a new digital version. Migration also entails managing the risk of error in assessing technological change and in preserving contextual information or metadata that might be lost during data migration. Migration must also include continuous maintenance of the history of migrations as part of the metadata associated with the record, which will be made available to the user.

7.7.4 Conservation treatments will be approved only after consultation among staff, including archivists, to ensure that all available historical, scientific and technological information concerning the effects of various treatment options on the nature of the archival record has been considered.

7.7.5 All conservation examinations and treatments, including treatments to prepare records for copying, will be recorded (including through photo-documentation) and a formal system established for maintaining and communicating such information.

7.7.6 For all records, conservation treatments proceed in a progressive sequence from stabilization and structural consolidation to cleaning and repair, to more intrusive methods of remedial action. In many instances, conservation treatments or changes will be visible and apparent to the user, but in other instances, users must be informed of the effects of conservation actions on the records.

7. 7. 7 Treatments of human-readable records will rarely proceed to restorations where changes are rendered imperceptible and must be explained to users. Restorations of audio-visual records, which are largely performed through treatments which also create modified copies or archival masters, can be difficult to perceive and must be explained. Efforts to go further and reconstruct a record, such as a film, are archivally suspect; therefore, the NA will not alter an existing archival record in a reconstruction attempt and will give low priority to manufacturing any proposed new version.

7. 7. 8 Conservation treatment and/or copying of records from holdings other than those of the NA (except for those of the NL, as per 7. 10. 1) will be undertaken only with the approval of the Director General, Preservation Branch, or the National Archivist.

7. 8 Access

7. 8. 1 Consultation, handling and use, transport, temporary storage, copying, exhibition, and loan of holdings will not subject the items to unacceptable levels of risk or deterioration, as determined by the NA and governed by relevant legislation (e. g. Access to Information Act), accepted standards and internal guidelines. Individual procedures (including scheduling for copying) will be put in place for items at high risk such as fragile, highly marketable or ephemeral material, material of high intrinsic value and technology-dependent records.

7. 8. 2 Access to audio-visual records will distinguish between processed and unprocessed material and will be governed by relevant legislation (e. g. Access to Information Act, National Archives Act). Copies of processed material will be provided on demand within agreed limits. Unprocessed material will be scheduled in a planned, comprehensive conservation treatment/copying program, one product of which will be reference (consultation) copies. However, some access requests may be served by special viewing of the original at the Gatineau Preservation Centre, if safe for the archival record.

7. 8. 3 In preference to the production of reference copies, the accessibility of electronic records in the holdings will be ensured through secure (e. g. watermarked and/or fingerprinted), controlled, automated means that use access protocols with the client for transfer of the data.

7. 9 Preservation Research and Training

7. 9. 1 The NA will use tested and known methods and means. Experimental methods and materials will be limited to basic/applied and developmental research projects, until their effects and longevity are determined.

7. 9. 2 The NA will undertake basic/applied research projects to address preservation problems encountered or anticipated, when the research is not being undertaken elsewhere.

7. 9. 3 The NA will collaborate with other institutions whenever possible, and will communicate interim and final results of such research, to contribute to the body of knowledge concerning preservation.

7. 9. 4 The NA will undertake developmental research, singly or jointly, as resources permit and as the results of basic/applied research justify it.

7. 9. 5 The NA will not undertake pure research.

7. 9. 6 The NA will furnish training opportunities to preservation staff to maintain or enhance their expertise continuously, particularly in emerging areas of interest such as electronic records. Training opportunities include allowances for self-directed training; attendance at national and international conferences, seminars and courses; and study visits, internships and working exchanges with other institutions and professionals.

7. 9. 7 The NA will maintain internship and training programs on-site for external students to further archival preservation expertise in the archival community in Canada and worldwide.

7. 9. 8 The NA will provide in-house training in preservation issues and techniques for nonpreservation NA staff to enhance understanding and application of preservation principles throughout NA.

7. 9. 9 The NA will provide advice and information, particularly to government departments and agencies, on the preservation requirements of the records under their control.

7. 9. 10 The NA will endeavour to maintain obsolete equipment and the staff expertise to use and repair it, or to reconstitute equipment capable of performing obsolete functions, as long as obsolete formats are acquired or remain in the holdings; this policy includes equipment and expertise relating to human-readable records as well as technology-dependent records.

7. 10 Stakeholders, Partnerships and Professional Connections

7. 10. 1 The Preservation Branch of the NA provides a range of preservation services to the NL according to plans updated annually. In addition, the NA and NL participate jointly in the Disaster Control Organization, as per 7. 5.

7. 10. 2 The NA maintains a close consultative relationship with the Canadian Conservation Institute; collaborative research projects and training are part of that relationship. The NA also maintains professional relationships with the preservation community internationally.

7. 10. 3 The NA maintains an active participation in and communication with the archival community in Canada and internationally, including its preservation organizations and associations, such as the Preservation Committee of the Canadian Council of Archives and the AV Preservation Trust. ca.

7. 10. 4 The NA is one of a group of cultural agencies in Ottawa, including the NL, museums, galleries, crown corporations and the Canadian Parks Service, which may offer opportunities for shared partnerships in the preservation and accessibility of collections, such as joint research, training, assistance in disasters or emergencies and the sharing of information and expertise.

7. 10. 5 The NA welcomes comment and external peer assessment on its preservation activities, and will seek such input.

7. 10. 6 The NA espouses the Code of Ethics and Guidance for Practice, which is published jointly by the Canadian Association for Conservation of Cultural Property and the Canadian Association of Professional Conservators, notwithstanding the different definitions used in that code.

7. 11 Preservation in the Federal Records Centres

7. 11. 1 Where the NA holds archival records permanently in a federal records centre (as, for example, in the Pacific, Prairies Northwest, Manitoba and Atlantic regions), these records will be stored, preserved and treated like all other archival records of the NA, insofar as possible. Procedures will be instituted to separate these records from the non-archival records within these centres on a case-by-case basis.

7. 11. 2 The NA will seek accommodation for all non-archival records in its federal records centres which incorporates appropriate non-archival records storage and handling standards.

Conservation treatment of these records will be limited in scope and will be applied without charge to records anticipated for acquisition by the NA. The cost of conservation treatment of non-archival records necessitated by health and safety concerns may be recouped from the client department.

7. 12 Public Awareness of Preservation

7. 12. 1 The NA will actively communicate to records creators and holders, to all users of archives, as well as to supporters and the public, an understanding of the nature and value of the material it holds in trust and the importance of its preservation. This message will be conveyed in NA communications and public programs, in tours of the Gatineau Preservation Centre and other NA facilities, in the security and handling methods in current use, and in reference and consultation areas.

7. 12. 2 The NA will also explain the nature of archives in general, in aid of the archival community and the preservation of Canada's archival heritage.

7. 12. 3 The NA will also explain its own role as intermediary in affecting the meaning and perceived value of archival records through its actions to preserve records or make them accessible.

8. Monitoring

The Review Office of the NA will monitor compliance by incorporating the preservation function and programs in internal departmental audit and evaluation plans, as appropriate.

9. Other Departmental Policies

The preservation policy will be reflected in all departmental policies that have a direct or indirect impact on the holdings of the NA or on the resources assigned to preserve them, and to ensure their accessibility. This policy will be amended as circumstances warrant.

10. Date of Effect

The preservation policy will come into effect after approval by the National Archivist of Canada.

11. Communication of the Policy

11. 1 This policy will be communicated to all managers and staff of the NA, and will be made available to the public on the NA Web site at [http://www. archives. ca]

11. 2 Further information on this policy and its implementation may be obtained from the

December, 2001

资料来源：Library and Archives Canada. Preservation Policy [EB/OL]. [2012 - 02 - 23]. http://www. collectionscanada. gc. ca/preservation/003003 - 3200 - e. html.

---

## 第四节　调查和评估文献保护需求

### 一、调查与评估的目的

对所在机构的文献保护需求进行调查和评估是制订文献保护计划的必要环节，必须于计划草拟之前完成。文献保护计划以机构的需求以及满足这些需求的行动为基础，这些需求的相关信息应在文献保护需求调查报告中反映。

由于文献保护需求调查和评估是制定文献保护计划的基础，因此，设计符合机构计划需求的调查至关重要。调查必须评估相应机构内影响所有馆藏保护的政策、实践和条件。调查必须说明相应机构所有收藏的馆藏状况、需要改进的地方以及如何对馆藏进行长期保存。调查必须明确特殊的馆藏保护需求、提出满足这些需求的行动建议并确定所建议行动的优先次序。

调查应覆盖存放藏品的整体建筑。应确定收藏的潜在危险，考虑诸如环境、存储、安全和利用、常规事务、保护处理，以及政策和实践等因素。有必要指出的是，存放藏品的建筑本身因其历史价值或建筑意义，也常常是收藏品的一部分。在这一情况下，对建筑物的保护同对其中所存放的藏品的保护一样，必须受到关注。

对于那些收藏多样化、文献保护需求复杂的机构而言，除了对收藏作一般性的保护需求调查外，还需要就其特殊收藏或不同类型资料的特殊问题或特殊需求进行补充性调查。

所有这些信息应记录在正式的调查报告中。调查报告的用语应简明、格式应规范，便于从中查找和提取上述信息。作为起草文献保护计划的工具，调查报告必须以明了的语言和易于使用的格式涵盖所需信息。

## 二、调查与评估的实施人员①

对于机构文献保护需求的调查与评估，可以选择采用委托机构外部人员或指定机构内部人员两种方式实施。两者各有其优点和缺点。

### （一）委托机构外部人员实施

所委托的机构外部人员应为文献保护领域的专家。从这一角度考虑，机构外部人员可能比机构内部人员具有更加丰富的文献保护需求调查与评估的经验，他们对调查过程更加熟悉，处理过更多样的情况。此外，与机构内部人员相比，机构外部人员更能不带预想和偏见地、客观地对待实际情况，并且在需要对实际情况提出批评性意见或是指出需要改进之处时，不必担心被处罚而畅所欲言。机构外部人员还有充裕的时间按时完成这项工作。机构外部人员对机构外部相关资源更为了解，可以为调查和评估提出更具建设性的意见。而对于机构决策者特别是机构所处母体机构的决策者而言，可能会认为机构外部人员所完成的调查更加权威和更具说服力。

然而，机构外部人员对于机构的历史传统和当前情况并不熟悉，可能影响到所提出意见和建议的可行性；此外，雇佣机构外部人员需要额外的开支。

### （二）指定机构内部人员实施

机构内部人员了解机构的历史传统和当前情况，可以提出更为现实的意见和建议，而对于机构所有馆藏的保存处所、保存空间、保存设施以及整个保存程序的运作的熟悉，也使得他们能够迅速开展文献保护需求与评估调查工作。机构内部人员在开展工作的时间上更为灵活，可以完成尽可能全面而细致的调查。同时，除了占用机构内部人员的分内工作时间外，不会产生额外的开支。

但机构内部人员的偏见和日常工作可能会干扰他们对调查状况的认识，并影响他们提出可能带来较大变革的建议。由于变革可能会对机构内其他同事产生消极影响，机构内部人员提出变革建议的意愿通常较外部调查人员弱。机构内部人员在从事调查和评估期间，其本职工作的完成也可能受到影响。此外，对于机构决策者特别是机构所处母体机构的决策者而言，可能会质疑机构内部人员所完成的调查的权威性。

---

① NEDCC. Preservation Leaflets [EB/OL]. [2012-01-02]. http://www.nedcc.org/resources/leaflets/1Planning_and_Prioritizing/03NeedAssessmentSurvey.php.

## 三、调查的内容[1]

在确定机构文献保护优先次序之前，需要掌握机构内部与文献保护问题相关的各个方面的可靠数据。

### （一）机构馆藏状况

应对文献保藏机构的馆藏状况进行调查，具体调查内容包括：酸性纸张所占的比例，纸张的脆化程度和书芯的完整程度，文本或图片的恶化情况，以及装订损坏或缺乏保护盒套的百分率。由于不同文献保藏机构馆藏恶化的方式非常相似，因此，如非具有特殊的馆藏或是收藏环境异常恶劣，任一机构基本上不再需要进行细致的定量调查，选择少量馆藏样本进行抽样调查，既可确定馆藏状况是否符合一般模式，也可在进行预算或拟写拨款建议书时用做例证材料。

### （二）机构环境调查

为了获得供制订文献保护计划所用的有关馆藏存储和使用的环境数据，必须测量和记录温度及相对湿度，从而掌握全年 365 天全天 24 小时的温湿度波动情况。需要在多广范围内监测可能存在于文献保藏机构内部的气候变化是一个管理问题，取决于当地的情况以及相应机构可用于实施这一类型调查的资源。在关于文献保藏机构环境状况的调查过程中，应关注因窗户或电灯器具导致的光暴露而存在的对材料的潜在性伤害。理论上，污染级别也应被评估，但实际上，大多数污染问题的解决有赖于空调净化系统（HVAC System）的全面清理或更换。

### （三）机构文献保护制度及其实施情况调查

制订文献保护计划要求文献保藏机构检讨各种用于防止馆藏因储存、使用和处理，或是因灾难、蓄意破坏和偷窃而遭受破坏的制度和政策。只有确定了这些文献保护制度和政策是否恰当及其恰当程度，才能对馆藏遭受预期老化和意外损失的可能性进行评估。具体包括：为了确定诸如渗漏或火灾隐患等可能发生的问题，对文献保藏机构建筑物的结构进行调查；对火灾侦测与扑灭系统加以调查和评估；对机构保全系统进行评估；对机构灾难预案文本进行调查和评估；对机构成员和机构用户在馆藏的保养和使用方面所接受的训练进行调查和评估；对一般性以及用于保护或修复馆藏的存储盒套和材料进行调查和评估；对有关装订和缩微胶卷保存的合同进行调查和评估；对一定数量的馆藏从采购、装订、装箱或装入文件夹、编目、上架、流通到馆际互借整个流程进行追踪，从而确认现行程序和实践中所有可能危及文献保藏的环节，也是非常有益的。

## 四、文献保护计划工具Ⅰ：文献保护需求自评估指南

关于文献保护需求调查与评估，NEDCC 为那些欠缺文献保护经验的中小型文献保藏

---

① NEDCC. Preservation Leaflets [EB/OL]. [2012 -01 -02]. http://www.nedcc.org/resources/leaflets/1Planning_and_Prioritizing/02PreservationAssessment.php.

机构，如图书馆、历史学会、档案馆和博物馆等，提供了“文献保护需求自评估指南(Assessing Preservation Needs：A Self-survey Guide)”①。

根据这一指南，在对机构文献保护需求进行自评估时，需逐一对以下部分进行调查，同时，以下框架也可作为文献保护需求调查与评估报告的主体内容。指南还为每个部分的调查和评估提供了实用的工作表。

Ⅰ. 基础调查

A. 概况

1. 机构与馆藏

2. 使命与馆藏政策

3. 智识控制

B. 文献保护管理

1. 人员与资金

2. 文献保护政策

Ⅱ. 建筑调查

A. 建筑物

1. 建筑特色

2. 建筑物状况

B. 建筑环境

1. 气候控制

2. 污染控制

3. 光线控制

4. 昆虫控制

5. 家务管理

C. 避免馆藏损失

1. 外部威胁

2. 避免水灾

3. 避免火灾

4. 灾难预案

5. 建筑保全

6. 馆藏利用控制

D. 独立存储或展览区域

Ⅲ. 馆藏调查

A. 一般性存储和处理实践

1. 存储家具

2. 档案盒套

3. 馆藏的处理和加工

---

① Beth Patkus. Assessing Preservation Needs：A Self-survey Guide [M]. Andover，Massachusetts：Northeast Document Conservation Center，2003.

4. 馆藏清洁
B. 特定（类型）馆藏的存储和状况
1. 图书
2. 小册子
3. 文档和手稿
4. 照片和底片
5. 大型或装框资料
6. 新闻用纸
7. 剪贴簿和口述记录
8. 视听资料
C. 馆藏展览
D. 格式转换
1. 缩微拍摄
2. 拍摄复制
3. 照片及视听资料的格式转换
4. 数字图像化
E. 图书馆装帧
F. 修复处理
1. 机构内部处理
2. 专业修复

---

**知识点链接 8－4**

## 文献保护计划工具 I——文献保护需求自评估指南——工作表选列

Institutional Overview Worksheet

1. Describe the institution conducting the survey. Provide name, date established, major activities, and pertinent information about the institution's history and the history of the collection (s) being surveyed.

2. What is the institution's mission? Include a copy of the mission statement in the survey notebook.

3. What is the total size of the institution's staff? (FTE = full-time equivalent)

________FTE professionals

________FTE support staff

________student assistants, representing ________FTE

________volunteers, representing ________FTE

4. Which staff members work with the collection (s) being surveyed, and what are their duties? If staffing for the collection (s) is part-time, what portion of the staff member(s)' time is spent on the collection (s) being surveyed?

5. What is the institution's overall budget for all of its activities?

6. Does the institution have a long-range strategic plan? Is collections preservation addressed in this plan? Describe the long-range plan and indicate what topics it covers. Copy relevant sections to include in the survey notebook.

7. Does the institution have plans for expansion or renovation in the foreseeable future?

## Collections Worksheet

1. Describe the collection (s) being surveyed. For each category of material, estimate and use the unit of measurement that is most convenient (exact counts are not necessary).

| Type of material | Quantity | Unit of measurement (circle one, or specify) |
|---|---|---|
| Books (general) | | Titles / volumes |
| Rare books | | Titles / volumes |
| Archives | | Items / linear feet |
| Manuscripts | | Items / linear feet |
| Scrapbooks | | Volumes / linear feet |
| Serials | | Volumes / titles /subscriptions |
| Newspapers | | Volumes / titles / subscriptions |
| Microfilm/microfiche | | Reels / fiche / titles |
| Photographic prints | | Items / linear feet |
| Photographic negatives | | Items / linear feet |
| Slides | | Items / linear feet |
| Audio recordings | | Items / linear feet |
| Video recordings | | Items / linear feet |
| Film | | Reels / linear feet |
| Maps | | Items |
| Posters | | Items |
| Art on paper | | Items |
| Other | | Items / linear feet |

2. What does the institution consider the most important areas of these collections? In making this determination, priority may be given to those most heavily used for current activities; those that have long-term research value; and/or those that are rare, unique, or valuable.

3. Does the institution have a written collecting policy? If the institution holds different types of collections (e. g. , a historical collection within a public library, a library/archives collection within a museum), is there a separate written mission statement and collecting policy for the collection being surveyed? Copy any existing policies to include in the survey notebook.

4. Have the collection (s) been evaluated to determine that everything in the collection (s) is of long-term value to the institution? If there is a collecting policy, do all the items within the collection meet the criteria set out in this policy? Are there any materials that may be candidates for deaccessioning? What are they?

5. At what rate are the collection (s) expected to grow? (e. g. , how much new material would be acquired each year?)

6. Are these collections cataloged according to accepted library and archival practices, as appropriate? Describe the steps patrons and/or staff would take to locate materials of interest within the collection (e. g. , are indexes, card catalogs, or finding aids available? Or is access dependent on the knowledge of staff members?).

7. How frequently are the collections used by staff members and by the public? Determine the average number (e. g. , per month or year) and type (e. g. , staff, historians, genealogists, students) of people who use the

collections.

8. What is the institution's relationship with other local collecting institutions? For example, are there cooperative programs or collecting policies?

## Preservation Management Worksheet

1. What does the institution consider its most serious preservation problems? What are the institution's goals for the preservation survey?

2. What steps have been taken to prolong the life of the collections? Include efforts such as upgrading supplies and storage materials, improving environmental conditions, conservation treatment, or microfilming.

3. Does the institution have long-range goals for preservation of its collections? What are they? Is there a written preservation plan? If yes, describe it and indicate what topics it covers. Include a copy in the survey notebook.

4. Are the institution's senior administrators and trustees aware of preservation needs and committed to the protection of the collections?

5. Is there a program of preservation education for trustees, administrators, staff, and/or the public? What does it include?

6. Does the institution have a budget line item devoted to preservation of the collection (s) being surveyed? If not, are some funds devoted to preservation purposes?

a. In either case, how and for what purposes are these funds allocated? Indicate the approximate level of annual expenditures for specific activities (e. g. , microfilming, archival supplies).

b. What is the source of these funds (e. g. , regular budget line, grants, gifts)?

7. How does the institution administer preservation activities? Does one staff member have formal responsibility for preservation activities? Is there a preservation committee? To whom does the staff member or committee report?

a. What preservation activities does the staff member or committee responsible for preservation routinely carry out or supervise (e. g. , environmental monitoring, preservation microfilming, rehousing of collections into archival enclosures, disaster planning)? If a committee is used, what preservation responsibilities does each committee member hold?

b. What is the level of preservation knowledge of those responsible for supervising preservation activities? Are they knowledgeable about common forms of damage to library and archival materials, their causes, and potential solutions? Are they aware of (or involved in) preservation activity on the local, state, regional, or national level? What opportunities exist for them to maintain and expand their current knowledge of preservation?

8. Are staffing and staff training adequate to carry out basic preservation activities and other needed activities for the collections?

9. Are procedures established to examine the condition of materials in the collections on a regular basis?

10. Are the following issues considered when making decisions about new acquisitions and/or repair, replacement, or conservation treatment:

a. the relationship of the item to the entire collection?

b. the research, historical, or artifactual importance of the item?

c. the projected frequency of use?

d. the length of time the item needs to be retained in the collection?

e. the permanence or durability of the media?

资料来源：Beth Patkus. Assessing Preservation Needs: A Self-survey Guide [M]. Andover, Massachusetts: Northeast Document Conservation Center, 2003: pp. 7 – 9, 12 – 13.

## 第五节　确定文献保护优先次序

文献保护需求调查与评估重点关注文献保藏机构馆藏的外部物理状态其结果是制订文献保护计划的重要依据之一。而藏品的内在价值，包括其法律价值、历史价值、不可代替性等，是文献保护计划制订的另一重要依据。再者，文献保护是一项花费时间、精力和财力的工作，任何文献保藏机构的资源均有限制，其可能的资源投入，同样也是文献保护计划制订的重要依据。因此，我们需要在文献保护需求调查与评估的基础上，根据藏品价值及可投入资源情况确定文献保护的优先次序，包括藏品保护的优先次序以及保护措施的优先次序。

### 一、馆藏价值的确定

文献保护计划工作小组需从广度和深度上对文献保藏机构的各部分馆藏的价值进行评估。在这一方面，图书馆、档案馆和博物馆界成熟的馆藏建设和发展理论可以为之提供有益的参考。例如，在图书馆界，特别是研究型图书馆，美国研究图书馆组织（Research Libraries Group，RLG）的《RLG 馆藏纲要（RLG Conspectus）》被广泛采用。

---

**知识点链接 8－5**

#### 《RLG 馆藏纲要》——馆藏等级界定

The general definitions of these collecting levels are：

0 级

Out-of-Scope：The Library does not collect in this area.

1 级

Minimal Level：A subject area in which few selections are made beyond very basic works. For foreign law collections，this includes statutes and codes.

2 级

Basic Information Level：A collection of up-to-date general materials that serve to introduce and define a subject and to indicate the varieties of information available elsewhere. It may include dictionaries，encyclopedias，selected editions of important works，historical surveys，bibliographies，handbooks，a few major periodicals，in the minimum number that will serve the purpose. A basic information collection is not sufficiently intensive to support any courses of independent study in the subject area involved. For law collections，this includes selected monographs and loose-leaf titles in American law and case reports and digests in foreign law.

3 级

Instructional Support Level：A collection that in a university is adequate to support undergraduate and most graduate instruction，or sustained independent study；that is，adequate to maintain knowledge of a subject required for limited or generalized purposes，of less than research intensity. It includes a wide range of basic monographs, complete collections of works of more important writers, selections from the works of secondary writers, a selection of representative journals, and reference tools and fundamental bibliographical apparatus pertaining to the subject. In American law collections, this includes comprehensive trade publications and loose-leaf materials, and for foreign law, periodicals and monographs.

4 级

Research Level: A collection that includes the major published source materials required for dissertations and independent research, including materials containing research reporting, new findings, scientific experimental results, and other information useful to researchers. It is intended to include all important reference works and a wide selection of specialized monographs, as well as a very extensive collection of journals and major indexing and abstracting services in the field. Older material is retained for historical research. Government documents are included in American and foreign law collections.

5 级

Comprehensive Level: A collection which, so far as is reasonably possible, includes all significant works of recorded knowledge (publications, manuscripts, and other forms), in all applicable languages, for a necessarily defined and limited field. This level of collecting intensity is one that maintains a "special collection." The aim, if not achievement, is exhaustiveness. Older material is retained for historical research. In law collections, this includes manuscripts, dissertations, and material on non-legal aspects.

资料来源：http://www.loc.gov/acq/devpol/cpc.html.

---

NEDCC指出可以通过以下七个问题在文献保护计划制订过程中对馆藏价值进行评估①。

（1）部分馆藏或个别藏品中的主题的重要性体现在何处？其重要性的区域范围是当地的、区域的、国家的还是国际的？

（2）部分馆藏或个别藏品与所在文献保藏机构其他同一主题馆藏之间的关系如何？

（3）部分馆藏或个别藏品与其他文献保藏机构其他同一主题馆藏之间的关系如何？

（4）部分馆藏或个别藏品所包含的信息是否具有独特性，抑或是与其他馆藏中所包含的信息相重复？

（5）所在文献保藏机构是否计划继续收藏这一主题的文献。

（6）将经费花销在这一文献的保护上比将经费花销在购买新的文献的收益如何体现？

（7）这一文献如果遭受损毁，将对这一主题的文献收藏和理解产生怎样的影响？

在对馆藏价值进行评估的过程中，有一点需要牢记，对于大多数文献保藏机构而言，其绝大部分馆藏都不具备永恒价值，但不能因此而忽视对这些馆藏文献的保护，因其具有当下使用价值，对其进行文献保护，是为了使其能尽可能长久的供用户使用。

## 二、确定优先次序的标准②

在用于文献保护的资源有限的情况下，可以通过以下标准选择优先采用何种文献保护

---

① NEDCC. Preservation Leaflets [EB/OL]. [2012-01-03]. http://www.nedcc.org/resources/leaflets/1Planning_and_Prioritizing/04ConsiderationsForPrioritizing.php.

② NEDCC. Preservation Leaflets [EB/OL]. [2012-01-03]. http://www.nedcc.org/resources/leaflets/1Planning_and_Prioritizing/04ConsiderationsForPrioritizing.php.

措施。

（1）措施的影响力。即采用这一文献保护措施将在多大程度上促进所在文献保藏机构的馆藏文献保护工作。措施的影响力越大，优先级别越高。

（2）措施的可行性。措施的可行性取决于其所需要的人员数量及对人员专业性的要求，经费及其消耗、持续执行的成本、资金筹募的可能性，对于文献保藏机构政策及其他工作的影响，等等。措施的可行性越大，优先级别越高。

（3）措施的紧迫性。如果不马上执行相应措施，将严重影响文献保藏机构的后续或馆藏文献保护工作，则这一措施紧迫性强，应优先考虑。

## 三、文献保护计划工具Ⅱ：CALIPR

如前所述，美国加州图书馆基金的 CALIPR（California Preservation Program）是制订文献保护计划的有效工具之一。在收集文献保护需求数据的基础上，CALIPR 设计了相应的规则来确定文献保护行动的优先次序。①

---

**知识点链接 8－6**

### CALIPR——如何确定文献保护行动优先次序
### How CALIPR Determines Priorities Among Preservation Actions

Preservation actions are listed in priority order within each view or perspective. The priority is determined not only by the sum of the items that need a particular action, but also by the level of risk and value of the items needing a particular action. For example, a smaller number of high value items needing one action may be a higher priority than a larger number of normal value items needing another action.

Preservation priority results from data gathered by CALIPR in four categories: anticipated or demonstrated Use, Housing conditions, physical Condition, and perceived Value.

**Rules for determining States of Use, Housing, Condition, and Value for A/V Materials**

- If yes on "cataloged" and yes on "access policy permits playing," then potential Use is "high."
- If no on "Does this collection have a written response and salvage plan in the event of a disaster?", or no on "If this is an A/V collection, does that plan include procedures specifically for salvage of A/V materials?", or no on "automatic fire protection system," or no on "protected from water," or no on "environmental conditions meet standards," or no on "shelving is adequate," or no on "item is correctly shelved," or no on "enclosure is adequate," then Housing is "poor."
- If yes on "item appears to be deteriorated or damaged," then Condition is "poor."
- If yes on "archival copy," or yes on "significant historical value," or yes on "part of a comprehensive collection," or yes on "if item were lost or rendered unusable, replace if available," then Value is "high."

**Rules for Determining States of Use, Housing, Condition, and Value for Print Materials**

- If yes on "high use," then potential for Use is "high."
- If no on "written response and salvage plan," or no on "automatic fire protection," or no on "stack conditions meet standards," then Housing is "poor."

---

① http://www.lib.berkeley.edu/preservation/CALIPR/help_manual.html#preservationpriority.

• If yes on "missing parts or pages," or yes on "broken into pieces," or yes on "deteriorated text/image," then Condition is "poor."

• If yes on "only copy in service area," or yes on "significant historical value," or yes on "part of a comprehensive collection," or yes on "if item were lost... replace... edition," then Value is "high."

Data on these four categories are combined to create concepts of Exposure, Risk, and finally, Preservation Priority. The relationships among Use, Housing, Condition, and Value are defined as:

$$\text{Use} + \text{Housing} \longrightarrow \text{Exposure}$$
$$\text{Exposure} + \text{Condition} \longrightarrow \text{Risk}$$
$$\text{Risk} + \text{Value} \longrightarrow \text{Preservation Priority}$$

For each item in the sample, the combination of level (actual or anticipated) of Use and any deficiencies in Housing yields the level of Exposure. In turn, the level of Exposure, coupled with the item's physical Condition yields its Risk of damage or loss. Finally, Risk coupled with the item's Value yields its overall Preservation Priority. Expressed as decision matrices, the relationships look like the following.

**Exposure**

The level of Exposure (high, medium, and low) is determined by the severity of the combination of Housing problems and level of Use. At the extremes, materials that are housed well and are seldom used have a relatively low Exposure, whereas materials housed poorly and used frequently have a relatively high Exposure.

This matrix shows how the combined values for Access and Housing yield a value for Exposure:

| | | Use: high | Use: normal | |
|---|---|---|---|---|
| Housing | poor | high exposure | medium exposure | ⟶ Exposure |
| | good | medium exposure | low exposure | |

**Risk**

Risk is defined as the vulnerability of materials to damage or loss. Materials at high Exposure and in poor Condition are most at Risk; materials with low Exposure and in good Condition are, in relative terms, at no Risk. Another matrix is used to combine the values:

| | | Condition: poor | Condition: good | |
|---|---|---|---|---|
| Exposure | high | high risk | medium rlsk | |
| | medium | medium rlsk | low risk | ⟶ Risk |
| | low | low risk | no risk | |

**Preservation Priority**

Having defined Risk as high, medium, low, or none, Preservation Priority can be determined by using a third matrix, relating Risk to Value:

| Risk \ Value | high | normal |
|---|---|---|
| high | 1st priority | 2nd priority |
| medium | 2nd priority | 3rd priority |
| low | 3rd priority | 4th priority |

→ Preservation Priority

Items for which there is no risk as defined by the Risk matrix will not have a preservation priority, since no preservation action is needed at this time.

资料来源：http://www.lib.berkeley.edu/preservation/CALIPR/help_manual.html#preservationpriority.

---

# 第六节　撰写文献保护计划文本

## 一、文献保护计划文本结构

文献保护计划一般包括以下内容：

（1）题名页。

（2）致谢。

（3）执行纲要。

（4）目录。

（5）介绍。

（6）馆藏描述。

（7）文献保护需求及必须措施。

（8）机构行动计划与时间表。

（9）文献保护措施进度列表。

## 二、文献保护计划案例

各文献保藏机构应根据实际情况制订文献保护计划。文献保护计划按时长又可划分为长期、中期和短期三种类型，理想的情况是同时制订上述三种文献保护计划，若是不能达成，也可暂时选择其中一种，用于规则机构的文献保护工作。其中，短期文献保护计划可利用“文献保护计划工具Ⅲ：文献保护优先行动工作表”轻松完成。

知识点链接 8－7

# Hope Library Preservation Plan (2009—2010)

Based on This Leaflet from NEDCC Priority Actions for Preservation

1. Building maintenance

__×__ Get professional inspection

○ building __annually__

○ electric __annually__

○ roof __as needed__

○ furnace or heating/cooling machinery __annually__

○ masonry __every 5 years__

○ basement/drainage __as needed__

○ plumbing __annually__

○ other ________

__×__ Assign formal responsibility for building maintenance and supervision-custodians

__×__ Set up an inspection schedule

○ building __annually__

○ electric __2x year__

○ roof __as needed__

○ plumbing __annually__

○ grounds __annually__

○ drains and gutters __2x year__

○ furnace or heating/cooling machinery __annually__

○ other ________

__×__ Set up a building maintenance schedule—ok

__×__ Keep a building maintenance log—ok

__×__ Repair windows—__as needed__

__×__ Repair roof—__as needed__

__×__ Replace roof—__as needed__

__×__ Paint—__as needed__

__×__ Repoint bricks—__as needed__

__×__ Repair masonry—__as needed__

__×__ Replace elements (e. g., steps, sills, drainpipes, etc.) —__as needed__

__×__ Repair elements (e. g., reattach downspouts, flashings, etc.) —__as needed__

__×__ Seal cracks or other openings—__as needed__

__×__ Clean gutters— semi-annually

__×__ Clear exterior drains—__as needed__

______ Other ________

2. Climate/Energy Efficiency

__×__ Seal windows (e. g., caulk around panes, add weather-stripping, etc.) —as needed

__n/a__ Weatherstrip doors—__n/a__

__n/a__ Add insulation—__n/a__

__×__ Lower winter thermostat setting—_68 degrees_

__×__ Seal and insulate windows in storage area—_yearly_

__×__ Monitor for temperature and RH changes—_yearly_

_n/a_ Purchase monitoring equipment

○ hygrothermograph ____

○ hygrometer ____

○ thermometer ____

○ aspirating psychrometer ____

○ sling psychrometer ____

○ humidity cards ____

○ other ____

______ Relocate collections out of damp basement

○ from hot attic _n/a_

○ away from exterior walls _n/a_

______ Add humidifier

__×__ Add dehumidifier—3 in lower level

__×__ Check location and function of vents

○ open louvers _twice a year (heating/cooling)_

○ relocate collections _n/a_

○ unblock vents _as needed_

__×__ Change filters—every 3 months

__×__ Set up a schedule for filter replacement— in place

______ Install fans

○ ceiling—_n/a_

○ floor—_n/a_

○ window—_n/a_

______ Install storm windows—double paned windows in place

______ Other ____________________

3. Light Control

______ Block windows permanently

______ Install

○ drapes _n/a_

○ shades _n/a_

○ blinds ____circ area

__×__ Assign responsibility for closing shades, etc. at closing and in periods of direct light— staff on duty

__×__ Sleeve fluorescent bulbs with UV filtering tubes—in place by custodians

______ Add UV film or Plexiglas

○ to windows _n/a_

○ to exhibit cases _n/a_

○ to framed objects _n/a_

__×__ Relocate exhibits or collections away from direct light—historical collections

______ Measure and keep records of light levels

X Rotate valuable objects from long-term exhibits

______ Install drapes on exhibit cases

______ Rotate exhibits that are light sensitive

X Replace bulbs with lower wattage lamps—energy efficient conversion by National Grid completed in the fall of 2007

______ Remove bulbs from unnecessary fixtures

______ Redirect spotlights to provide indirect lighting for exhibits

______ Skylight

○ add UV protection n/a

○ paint panes to reduce light n/a

○ black out panes n/a

______ Turn off in-case lights (or remove bulbs) — n/a

______ Purchase blue wool fading standards— n/a

______ Set up a light exposure test with blue wool standards

4. Pest Control

× Trim shrubs or greenery to provide an 18″ clearance from building (include ivy)

× Remove potted plants from building interior

× Buy tight-sealing trash container for food remains

× Prohibit food in storage and research areas

× Check kitchen and have staff check desks for food not stored in tightly sealed containers

× Provide tight-sealed glass or plastic containers for kitchen and desks

× Clean up, including vacuum, immediately after parties

× Remove trash from building each night

× Purchase insect test traps—Pest Control Company—quarterly visits

× Set up a pest monitoring program—quarterly visits

× Set up a pest inspection schedule—quarterly visits

× Assign responsibility for pest management—Lincoln Pest Control

× Lower the RH— dehumidifiers installed in lower level

× Clean storage areas—as needed

× Have problems evaluated by exterminator—quarterly

______ Other ____________________

5. Housekeeping

× Assign responsibility for

○ routine cleaning custodial staff/daily

○ supervision of housekeeping ________

× Set up a cleaning schedule

○ public spaces—performed daily Monday-Saturday

○ storage—as needed

× Set up an inspection schedule (2x/yr.)

× Purchase HEPA vacuum—library owns

× Purchase dustcloths—library owns

× Purchase a book cart or other mobile "holding" unit—library owns

______ Create/adopt a housekeeping manual

× Train staff—custodial staff trained

______ Other ________________________________

6. Water Protection

__×__ Find source of leaks (list them) — as needed

○ ________________________________,

○ ________________________________,

○ ________________________________

__×__ Relocate collections away from known leaks

__×__ Relocate collections from below/adjacent to sinks, restrooms, or other water source hazards

__×__ Move all collections items and boxes off of floor in (space name)

○ ________no items on floors________,

○ ________________________________,

○ ________________________________

______ Have a professional evaluate damp problem areas-N/A

______ Install water alarms

______ Other water protections ________________________

7. Fire Protection

__×__ Ban or restrict smoking—NON-SMOKING BY STATE LAW

__×__ Inspect fire detectors—TWICE A YEAR BY FIRE ALARM COMPANY

__×__ Clean fire detectors (see manufacturer's instructions) SEE ABOVE

__×__ Test fire detectors SEE ABOVE

__×__ Set up a cleaning, testing, and inspection schedule for fire detectors SEE ABOVE

______ Obtain recommendations and quotation for installing automatic fire detection

______ Order NFPA guide to protecting collections from fire (NFPA 909, "Protection of Cultural Resources")

__×__ Conduct fire safety inspection—YEARLY—HOPE JACKSON FIRE DEPT.

__×__ Inspect fire extinguishers—TWICE A YEAR by Prescott H. Peirce Co.

○ purchase ____

○ recharge ____

○ replace ____

__×__ Mount fire extinguishers in accessible places—IN PLACE

__×__ Ask fire department to provide an inspection—YEARLY

__×__ Ask fire department to instruct staff in fire safety

__×__ Remove or correct fire hazards—AS NEEDED

__×__ Design emergency evacuation plan—IN PLACE

__×__ Schedule and conduct fire drills

______ Discuss collections and priorities with local fire marshal

______ Other fire protections ______________________

8. Security

__×__ Assign responsibility for security—CUSTODIAL STAFF

__×__ Install locks on storage areas—IN PLACE

______ Restrict access to collections

○ storage areas ______

○ collections areas ______

○ specific objects ______

______ Upgrade exterior locks

______ Replace locks

______ Set up a key control system (limit and record keyholders)

______ Inventory collections

______ Install/improve window locks

______ Remove plants obscuring windows

__×__ Obtain recommendation and quotation for automatic intrusion detection—ALARM IN PLACE

______ Set up testing schedule for security system

__×__ Install exterior lights—IN PLACE

__×__ Replace bulbs in exterior lights— AS NEEDED

______ Ask police department for recommendations

__×__ Ask police to include your building in patrols

__×__ Design and implement security procedures

○ call slips ____

○ counting out materials for use ____

○ inspection of materials after use __×__

○ personal belongings restricted from library ____

______ Educate staff about security concerns and need for supervising researchers

______ Make hours by appointment for researchers so staff can provide supervision

______ Rearrange tables to facilitate researcher supervision

______ Assign responsibility for security management

__×__ Seal bookdrop opening to building—FREE-STANDING OUTSIDE UNIT

__×__ Document ownership of valuable materials

○ photograph __×__

○ photocopy distinguishing features ____

○ add ownership marks ____

______ Other security precautions ______________________________

9. General Risk Reduction (Emergency Preparedness)

______ Create a checklist for once-a-day walk-through of storage and exhibit areas

__×__ Create a checklist for closing

__×__ Assign responsibility for daily walk-through/closing

__×__ Create telephone notification tree

__×__ Write emergency preparedness plan

__×__ Assign responsibility for emergency response

__×__ Train staff to use emergency plan

______ Locate freezer for emergency storage of wet material

__×__ Store emergency supplies (sponges, etc.)

__×__ Post NEDCC phone number by phones at work and home

__×__ Assign responsibility for 2x/yearly review/update of emergency plan

__×__ Update existing emergency plan—__ANNUALLY__

__×__ Identify salvage priorities

______ Complete a hazards inventory

______ Set up a backup schedule for collections records

__×__ Back up catalog, computer disks, shelf-list, or other collections records

_____ Provide for a copy of backup records to be kept off-site

__×__ Review insurance coverage with insurer

_____ Other ______________________________

10. General Storage

_____ Relocate collections/objects

__×__ Replace plywood or particle board shelves—__N/A__

_____ Add shelving

○ regular ____

○ oversized ____

_____ Add map case (s)

__×__ Add/replace file cabinets

__×__ Add racks and hanging folders for file cabinets

_____ Boxcollections to protect them from wood furniture

_____ Line shelves to protect collections

_____ Line drawers to protect collections

11. Books

_____ Replace rubber bands with fabric tape

_____ Replace knifing bookends with non-knifing book supports

__×__ Add bookends

_____ Measure for and order custom book boxes

__×__ Make polyester book jackets (for red rot)

__×__ Train staff and users in correct handling techniques

__×__ Straighten shelves

__×__ Turn spine-up volumes spine down

__×__ Make sure books are fully supported by shelves (add oversize shelves if needed)

__×__ Dust

_____ Restrict photocopying

__×__ Label restricted books

_____ Estimate costs, time for

○ microfilming ____

○ photocopying ____

○ brittle books ____

__×__ Weed collection

__×__ Systematically remove inserts (dried flowers, bookmarks, etc.)

_____ Stop oiling or other treatment of leather

_____ Change to archival-quality labels (flags), ____archival-quality bookplates

__×__ Relocate books of very high value to restricted use and storage

_____ Inventory ____ or read shelf list

_____ Arrange evaluation by a conservator

_____ Other ______________________________

12. Pamphlets

__×__ Make enclosures

_____ Replace acidic enclosures and binders

______ Arrange for evaluation by a conservator

______ Other ________________________________

13. Manuscripts and Documents

__x__ Inventory collection

__x__ Catalog collection

______ Create finding aids

______ Remove or replace fasteners

__x__ Estimate quantities and sizes of

○ folders ____

○ hanging folders ____

○ boxes ____ needed for rehousing

______ Rehouse in

○ folders ____

○ boxes ____

______ Remove or isolate news clippings and other very poor paper

______ Estimate time and costs of

○ microfilming ____

○ photocopying ____

______ Arrange for evaluation by a conservator

______ Other ______________________

14. Oversized Objects

______ Provide map case or other oversized storage furniture

______ Make folders

○ Mylar ____

○ paper ____

______ Replace tubes for rolled storage

○ buy "archival" tubes ____

○ wrap tubes with neutral or buffered paper ____

○ roll objects on outside of tubes ____

__x__ Rearrange furniture to provide enough space for safe handling

__x__ Provide a large work surface

______ Arrange for evaluation by a conservator

______ Other ________________________________

15. Framed Objects (Not Applicable)

______ Reframe using museum-quality mats

______ Unframe and store in

○ folders ____

○ mats ____

______ Store in

○ boxes ____

○ flat file ____

______ Build framed storage bin

______ Replace hanging hardware (e. g. eye bolts with "D" -rings)

______ Rotate exhibits

______ Arrange for evaluation by a conservator

16. ____ Other ________________________________

17. Newsprint/Newsclippings— ( -Not Applicable)

18. Scrapbooks/Albums

______ Restrict access by researchers

__×__ Photocopy

______ Microfilm

______ Box

______ Arrange for evaluation by a conservator

______ Other ________________________________

19. ____ Photographs

__×__ Inventory-PENDING

__×__ Catalog

______ Create finding aids

__×__ Train staff in proper handling techniques

______ Purchase and use lint-free gloves

______ Separate photographs from document files-PENDING

______ Estimate sizes and quantities of

○ enclosures ____

○ boxes ____

__×__ House or rehouse collections

______ Provide proper support for photos on brittle mounts

______ House prints and negatives separately

______ Isolate

○ nitrate ________

○ early safety film ________

______ House nitrate/early safety film negatives in individual buffered enclosures

______ Duplicate (list category or collections ______________________________)

______ Photocopy original prints for researcher use

______ Set up a procedure for reproducing photographs for researcher use

__×__ Rotate exhibited photographs

______ Frame or reframe photographs using museum-quality mats

______ Unframe photographs and store in

○ boxes ________

○ flat files ________

○ hanging files ________

______ Sleeve and box glass plate negatives

______ Make enclosures for broken glass plate negatives

______ Investigate cold storage for color photos

______ Make enclosures for cased photographs

______ Arrange for evaluation by a conservator

______ Other ________________________________

20. Photocopying

__×__ Arrange for facsimile reproduction of books by photocopying and commercially binding (list what or which collections)

__x__ Train staff to photocopy books without damaging them

______ Purchase and use permanent durable paper

(according to ANSI standard Z39. 48—1992 R1997) for photocopying

______ Obtain electrostatic photocopier (xerographic process)

______ See additional photocopying activities (above) ____________________

______ Other ____________________________

21. Microfilm—Not Applicable

22. Commercial Binding

This section assumes that you are currently using commercial or "library" binding for some categories of your collection. If you are uncertain whether this is an appropriate tool for your preservation effort, please contact NEDCC's Field Service Office for discussion.

__x__ Obtain and read published standards and guide produced by the Library Binding Institute

__x__ Design and implement a quality-control inspection process for rebound volumes

__x__ Discuss binding options with your commercial binder

______ Create or adopt guidelines for binding choices for your collection

______ Review/revise commercial binding contract

__x__ Seek advice from a preservation professional about preservation binding choices

______ Other ____________________

23. Repair Program

This section assumes that your staff does not include a professional conservator or formally trained repair technician.

__x__ Assign responsibility for deciding what can be done in-house

__x__ Decide what procedures are feasible

______ Review goals and plans with a conservator

__x__ Assign responsibility for

○ repairs __STAFF TRAINED__

○ supervision __STAFF__

__x__ Train assigned staff to carry out responsibilities

__x__ Obtain manuals and videos to provide backup for training

______ Identify an experienced technician or conservator for advice and assistance

__x__ Identify and obtain necessary equipment and supplies

__x__ Set up a space reserved for repairs

__x__ Create or adopt guidelines for identifying objects in need of repair

__x__ Create guidelines for matching repairs to damage

______ Document repair procedures and materials in use

______ Have a conservator or experienced technician review treated objects and make recommendations (provide quality control)

______ Coordinate other preservation strategies (microfilm, binding) with repair program

______ Build a humidity chamber

______ Flatten materials for storage

24. Collections Policies

__x__ Write or refine mission statement—UPDATED EVERY 3 YEARS

__x__ Design and implement policies

○ gift __x__

○ access __x__

○ cataloging __x__

○ loan __x__

○ security __x__

○ collections use __x__

○ exhibit __x__

○ collections care __x__

25. Staff/User Education

__x__ Staff/volunteer education

○ consciousness raising ____

○ handling materials __x__

○ security __x__

○ emergency preparedness __x__

○ other ____________

__x__ Board/administration/management education

○ consciousness raising ____

○ handling materials __x__

○ security __x__

○ emergency preparedness __x__

○ other ____________

__x__ Community education

○ consciousness raising ____

○ handling materials __x__

○ security ____

○ emergency preparedness ____

○ other ____________

__x__ Obtain educational materials

__x__ Distribute printed information

______ Organize an educational program

__x__ Design an exhibit

__x__ Meet with

○ staff/volunteers __x__

○ management/board __x__

○ community __x__

26. Fundraising

__x__ Identify a specific project for funding

__x__ Develop a budget

__x__ Learn about available funding sources

__x__ Obtain grant guidelines

______ Form a cooperative for fundraising

______ Organize a workshop on fundraising

__×__ Write a proposal for funding

__×__ Discuss funding needs with board or management

NEDCC DRAFT：KM 12/91；KEB 5/99

资料来源：Hope Public Library. Preservation Plan 2009 – 2010 [EB/OL]. [2012 – 02 – 29]. http://www.hopepubliclibrary.org/Hope_Library_Preservation_Plan_2009 – 2010.pdf.

**推荐阅读书目**

1. Association of Research Libraries. ARL Preservation Statistics. Washington, D. C.: ARL, Published Annually since 1988.
2. Association of Research Libraries. Office of Management Studies. Systems and Procedures Exchange Center. Preservation Organization and Staffing. ARL SPEC Kit 160. Washington, D. C.: ARL, 1990.

**思考题**

1. 文献保护跨域合作的意义。

2. 选用适宜的文献保护状况调查和需求评估工具及方法，就某一图书馆或档案馆的馆藏（超过1000种）进行文献保护需求评估，并提交评估报告。

# 第九章　文献保护灾难管理

**本章要点**

根据灾难产生的原因，文献保护灾难可以分为自然灾难和人为灾难两大类。

一部分灾难无法预测和避免，但可以通过灾难管理降低其对文献的危害程度；另一部分灾难则可以通过灾难管理加以预防。

文献保护灾难管理工具Ⅰ：风险分析模型。

文献保护灾难管理工具Ⅱ：文献保护灾难预案编制模板。

**关键术语**

文献保护灾难；灾难管理；灾难预案

在大部分人的印象中，图书馆、档案馆和博物馆这些主要的文献保藏机构应该是安静而安全的所在，很少会将它们与灾难联想在一起。然而事实上，不管是对于用户或工作人员，还是对于其中所保存的文献而言，图书馆、档案馆和博物馆并不总是安全的地方。保存在其中的那些珍藏着世界记忆、人类记忆的文献遗产正面临着自然灾难和人为灾难的威胁。这些灾难可能影响用户对于普通文献的使用，也可能对珍贵文献造成不可挽回的伤害，乃至永远地抹去人类集体记忆中的某些片段。

灾难无法避免。然而这些灾难的威胁和伤害却能够通过有效的灾难管理得以避免或减轻。

## 第一节　文献保护灾难

在现实工作领域，对于灾难的预防和准备常常被延后，因为我们总有更重要、更迫切的事情要做，因为灾难也许不会发生，至少不会在这里发生或者很快地发生，所以，再说吧。不幸的是，灾难总让我们措手不及，并让我们后悔不已。

### 一、灾难的记忆

1978年，联合国教科文组织（UNESCO）通过了《关于保护可移动文化遗产的建议》①。

① 或译为《关于保护可移动文化财产的建议》。

"可移动文化遗产"被界定为"作为人类创造或自然进化的表现和明证并具有考古、历史、艺术、科学或技术价值和意义的一切可移动物品",其中包括了"具有特殊意义的手稿和古版本书、古籍抄本、书籍、文件或出版物;档案,包括文字记录、地图及其他制图材料、照片、摄影电影胶片、录音及机读记录"等文献形态的文化遗产。① 这一概念的使用,既扩大了文化遗产的范围,丰富了其内容,同时也是对"文献遗产是人类文化遗产的一个组成部分"的观点的普遍认可。1992年,联合国教科文组织开始实施"世界记忆工程"项目,与"世界遗产工程"项目关注自然和人文环境中的文化遗产、建立《世界遗产名录》不同,该项目关注文献遗产、建立《世界记忆名录》。这一项目的实施,"旨在对世界范围内正在逐渐老化、损毁、消失的人类记录进行抢救和保护,从而使人类的记忆更加完整"②,体现了文化领域对于文献遗产及其保护的重视。然而,在这一认可重视的发展过程中起到重要影响的,却正是文献保护灾难的频繁发生。

根据1996年国际图书馆协会联合会(IFLA)代表Hans van der Hoeven和国际档案协会(ICA)代表Joan van Albada为联合国教科文组织所撰写的《世界记忆之逝去的记忆——20世纪被破坏的图书馆和档案馆》(*Memory of the World: Lost Memory-Libraries and Archives Destroyed in the Twentieth Century*)③ 报告,即使将重点在地域上限定为西方国家、在文献保藏机构类型上限定为研究图书馆,20世纪发生的有文献记载的大型文献保护灾难便超过50次。

1. 最早的灾难

1904年1月,意大利都灵国家图书馆(the Biblioteca Nazionale Universitaria di Torino)发生火灾,手抄本部受灾严重,其著名藏品,包括公元4—6世纪古罗马时期的载有西塞罗作品的重写本(ciceronian palimpsests)、《狄奥多西法典》(*Codex Theodosianus*)手抄本等,均遭受了无可挽回的损害。

2. 最著名的灾难

1966年11月,穿越市中心的阿诺河(Arno River)泛滥成灾,意大利佛罗伦萨遭遇了有史以来最大的一次洪水。位于阿诺河边上的国立中央图书馆(the Bibliotheca Nazionale Centrale)被洪水切断了与城市其他部分的连接。洪水退去后,该图书馆的地下室被水和淤泥堵塞。将近120万件馆藏被水淹没,其中包括10万册珍贵的Magliabecchi④ 专藏,5万册宫廷对开本(folios of the Palatina),40万册报纸;卡片目录也被损坏。此外,Gabinetto Scientifico Letterario G. P. Vieusseux图书馆⑤的35万馆藏、佛罗伦萨大学图书馆的20万馆藏以及城中其他主要图书馆共200万册馆藏均被洪水淹没。

这次发生在意大利的洪水灾难被一些著名的文献保护专家视作世界文献保护事业发展

---

① 国家文物局. 国际文化遗产保护文件选编. 北京:文物出版社,2007.10:11.

② 刘家真主编. 文献遗产保护[M]. 北京:高等教育出版社,2005.6:4-5.

③ Hans van der Hoeven & Joan van Albada. Memory of the World: Lost Memory-Libraries and Archives Destroyed in the Twentieth Century [M]. Paris: UNESCO, 1996.

④ Antonio Magliabechi (or Magliabecchi; October 20, 1633-July 4, 1714) was an Italian Librarian, Scholar and Bibliophile. http://en.wikipedia.org/wiki/Antonio_Magliabechi.

⑤ http://en.wikipedia.org/wiki/Gabinetto_Vieusseux.

的转折点，出现“洪水前”和“洪水后”的阶段划分术语①。

3．最大的灾难

1988年2月，苏联科学院图书馆遭遇火灾，360万册图书严重受损，40万册报纸及科学期刊全部损毁。这次火灾被称为20世纪最大的单一图书馆灾难。

4．最切身的灾难

对于我们的个人记忆而言，这些灾难也许在时间和空间上都相对遥远。更能让我们切身感受的应该是2008年“5·12”汶川大地震。在这次大地震中，四川、陕西、甘肃三省图书馆遭受了重大损失。四川汶川、北川、青川、茂县的4个县级图书馆、242个乡镇综合文化站（部分含图书室）、11个文化信息资源共享工程基层服务点整体坍塌；29个县图书馆、235个乡镇综合文化站（部分含图书室）、16个文化信息资源共享基层服务点遭到损毁，成为危房；25个县图书馆、382个乡镇综合文化站、29个文化信息资源共享基层服务点遭到不同程度的破坏（部分含图书室）；损毁设备1.3万台（套），损失毁坏图书182.24万册。各地图书馆直接经济损失达4.36亿元。

## 二、灾难的类型

分析联合国教科文组织的《世界记忆之逝去的记忆——20世纪被破坏的图书馆和档案馆》报告中所记载的50多次大型图书馆文献保护灾难，其类型包括火灾（11次）、政治原因（11次）、战争（10次）、地震（4次）、洪水（3次）、水管爆裂（2次）、飓风（1次）、抢劫（1次）。其中，火灾通常伴随水灾和烟灾，地震有时导致火灾的发生，政治原因意味着骚乱、抢掠和焚烧，战争常常带来轰炸、火灾、水灾和抢掠。从不同类型灾难发生的次数看，与自然灾难相比，人为灾难更为常见。

以十年为时间段分析报告中大型图书馆文献保护灾难的发生次数，可以得出同样的结论。如图9-1所示，第二次世界大战前后局势动荡时期，也是灾难高发时期，这些灾难都是人类自己酿成的悲剧。

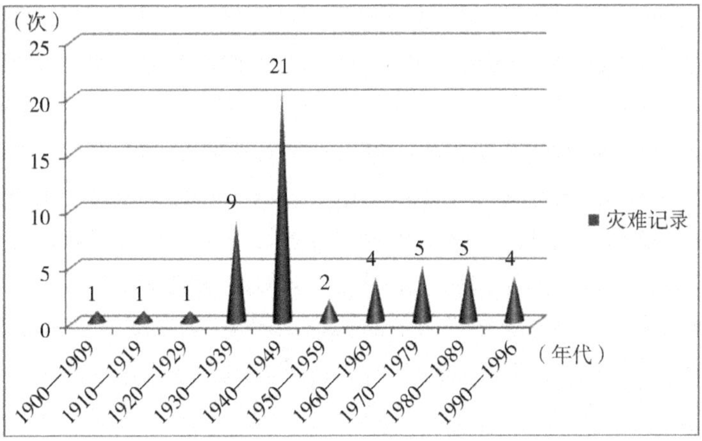


图9-1　20世纪主要图书馆文献保护灾难发生情况统计

① Sherelyn Ogden. The Impact of the Florence Flood on Library Conservation in the United States of America. A Study of the Literature Published 1956-1976 [J]. Restaurator, Volume 3, Issue 1-2, 1979: 1-36.

在文献保护的语境下，可对灾难作如下界定：

灾难是任何对文献保藏机构的人员人身安全造成威胁以及（或者）对文献保藏机构的建筑物、馆藏、设施或服务造成损害或破坏的事件。

根据灾难产生的原因，文献保护灾难可以分为自然灾难和人为灾难两大类。前者包括地震、海啸、飓风、龙卷风、洪水、火山爆发等；后者包括水管爆裂、断电、屋顶漏水、纵火、化学物品泄漏、恐怖行动、战争等。一部分灾难无法预测和避免，但可以通过灾难管理降低其对文献的危害程度，另一部分灾难则可以通过灾难管理加以预防。

### 三、灾难的影响

灾难的规模及其所造成的影响不尽相同。有些可能只是带来微小的不便，如屋顶漏水可能导致一定范围内的馆藏文献受潮进而孳生霉菌。而有些则可能导致严重的后果，如地震会对文献保藏机构及馆藏和人员造成多方面的伤害；震动会使图书从书架上掉落，使纸张从文件柜中飞散；散落一地的馆藏文献会被压碎或弄脏；屋顶、房间甚至整栋建筑可能会坍塌，馆藏可能埋在家具、屋梁、泥土或者瓦砾之下，也可能暴露在风雨雪中再次受损；结构性坍塌可能造成煤气管道或者电线发生故障，从而导致火灾，烧毁馆藏；而爆裂的水管以及用于扑灭大火的水则会对馆藏造成水灾。

然而，不管是地震、洪水等自然灾难，还是战争、屋顶漏水等人为灾难，经常会给馆藏文献造成水灾或火灾。因此，在一些灾难既无法避免也无法准确预测的情况下，从文献保护的角度考虑，文献保藏机构应该对水灾和火灾的发生有充分的准备，能够在灾难不幸发生后采取有效的灾难管理措施，将灾难危害程度降到最低。

## 第二节　文献保护灾难管理的含义

2009 年 8 月，美国马萨诸塞州塞勒姆市（Salem）皮博迪埃塞克斯博物馆（Peabody Essex Museum）柔普斯大厦（Ropes Mansion）发生了需动用两间消防局人员参加救灾的大型火灾。然而，几乎所有的珍贵文物、家庭文件和家具都幸免于难。博物馆的工作人员认为他们之所以如此幸运的原因在于该博物馆具有周详的灾难预案。火警发生后，博物馆训练有素的文献保护与修复的应急队伍迅速响应，按照灾难预案有效行动，与当地消防部门通力合作，用最少的水扑灭了大火。结果大火只对建筑物顶楼造成了很小的破坏。①

伊拉克国家图书馆与档案馆馆长艾斯坎德在反思 2003 年战争造成的损失时认为，国家档案馆或图书馆应对任何灾难的能力在很大程度上依靠于两个方面：①接受过培训的人员；②制订了有效的灾难预案。正是由于这两个方面的不足，伊拉克国家图书馆和档案馆

---

① Jane S. Long. Emergency Preparedness and the Power of Partnerships [J]. International Preservation News, No. 49, December 2009.

在毫无防备的情况下将所有的档案、书籍和照片置于损失殆尽的危险境地。[①]

## 一、目标

文献保护是图书馆等文献保藏机构的重要工作和重要职能。或者是日积月累的逐渐侵蚀，或者是措手不及的突发事件，文献保藏机构周遭的自然因素和人为因素，以不同的灾难形式，不断地影响着这一工作的开展、威胁着这一职能的实现。

图书馆、档案馆和博物馆等文献保藏机构应该有所举措以避免灾难的发生。并非所有的灾难都可以避免，因此，文献保藏机构还应有所举措为灾难的发生做好准备，以最有效的方式应对灾难并使灾难的危害程度最小化。灾难类型多样，灾难级别差异，灾难场景变幻，这些举措必然没有规定的模式，应该视实际情况灵活变化。所有用于实现上述文献保护目的的举措，包括机制、计划、人员、行动、物资、网络等，便构成了文献保护灾难管理。需要指出的是，“灾难管理（disaster management）”这一术语更多地在图书馆和档案馆领域使用，在博物馆领域，更常使用“应急计划（emergency planning）”一词。[②]

文献保护灾难管理的目标可以总结为：①尽可能地避免灾难的发生（主要是指人为灾难或非自然灾难）；②尽可能地使不可避免的灾难最小化；③当灾难发生时，灾难应对最大有效化。

## 二、环节

根据灾难状态，可以将文献保护灾难管理划分为三个阶段、四个环节：

阶段一：灾难发生之前（before disaster）；

环节一：灾难预防（preventive）；

环节二：灾前准备（preparedness）；

阶段二：灾难发生之时（during disaster）；

环节三：灾难应对（response）；

阶段三：灾难发生过后（after disaster）；

环节四：灾后恢复（recovery）。

阶段一和阶段二是灾难发生之前的预防和准备管理；阶段三是灾难发生当下的应对管理；阶段四是灾难过后的恢复管理。不同阶段、不同环节的管理工作重点不同。灾难预防着眼于定期检查和维护等常规工作；灾难准备强调保险购买、救灾程序制定、救灾物资储备、人员培训、救援网络搭建；灾难应对力求人员伤亡、馆藏文献损毁最小化；灾后恢复侧重于受灾文献、馆舍的抢救和修复以及机构服务和日常工作的重新展开。

## 三、核心

不管是哪一阶段哪一环节，文献保护灾难管理的基础是“一份被收集、识别、审核、

---

① Saad Bashir Eskander. Records and Archives Recovery in Iraq [R/OL]. [2010-02-09]. http://www.ica.org/sites/default/files/Saad%20Eskander%20Abstract%20ENG.%20doc.pdf.

② Graham Matthews, Yvonne Smith & Gemma Knowles. Disaster Management in Archives, Libraries and Museums [M]. Surrey, England: Ashgate Publishing Limited & Burlington, USA: Ashgate Publishing Company, 2009: 7.

安放、公布、传播、持续更新、使用以及评估的文字内容”①。这份文字内容通常被称为灾难控制计划（disaster control plan）或灾难预案（disaster plan），用于指导整个文献保藏机构完成文献保护灾难管理的工作。对应不同环节，系统有效的文献保护灾难预案通常包括预防计划、准备计划、应对计划和恢复计划。

文献保护灾难管理的核心便在于编制一份文献保护灾难预案。文献保护灾难预案的编制是很复杂的，已制订的计划是各种预备行动的结果。一份系统组织、正式撰写的文献保护灾难预案可以使文献保藏机构能够就灾难紧急情况作出有效而快速的反应，从而将人员所面临的危险以及馆藏和建筑所遭受的损失最小化。根据国际文献保护界的教训和经验，一份全面、系统、成文的文献保护灾难预案，是任何文献保藏机构迅速应对灾难、有效控制损失的最佳途径；文献保护灾难预案的制订和采用情况，是衡量一个地区文献保护事业发展状况的重要指标。

2004 年，IFLA/PAC 组织了一次旨在了解全球各国国家图书馆防灾计划开展情况的调查。调查结果不容乐观。在 177 家图书馆中，仅有 39 家制订了防灾计划；另有 28 家打算制定，然而由于缺少模版尚未建成。②

2000 年，美国路易斯安那州大学图书馆信息网协会（Louisiana Academic Library Information Network Consortium，LALINC）在本协会内做了一个关于图书馆灾难预案与文献保护的调查。返回问卷的 24 家图书馆中只有 8 家图书馆有成文的文献保护灾难预案。③

2003 年，由澳大利亚 11 所大学共有的 CAVAL 公司在澳大利亚和新西兰 18 家大学图书馆进行了关于灾难预案和响应的调查。调查结果显示，其中的 15 家大学图书馆拥有灾难预案，1 家正在制订中，2 家尚未制订计划。④

2006 年，美国宾夕法尼亚大学图书馆协会也进行了一次图书馆灾难预案调查。结果显示，有 31 家大学图书馆拥有成文的灾难预案，占接受调查大学图书馆总数的 66%；有 6 家正在制订中，占近 13%；只有约 21% 的大学图书馆没有灾难预案。⑤

为了了解中国大陆图书馆文献保护灾难预案制订与实施的情况，林明和张靖于 2009 年 12 月至 2010 年 2 月对中国大陆 50 家图书馆进行了文献保护灾难预案的调查，有 31 家图书馆返回问卷。调查结果显示，7 家（23%）图书馆回答制订有成文的文献保护灾难预案。通过比较分析被调查图书馆对于问卷其他相关问题的答案。研究者发现，在这 7 家回答制定有成文文献保护灾难预案的图书馆中，存在不明文献保护灾难预案所指的情况，其所称“成文的文献保护灾难预案”，内容大部分是图书馆所遇到的并不涉及文献保护的紧

---

① Julie Todaro. Emergency Preparedness for Libraries [M]. Lanham, Maryland, USA: Government Institutes, an Imprint of the Scarecrow Press, Inc. 2009: 77.

② Marie-Thérèse Varlamoff, Marie-France Plassard. Survey on Disaster Planning in National Libraries [EB/OL]. [2010-02-09]. http://www.ifla.org/IV/ifla70/prog04.htm.

③ Louisiana Academic Library Information Network Consortium. Disaster Planning and Preservation for Academic Libraries in Louisiana: A Survey [R/OL]. [2010-02-09]. http://www.lsu.com/ocsweb/louishome.nsf/$Content/Preservation+&+Disaster+Preparedness+Committee/$file/disaster_survey.pdf.

④ CAVAL. Disaster Response Plans Survey [R/OL]. [2010-02-09]. http://www.caul.edu.au/surveys/disaster-response 2003.

⑤ Tom Clareson. PALCI Disaster Planning Survey Report [R/OL]. [2010-02-09]. http://raman.library.pitt.edu/magnoliaPublic/Palci/minutes/mainColumnParagraphsDev/014/file/PALCI-Disaster-report.doc.

急事件的处理程序，少部分涉及火灾等处理程序，也是以人员的安全疏散为主。反映出中国大陆图书馆在文献保护灾难预案方面，不仅实践情况不乐观，甚至认知水平也亟待提高。①

---

**知识点链接 9－1**

## 中国大陆图书馆文献保护灾难预案调查结果

一、研究方法

此次调查主要采用问卷方式进行。问卷的设计旨在了解中国大陆图书馆的文献保护工作基本情况、曾经遭遇灾难情况、灾难应对情况、文献保护灾难预案的制订或采用状况、对灾难预案的认识状况以及灾难预案的制订计划等。出于对中国大陆图书馆文献保护灾难预案发展状况以及调查可操作性的考虑，问卷中所设问题不涉及文献保护灾难预案的具体技术细节，且问题多采用选择题形式。

调查对象以国内大型图书馆为主，这些图书馆代表着国内图书馆界的较高水平，涵盖各种类型，包括省级以上公共图书馆、特大城市公共图书馆、大型专业图书馆、研究型大学图书馆等，兼及部分近年来遭遇过较大灾难的图书馆，如 2008 年“5·12”汶川大地震灾区的图书馆。调查选择简单随机抽样的方式，发出调查问卷 50 份。截至 2010 年 2 月 5 日，共回收有效调查问卷 31 份，其中有省图书馆 14 份、市图书馆 1 份、县图书馆 1 份、大学图书馆 13 份、专业图书馆 2 份（名录详见附录 1）。回收率为 62%。调查问卷主要由图书馆相关负责人填写，或者由负责人指定具体从事文献保护工作的馆员填写。

二、调查结果

（一）关于文献保护工作的基本情况

在返回问卷的 31 家图书馆中，29 家（94%）已经开展了不同形式的文献保护工作，仅 2 家（6%）尚未开展文献保护工作。

在 29 家已经开展文献保护工作的图书馆中，20 家在馆内的特藏部、历史文献部或古籍部下设保护组或修复组承担该项工作，从事该项工作的人员规模不等；6 家由馆内各部门分别承担所属文献的保护工作；1 家由馆内文献服务部承担；1 家由馆内典藏组和应急办承担；1 家的文献保护工作未指定专门的承担部门。

在文献保护环境控制方面，29 家图书馆所开展的工作内容涉及：一、防虫和杀虫（26 家，90%）；二、库房温度控制（23 家，79%）；三、库房湿度控制（21 家，72%）；四、库房光线控制（17 家，59%）；五、库房空气质量控制（5 家，17%）。其中有 4 家图书馆开展了上述全部五方面的文献保护环境控制工作；1 家图书馆未开展环境控制工作。

29 家图书馆在文献保护环境控制的工作对象方面，包括古籍的图书馆有 27 家，包括数字文献的有 5 家，包括音像资料的有 1 家，包括缩微文献的有 5 家，包括其他类型文献的有 6 家。对全部馆藏进行文献保护环境控制的图书馆有 2 家（7%）；仅面向古籍文献进行文献保护环境控制的有 18 家（62%）。

---

① 林明，张靖. 中国大陆图书馆文献保护灾难预案调查［J］. 中国图书馆学报，2010（4）：61－71.

除环境控制外，29 家图书馆所开展的文献保护工作还包括：一、普通图书装订与修复（26 家，90%）；二、古籍修复（21 家，72%）；三、缩微复制（17 家，55%）；四、对馆员进行文献保护教育与培训（19 家，66%）；五、数字化（18 家，62%）；六、制定并完善珍贵文献使用规定（15 家，52%）；七、珍贵文献影印出版（14 家，48%）；八、数字资源长期保存（13 家，45%）；九、对读者进行文献保护教育与培训（7 家，24%）；十、制订并实施灾难预案（7 家，24%）。

（二）关于曾遭遇的灾难

在返回问卷的 31 家图书馆中，近年来没有遭遇过灾害的图书馆只有 9 家（29%）；曾遭遇灾难侵袭的图书馆有 22 家（71%）。

其中，曾遭遇火灾的图书馆有 2 家，但都发生在 20 年前；曾遭遇水灾的图书馆有 3 家；曾遭遇地震的图书馆有 4 家；曾遭遇台风袭击的图书馆 1 家；曾遭遇水管爆裂的图书馆有 11 家；曾遭遇馆舍漏水的图书馆有 11 家；曾遭遇其他各种事故的图书馆有 8 家。

图书馆在以上灾难中未有人员伤亡，所遭受的文献损失大部分为数百册。而近年来最严重灾难为 2008 年“5·12”汶川大地震，汶川图书馆遭受 42000 册的文献损失，馆舍和设备也严重受损。

在遭遇灾难后，几乎所有图书馆均依靠馆内力量进行灾后文献恢复；在灾后恢复过程中，接受图书馆同行帮助的图书馆仅 2 家，接受社会服务机构帮助的图书馆仅 1 家。

17 家图书馆对灾后文献恢复的效果表示满意，5 家表示不满意。原因方面，认为包括缺乏相应专业人员的有 3 家，缺乏相应工作程序的有 2 家，缺乏专业设备和材料的有 5 家，缺乏来自社会专业服务的有 5 家，缺乏行业协会指导与帮助有 2 家，缺乏同行帮助的有 2 家。

（三）关于灾难的应对

为馆藏文献购买保险是国际图书馆界保护馆藏、应对灾难的重要举措。在返回问卷的 31 家图书馆中，23 家（74%）没有购买任何保险；3 家（10%）为馆员购买了保险；1 家（3%）为贵重设备购买了保险；4 家（13%）表示不清楚。即没有一家图书馆为馆藏文献购买保险。

7 家（23%）图书馆回答制订有成文的文献保护灾难预案。关于所称“成文的文献保护灾难预案”，内容包括馆舍平面图及逃生路线图的为 7 家；包括相关人员及联系方式的为 7 家；包括应对不同灾难和突发事件的程序的为 6 家；包括灾难应对设施及工具存放地点的为 4 家；包括有优先抢救馆藏财产名录的为 2 家；包括灾后恢复程序的为 2 家。关于所称“成文的文献保护灾难预案”是否为全馆人员所知，5 家回答是，2 家回答否。关于所称“成文的文献保护灾难预案”是否定期更新，6 家回答是，1 家回答否。

4 家图书馆表示曾依照所称“成文的文献保护灾难预案”应对灾难；其中，关于与未有预案前相比，依照预案应对灾难的效果，2 家认为效果更好，2 家认为无明显变化。

24 家（77%）图书馆回答没有制订成文的文献保护灾难预案，其中有 12 家有制订计划。关于未制订文献保护灾难预案的原因，8 家表示正在制订中，8 家表示不知如何制订，5 家认为灾难预案有必要但不是很紧迫，3 家表示是出于其他原因（未说明）。

（四）关于对文献保护灾难预案的认识

在返回问卷的 31 家图书馆中，26 家（84%）会在各地发生自然灾难时意识到当地图书馆有可能遭受文献损失并联想到本馆是否具有应对灾难的能力。

9 家（29%）图书馆表示有制订文献保护灾难预案和灾后恢复的专业人员，22 家（71%）表示没有。

7 家（23%）图书馆拥有冷冻干燥设备等灾后恢复设施，24 家（77%）没有。

5 家（16%）图书馆表示所在地区的图书馆学会有关于制订灾难预案的指引，26 家（84%）表示没有。

3 家（10%）图书馆表示所在地区有提供图书馆灾后恢复的社会性服务机构，26 家（84%）表示没有，2 家（6%）表示不清楚。关于是否需要提供图书馆灾后恢复的社会性服务机构，26 家（84%）认为需要，5 家（16%）认为不需要。

28 家（90%）图书馆认为一份全面、系统的文献保护灾难预案对于文献保护具有重要作用，3 家（10%）不认可这一观点。

关于一份全面、系统的文献保护灾难预案的内容方面，认为应包括：一、文本的修订信息（24 家）；二、文本的存放地点（26 家）；三、馆舍平面图及逃生路线图（31 家）；四、相关人员及联系方式（31 家）；五、相关服务提供商信息（27 家）；六、应对设施及工具存放地点（29 家）；七、应对不同灾难的程序（31 家）；八、灾后恢复程序（31 家）；九、优先抢救的馆藏财产（31 家）。

24 家（78%）图书馆认为应由管理层专人负责本单位文献保护灾难预案的制订、修订和维护工作；6 家（19%）认为指定非管理层专人负责即可；1 家（3%）认为不需要专人负责。

29 家（94%）图书馆表示需要文献保护研究者提供国内外相关研究成果（如制订程序、案例文本等）以完成灾难预案相关工作；2 家（6%）表示不需要。

资料来源：林明，张靖．中国大陆图书馆文献保护灾难预案调查［J］．中国图书馆学报，2010（4）．

---

在文献保护灾难管理从提出至今的40 年里，灾难预案一直是灾难管理发展的基础。[①] 当然，灾难管理并不仅仅指灾难预案的编制，它还包括经费管理、风险评估和人员培训等更广泛的内容。但作为一个文献保藏机构进行灾难管理工作的核心，灾难预案的编制过程，体现了灾难管理的过程；灾难预案的内容，体现了灾难管理的内容。

下文将以灾难预案的编制和内容为中心，理解文献保护灾难管理。

## 第三节　文献保护灾难预案

### 一、特点

文献保护灾难预案具有成文的、全面的、活跃的三个特点。

---

① Graham Matthews, Yvonne Smith & Gemma Knowles. Disaster Management in Archives, Libraries and Museums［M］. Surrey, England: Ashgate Publishing Limited & Burlington, USA: Ashgate Publishing Company, 2009: 8.

### （一）成文的

文献保护灾难预案必须是写成文字的正式文本。这一文本在灾难发生之前的预防和准备阶段可以用于明确相关人员职责，确保文献保藏机构对馆舍、馆藏文献及其收藏环境的定期检查和维护，保证救灾所需物资的采购和更换，指导人员培训，联系行业协会、政府机构、商业修复等救援网络，等等。在灾难发生之时，这一文本则起着提醒或指导相关人员应采取何种有效应对行动、迅速通报灾情、寻求救援等作用。因此，文献保护灾难控制计划文本应存放在文献保藏机构建筑内外的不同地方，最好置于防水装具中，以便于随时使用。每份计划的副本应简要说明其他副本存放位置。机构人员也应该大致了解计划副本的所有存放位置。而在灾难过后，这一文本可以指导相关人员如何处理水浸、火烧等文献，如何防止受灾文献的进一步恶化，联系保险公司索赔等，进而使得机构恢复日常服务和工作。

### （二）全面的

文献保护灾难预案应全面地覆盖灾难管理的各个阶段和环节。文献保护灾难计划应由各个相对独立而又相互关联的子计划组成。这些子计划主要包括灾难预防计划（给出能够避免大部分灾难发生的建议行动，如修理发生渗漏的屋顶，维持机构良好状态，升级安保系统等）、灾难准备计划（确保特定灾难的管理，如确定重要馆藏、购买塑料护板、购置冷冻设施以及对员工加以培训使他们能够应对不同的灾难）、灾难应对计划（灾难应对的有效性取决于前面灾难准备是否充分）和灾难恢复计划（由于每一次灾难都有其独特性，灾难恢复计划不可能详尽一切情况）。然而，正如前文所提到的，不管是地震、洪水等自然灾难，还是战争、屋顶漏水等人为灾难，经常都会给馆藏文献造成水灾或/和火灾，因此，文献保藏机构应该对水灾和火灾的发生有充分的准备，相关人员均应掌握水灾和火灾发生时文献的抢救方法。

文献保护灾难预案的全面性还体现为所有子计划都应全面地考虑可能受到灾难影响的各个部分，包括：人员（员工、用户和到访者）、馆藏和记录（所有纸质馆藏和非纸质馆藏、馆藏目录，机构法律文件、重要文件和财政记录）、馆舍和设施（建设物、管道、服务器、计算机、家具、车辆、空调）。

### （三）活跃的

文献保护灾难预案不仅仅是纸上的文字，更是整个文献保护灾难管理的行动蓝图，它应该被纳入文献保藏机构的整体发展计划和全局工作安排。无论一份文献保护灾难预案一开始设计得有多完美，如果工作人员不熟悉它，或者灾难发生的时候找不到它，或者其中的一些信息已经过期失效，那么这份预案是不能有效控制灾难的。预案的活跃性在很大程度上取决于机构工作人员是否熟悉它，因此，人员培训至关重要。通过培训，每一个人都应该了解计划的内容并且知道自己作为团队和作为个人在这一计划中所担负的职责；每一个人都能够在灾难不幸发生时保持冷静，并根据计划采取适宜的应对行动。同时，应当储备应对灾难所需的设备和材料并定期更换以保证其可用性。此外，文献保护灾难预案还应定期检查和更新，姓名、地址、电话号码和不断变动的职员名单以及新采购的馆藏、建筑改建和新安装设备都会给预案带来变化。

## 二、编制

### （一）编制小组

由于文献保护灾难预案的全面性，计划的编制不宜由个人完成，应该组成团队共同完成计划的编制。由于计划应该被纳入文献保藏机构的整体发展计划和全局工作安排，编制小组的负责人应由机构管理高层担当，如馆长或副馆长。

### （二）基本步骤

文献保护灾难预案的编制主要包括实施风险分析、检讨现有灾难预防和灾难准备程序、就现有程序提出改进建议、落实责任和制订灾难应对和灾难恢复子计划。其中，前四步涉及灾难预防和灾难准备两个子计划的编制。

1. 第一步：实施风险分析

风险分析的目的是识别对于文献保藏机构及其馆藏文献具有最大威胁的灾难风险。风险分析过后，便可以制定适宜的程序，以排除风险或者降低风险。风险分析模型是一个简单而有效的工具。文献保护灾难预案的目的就是为了排除模型中的 1 类风险（即发生几率高、影响程度高的灾难），降低模型中其他类风险的数量（如图 9 – 2 所示）。

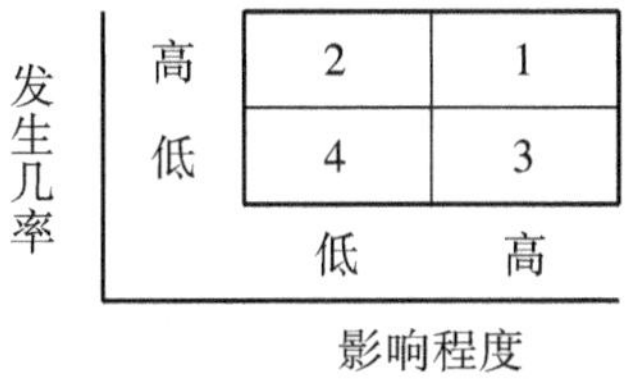


图 9 – 2　文献保护灾难管理工具Ⅰ：风险分析模型

风险不是固定不变的，风险会随着情况的变化而改变。例如，在建筑物改造或装修时期，火灾的风险较平常高。

不同文献保藏机构会对同样的灾难得出不同的风险分析结果。诸如地理位置、建筑物结构、政治环境、人员数量、馆藏数量和用户类型等，均会影响风险分析结果。例如，地震，对于广州的图书馆来说应该属于 3 类风险，而对于处于地震带的图书馆而言，则属于 1 类风险。

2. 第二步：检讨现有灾难预防和灾难准备程序

有些文献保藏机构可能已经具有灾难预防和灾难准备程序。这些程序可能已经是专门的计划，也可能以个别条款的形式出现在文献保藏机构的其他规章制度或政策文件中。例如，关于安保的程序，关于存储的程序，关于馆藏清洁的程序，关于装订的程序，关于防火的程序，等等。编制文献保护灾难预案的第二步，便是检讨现有灾难预防和灾难准备程序，以便完善成或重新制订专门的灾难预防和灾难准备计划。

3. 第三步：就现有程序提出改进建议

第三步是在现有程序的基础上（如果有）提出改进的建议，以防止发生几率高的灾难风险，即在风险分析模型处于1类和2类的灾难；或者为这些灾难风险做好准备。

大部分1类灾难是无法避免的，然而1类灾难的影响程度可以通过实施适当的预防性程序得以减轻。例如，在一个飓风或龙卷风高发的地区，建筑物应该采用专门的防风标准。对于1类灾难而言，灾难准备计划通常是最为重要的。准备应包括为馆藏购买保险，制订应对突发事件的计划并定期更新，配备应急物资，识别重要馆藏，确定抢救优先级别，后备可选择的存储地点，提供充分的火灾保护，为工作人员提供机会使他们清楚灾难发生时他们应采取的行动。如果一定数量的相关人员能及时知获灾难的发生，则灾难应对和恢复计划将自动启用。

虽然风险分析模型中的灾难类型多样，但对于馆藏文献而言，最常见的风险是水灾。大部分遇水的文献都是可以抢救的，因此，全面的处理水灾文献的准备计划至关重要。

虽然只需要实施充分的预防措施，大部分2类灾难便可以避免，但在灾难准备计划中，还是应对之加以考虑。预防措施一旦被认可，则应该纳入文献保藏机构当前的维护工作，并且应保证即便在机构经费不足时期，也不会将它们视作可以延期维护的项目。实施预防措施的其中一个目的就是使尽可能多的2类灾难转化为4类灾难。

3类灾难当然也不应该忽略。但是由于大部分3类灾难发生的可能性极低，因此一般不会为其制订专门预防措施。例如，在一个基本不可能发生地震的区域，就无需为地震作准备。

总而言之，文献保护灾难控制计划中预防和准备计划的目的，就是降低风险并使尽可能多的灾难转化为4类灾难。

对于这些计划的建议，必须是具有可行性的。以下因素在很大程度上影响着建议的可行性。①可使用的经费。诸如建筑物改造、设备维护等建议均需要额外的经费。如果经费不足，这些建议是无法操作的。当然，也可以提出寻求更多经费资助的建议。②可使用的设备。如果不能获得某些设备，那么需要这些设备才能完成的建议也是不可行的。例如，如果不能获得冷冻设施，那么冷冻干燥水灾文献的建议便无法实施。③可使用的受训人员。许多地区和受过训练的文献保护人员。在这种情况下，必须对工作人员进行培训，使其能够开展紧急处理程序并寻求专家意见。

此外，在提出建议时，应该牢记每一个灾难的独特性。灾难真正发生时，其状态和特点都是难以预测的。因此，预案必须是灵活的。通过日常的有效实施，可以将灾难由大化小。

4. 第四步：落实责任

文献保护灾难预案的全面性决定了它与机构内的许多人员相关。一些任务易于识别和明确负责人（如表9－1、表9－2所示）。

**表9－1　灾难预防阶段**

| 影响范围 | 改进建议 | 责任落实 |
|---|---|---|
| 人 | 更换生虫的地毯 | 建筑管理人员 |
| | 维修故障电线 | 电气管理人员 |

续上表

| 影响范围 | 改进建议 | 责任落实 |
| --- | --- | --- |
| 建　　筑 | 升级管道工程 | 建筑管理人员 |
| | 升级电气服务 | 电气管理人员 |
| | 提高安全级别 | 安全管理人员 |
| | 管理事故记录并提出改进建议 | 安全管理人员 |
| 馆　　藏 | 改善书库的书架 | 建筑管理人员 |
| | 提高阅览室的安全级别 | 安全管理人员 |
| | 引入定期清理书架 | 文献保护人员 |

表 9－2　灾难准备阶段

| 影响范围 | 改进建议 | 责任落实 |
| --- | --- | --- |
| 人 | 定期疏散演习 | 安全管理人员 |
| | 急救训练 | 人员培训负责人 |
| 建　　筑 | 更新指示牌 | 设计者 |
| | 与紧急服务提供者保持联络 | 服务管理人员 |
| | 购买更多的灭火器 | 服务管理人员 |
| 馆　　藏 | 购买保险 | 财政管理人员 |
| | 识别重要资料并确定抢救优先级别 | 机构负责人 |
| | 维护紧急情况通讯录 | 文献保护人员 |
| | 维护馆藏目录 | 文献保护人员 |
| | 复制并异地存放馆藏目录 | 文献保护人员 |
| | 组织并训练灾难恢复小组 | 文献保护人员 |

所有在灾难预防和灾难准备阶段担负责任的员工需明确其职责。

5. 第五步：制订灾难应对和灾后恢复计划

在制订灾难应对和恢复计划时，应明确由哪位或哪几位员工负责宣布机构进入紧急状态并启动上述计划。此外，还包括应对媒体、保险索赔、指导恢复小组、联系冷冻设备、收集待修复的文献、联系文献修复专家以及向政府或其他权力机构汇报受灾情况。

理想的情况下，灾难应对和灾后恢复计划应尽可能全面地考虑到灾难的多样性。但灾难的多样性也决定了灾难应对和灾后恢复计划不可能覆盖所有可能的灾难。通常情况下，对于文献而言，水灾和火灾是最常见的。下一节将介绍水灾和火灾的应对和恢复。

### （三）文献保护灾难管理工具Ⅱ：文献保护灾难预案编制模板

美国东北文献保护中心（Northeast Document Conservation Center，NEDCC）的《文献保护传单》（*Preservation Leaflets*）中提供了一种文献保护灾难管理工具——文献保护灾难预案编制模板。该模板将文献保护灾难预案的内容分为十个部分：①机构信息；②紧急事件中所需要的服务；③室内应急设施；④室内应急供给品；⑤附加的应急设施及物品供应商；⑥日常维修清单；⑦每周维修清单；⑧其他紧急问题；⑨抢救优先权；⑩抢救程序。

以下是该模板的中译版本。

**A．机构信息**

机构名称________________________________________

完成日期________________________________________

下次更新此表格/计划的日期________________________

列出这份计划存档的所有地点（包括建筑内外）

________________________________________

________________________________________

________________________________________

________________________________________

灾难中应召集的工作人员：

| 职位 | 名字 | 家庭电话 | 灾难中负责的详细职责 |
|---|---|---|---|
| 行政主管 | ________ | ________ | ________________ |
| 灾难恢复小组领导人 | ________ | ________ | ________________ |
| 建筑维修管理人员 | ________ | ________ | ________________ |
| 目录编制者/登记员 | ________ | ________ | ________________ |
| 保护管理者/修复管理者 | ________ | ________ | ________________ |

室内灾难修复小组成员：

| 名　字 | 家庭电话 |
|---|---|
| ______________ | ______________ |
| ______________ | ______________ |
| ______________ | ______________ |
| ______________ | ______________ |

职员里谁有这份计划并熟悉它的内容？

| | |
|---|---|
| ______________ | ______________ |
| ______________ | ______________ |
| ______________ | ______________ |
| ______________ | ______________ |

**B．紧急事件中所需要的服务**

| 服务 | 公司名称/或者联系人名称 | 电话 |
|---|---|---|
| 室内安全 | __________________________ | ________ |
| 消防部门 | __________________________ | ________ |
| 警察机关或治安官 | __________________________ | ________ |
| 救护车 | __________________________ | ________ |
| 民防系统 | __________________________ | ________ |
| 专业建议/修复人员 | __________________________ | ________ |

保险公司 ________________ ________
冷冻设备 ________________ ________
冻干服务 ________________ ________
文献恢复/抢救 ________________ ________
电脑文件恢复/抢救 ________________ ________
微缩胶片恢复/抢救 ________________ ________
录像带恢复/抢救 ________________ ________
电脑应急服务 ________________ ________
法律顾问 ________________ ________
电工 ________________ ________
水管工人 ________________ ________
木匠 ________________ ________
害虫驱除人员 ________________ ________
熏蒸消毒服务 ________________ ________
锁匠 ________________ ________
公用事业公司 ________________ ________
　　电气 ________________ ________
　　煤气 ________________ ________
　　电话通讯 ________________ ________
　　供水 ________________ ________
　　设计师或建筑师 ________________ ________
　　门卫服务 ________________ ________
　　玻璃公司 ________________ ________
　　摄影师 ________________ ________
　　其他 ________________ ________

C. **室内应急设备**

（列出地点和贴上带有地点标识的建筑平面图）

1. 钥匙 ________________
2. 主要公用设施
   a）主要电力开关 ________________
   b）主要水力开关 ________________
   c）主要煤气开关 ________________
3. 自动喷淋系统 ________________
4. 加热/冷却系统 ________________
5. 灭火器
   a）木质、纸质、易燃固体（A 类型） ________________
   b）汽油和易燃液体（B 类型） ________________
   c）电器（C 类型） ________________
   d）所有常见的火灾（ABC 型） ________________

6. 主消防警钟（分线盒） ______
7. 烟雾、热力探测器 ______
8. 移动电话 ______
9. 轻便泵 ______
10. 伸缩电线（50 英尺，已经接地） ______
11. 手电筒 ______
12. 装胶卷的照相机 ______
13. 用电池的无线电收音机 ______
14. 工具箱（铁橇、铁锤、钳子、螺丝起子） ______
15. 扫帚和畚箕 ______
16. 拖把、桶、海绵 ______
17. 真空吸湿机 ______
18. 金属书车 ______
19. 便携折叠式小桌 ______
20. 便携式风扇 ______
21. 防毒面具/眼镜 ______
22. 安全帽 ______
23. 胶靴 ______
24. 橡胶或者塑料围裙 ______
25. 手套（皮革、橡胶） ______
26. 烘干室 ______

D. **室内应急供给品**

（列出地点和贴上带有地点标识的建筑平面图）

27. 急救箱 ______
28. 塑料板（与剪刀胶带一起存放） ______
29. 纸巾 ______
30. 塑料垃圾袋 ______
31. 聚乙烯袋子（各种大小） ______
32. 蜡纸或冰箱保鲜纸 ______
33. 吸水纸（空白的新闻纸、吸水纸等） ______
34. 干的化学海绵（用于清除烟灰） ______
35. 告示板（还有便签纸、铅笔、防水笔、大的自粘标签） ______
36. 应争经费
    a）现金 ______
    b）订购单 ______
    c）公务信用卡 ______

是否所有员工都熟悉这份计划上的地点标识，以及数字 1～36 标识物品的地点及使用？包括温度调节装量、常规出口、安全出口、灭火器、手电筒、广播和民防系统的地点？（不仅仅是会看地图，而且要熟悉实地）。

**E. 附加的应急设备及物品供应商**

| 项目 | 厂商 | 电话 |
|---|---|---|
| 真空吸湿机 | | |
| 沙袋 | | |
| 便携式抽湿机 | | |
| 便携式电风扇 | | |
| 便携式发电机 | | |
| 轻便泵 | | |
| 冷藏车 | | |
| 最近的非现场电话 | | |
| 最近的民用波段无线电通信服务 | | |
| 便携式照明工具 | | |
| 绅宿电线（50英尺，已经接地） | | |
| 金属书车 | | |
| 塑料（奶制品）包装箱 | | |
| 结实的箱子 | | |
| 塑料板 | | |
| 塑料垃圾袋 | | |
| 聚乙烯袋子（各种大小） | | |
| 蜡纸或冰箱保鲜纸 | | |
| 干冰 | | |
| 烘干室 | | |
| 便携式桌子 | | |
| 吸水纸（空白的新闻纸、吸水纸等） | | |
| 纸巾 | | |
| 橡胶桶或者垃圾桶 | | |
| 带有喷雾嘴的水龙带 | | |
| 扫帚和畚箕 | | |
| 拖把、桶、海绵 | | |
| 单丝尼龙线（钓鱼用的） | | |
| 安全帽 | | |
| 胶靴 | | |
| 橡胶或者塑料围裙 | | |
| 手套（橡胶、皮革） | | |

| | | |
|---|---|---|
| 防毒面具/眼镜 | ________ | ________ |
| 照相设备/备用品 | ________ | ________ |
| 流动厕所 | ________ | ________ |
| 建筑材料（木材、螺丝批、钉子） | ________ | ________ |
| 梯子 | ________ | ________ |
| 额外的安全人员 | ________ | ________ |
| 其他 | ________ | ________ |

**F. 日常维修清单**

以下物品是每天上班和下班时都必须检查，包括晚上安全巡逻时都应该检查。

| | 是 | 否 |
|---|---|---|
| 钥匙是否安全和报备 | ____ | ____ |
| 保险箱是否安全 | ____ | ____ |
| 应该锁的门是否都已经锁好 | ____ | ____ |
| 进出口或门锁是否有被损毁的迹象 | ____ | ____ |
| 主要开关是否被损毁的迹象 | ____ | ____ |
| 是否有人藏在建筑物里 | ____ | ____ |
| 中央仪表盘或者本地监控器是否有故障 | ____ | ____ |
| 门铃、蜂鸣器、对讲电话装置是否正常工作 | ____ | ____ |
| 照明工具是否正常工作（包括应急照明工具） | ____ | ____ |
| 监视设备是否正常运行 | ____ | ____ |
| 警报器是否根据需要开启或关闭 | ____ | ____ |
| 设备是否运行正常 | | |
| 采暖通风与空调 | ____ | ____ |
| 　　水箱 | ____ | ____ |
| 　　泵 | ____ | ____ |
| 　　特殊设备 | ____ | ____ |
| 非正常/业余时间的活动 | ____ | ____ |
| 建筑物/改建区域 | ____ | ____ |
| 异常的气味或声音 | ____ | ____ |
| 漏水的迹象（墙、天花、地板） | ____ | ____ |
| 已知的问题区域 | ____ | ____ |
| 冷冻库或冷冻设备是否接通电源并正常工作 | ____ | ____ |
| 小型电器是否断电 | ____ | ____ |
| 水槽和马桶是否正常使用 | ____ | ____ |

**G. 每周维修清单**

| | 是 | 否 |
|---|---|---|
| 紧急电话号码是否张贴在每一个电话旁边 | ____ | ____ |
| 灭火器是否更新并可以正常使用 | ____ | ____ |

| | | |
|---|---|---|
| 烟雾热力探测器是否正常运作 | ________ | ________ |
| 自动喷淋系统是否正常运作 | ________ | ________ |
| 水灾探测器是否正常运作 | ________ | ________ |
| 卤化物灭火器或者其他火灾扑灭系统是否正常运作 | ________ | ________ |
| 火警报警器是否正常运作 | ________ | ________ |
| 内部探测器是否处于正常运转状态 | ________ | ________ |
| 内部警报器是否处于正常运转状态 | ________ | ________ |
| 外部探测器是否处于正常运转状态 | ________ | ________ |
| 外部警报器是否处于正常运转状态 | ________ | ________ |
| 备份系统是否已经测试 | ________ | ________ |
| 事故警告灯 | ________ | ________ |
| 电力 | ________ | ________ |
| 警报盘 | ________ | ________ |
| 已发事故是否重新检查 | ________ | ________ |
| 所有钥匙是否报备 | ________ | ________ |
| 手电筒是否可用（确保每个部门、办公桌或者人防工程至少有一支） | ________ | ________ |
| 晶体管收音机是否可用 | ________ | ________ |

**H. 其他紧急问题**

最近一次消防演习的日期：____________

次数：________ 是否必须？(是/否) 下一次安排的演习日期：________

最近一次接受消防部门检查的日期：________

次数：________ 是否必须？(是/否) 下一次安排的检查日期：________

最近一次接受人防检查的日________

次数：________ 是否必须？(是/否) 下一次安排的检查日期：________

最近一次分析/更新保险覆盖范围日期：

次数：________ 是否必须？(是/否) 下一次安排的日期：________

内部和外部的照片是否远距离存放？(是/否)

次数：________ 是否必须？(是/否) 下一次安排的日期：________

是否有远程备份的馆藏记录（微缩胶卷、电脑磁带）？(是/否)

更新的次数：________________________________

地点：________________________________

(此处插放最近一次盘存报告单和保险单的副本)

**I. 抢救优先权**

每个部门、区域和办公室应该在灾难来临前编制一份优先拯救的文件列表。在确定优先抢救权时要时刻记住以下问题。

- 该文献对机构当前业务的运行是否至关重要？
- 该项目能不能被替换？
- 重置成本与修复成本相比是较多还是较少？（重置成本除了买入价外，还应包括排序、编目、运输等费用。)

- 该文献是否有其他载体形式？或者其他馆藏中找到？
- 该文献是处于高还是低收集优先级？
- 该文献的成分（铜版纸、犊皮纸、可溶性墨水）是否需要及时关注？

**J. 抢救程序**

编制并附上一份详细的抢救程序列表，一旦发生灾难，可以按照这个程序抢救。这些程序能够满足你所在机构的馆藏特殊需要。更多相关信息请参考美国东北文献保护中心文献保护活页中的“Emergency Management Bibliography”。

## 三、实施

文献保护灾难预案通常是一份由许多文件组成的大型文件，至少包括预防、准备、应对和恢复四份子计划，通常很难确定某一具体任务的具体负责人。因此，将灾难小组所有成员的联系方式以及他们在灾难每一阶段的职责列入文献保护灾难预案至关重要。相关人员可能需要在预防和准备阶段定期地实施某些措施，在预案中对于这些措施的实施周期也应加以说明。

大部分预防措施可以纳入文献收藏机构的日常维护工作。但许多准备措施则因超出了日常工作的范围而易于被忽略。一份成功的文献保护灾难预案，涉及灾难的各个阶段，囊括各种措施，这一计划的有效实施，需要全体灾难小组的通力协作，因此，应该由机构高层管理人员担任组长，才能协调整个小组的行动安排。文献保护灾难预案的实施是一个长期进行的工作，缺少平时的工作基础，预案是不可能在灾难发生之时临时生效的。

### （一）导致文献保护灾难预案失效的原因

（1）相关人员对灾难预案内容欠熟悉。
（2）灾难的不可预测性。
（3）未对灾难现场进行充分地检查。
（4）灾难的规模。

### （二）避免文献保护灾难预案失效的措施

（1）定期更新。
（2）培训员工。
（3）经常演习。

### （三）文献保护灾难预案的效果评估

（1）灾难发生的频率。
（2）灾难发生后恢复正常运作所需的时间。
（3）损失文献的数量。
（4）损失文献的价值。
（5）待修复文献的数量。

（6）馆舍维修所需的时间。

（7）员工对灾难的响应情况。

## 第四节　文献保护灾难管理案例

### 一、奥维亚特图书馆地震案

#### （一）灾情回顾

1994 年 1 月 17 日凌晨 4 时 31 分，美国加州州立大学北岭分校（California State University，Northridge，以下简称 CSUN）主馆奥维亚特图书馆（the Delmar T. Oviatt Library）所在的圣费尔南多谷（San Fernando Valley）地区遭遇里氏 6.7 级地震。地震使得当地至少 50 人死亡，5900 人受伤，20000 人无家可归，至少六条主干道路面扭曲变形。奥维亚特图书馆离地震中心仅 1 英里，30 秒内学校的建筑遭到不同程度的损害，供电供水停止，通讯受限，25000 学生迅速被转移到安全地带。奥维亚特图书馆建筑受地震影响损坏严重。

地震对图书馆的建筑及馆藏均有不同程度的影响，主要表现在两个方面：①建筑物的毁坏。其建筑由处于中间的建于 20 世纪 70 年代的钢筋混凝土结构及提供主要服务的 1991 年对外开放的东西两翼组成。地震过后，建筑物东西两翼严重受损，屋顶出现坍塌。其少部分可修复部分建筑于 1994 年 8 月修建完毕并对外开放。而东西两翼的建筑由于受到严重损坏，直至 2000 年夏天才完成重建，历时六年半之久。②馆藏损失。图书馆的馆藏由于受到强烈的震动，书籍散落在地板上，约有 60 万册书籍需要重新归位，地震之后的水管道破裂及震后屋顶漏雨致使 50 万册书籍受损，数量是地震受损图书数量的近三倍，总损失达到 4 亿美元。但其计算机存储及信息检索系统并未受到损害。①

#### （二）灾难管理过程

1. 灾前筹备

CSUN 曾经历过圣费尔南多谷 1971 年的地震，当时离地震中心 25 英里。灾后，奥维亚特图书馆根据地震的情况重新修订了灾难预案，在此次地震之前完成了以下工作。

（1）设备的更新。图书馆将所有的书架更换到了当时的最新抗震标准，书架在地震中未受到损坏。因此，灾后图书馆节省了购买新书架的费用。

（2）制定专门的地震灾难手册（earthquake book）。由于预防地震再次发生，该手册中记录了现有书架的具体位置，主要馆藏相应的图书编号、分类及所属的书架的具体位置。灾后，人员根据该手册的内容对书架进行微调，便将散落的书籍重新归位。

---

① 资料与数据来源于 Oviatt Library Earthquake Damage. [2011-02-25]. http://library.csun.edu/About/Quake.

2. 灾难应对及恢复

（1）部分文件的馆外保存。震后，一些重要的未受损的政府文件保存在馆员家中，避免了其后发生的水灾。震后的第八个月，政府资料保存部门搬回了重建好的图书馆，成为最早对读者开放的部门之一。

（2）图书馆的资源共享。①馆藏资源共享。震后八个月内，由于建筑受损，CSUN 师生通过校车共享离其最近的加州大学洛杉矶分校（UCLA）的图书馆资源。②馆员合作。奥维雅特图书馆馆员参与到其他图书馆的工作中以应对大量增加的读者及其需求。

（3）数据库商的支持。震后，数据库使用通过拨打免费电话提出请求便可获得，Lexis－Nexis、CARL Uncover 及 FirstSearch 都采取该方式为 CSUN 的教职员工及学生提供服务。

（4）备用图书馆系统的使用。自动存储及检索系统（Automated Storage and Retrieval System，ASRS）最初为记录及存储一些使用率较低的馆藏而设计，用户通过图书馆的在线资源使用该系统。由于和主系统处于不同位置，ASRS 并未像主系统一样在地震中受到损坏。受灾期间，图书馆的部分服务通过 ASRS 进行，之后主系统也在 ASRS 的基础上进行重建及改良。

## （三）灾难管理启示

1. 灾难预案内容的完善

笔者认为灾难预案还应在以下六方面进行补充。

（1）确定灾前重要文件名录及存放地点。重要文件名录确定可以减少灾后损失。由于灾前未确定重要名录，图书馆工作人员在灾后根据情况确定了一些重要的文件，包括灾难预案、馆藏的精确位置记录文件、详尽的图书馆楼层示意图文件、逃生计划书、专业的搬运公司名录及联系方式、其他图书馆的电话、专家协会、图书馆数据保障机构名录、账户名密码文件等。该类文件最好保存在馆外的安全地方或增加其副本数量。

（2）增加灾后志愿者。志愿者应同校内专门的灾难管理部门的人员及应急事件小组的成员共同参与整个灾难管理过程。一方面，可引起更多的社会人士对图书馆灾难管理的重视；另一方面，减少灾后聘请专人的经费开支，而经费的多少及标准的制定将引发更多需要考虑的问题。

（3）制订图书馆的长期合作计划。图书馆之间的资源共享不仅是在受灾期间，更在长远。若在灾后再去制定相关的合作计划可能会耽误灾后恢复的时间。

（4）临时的办公和图书馆服务场所的建立。其建立标准需参照相关的馆藏存放条件等具体要求。而该次地震发生四个月之后，灾难管理人员搭建了两个圆形的露天的建筑作为图书馆的临时服务场所，有些馆藏被运至临时的图书馆中，一些馆员也在该地为读者提供服务，长达五年。因此，在灾难预案中确定灾后的临时办公及服务地点与计划服务的时间很有必要，并且对运送过来的馆藏的存放条件也要有相关的规定和要求。

（5）确定保障及支持渠道。从相关的机构获得灾后的补偿、保险赔偿和应急支持，如联合应急管理处（the Federal Emergency Management Agency，以下简称 FEMA）。

（6）规定及增加演习次数。通过多次对灾难的模拟，熟悉逃生的路线和人员自救的方法，以在灾难突发时随机应变。

2. 灾情的全面预估

灾情的全面预估包括以下两个方面。

（1）建筑的抗震能力的评估。抗震能力需根据震后的具体情况进行评估，而不是建筑文件。灾后建筑工程师曾根据图纸确定其钢筋混凝土结构可抵抗较高等级的地震，但地震却使其钢筋混凝土结构受损，大多数4英尺厚的钢基础板出现塌陷，屋顶出现坍塌，而四根起承重支撑作用的大梁也出现了移位现象。建筑师的错误估计使图书馆建筑修复方案耽误了三年，而当该份方案即将实施时，工程师们又发现整个建筑所在的地面被抬高了，使一些承重的角度发生了变化，而此时未修复的受损的图书馆建筑面临东西两翼坍塌的危险。于是，工程师们又花费了一年时间设计新的两翼，同时对现有的图书馆建筑进行了加固。

（2）对除灾情以外情况的预计。①水灾的影响。工作人员已料及震后可能发生的水灾，但并未考虑到水灾对文献之外的影响。图书馆天花板和墙体里填充的一些石棉材料在震后显露出来，加上水灾使得空气湿度变大，造成了严重的石棉污染，对工作人员的健康和馆藏均有不同程度的影响。②书架等馆内硬件设施的安放。其一，书架及柜子的固定。地震使书架和书柜移动及倾倒，而地震过程中书架的倒塌及柜子的移动会增加人员的伤害几率。其二，存放缩微胶卷的抽屉的结构和固定有待进一步改进。震时，自动抽屉因受震荡导致大部分失灵而自动抽出，占据了走道的空间，为人员的逃生造成了巨大的隐患。全馆142个存放缩微胶卷的柜子，至少有70件损毁。因此，图书馆的馆内陈设需根据震级标准购置并安全安放。

3. 工作人员的士气

救灾及灾后恢复的工作是琐碎而繁杂的。在灾难发生现场工作，有可能长期处于较差环境中，而大灾难的发生有可能出现重大的人员伤亡，如何保证工作人员的士气也值得仔细考虑。救灾的主体就是要发挥人的作用，而人员的人身安全也应被放在首位。

## 二、斯坦福大学四图书馆[①]水灾案

1998年2月2日至3日，由于厄尔尼诺的影响，美国斯坦福大学的四个图书馆，即布劳恩音乐图书馆（Braun Music Library）、柯勃利教育图书馆（Cubberley Education Library）、格林图书馆（CECIL H. Green Library）及迈耶纪念图书馆（J. Henry Meyer Memorial Library）遭遇了30年不遇的大暴雨的洗礼，当地降水量达到了11.62英寸，超过了往年平均降水量9.12英寸。雨量超过了斯坦福大学排水系统的承载能力，四个图书馆的地理位置使得积水直接流入图书馆内部，直接损失达500万~700万美元。[②]

---

① 斯坦福大学设有20个图书馆，其中包括法律图书馆（Robert Crown Law Library）、商业图书馆（J. Hugh Jackson Business Library）、医药图书馆（Lane Medical Library）、斯坦福线形加速器研究中心（the SLAC National Accelerator Laboratory Library）及胡佛研究所（Hoover Institution Library and Archives）五个图书馆，其余的组成斯坦福大学图书馆与学术信息资源中心（Stanford University Libraries & Academic Information Resource，SULAIR）（A Brief History of the Stanford Libraries [EB/OL].（2007-11-30）[2011-03-22]. http://library.stanford.edu/about_sulair/news_and_events/brief_history.html.）。

② Lisa Trei. Warm and dry: Damaged books trickling back [EB/OL].（1998-04-15）[2011-03-22]. http://www.stanford.edu/dept/news/news/1998/april15/books415.html.

### （一）灾难管理过程

依据相关材料①的研究及归纳，总结出以下内容。

1. 灾前准备工作开展情况

（1）图书馆预警系统的建立。图书馆的该系统中的运动探测仪器在灾难发生时检测到格林图书馆的地板上有渗出的水迹，工作人员立即向临近的几个图书馆进行了通报，做好了初步的水灾救援措施。

（2）灾难预案的制订。1980 年，斯坦福大学图书馆遭遇了类似的水灾，图书馆的管理人员为此制订了周详的灾难预案。灾难发生时，新修订的灾难预案手册立即投入使用。馆员根据手册上更新过的灾难预案中各部门的联系电话与校内的相关部门取得了联系，以争取更多的人手和需要的物资应对灾难。通过联系，在灾难发生的当天，便召集了 70 人参与灾难应对。灾难预案在灾后文献的抢救中也发挥了作用。灾后，灾难管理人员根据预案规定的抢救对象的优先级进行文献抢救时间先后的部署。制订预案是灾难管理的重要环节，为灾后文献抢救的先后顺序提供理论依据。

（3）图书馆专职文献保护部门的建立。该部门为救援和恢复工作提供强大的技术支持，包括灾难发生之后的技术、设备支持，过程管理、天气监测为灾后的具体实践提供了建设性的建议和指导。

2. 灾难应对情况

灾后，学校各部门进行了积极响应，包括以下两个方面。

（1）校内人员及物资的积极响应。一方面，灾难发生之时，图书馆的工作人员、校内各种机构办事处的人员及一些学生立即开展了对格林图书馆底层图书的抢救。2 月 3 日凌晨距离灾难发生的第 15 个小时，4000 箱湿的受损图书及个人资料被打包送往当地的冷藏中心进行冷冻处理。同时，学校派了值班人员对受灾区域进行巡逻以便及时应对突发状况。学生志愿者积极参与救灾活动，36 小时不间断运送和转移书籍让图书馆中受潮的图书及时运往文献修复地点，降低了大面积潮湿书籍堆放在一起滋生霉菌的几率，从而加快了修复进程。另一方面，发电机、脱水机、电风扇、水泵被安置到各个需要的地方。24 小时之内，图书馆内损坏的地毯被拆卸并移出了馆内；电脑及电力设备经过一系列的测试，相关的部分被置换；内墙打开以保证馆内的通风；四个图书馆内 12 英亩的污泥和一些纸张残骸区域经过专门的机器清理。短短一周时间，四个图书馆的部分功能已恢复，可以重新为读者服务。

（2）媒体的跟踪报道。斯坦福新闻服务中心（Stanford News Service）的斯坦福报告（the Stanford Report）、斯坦福日报（the Stanford Daily）及海湾新闻媒体（Bay Area News Media）立即对受灾的状况进行了详细的报道并在之后的灾难恢复过程中进行了跟踪报道。

3. 灾后恢复

灾难发生之后，学校各部门进行了积极响应，其中包括以下四方面。

（1）对受灾的图书馆情况进行评估，制订恢复计划。根据计划，定时检查恢复的情

---

① Index for Issue of April 15, 1998. [EB/OL]. (1998-02-04) [2011-03-19]. http://www.stanford.edu/dept/news/news/1998/april15/.

况，并对下一步的行动做出规划。通过对资料①②③的总结，归纳出三个图书馆灾后恢复计划（如表9－3所示）。

**表9－3　斯坦福大学格林、迈耶、布劳恩及柯勃利图书馆水灾灾后恢复计划表**

| 时间<br>名称 | 1998年2月10日 | 1998年2月19日 | 1998年3月27日 |
|---|---|---|---|
| 总体计划 | 1. 从迈耶和格林图书馆搬出来的4000册浸水的图书等待冷冻干燥并重新上架<br>2. 馆员尝试整理出读者急需的书目，预计将在4～6个月内将所有图书上架<br>3. 对损坏书籍进行计算。估计在总藏书量的50%以下<br>4. 计划在5月为读者提供图书馆基本服务。5月前，提供现刊服务及缩微文献服务。数周之内，在布莱恩和迈耶图书馆提供简单的服务<br>5. 每个图书馆根据现状制订恢复计划，图书馆员之间的合作起到积极作用，在实施整个修复计划中，遇到问题请教SULAIR和图书馆的咨询台 | 1. 与文献修复公司拟订合同<br>2. 3月初，统计不可修复图书数量并通过与出版商联系获得副本<br>3. 将于3月9日开始现刊服务<br>4. 数月内完成对列缩微胶卷清单的核对，以便重新获得缺失的胶卷<br>5. 图书条形码的修复和重新录入，以便书籍的查找<br>6. 家具、配件及设备<br>① 地毯：投标在下周完成。安装将经过仔细地计划<br>② 网络的安装与恢复<br>③ 家具：在维修之中，并提供临时家具 | 1. 图书馆系统恢复完成，以便工作人员了解受灾图书修复进度。同时让读者了解可以流通的馆藏<br>2. 编目：当书籍经过修复返还至图书馆，编目也应当根据新的书籍进行调整。有些重新装订，有的换上了新的书籍<br>3. 返书率：第一批经过冷冻干燥过的材料将返还到图书馆中进行评价，返还率在95%～98%，2%～5%（大约3500册）的严重损坏的书籍将联系出版商以便重新获得。4月中旬至6月中旬，书籍将以每周8000册的速度返还，预计总共将有70000册图书经过冷冻干燥和烘干的过程 |

---

① Michael A. Keller. Update on Flood Damage and Recovery to University Libraries［EB/OL］.（1998－04－01）［2011－03－22］. http://news. stanford. edu/news/1998/april1/flood41. html.

② Lisa Trei. Warm and Dry: Damaged Books Trickling Back［EB/OL］.（1998－04－01）［2011－03－22］. http://www. stanford. edu/dept/news/news/1998/april15/books415. html.

③ Michael A. Keller. First Update on Flood Damage and Recovery to Green, Meyer, Braun, and Cubberley Libraries 10 February 1998［EB/OL］.（1998－04－01）［2011－03－22］. http://library. stanford. edu/staff/flood/update1. html.

续上表

| 时间<br>名称 | 1998 年 2 月 10 日 | 1998 年 2 月 19 日 | 1998 年 3 月 27 日 |
| --- | --- | --- | --- |
| 格林图书馆 | 1. 电源：切断与整修。周末的加班要求电源切断<br>2. 墙体：在 2 个月内完成修复<br>3. 清理：馆内设施简单的清理<br>4. 通讯设备：性能加强<br>5. 地毯：计划地毯的拆卸与安装，低地势的所有地毯已被卸下<br>6. 家具：短时间内不会被完全换掉，读者在近几个月内可使用临时家具<br>7. 电梯：可在最高的三层使用，货梯将在下周启用 | 1. 员工：对新加入的员工进行培训<br>2. 图书：2 月 23 日开始增加对书目的整理，及时将修复的图书整理出来。3 月 9 日，图书分页开始，预计需要 7～10 天的时间，以使所有的馆藏可对读者开放<br>3. 馆内：进行除湿<br>4. 墙体：开始修复，粉刷及着色<br>5. 通讯系统：将修复，按灾后修复的工作流程计划开展下一步工作<br>6. 书架：进行整体清理<br>7. 地毯：投标在下周完成，将在春假后的周末进行地毯安装以减少对读者带来的不便<br>8. 服务：预计在 3 月 9 日在图书馆主要楼层的临时走廊为读者恢复现刊、缩微胶卷的服务。读者的影印服务将在暂时安排在图书馆一楼<br>9. 琼森政府文件图书馆（Jonsson Government Documents Library）预计在 3 月 9 日重新开放。全面的参考咨询服务工作、CD－Rom 资源使用及流通功能开通将在 3 月 9 日之前恢复<br>10. 预计在 5 月初开放格林图书馆的基层 | 1. 预计在 3 月 31 日开放格林图书馆的基层，完成所有的物理馆藏的清理及恢复<br>2. 图书、书架：整理归位。4 月将再次对书架进行整理和清洗<br>3. 地毯：从春假开始到下个季度结束，完成地毯的安装<br>4. 研究工作及基本读者服务：预计在 5 月初恢复<br>5. 家具：读者服务区的家具将于夏末全部更换完毕<br>6. 缩微胶卷：因存放缩微胶卷的密集书架的操作系统损坏而移动到南区，以便读者获得及书架的机械修理<br>7. 琼森政府文件图书馆<br>① 预计于 3 月 31 日重新开放<br>② 参考咨询：将全面恢复<br>③ 图书：将在春季及夏季间归还并上架<br>④ 地毯：重新安装完毕 |
| 迈耶纪念图书馆 | 与格林图书馆的馆藏受灾状况类似<br>1. 电梯：已恢复<br>2. 地毯：进入安装计划，会将对读者的影响程度减至最低 | 预计在 3 月 9 日，开放该图书馆的南区的一楼与二楼之间的中间层为读者服务 | |

续上表

| 名称＼时间 | 1998年2月10日 | 1998年2月19日 | 1998年3月27日 |
|---|---|---|---|
| 布劳恩音乐图书馆 | 1. 图书：损坏的书籍较少<br>2. 时间安排：暂无对读者开放的具体时间安排<br>3. 电梯：由于故障而不可使用<br>4. 馆藏：记录声音的档案馆藏仍不可使用 | 1. 预计在3月9日重新开放图书馆的基层部分<br>2. 预计在4月6日重新开放音像档案馆藏 | 1. 预计于3月9日重新开放<br>2. 预计3月31日完成讨论室的开放及地毯的安装<br>3. 声像馆藏预计在4月6日对读者开放 |
| 柯勃利教育图书馆 | 损坏的书籍较少，统计损坏书籍 | 1. 图书：2月23日开始进行分页<br>2. 合作：多院系合作<br>3. 消息的获得及计划安排：教育学院提供相关信息 | |

从表9－3可看出，计划的修订和执行时间均有一定的计划性，各阶段的恢复计划均从为主馆的格林图书馆开展。人员对该时期内的在格林图书馆的恢复计划做相应的总结以为其他两个图书馆提供灾难管理参考，从而进行自身本阶段的恢复，此时，格林图书馆已开始进行下一项恢复计划的准备。这样的时间调度为整个灾后恢复节省了大量的时间。

（2）号召其他援助力量。灾难发生后，布来汉姆青年大学（Brigham Young University）的图书馆工作人员也竭尽所能地响应斯坦福大学图书馆提出的服务请求。除了在与其他图书馆的参考咨询及在线信息服务功能的使用上进行合作之外，还与专门的文献修复公司（Document Reprocessors，Burlingame）和当地的餐饮进行协作。文献修复公司在此次灾难中为图书馆修复了4000箱受损图书，为修复环节节省了大量的时间，使图书在夏末便可使用，最早的一批图书在4月的第一周即可被读者使用，历时仅两个月。由于灾后恢复过程中有许多人员需要长时间持续工作，工作人员 Maureen Davidson 说服当地的餐饮为每人提供早餐。

（3）分析灾难发生的原因，总结经验教训。具体表现为及时更新灾难修复计划及灾难预案。①经验教训的总结。具体表现为总结之前灾难经验。1978年斯坦福大学迈耶图书馆曾因水管破裂导致的水灾使得50743本图书受潮。[①] 在该灾难发生后，斯坦福大学灾难管理应急中心及时根据灾情进行灾难修复计划的修订。②听取“过来人”的建议，请其参与灾难管理。图书馆工作人员请到了经历过1978年水灾的已退修的馆员给予相关建议，有些退休馆员甚至参与了图书的修复过程。③现阶段工作经验的总结。地毯初步拆卸计划是每天进行的，但是经过实践，馆员发现拆卸工程会给读者带来很大不便，因此将拆

① Lisa Trei. Warm and Dry：Damaged Books Trickling Back［EB/OL］.（1998－04－01）［2011－03－22］. http://www.stanford.edu/dept/news/news/1998/april15/books415.html.

卸计划修改为在周末和春假时间拆卸。

（4）灾后相关研究及工作的开展。克里斯·克里斯托佛森（Chris Christofferson）对校园排水系统进行研究，通过研究得出的结论将对学校现有的基础建设提出相应的建议，以应对今后可能发生的类似的情况。格林图书馆西区的排水系统将重建，一些其他的防水措施也将陆续执行。SULAIR 的灾难预案将根据灾难发生的情况进行修改。同时，学校也将与气象监测部门保持密切联系，以预测可能发生的状况，做好灾前预防。

### （二）灾难管理的评价

1. 灾难管理得到管理人员的高度重视

斯坦福大学风险管理负责人杰夫·考克斯（Geoff Cox）及杰夫·赛巴琪（Jeff Seilbach）非常重视灾情，在灾难发生的第一时间联系图书馆的负责人，通知灾情并落实灾难管理各项权责。在灾后恢复阶段，针对灾情召开每日会议，以协调和组织救灾的机构、学生志愿者代表和专家，这对灾难管理的有效开展起到了积极的作用。

2. 灾后校内外图书馆间强有力合作

合作主要分校内及校外两方面，其内容主要是人员、物资的调配及服务的共享。

（1）校内合作。具体表现为图书修复、服务及馆内家具的拆卸安装。各图书馆在形成自己的灾难修复计划的同时也根据实际情况调整本馆的计划。首先，在图书的修复上，格林和迈耶图书馆的受损图书较多，被先整理运往修复中心，而修复公司在整个修复计划中也将图书分为“待上架”、“无法修复”及“待修复”三类。对于可上架的图书，在灾后图书的调配上，在读者急需一些书籍时，会先检查受损图书较少的布莱恩及柯勃利图书馆现有馆藏，在无馆藏时再查询待上架的图书，逐步形成急需的书目清单，以确定受损图书的修复顺序。其次，格林图书馆的影印服务暂未恢复时，可利用临时的影印办公室进行。最后，在家具的替换上，部分的旧家具被替换，在有的图书馆需要临时家具时，有些旧家具被作为临时家具供读者使用。在校内人员的召集中，各个部门均有人员参与灾后恢复，而不是仅靠图书馆人员的力量。

（2）校外图书馆也给予了大力支持，包括在线信息资源和参考咨询服务的共享。校内外的合作使得师生可在灾后尽可能快地使用图书馆的服务，加快灾后恢复的进程。

3. 灾后恢复得到社会力量的大力支持

（1）修复公司及当地餐饮业的参与。图书的修复并不仅仅是图书馆的工作，修复公司的参与给予了图书馆更多的支持，使得图书馆的工作人员可以做更多的事情，如灾难计划的制订、人员调配、临时服务的提供。

（2）灾后斯坦福大学也从 FEMA 得到了 100 万美元的补偿和 75 万美元的预估损失补偿。

## 三、霍华德蒂尔顿纪念图书馆风灾案

### （一）灾情回顾

霍华德蒂尔顿纪念图书馆（Howard – Tilton Memorial Library，以下简称“蒂尔顿图书馆”）是美国杜兰大学的主馆，拥有整个墨西哥湾地区最大的流通馆藏。该馆有 360 万册

普通的馆藏 ①，还有一些珍贵的历史资料，如路易斯安娜学术集（Louisiana Research Collection，LaRC）、霍根爵士档案（Hogan Jazz Archive）、东南部地区建筑档案（Southeastern Architectural Archive）及学校档案等。②

霍华德蒂尔顿纪念图书馆风灾案是卡特里娜飓风风灾的典型案例，由于馆藏数量庞大，与其他在同一地区的图书馆相比，蒂尔顿图书馆在风灾中损失巨大。2005 年 8 月 29 日，飓风卡特里娜席卷了美国墨西哥湾及新奥尔良，此次飓风造成了巨大的损失，有人甚至将其称为“美国的海啸”（与 2004 年年底发生的印度洋海啸类比）和“天灾 911”。飓风造成的暴风雨和防洪系统的毁坏使得新奥尔良市大面积被毁，损失达数十亿美元，是美国历史上最大的城市灾难。③ 由于飓风造成的暴雨的影响，蒂尔顿图书馆的主要建筑的基层至少被八英尺的水覆盖。三周之内，大学内担任联合文献保存职能的音乐图书馆、缩微文献保存处与主要建筑内的机械、空调及电子系统均被水淹没。临近该馆的琼斯图书馆存放一些特藏文献的整个最底层也浸没在 4 英尺深的积水中，造成了大量珍贵文献受损。应对大型灾难的修复公司 BELFOR 负责主要受灾区域的积水排放并着手于经过图书馆筛选的文献的抢救及修复。蒂尔顿图书馆及琼斯图书馆于 2006 年的春季重新开放，但仍有许多灾难后续的工作需要完成。蒂尔顿图书馆及琼斯图书馆的藏书共 692905 册，其中只有 209894 件珍贵的书籍及手稿和 18269 卷缩微文献被修复。④

### （二）灾难管理过程

对相关的资料 ⑤的研究和归纳，总结出以下两点。

1. 灾前预防

灾前预防主要是对灾难预案的修订。由于飓风和较小的热带风暴在美国路易斯安那州东南部新墨西哥海湾地区频发，蒂尔顿图书馆同其他的文献保藏机构一样，制订了一份长达 28 页的周详的灾难预案。在卡特里娜飓风来袭前的两周，蒂尔顿图书馆才完成新预案的修订，其修订内容包括四方面。

（1）确定图书馆的紧急时间管理小组及单独的灾难响应小分队。小分队有详细的灾难现场的指挥计划与紧急状况发生后所有组织及人员的联络号码。

（2）灾难预案对风暴来袭之后的具体应对步骤进行了预估。包括图书馆人员的灾前准备及风暴来袭之后怎样进入图书馆将受潮文献搬离图书馆的具体事项等细节性的恢复

---

① General Collections [EB/OL]. [2010 - 04 - 03]. http://library.tulane.edu/collections/gen_collections.

② Special Collections [2010 - 04 - 03]. http://library.tulane.edu/collections/spec_collections.

③ Corrigan, A. Disaster: Response and Recovery at a Major Research Library in New Orleans [J]. Library Management, 2008, 29: 293 - 306.

④ Elisa F. Topper. After Hurricane Katrina: The Tulane Recovery Project [J]. New Library World, 2011, 112: 45 - 51.

⑤ FEMA Funds Help Tulane University Roll Again After Katrina. [EB/OL]. (2010 - 04) [2011 - 04 - 03]. http://www.fema.gov/news/newsrelease.fema?id = 49131.

For Many, Hurricane Katrina Meant Heart Ills. [EB/OL]. (2009 - 03 - 28) [2011 - 04 - 03]. http://abcnews.go.com/Health/HeartDiseaseNews/story?id = 7190504&page = 1.

Five Years after Hurricane Katrina Work still to Be Done. [EB/OL]. (2010 - 08 - 01) [2011 - 04 - 03]. http://www.infectiousdiseasenews.com/article.aspx?id = 67574.

方法。

（3）明确文献恢复的优先级。将每个文献收藏区域中的文献进行优先级划分，确定了文献恢复时的顺序。

（4）详细的联络方式等。包括紧急联络中心电话、火灾消防疏散步骤、地图及楼层示意图等。

整个灾难预案将灾难可能用到的手电筒、海绵等非常细节的事务一一列出，甚至将灾难发生后救援的最有利的地理位置详细标出，内容清楚。

2. 灾难应对及恢复情况

飓风过后，雨水覆盖了杜兰大学校园的2/3面积。① 蒂尔顿图书馆基层的受灾面积相当于一个足球场，受灾的有著名的马克斯韦尔音乐图书馆以及大量的政府文件、报纸、缩微文献等受重点保护的书籍。由于新奥尔良夏季的温度迅速攀升加上断电使得室内空调装置无法运转，馆藏受潮严重。校方根据灾难预案请来了 BELFOR 公司，原因有二：①该公司参与了1995年5月的暴雨造成的小水灾的恢复；②该公司之前与迈阿密大学的合作得到了高度的赞扬，而且经常处理一些大型研究机构遇到的水灾、地震、火灾及化学药剂泄漏等事件。

具体的应对时间如表9-4所示。图书馆的可返回工作岗位的人员于2006年1月2日回到各自的工作岗位，1月6日，工作人员着手准备图书馆春季开放的各项事宜。BELFOR 公司陆续将1.2万箱修复的馆藏返回图书馆，其中包括21万册书籍及近2万册缩微胶卷。②

**表9-4　飓风应对时间表**

| 时　间 | 地　点 | 参与人员 | 应对具体内容 |
|---|---|---|---|
| 2005.9.7 | 休斯敦 | ① BELFOR 负责人<br>② 杜兰大学代表 | ① 讨论灾后恢复的相关具体事宜。<br>② BELFOR 方签署相关文件，着手恢复工作 |
| 2005.9.8 | BELFOR 总部 | BELFOR<br>项目负责人 | 召集公司内其设备、人员及后勤支持 |
| 2005.9.9 | 新奥尔良 | BELFOR<br>修复项目成员 | ① 前往杜兰大学受灾图书馆。途中清理路上的由于风暴造成的残骸，以便后续的设备及人员进入城市<br>② 修复人员在距离路易斯安那州新奥尔良的西部大约100英里的拉斐特市安营 |

① The Times-Picayune., Katrina: The Ruin and Recovery of New Orleans [M]. New Orleans, LA: Times-Picayune, LLC, Champaign, IL: Spotlight Press, 2006.

② Andrew Albanese. Tulane Library Hails Recovery [EB/OL]. (2008-01-06) [2011-04-03]. http://www.libraryjournal.com/article/CA6561387.html.

续上表

| 时　间 | 地　点 | 参与人员 | 应对具体内容 |
|---|---|---|---|
| 2005. 9. 10 | 杜兰大学 | ① BELFOR 修复项目成员<br>② 杜兰大学灾后恢复工作人员 | 从蒂尔顿图书馆中抽水，此时屋外仍有积水，抽出来的积水仍有回流的问题。抽水时间持续一周 |
| 2005. 9. 12 | | BELFOR 修复项目成员 | ① 清理建筑物外的残骸，以便大型的卡车等一些大型的修复设备进入学校<br>② 为了控制图书馆内的湿度和温度，运进 2 件 300 千瓦的发电机<br>③ 向图书馆建筑内运进四台抽湿空调<br>④ 受潮的地毯等被搬离图书馆 |
| 2005. 9. 16 | | ① BELFOR 修复项目成员<br>② 图书馆工作人员 | ① 大部分积水被抽干，仍有少量的渗水现象<br>② 修复工作人员将图书馆人员选出来的受潮馆藏打包<br>③ 确定修复顺序。由于图书馆工作人员的评估，只有百分之五的缩微胶卷可以进行修复且花费时间较长，确定首先进行书籍的修复<br>④ 一些珍贵的缩微胶卷进行冷冻处理 |
| 2005. 9. 23 | | | 由于另一个风暴来袭，修复人员和设备被要求撤出 |
| 2005. 9. 28 | | | 人员及设备重新进入图书馆 |
| 2005. 10. 1 | | | 蒂尔顿第一批修复的缩微胶卷及音乐文献资料送回 |
| 2005. 10. 15 | | | ① 清理所有的家具、地板等图书馆馆内设施<br>② 将为分类的政府文件从变形了的书架中取出 |
| 2005. 10. 15<br>—<br>2006. 1. 1 | | ① BELFOR 修复项目成员<br>② 图书馆工作人员<br>③ 校内少数志愿工作人员 | ① 通过其他区域的电子邮件及手机联络主要的赞助商<br>② 通讯电缆临时架建完成 |

## （三）灾难管理的启示

蒂尔顿图书馆的风灾堪称高校图书馆遇到的罕见灾难之一，损失巨大，虽然杜兰大学在此次灾难中联合各方力量进行了快速的反应，但是仍有许多后续工作需要陆续完成，整个灾后恢复全部完成时间预期将在 2013 年。[①] 笔者认为，从蒂尔顿图书馆灾难管理的整个过程中，仍可总结出以下两点其值得参考之处：

① Andy Corrigan. Tulane Libraries Recovery Center: A Library Recovery of Historic Scale [EB/OL]. [2011-04-03]. http://library.tulane.edu/collections/recovery_center.

（1）图书馆需要得到各方力量的支持。其中包括数据库商、出版商、当地私人藏书架、灾难修复公司、学校各部门、有合作关系的工厂、FEMA 的支持。当通讯系统停止运作之后，EBSCO 作为赞助商将 JETS 服务直送至杜兰大学图书馆及临近的受灾的图书馆，这项重要的工作持续了一年多；出版商根据图书馆的书目清单尽可能地提供损失的书籍的；当地私人藏书家埃德温·布莱尔（Edwin Blair）将 2300 件几近全新的艺术品和照片捐赠给图书馆 ①；学校各部门的工作人员积极参与救灾工作，甚至有一小部分工作人员作为志愿者同 BELFOR 公司一起投身于灾难应对工作；与杜兰大学有合作关系的汉克曼装订厂将修复过的书籍进行简单的材料整理；FEMA 对图书馆的建筑物的直接损坏进行金额补偿。

（2）杜兰大学修复中心的成立十分重要。当面对因为电力中断而造成的周而复始的温度和湿度无法控制的状况时，当馆藏资料被修复而返回图书馆需要重新编目和排架时，当图书馆的日常工作需要陆续开始时，杜兰大学恢复中心（Tulane Recovery Center）成立，其主要的目的是更有效地应对灾难，将长期的灾后修复工作同图书馆的日常工作分开，寻求如编目、档案管理、文件处理等各领域的专家的帮助。使得灾难管理的过程更加专业化、系统化。如今，该修复中心已经可以对灾难的灾后恢复进行有效的快速响应。②

但是，笔者认为杜兰大学蒂尔顿图书馆的灾难管理仍需要在今后的灾难管理工作中注意以下四点问题。

（1）通讯问题。由于飓风的影响，新奥尔良地区的通讯设施被严重毁坏，至少有 90 英里范围内的通讯受阻。杜兰大学的整个电子邮件系统不可使用，数月时间，图书馆的工作人员无法通过手机联络，即使所有的人员立即返回到学校，也无法真正解决灾难后的实际问题。通讯问题致使灾难预案失效。灾后应该快速恢复通讯，其中包括临时通讯系统的建立、备用的数据库系统使用，图书馆的工作不能及时开展，在实体的借阅功能不能立即恢复时，应尽快尽量保证在线资源的可用性。

（2）图书馆设备的改进。图书馆的书架、地毯及桌椅材料应根据图书馆所处的地理位置做相应的调整。有些木质家具经过长时间的雨水浸泡已经腐烂，也给灾后的清理工作带来了很大困难。

（3）重要数据需要备份。相关的数据表格、重要的内部文档及数据库的系统文件等至关重要，这些资料在灾难发生之后可以为灾后恢复节省时间。

（4）政府部门需要给予更多的关注。尽管图书馆得到了各方的帮助，但是在整个灾难管理的过程中，政府应当起到重要的作用。虽然图书馆可以从 FEMA 得到资助，但是资助的申请等待周期长，得到的经费并不能满足大规模灾难的损失。政府的重视，可以使图书馆的各项事业得到保障，在今后的灾难管理中建立健全灾难应急机制以加快整个灾难恢复的过程。

---

① Andy Corrigan. Tulane Libraries Recovery Center: A Library Recovery of Historic Scale [EB/OL]. [2011-04-03]. http://library.tulane.edu/collections/recovery_center.

② Corrigan, A. Disaster: Response and Recovery at a Major Research Library in New Orleans, Library Management, 2008, 29: 293-306.

## 四、齐默尔曼图书馆火灾案

### （一）灾情回顾

齐默尔曼图书馆（Zimmerman Library）是美国新墨西哥大学（University of New Mexico，以下简称 UNM）四个图书馆中最大的综合性图书馆。齐默尔曼图书馆由地上三层及地下藏书室构成。2006 年 4 月 30 日晚 10:40，齐默尔曼图书馆地下层遭遇火灾，火灾并没有造成人员伤亡，但致使 3 万件馆藏包括书架、桌椅损毁，直接损失达到了 1000 万～1500 万美元。损失的馆藏虽然不到总馆藏的 20%，但是不少收藏了一百多年的拉丁文资料在不到一个小时之内化为灰烬，受到了无可挽回的损失。经调查，火灾的原因是因为一小瓶催化剂，但是否为人为纵火尚不明确。处于齐默尔曼图书馆一层的流通及参考咨询服务、学习讨论室及南北研究中心于 2006 年 6 月 25 日对外开放，全部功能于 2007 年 1 月对外开放，而受损失较为严重的地下层直至 2007 年 12 月才恢复开放。

### （二）灾难应对及恢复

1. 灾难应对

火灾发生之后，图书馆预警系统发出长鸣，数分钟之内，UNM 的保安人员、消防人员赶至现场。由于图书馆馆长卡米拉·艾利尔身处华盛顿特区，副馆长弗兰·威尔金森立即找出了图书馆的灾难预案并通知所有该馆灾难恢复支援小组（Disaster Recovery Assistance Team，DRAT）的成员全部来到现场。学校的保安第一个到达现场并对学生进行疏散，阻止他们重返图书馆取出其笔记本电脑等私人贵重物品。消防人员随即在火灾现场建立了临时指挥部，随时向校方通报灾情最新情况。灾情在次日凌晨两点时已被完全控制。地下藏书室的大部分馆藏被损毁，由于消防人员的抢救，大部分的残骸浸没在水中，一些珍贵的书籍只受到了烟雾的侵害，大部分的档案文件很少受到损坏，而地上二、三两层被大量的烟雾和灰烬覆盖。①

由于工程科学图书馆前段时间刚经历过水灾，图书馆的灾难预案进行了及时更新，因而新的灾难预案在整个灾难预案中起到了重要的作用。通过灾难预案上的联系方式，灾难小组负责人通过电子邮件及电话向所有成员通告灾情，学校安全中心利用学校 2005 年建立的紧急事件预警系统发送电子邮件及手机短信将灾情迅速发送给学校的每个师生。图书馆网站每天更新，学校紧急电话线路提供全天服务。

灾后，由于学校正值期末考试期间，学生们在图书馆完成报告和作业，副馆长威尔金森与学生会负责人联系，租用其办公室开展参考咨询服务，并延长学生会所在办公楼的时间以让需要复习迎考的学生准备期末考试。

对于需要借用的馆藏，读者暂时通过馆际互借及向 ARL 新墨西哥图书馆联合协会发送服务请求获得。校内的工程科学图书馆也将派相关人员统计书目受损情况。

---

① Fire at the University of New Mexico Library. [EB/OL]. (2006 - 10) [2011 - 04 - 03]. http://repository.unm.edu/handle/1928/2282.

2. 灾难恢复

齐默尔曼图书馆雇佣了马洛伊建设公司（Maloy Construction Company）、洛克菲勒清理服务公司（Rockefeller Cleaning Services，RCS）及 BMS CAT 有限公司三个公司进行灾后恢复。首先，马洛伊建设公司负责将所有的书架加固与确定图书馆的建筑结构是否受损。接着，由于之前洛克菲勒清理服务公司负责清理工程科学图书馆的水灾，齐默尔曼图书馆雇来 RCS 公司为其打扫底层藏书室。5 月 11 日，BMS CAT 有限公司的 35 名员工及 100 名临时雇佣员工参与灾后恢复，其中包括移除火灾的残骸，清理书籍、文件及家具，将需要修复的馆藏打包，等等。

由于受火灾直接损毁的齐默尔曼图书馆地下室存放有期刊、报纸、政府文件、缩微胶卷及单片缩影胶片等馆藏，在 13 天的灾难清理中，工作人员被分为两班轮流坚持每天 19 个小时、一周工作七天的工作，清理出 60 箱垃圾，将烧焦的馆藏、书籍、家具移出图书馆，共打包了 15000 箱书籍及 272 柜缩微胶卷。① DRAT 的成员迅速被扩大到包括志愿者、学校安保人员、建筑建设工作人员及 BMS CAT 工作人员。所有的工作人员在每天工作结束时都在例会上总结当天的工作进展并制订次日的工作计划。

3. 灾难管理的启示

（1）灾难预案起着重要的作用。不同于自然灾难的情况，在一些紧急事件中，通讯系统和线路可使用时，灾难预案中的电话联系方式表起到了至关重要的作用，它联系到所有的工作人员与学生，通报灾难的情况，以便各方迅速应对灾难。而灾难预案的储存也不应该仅仅局限于图书馆内部，工作人员的工作地点与家中都应该备有一份，而图书馆的内部工作网上也应该有相关记录。

（2）注重灾后人员的情绪控制。人们在经历灾难之后，无论灾难的规模和损失情况，情绪上往往有所波动。应急小组在做好灾后恢复工作的同时，也应注重观察人们的情绪，利用灾后恢复的休息时间，哪怕只是午餐时间，工作人员聚在一起吃饭和交谈，都会增强情感上的交流。

（3）图书馆电子数据的馆外存放及备份。灾后，图书馆的在线资源仍可以使用，原因是齐默尔曼图书馆的 LIBROS 服务器在学校的计算机中心而不在受灾的图书馆内部。由于在线资源的可用性加上馆际互借服务，学生在期末考试期间可以按时完成他们的论文和作业。数据的馆外备份与保存可减小灾难的损失，当然数据安全性也是值得考虑的问题。

（4）尽快建立灾后通讯渠道，加强人员间的联系。火灾不同于大型自然灾难，不会造成整个地区的大面积通讯受限。笔者认为，灾后通讯交流包括人员的电话联络及对外及时公布灾情。①通过学校的媒体可以让师生们了解灾难的情况，可以部分平复灾难带来的紧张和压抑的心情，指导师生们应对灾难。②可以召集更多的志愿者参与灾难应对及灾后恢复工作。③人员之间的联络包括工作人员之间与非工作人员（教职工及学生）相互之间的联系。工作人员之间的联系是为了了解工作的进展，以进一步落实灾难恢复的工作。非工作人员之间的联系可以进行灾后情绪控制，缓和灾难带来的紧张情绪。

---

① Barkley，Dan. The University of New Mexico，Zimmerman Library Fire [J]. A Quarterly Journal of Government Information Practice & Perspective. 2007，35（3）：27-28.

## 推荐阅读书目


1. Artim, Nick. "An Introduction to Automatic Fire Sprinklers." WAAC Newsletter 15. 3 (September 1994): 20 – 27, and 17. 2 (May 1995): 23 – 28. http://palimpsest. stanford. edu/waac/.
2. Artim, Nick. "An Update on Micromist Fire Extinguishment Systems." WAAC Newsletter 17. 3 (September 1995): 14. http://palimpsest. stanford. edu/waac/.
3. Artim, Nick. "Cultural Heritage Fire Suppression Systems: Alternatives to Halon 1301." WAAC Newsletter 15. 2 (May 1993). http://palimpsest. stanford. edu/waac/.
4. Canadian Conservation Institute. "Emergency Preparedness for Cultural Institutions." CCI Note 14/1, and "Emergency Preparedness for Cultural Institutions: Identifying and Reducing Hazards." CCI Note 14/2. (Ottawa: CCI, 1995).
5. Fortson, Judith. Disaster Planning and Recovery: A How-To-Do-It Manual for Librarians and Archivists. (New York: Neal-Schuman Publishers, 1992).
6. Fox, Lisa L. "Management Strategies for Disaster Preparedness." The ALA Yearbook of Library and Information Services 14 (1989).
7. Lyall, Jan. "Disaster Planning For Libraries and Archives: Understanding the Essential Issue." Provenance: The Electronic Magazine 1. 2 (March 1996). http://www. nla. gov. au/nla/staffpaper/lyall1. html.
8. O'Connell, Mildred. "Disaster Planning: Writing and Implementing Plans for Collections-Holding Institutions." Technology and Conservation (Summer 1983).
9. Walsh, Betty. "Salvage Operations for Water Damaged Archival Collections: A Second Glance" and "Salvage at a Glance." WAAC Newsletter 19. 2 (May 1997). http://palimpsest. stanford. edu/waac/.


## 思考题

1. 评估某一文献保藏机构的文献保护灾难风险。
2. 总结一份教材内容之外的文献保护灾难管理案例。